KB186662

규범의 일반이론
❷

한국연구재단총서
Academic Library of NRF 학술명저번역 584

규범의 일반이론

②

Allgemeine Theorie der Normen

한스 켈젠 지음 **쿠르트 링호퍼 · 로베르트 발터** 편저 | **김성룡** 옮김

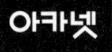
아카넷

Allgemeine Theorie der Normen

by Hans Kelsen

초려에

일러두기

1. 원전에서 단어를 큰따옴표(" ") 표기로 강조한 것은 국어 표기법에 따라 작은 따옴표(' ')로 옮겼다(예: "Recht" → '법').
2. 원전에서 띄어쓰기 형태로 강조한 것은 진한 고딕체로 표기하였다(예: R e c h t → **법**).
3. 원전의 쌍점, 쌍반점(:, ;)이나 붙임표(—) 또는 쉼표(,)로 연결된 복문 중의 일부는 경우에 따라 원전의 이해에 보다 적절한 경우에는 해당 부호를 생략하거나, 부문장에 해당하는 부분을 (　)로 처리했다.
4. 원전에서 쌍점(:), 쌍반점(;)으로 연결되는 문장은 이해의 편의를 위해 때에 따라서 쉼표(,)로 연결하거나 ' ' 혹은 " " 등의 인용 부호로 처리했다.
5. 원전의 나은 이해를 위해 필요한 경우에는 옮긴이 주로 보충 설명했다.
6. 원전의 이해나, 독일법에 관심이 있는 독자들을 위해 필수적인 켈젠의 용어 혹은 독일어 법률용어 등은 한글에 이어 위 첨자로 부기했다(예: 법^{Recht}).
7. 원전의 동일한 표현이 상이한 단어로 옮겨질 때는 원전의 용어를 위 첨자로 부기했다(예: 규정^{Vorschrift}, …지시^{Vorschrift}).
8. 켈젠의 사상이 옮긴이의 주관적인 이해로 변색되는 것을 막기 위해 가능한 직역하였으나, 의역이 아니고는 원전의 이해가 어려운 불가피한 경우에는 의역했다.
9. 원전의 주해는 그 분량이 상당히 많아 미주 형식으로 처리하고 있다. 여기서도 원전의 체계를 따랐으며, 미주의 번호를 기체함으로써 편집상 각주 번호의 원본과의 불일치 문제를 해결했다. 예: 52) 미주 36(000 쪽)
10. 원전에서 *를 이용해 각주 처리한 것은 각주 번호 뒤에 *로 표기했다. 예: 34)*
11. 원문의 이해를 위해 불가피한 경우 문맥의 완성도를 높이기 위해 (　) 속에 필요한 단어 등을 보충하였다(예: 인간(정부)당국).
12. man이라는 명사는 '사람들' 혹은 '우리는'으로 적절히 옮겼다. 또한 경우에 따라 비문의 형태가 보이는 것은 이러한 man을 자구대로 옮길 경우에 가독성과 이해에 장애가 된다는 이유에서 생략했기 때문이다.
13. ein, eine 등 부정관사는 가능한 직역으로 옮기고자 하였으나, 글을 읽기에 심히 불편해지는 경우는 생략했다.
14. 미주의 내용 중 난해한 부분은 (註: …)의 형식으로 옮긴이의 설명을 첨가했다.

1) 행위와 그 행위의 의미를 구별해야 할 필요성은 리케르트(Heinrich Richert)가 *Vom Begriff der Philosophie*, Logos, Bd. I, 1910, S. 19ff.에서 언급했다. 물론 거기서 리케르트는 그 의미가 하나의 규범인 행위, 즉 규범 창설행위^{Norm-Setzungs-Akt}로부터 시작한 것이 아니고, (그 행위로) 하나의 대상이 평가되는 행위로부터 출발했다. 브로블레브스키(Jerzy Wróblewski)는 "The Problem of the Meaning of the Legal Norm, *Österreichische Zeitschrift für öffentliches Recht, Neue Folge*, Bd. XIV, 1964, S. 253ff.에서 법규범은 하나의 의미(meaning)라는 관점을 거부했다. 브로블레브스키는 "하지만 우리의 관점에서, 사람들은 규범의 의미로서가 아니라 의무 지워진 행위를 사전에 기술한 것으로서 받아들이면서 규범의 의미라는 문제를 다루어야만 한다."고 했다 (S. 261). 여기서 지적해야 할 것은, 사람들은 하나의 의미로서 —하나의 의지적 행위의 의미로서— 규범이라고(규범을 말)할 수도 있고, 또한 하나의 규범의 의미라고 말할 수도 있다는 것이다. 하나의 규범의 의미는 규범이 모습을 드러내는 언어적인 표현이 분명하지 않을 때 문제가 된다. 이 규범의 의미를 확정하는 것은, 규범 해석의 목적인 것이다. 브로블레브스키 스스로도 "법해석 (Legal Interpretation)은 적용될 규범이 문제되는 사례를 판단할 만큼 충분히 명백하지 않을 때 시작된다. 법해석을 수단으로 해서 우리는 문제되는 규범의 의미 흠결·결손(deficiencies)을 제거하려고 노력한다. …"(263쪽)고 했다. 이러한 '해석'은 '무엇이 도대체 규범으로 이해될 수 있는 단어의 의미인가?'라는 물음에 답한다. 하지만 이러한 의미 —규범의 의미— 는 사람들이 규범을 생산한다·낳는다^{erzeugen}라고 비유적으로 표현하는 의지적 행위의 의미와는 다른 것이다. 후자에서는 단지 규범은 그것의 의미, 즉 이러한 의지적 행위의 의미 (목적)라는 것을 표현하는 것이다.

브로블레브스키가 제안한, '법규범의 형식'^{formula of legal norm}은 "상황 S에서 C라는 특성을 가진 사람들의 유형 P에 속하는 한 개인은 B라는 방식으로 행위해야만 한다."는 것이다. 이러한 공식에 대해서는, 그 공식은 법규범을 다른 규범들과 본질적으로 구별하는 요소, 즉 강제적 요소(형벌 혹은 제재)를 함유하지 않기 때문에 단지 법규범에만 적용될 수 있는 것은 아니라는 반론이 제기될 수 있다(본문 [115]쪽 이하를 참고할 것). 또한 그 공식은 도덕-규범들과 풍속규범들^{Normen der Sitte}에도 적용될 수 있다. 브로블레브스키는 263쪽 이하에서 자신의 법규범의 공식과 관련하여 다음과 같이 강조한다: "비물질적인 것으로서 어떠한 객관적인 당위(Ought)에 관한 문장(sentence)으로서의 법적 규범의 의미에 관한 모든 이론을 버려야만 한다." 하지만 '(반드시) 행동해야만 한다.'(have to behave)라는 단어들은 '(당연히) 행동해야만 한다.'(ought to behave)라는 것과 동일한 의미이다. 브로블레브스키는 261쪽에서 "우리는 의무 지워진 행위를 사전에 기술한 것으로서" 달리 말해 사전기술(prescription)^{Vorschreibung}로, "규범을 받아들이면서 규범의 의미라는 문제를 다루어야만 한다."고 했기 때문에, 우리가 물질적인 혹은 이상적인 전제조건^{materialistische oder idealistische Voraussetzung}을 출발점으로 하는 것과는 무관하게, 당위^{das Sollen}는 규범이라는 개념에서 하나의 본질적인 요소로 보임이 분명하다. 하나의 규범의 표현^{Wortlaut einer Norm}은 상이한 의미들을 가질 수 있고, 따라서 그 규범은 상이한 상황들에서 상이한 방법으로 해석될 수 있다는 것은 논쟁의 여지가 없다. 하지만 이러한 사실을 ―브로블레브스키가 그랬듯이(265쪽)― "법적 규범의 이해와 적용이라는 맥락(상황)은 변화하기 때문에 문제되는 규범은 그 의미를 바꾼다(is change)."라는 식으로 석의하는 것은 추천할 바 못된다. 규범은 그의 의미를 '바꾸는 것'^{ändern}이 아니라, 다양한·여러 개의 다른 의미^{Bedeutung}(혹은 의미내용^{Sinngehalt})를 갖는 것이다.

2) 짐멜(George Simmel)은 *Einleitung in die Moralwissenschaft*, Berlin, 1892, S. 8에서 "당위에 대한 개념정의는 없다."고 했다. 마찬가지로 시지윅(Henry Sidgwick)도, *The Methods of Ethics*, London, 1963, S. 32에서 "동일한 근본적인 개념(fundamental notion)을 표현하는 '당위', '옳은(권리)', 그리고 기타

의 용어들에 대해 우리는 어떠한 (개념)정의를 줄 수 있는가? 이에 대해 나는 이러한 용어들이 일반적으로 가지는 개념은 너무나 기본적(elementary)이어서 어떠한 형식적 (개념)정의도 인정하기 어렵다고 말해야만 한다."고 했다.

이미 내가 *Hauptprobleme der Staatsrechtlehre*(1911)라는 나의 책 7쪽에서 짐멜로부터 넘겨받은 주장, 즉 '당위에 대한 개념정의는 없다.'라고 주장한 것에 반대하여 폰란텐(Albert Vonlanthen)은 나를 반박하는 데 초점을 맞춘 그의 비방글("Zu Hans Kelsens Anschauung über die Rechsnorm", *Schriften zur Rechtstheorie*, Heft 6, Berlin, 1965)에서 이렇게 주장했다. 당위라는 것은 결코 "존재와 같이 하나의 그렇게 시원적인 개념을 만들 수 없고, 따라서 어떠한 개념에도 (하위요소로) 포섭될 수가 없다."(46쪽)고 주장했다. 하지만 폰란텐이 당위의 개념정의로 내놓은 것은, ―내가 나의 대답인 "Rechtswissenschaft oder Rechtstheologie?", *Österreichische Zeitschrift für öffentliches Recht*, Bd. XVI, 1966, S. 233ff.에서 표현했듯이― 당위는 당위라는 공허한 순환논증에 빠져들고 있다.

3) 또한 페를망(Ch. Perelman)과 올브레히츠-티테카(L. Olbrechts-Tyteca)는, (*Traité de l'Argumentation. La nouvelle rhéthroque*, 2. Aufl., Bruxelles 1970, S. 118을 비교할 것) "가장 자주 일어나는 것, 보통의 것, 통상적인 것은 가장 일반적으로 사용되는 loci(논증의 장소)의 하나의 주제이고, 따라서 (너무나 자주 일어나기 때문에) 많은 사람들에게 일어난 것으로부터 일어나야만 하는 것으로, 통상적인 것으로부터 규범으로 나아가는(전환하는) 것은 아주 자명한 것으로 여겨진다."라고 하였다. 하지만 위 저자들은 "보통(normal)으로부터 규범적인 것(normatif)으로의 변환(Le passage)은, 정당하게도, 논리학에서의 하나의 오류(faute)로 간주되어왔다. 그럼에도 불구하고, 어떤 영역(분야)이 고려된다고 하더라도, 이러한 변환이 암묵적으로 승인되고 있다는 점을 고려하면, 그것은 논증들의 유효한 기초들의 하나로 간주되어야만 한다. 그것의 흔적은 사람들이 … 을 하

곧 하다(man pflegt)라는 의미에 가까운 독일어의 의무(Pflicht)라는 단어에 남아 있다. 이러한 통상적인 것에서 규범으로의 변환은 통상적으로 발생하는 것의 하나의 현상이고 자명한 것으로 받아들여진 것으로 보인다. 다른 한편 통상적인 것에 대한 규범의 우위를 주장하며 그것들을 해체시키고 그에 반대하는 것은 논증에 의한 정당화를 요구하게 될 것이다. 이 논증은 대부분 양의 그것보다는 다른 논증의 장소(loci)를 사용함으로써, 통상적인 것의 가치를 떨어뜨리는 것을 목표로 삼을 것이다."고 확언했다(S. 118f.).

저자들이 확정했듯이 '통상적인 것에서 규범적인 것으로의 전이'(la passage du normal au normatif à juste titre)가 하나의 논리적인 오류(faute de logique)라는 것이 통상적인 것에서 규범적인 것으로의 이동·전이Übergang가 '논증의 유효한 기본요소 중에 하나'라는 것을 변화시키지는 못한다. 왜냐하면 '논증' argumentation이라는 것으로 하나의 엄정한 논리적인 절차가 표현되는 것이 아니라, 논리적인 것과는 상이한, 저자가 표현한 바와 같이(259쪽), 단지 하나의 '유사-논리적인'(quasi-logisch) 절차가 표현되는 것이기 때문이다.

모리츠(Manfred Moritz)는 "Der praktische Syllogismus und das juridische Denken", *Theoria*, vol. XX, 1954, S. 78f.에서, 이미 데이비드 흄은 자신의 인간의 본성에 관한 논문, II 장(Theodor Lipps에 의해서 번역된, Leipzig, 1923, S. 211f.)에서 "'당위문'은 '존재문'으로부터 도출될 수 없다."는 사고를 표현했다고 지적했다. 모리츠는 "오늘날 사람들은 아마도 명령문은 직설(존재)문들로부터 도출될 수 없다고 표현할 수 있을 것이다. … 또한 만약 사람들이 '당위문들'을 판단들(Urteile)로 파악하더라도, 흄의 논거는 그대로이다. 무엇이 **존재한다·있다**etwas ist는 것을 확인하는 문장으로부터 무언가가 **존재해야만 한다**라는 것이 확언되는 문장들이 도출될 수는 없다. 하지만 흄의 논거는 사람들이 '당위문'을 '명령(문)'으로 해석하는 경우에도 타당하다."라고 했다.

흄은 *A Treatise of Human Nature*, vol. II, London, 1962, S. 177f.에서 "내가 지금까지 만난, 도덕성의 모든 체계에서, 저자는 어느 정도의 시간은 통상적인 논증의 방식으로 진행하고, 그리고 신의 존재를 확립하고, 혹은 인간사와 관련한 관찰을 한다고 나는 항상 논평해왔는데, 그때 나는 내가 갑자기 '있다'와 '있지 않다'라는 명제(진술)들의 통상적인 결합 대신에, 나는 '해야만 한다.' 혹은 '해서는 안 된다.'로 결합되지 않은 명제는 없다는 것을 발견하고 놀랐다. 이 변화는 감지하기 어렵다. 하지만 그럼에도 마지막 결론이다. 이러한 해야만 한다(ought), 혹은 해서는 안 된다(ought not)로써 무언가 새로운 관계 혹은 확신(affirmation)을 표현하기 때문에 그것은 관찰되고 설명되어야만 한다. 그리고 동시에 하나의 이유(reason)가 주어져야만 한다. 왜냐하면 어떻게 이러한 새로운 관계가 그것과는 전적으로 다른 것들로부터의 연역이 될 수 있는지, 전적으로 이해할 수 없어 보이기 때문이다. 하지만 저자들이 일반적으로 이러한 예방조치를 취하지 않았을 때, 나는 독자들에게 그것을 추천하는 것을 당연한 것으로 여겨야만 했다. 그리고 나는 이러한 사소한 주의가 모든 저속한 도덕성의 체계들을 뒤집어놓게 된다는 것을 믿고 있고, 선과 악의 구별은 단순히 대상들의 관계에 기초하는 것도 아니고 이성에 의해 인식되는 것도 아니라는 것을 보도록 하자."라고 했다.

모리츠는 계속해서, "동일한 생각은 푸앵카레(Poincaré)에서도 등장한다. 하지만 푸앵카레는 한 단계 더 나아갔다. 즉 그는 사람들은 명령들을 판단들로부터 도출할 수 없다는 부정적인 주장에, 사람들은 명령문을 단지 명령문으로부터 도출할 수 있을 것이라는 긍정적인 주장을 추가했다."고 했다. 푸앵카레는 "만일 삼단논법의 전제가 양자 모두 직설문이라면 결론도 마찬가지로 직설문(진술)이 될 것이다. 결론이 명령이기 위해서는 적어도 전제 중 하나가 명령이었어야 한다."라고 했다(이에 대해서는 본문 [69]쪽 이하 참조).

4) 뷔르첼(Karl Georg Wurzel, *Das juristische Denken*, Wien 1904, S. 32)이 주장하기를, 실제 (적어도 높은 정도로) "법규정들은, 마치 예를 들어 운동법칙이 물체에 (내재하는 것과 같이), 그것이 연관된 사실들에 내재하는 것이고, 그 외부에서 덧붙여진 재갈과 같은 것은 아니다."라는 것은 확실하다고 했다. 따라서 그는 "법규범은 일정 정도까지 사회적 발전의 자연법칙들이다."(31쪽)라고 했다. **이것이 자연법론이다.** 하지만 뷔르첼은 자연법론을 거부했다. 자연법론은 제 기능을 발휘하지 못한다는 것은 그것이 '현실의 심사'^Probe der Wirklichkeit^를 통과할 수 없었다는 것에서 나온다는 것이다: "현실은 그것이 **이러한** 법적 사고의 결과들과 지속적으로 일치하지 않는다는 것을 통해서 그것의 결점을 증명했다." (32쪽) 하지만 옳게 인식된 현실에 '내재하는' 하나의 규범도 현실에서는 침해될 수 있고, 달리 말해 한 인간의 사실상의 행위도 그러한 하나의 규범에 부합하지 않을 수 있는 것이다.

노스롭(F. S. C. Northrop)은, *The Complexity of Legal and Ethical Experience*, Boston and Toronto 1959(S. 8ff.)에서, 현대 자연과학의 발전은, 특히 원자에너지의 발견은 법의 형상에 중요한 반작용을 불러일으켰다고 혹은 일으켜야만 했다고 주장했다. 우리의 지금까지의 법이 전제했던 자연은 고대 그리스의 자연과 동일한 것이다. 하지만 자연 혹은 보다 정확히는, 우리가 자연에 대해 가지고 있는 표상은 원자에너지의 발견을 통해 본질적으로 변화되었다는 것이다. 하지만 이에 대해서는 가장 먼저 지적되어야 할 것이, 이미 원자력의 발견 이전에 이미 존재하던 우리들의 자연에 대한 표상·생각^Vorstellung^은 고대 그리스의 것과는 아주 본질적으로 상이한 것들이었다는 점이다. 전기^Elektirizität^의 발견은 원자력의 발견에 못지않게 자연과학에 본질적으로 큰 변화를 가져왔다. 인간들이 —적어도 하나의 정해진 그룹의 인간들이— 서로 해악을 가하는 것을 막는 것을 그 목적으로 하는 법은 —이러한 맥락에서— , 인간들이 상호 칼로, 총으로, 전기력으로 혹은 원자력을 이용하여 서로 상처를 주고 살해하는지 여부와 관계없이 동일한 것이다. 법은 바로 다른 사람의 일정한 이익을 침해하는 것을 금지하는 것, 특히 타인을 살해하는 것을 금지하는 것이고, 이것은 항상 어떤 방식으로도 일어날 수 있는 것이다. 이러한 법규범은 단지 일정한 제한하에 —예를 들어 정당방위, 제재들과 같이— 효력이 있다는 것은 여기서는 더 이상 다루지 않는다. 노스롭은 "원자력시대에 계몽된 사람들은 그야말로 전쟁을 할 형편이 못된다."(10쪽)라고 했다. 하지만 원자에너지가 발견되기 아주 오래전에 전쟁은 국제법상 금지되었었다(Briand-Kellog-Pakt, Bellum-justum-Prinzip; 정당한 전쟁의 원칙). 단지 제재들의 형상과 관련하여, 자연에 대한 점증하는 통찰이, 제재 그 자체로서 단지 목을 매달거나 물에 빠트리는 것만이 아니라, 총격과 전기의자의 사용, 혹은 원자력의 사용이 명령될 수 있음으로써, 법에 영향을 미칠 수 있는 것이다. 하지만 또한 이것도 결코 필연적인 것이 아니다. 원자력이 발견되었음에도 불구하고 여전히 목매닮을 통한 사형(교수형)이 유지될 수 있는 것이다.

자연과학에서의 최근의 발견들이 법에 미치는 본질적인 파급효과로 노스롭은 자연법을 통한 실정법의 대체를 들었다(12쪽 이하). 거기서 그는 법에 대한 유지될 수 없는 개념정의와 자연법의 본질에 대한 잘못된 관점에서 출발하고 있다. 그는 "법은 다른 사람과 자연과 관련한 인간의 배치(ordering)이다. 법은 만약 그것이 이러한 인간(존재)을 다른 사람과 자연에 대하여 무엇이 인간이고 자연인지에 대한, 진실한, 그리고 가능한 한 완전한 지식의 관점에서 명령한다면 좋은 것이다. 법은 그것이 무례(naughty)하기 때문에 나쁜 것이 아니고, 자연에 대하여 인간들을 배치함에 있어서 법이 진정한 과학적 지식이 인간과 자연이 존재하는 것에 대해 밝히고 있는 것에 반하는 방식으로 그들을 짜 맞추기 때문에 나쁜 것이다."(11쪽)라고 했다. 하나의 중요한 **사회적** 질서로서 법은 다른 인간들에 대한 인간의 행위의 관계를 규율하는 것이지, 인간들을 규율하거나, 자연에 대한 인간들의 관계를 규율하는 것이 아니다. 법은 이 마지막 관계가 단지 다른 인간에 대한 인간의 관계에 포함되어 있는 한에서만 (그 마지막 관계를) 고려하는 것이다. 법은 자신의 목적을 달성하면 좋은 것이고, 그의 목적을 달성하지 못하면 나쁜 것이다. 이러한 그의 목적의 달성과 달성하지 못함은 법의 평가에 본질적이다. 하지만 바로 이러한 목적을 노스롭은 자신의 개념정의에서 완전히 무시한 것이다. 만약 하나의 법은 인간의 행위에 대한 자신의 규율에서(인간의 행위를 규율함에 있어서) 자연에 대한 하나의 '진정한' 학문적 통찰에서 출발하게 되는 경우에만 좋은 것이라고 한다면, 아마 법이라는 것은 도대체 존재하지 않을 것이다. 왜냐하면 오늘날 '진실한' 통찰이라고 여겨지는 것이 미래에는 비진실(허위)로 인식될 수 있다는 것을 경험이 가르쳐주고 있기 때문이다.

노스롭이 구성한 자연법은 ―본문에서 언급되었듯이― 자연에 내재하는 규범들의 체계이고, 자연의 의지에 의해 창설된 규범들의 체계이다. 그러한 법은 없으며 있을 수도 없다. 우리가 '자연법'이라고 명명하는 것은, 한 자연법론자 혹은 다른 자연법론자에게 정당한 것으로 보이는 것이고 그가 그에게 필수적인 권위를 부여하기 위해서 '자연'에 투사한projizieren 것이다. 노스롭은 "… 이러한 자연법(jus naturae)은 문언적으로, 물리학에 의해서 실증된 자연의 법으로서, 그 본래의 그리스와 로마 스토아학파의 의미에서 받아들여져야만 한다."(12쪽)라고 했다. 이러한 '자연의 법'은 사실상의 소여Geschehen의 법으로서, 즉 **존재의 법**으로서 자연법이고, 무엇이 일어나**야만 하는가**를, 특히 인간은 어떻게 행위**해야만 하는**지를 규정하는 규범으로서 자연-법이 아니다. 실정법을 자연법을 통해 대체하거나 혹은 보완한다는 주장은, 물론 노스롭 스스로 확언한 것과 같이, 이미 고대의 그리스에서, 즉 원자력의 발견보다 아주 오래전에, 제기되었고, 거부되었던 것이다.
마찬가지로 노스롭의 법에 대한 정의와 자연법의 본질에 관한 그의 입장과 같이 잘못된 것은, 그가 자연법론을 통해 대체되기를 원했던 법실증주의에 대한 그의 이해이다. 44쪽에서 그는 "법실증주의는 정의의 문화적 규범들이 순전히 실정적 법적 헌법, 법률, 코드와 제도 그 자체라는 측면에서 발견되고 이해되는, 아마도 경찰권력 혹은 강제력에 의해서 보완되는 그런 이론이다."라고 했다. 여기서 그는 ㅡ법사회학자 에를리히(Eugen Ehrlich)를 따라ㅡ 실정법(52쪽)에 '살아 있는 법'(living law)을 대치시킨다. 물론 이것은 자연법을 통하여 실정법을 대체하자는 자신의 요구와 전적으로 일치하는 것은 아니다. "이러한 법학(즉 에를리히의 법학)의 핵심은 실정법과 살아 있는 법 사이에 하나의 구별이 이루어져야만 한다는 것이다. '살아 있는 법'은 실정법의 법규, 코드, 그리고 사례들과 구분되는, 사회에서의 사람들의 행위에 깔려 있는 내적인 질서를 의미하는 것이다." 그가 '살아 있는 법'이라는 에를리히의 이론을 인정한다는 것은 그가 "실정법은 그것이 관계하는 사회의 살아 있는 법에 상응하여야만 하고, 실정법은 그렇게 부합하지 않는 것이어서는 안 된다."(54쪽)라고 설명한 것에서 추론된다.

　법실증주의 이론은, '정의의 규범들'(norms of justice, Normen der Gerechtigkeit)을 단지 실정법에서만 찾는 것과는 사뭇 다르다. 그와 완전히 반대로, 그것은, 아주 분명하게, 실정법과 정의를 상호 구분하는 것에 있다. 실정법은 법실증주의의 관점에서 볼 때 헌법과 법률들(Gesetze, statutes)에서 포함된 규범들로만 구성되는 것은 아니다. '법규·관례들'(codes)은 규정들과 제도들이고, 규정의 하나의 특정한 대상과 관련하여 일체를 이루는 법규범들이다. 관습의 방법으로 생성되는 규범들도 실정법에 속한다. 에를리히에 의해 각인된 '살아 있는 법'이라는 개념에 관한 한, 그의 실정법과의 구별은 유지되기 어렵다. '사회에서 사람들의 행위의 내적 질서'는 이 내적 질서가 법적용기관들로부터, 특히 법원들로부터, 적용되지 않는 한 '법'이 아니라는 것은 명백하다. 이러한 내적 질서는 습속 혹은 도덕으로서 타당할 수 있으나, 이에 권한 있는 법기관의 적용을 통해서만 **법**이 되는 것이다. 소위 '살아 있는' 법은 법률적 법과 관습법이라는 실질적으로 특정된 일반규범들과는 구별될 수 있다. 하지만 그것이 적용되기 위해서는 법적용기관들이 '유효한' 법적 법 또는 관습법을 통해 수권을 받아야만 한다. 단지 그들에 의해 적용된 '살아 있는' 법이 기판력이라는 실정-법적 원칙을 근거로 법이 되는 방식이라고 하더라도 그렇다. 이것으로부터, 소위 '살아 있는' 법은, 그것이 법이라면, 실정법의 구성부분이라는 것이 도출되고, 따라서 양자의 구별 혹은 심지어 하나의 다른 하나에 대한 대립이라는 것은 말이 되지 않는다는 결론이 된다.

5) (그에 따를 때) 하나의 특정한 사실상태가 하나의 특정한 행위를 '요구한다'고 하는, 하나의 특정한 사실상태로부터 특정한 의무가 나온다고 하는, (혹은) 하나의 특정한 사실상태는 특정한 의무의 근거라고 하는 언어관용은 하나의 특정한 사실상의 사실상태^{Sachlage}에는 인간행위의 특정한 규범들이 내재하고 있다는 ─의식적인 혹은 무의식적이건─ 특유한 자연법적인 전제에 따른 것이다. 이러한 언어관용은 오해를 불러일으킨다. 왜냐하면 하나의 특정한 행위를 요구하는, 이러한 행위를 해야 할 의무의 근거는 실제 사실상태가 아니기 때문이다. 사실상태(관계)는 단지 하나의 조건, 즉 (그 조건하에서) 유효한 것으로 전제된 하나의 규범이 하나의 특정 행위를 당위된 것으로 설정하는 조건, 명령하는 조건인 것이다. 만약 우리들이 언어관용에 의해 이끌리게 된다면, 우리는 윤리학은 ─자연과학과 마찬가지로─ 사실의 인식 외에 어떠한 다른 기초(근거)도 가질 수 없다는 입장에 이르게 된다. 이에 대한 한 예는 캐리트(E. F. Carritt)인데, 그는 *Ethical and Political Thinking*, Oxford 1947에서 "… 도덕철학은 … 다른 과학(학문)과 같이 … 우리의 사실(에 대한)이해와 다른 어떠한 기초(근거)도 가질 수 없다. …"(6쪽)라고 말한 것이다. '의무의 근거' (The Ground of Obligation)라는 장에서, 그는, "일반적인 문제는 우리의 의무 (obligation)와, 그리고 결과적으로 우리의 현재의 강한 의무{(duty를 그는 아주 강한 현재의 obligation으로 이해하고 있다(3쪽)}가 우리의 실제 상황(그것에 영향을 미칠

수 있는 우리의 역량을 포함하여)과 우리가 즉시 수행할 수 있는 것의 결과들에 의존하는지, 그 상황에 대한 우리의 믿음에 의존하는지, 혹은 가정된 상황이 요구하는 것에 대한 우리의 도덕적 평가에 의존하는지 여부이다."(14쪽)라고 설명한다. 77쪽에서 캐리트는 "의무들과 강한 현재의 의무들은 몇몇 실제의 상황 혹은 믿어진 상황(believed situation)으로부터 나온다; 객관적 관점에서 볼 때 그것들은 실제의 상황으로부터, 주관적인 관점에서는 믿어진 상황에서부터 나오며, 추정적 관점에서는 무엇이 믿어진 상황에 의해 도덕적으로 **요구되었는가**에 관한 믿음으로부터 나온다."(강조는 켈젠이 한 것임)라고 했다. 캐리트는, 규범들 일반의 효력에 연관 짓지 않고, 하나의 특정 상황은 하나의 특정 의무를 '요구한다'(demand), (혹은) 하나의 특정 상황을 통해 하나의 특정 의무가 '요구된다'(required)는 입장에서 출발하고 있다. 하지만 그것(의무)이 "도덕적으로 요구된다."라는 것은 단지, 하나의 **도덕-규범**이 이러한 의무를 구성(확립)하고 있는 경우에만 가능하다. 이러한 도덕-규범은 상황에 내재적인 것이 아니다. 하지만 캐리트는 '상황과 그 **도덕적 함의**(암시, implications)'(21쪽)를 언급했다(강조는 켈젠이 한 것임). 이것은 윤리학의 문제에 대한 하나의 특수한 자연법적인 이해Auffassung인 것이다.

6) 후썰(Edmund Husserl)은, *Logische Untersuchungen*, 5. Aufl., Tübingen 1968, 1. Band, 40쪽 이하에서 의지와는 전혀 관련성이 없는 하나의 당위의 의미에 대해 확정할 수 있다고 믿었다. 그는 "예를 들면 '너는 나에게 복종해야만 한다; X는 나에게 와야만 한다.'와 같이, 하나의 모종의 원함 혹은 의지함, 하나의 요구 혹은 명령에 관계된 당위의 원래 의미는 주지하다시피 너무 좁다. 우리가 넓은 의미에서 아무도 요구하는 자가 그곳에 없어도, 경우에 따라서는 또한 요구를 받는 자가 아무도 없어도 하나의 요구라고 말하는 것과 같이, 우리는 또한 종종 누군가의 바람이나 의지와는 무관하게 하나의 당위를 말하는 것이다. 우리는 '전사는 용맹해야만 한다.'라고 말하지만, 그것이 우리 또

는 그 밖의 누군가가 이것을 원한다, 혹은 의욕한다, 명령한다 또는 요구한다는 것을 말하는 것이 아니다. … '전사는 용맹해야만 한다.'는 것은 오히려, 단지 용감한 전사가 좋은 전사라고 말하는 것이다."라고 했다. 이것은 하나의 가치판단이고, 보다 정확하게 말하면 —아래의 서술에서 드러나듯이— 이러한 가치판단을 하는 주체뿐만 아니라 누구에게나 타당한 하나의 **객관적** 가치판단이다. 후썰은 "이러한 가치판단이 유효하기 때문에, 이제 전사에게는 용감할 것을 요구하는 자는 누구라도 정당한 것이다. …"라고 한다. 여기서 후썰은 실제적으로 요구하는 누군가를 지시한 것이다. 그리고 그 가치판단은 전사는 용맹해야만 한다는 것을 규정하고 있는 하나의 규범이 효력이 있을 때만 단지 —객관적인 가치판단으로— 유효하다. 그리고 주관적 가치판단으로서는 단지 가치판단을 내리는 자가 전사는 용맹해야만 한다고 원하는 경우에만 효력이 있는 것이고, 따라서 —후썰에 따를 때— 모든 자가 아니고, 단지 이 주체만이 전사는 용맹해야만 한다고 요구할 수 있는 것이다. 만약 그 당위가, 하나의 의지(의욕)에 관계하지 않고도, 하나의 의미를 가질 수 있다면 —보다 정확히는, 하나의 의미일 수 있다면—, '누구도 요구하는 자가 그곳에 없음'에도 우리가 요구라고 말할 수 있다면, 우리는 또한 그 의미가 규범인 어떠한 의지적 행위가 없는 경우에도 하나의 규범을 말할 수 있는 것이다. 이제 우리는 물론 실제로 요구하는 자가 아무도 없는 곳에서도 요구를 말할 수 있는 것이다. 하지만 사람들은 마치 누군가 요구하는 자가 그곳에 있는 것**과 같이**, 하나의 단순히 상상된, 가공된 요구자가 있는 **것처럼** 그렇게 요구에 대해 말할 수 있는 것이다. 후썰에 당위를 위해 제공한, 의지와는 전혀 관계가 없는, 예는 후썰이 주장한 것의 바로 그 반대를 보여준다. "전사는 용맹해야만 한다."라는 당위문은, 후썰에 따를 때 "용감한 전사는 좋은 전사이다."라는 하나의 가치판단과 동일하거나, 적어도 등가적이다(41쪽). 하지만 하나의 용감한 전사가 '좋은' 전사이다, 혹은 보다 정확히는 하나의 전사의 용감한 행위는 '좋은' 행위이다라는 것은, 만약 이러한 가치판단이 하나의 객관적 가치판단이라면, 한 전사의 용감한 행위는 그것이 있어야 하는 것처럼 그렇게 있는(존재하는) 것이라는 의미이고, 즉 유효한 것으로 전제된 하나의 규범에서 당위된 것으로 규정된 것과 같다는 것과 다름 아니며, 그것은 이러한 당위규범에 일치한다는 것을 뜻하게 된다. 하지만 이러한 규범은 —유효하기 위해서— 반드시 누군가 하나의 권위(자)로부터 창설되어야만 하며, 필히 하나의 실제의 의지적 행위의 의미여야만 하며, 혹은 단지 사고된, 가공된 의지행위에서 하나의 상상된 권위자에 의해서 창설된 것으로 상정되어야만 하는 것이다. 단지 이러한 전제조건 하에서 가치판단이 가능한 것이다. 왜냐하면 그것은 단지 하나의 규범에 대한 하나의 행위의 관계 확정이기 때문이다. 그 가치판단은 —단지 가공된 것이라도— 규범의 효력을 전제하는 것이고, 후썰이 받아들인 것처럼 그 반대는 아니다.

"전사는 용감해야만 한다."라는 문장은 후썰에 따를 때(42쪽), 하나의 판단, 즉 '규범적 형태의' 판단이다. 그것이 하나의 판단이라면, 반드시 진실 혹은 거짓(비진실)이어야만 한다. 하지만 언제 "전사는 용맹해야만 한다."는 판단이 참인가? 그것은 단지 도덕 혹은 법적 권위자에 의해 창설되었을 때만, 혹은 관습의 방법에서 발생한, 전사는 용감해야만 한다는 것을 규정하는 규범이 유효할 때만 참인 것이다. "전사는 겁쟁이여야만 한다."라는 판단은 그것을 규정하는 규범이 없기 때문에, 당연히 거짓이다. 하지만 하나의 규범은 단지 의지적 행위의 의미로서만 효력이 있는 것이다. 우리가 "전사는 용감해야만 한다."고 말한다면, 우리는 단지 우리가 이로써 하나의 유효한 규범에 대한 하나의 진술을 하는 경우에만, 그리고 말하자면 하나의 의지적 행위의 의미에 관한 진술을 하는 경우에만 하나의 참인 진술을 하는 것이다.

아래에서 보다 상세하게 설명되었듯이, '당위'(… 해야만 한다)^sollen라는 단어는 단지 하나의 **규정적인** 의미에서만이 아니고, **기술적**인 의미에서도, 즉 다른 사람의 행위에 맞추어진 의지적 행위의 직접적인 표현으로서가 아니라, 사고 행위의 표현으로서 사용될 수도 있는 것이다. 하지만 이것은 단지 이로써 하나의 윤리학 혹은 법학의 관점에서 하나의 —하나의 의지적 행위의 의미를 형성하는, 도덕 혹은 법적 권위로부터 창설된— 규범의 효력이 주장되는 경우인 한에서만 그렇다.

언어관용에서 '해야만 한다·당위'라는 단어는 하나의 특정 행위를 규정하는, 즉 명령하는 **규범**에서, 그리고 하나의 그러한 규범의 효력을 기술하는 **진술**에만 사용되는 것이 아니라, 예를 들어 "너는 찻길을 건너갈 때 주의해야만 한다."와 같은 문장에서 단순한 추천의 표현으로서도 사용된다. 혹은 "결국에는 비가 내려야 해!"와 같은 하나의 바람의 표현으로서 (사용된다). '바람'은 또한 인간의 행위와는 모종의 다른 것에도 향해질 수 있다는 점에서 '원함(의욕함)'과 구별된다. 나는 단지 나의 의지의 표현을 통해 인과적으로 야기될 수 있다고 받아들이는 것만을 '원할' 수 있다. 그것은 단지 나의 의지(원함)의 표현을 이해하는 존재의 행위일 수 있다. 신은 자신의 의지·원함^{Wollen}을 표현함으로써 세상을 창조했다는 가정(그것은 "그리고 신이 빛이 있으라고 말하니, 빛이 있었다."라는 신의 전지전능함에 대한 믿음이다)은 종교적-형이상학적 성격을 가지고 있으며, 학문(과학)적 윤리학 혹은 학문적 법이론에서는 고려되지 않는다. 하지만 '당위'라는 단어는 또한 '소위'(자칭 … 라고 (주장)한다)라는 의미에서도 사용된다. "그는 자기가 매우 부자라고 말했다고 한다." 우리는 때때로 '당위'로 '의지함'을 표현하기도 하는데, 그것은 우리가 "만약 한 금속물체가 확장되어야만 한다면, 우리는 반드시 그 물체를 가열해야만 한다."라고 말할 때, 이로써 "만약 우리가 하나의 금속물체가 확장되어야만 한다는 것을 의욕(원)한다면"이라는 것을 말하고자 하는 것이다.

"목적을 원하는 자는 수단을 (반드시 …해야만 한다; muß 대신에) 원해야만 한다."라는 목적-수단-관계에 대한 기술에서 'sollen'이라는 단어의 잘못된 사용에 대해서는 나중에 다시 살펴보게 될 것이다.

7) 규범은 개념과 같이 동일한 것을 의미하지 않는다. '자연법칙'이라는 개

념 및 다른 개념들도 있는 것처럼 '규범'이라는 개념도 있다. 하지만 '규범'이라는 개념은 쉴리크(Moritz Schlick)가 "Fragen der Ethik", *Schriften zur wissenschaftlichen Weltauffassung*, Bd. 4, Wien 1930, S. 11에서 받아들인 것으로 보이는 것처럼, '개념'이라는 단어와 동일한 의미를 가지는 것은 아니다. 하지만 종종 그 개념에는 하나의 규범적 기능이 인정되고, 개념은 규범으로서 기술된다. 이것은 플라톤적-형이상학적 이데아(론)의 특징적인 한 요소이다. 나의 *Reine Rechtslehr*, 2. Aufl., 1960, S. 17f., 51, 363, 398을 비교하라. 개념이 하나의 규범이라면 ―개념으로서― 이 규범은 사고의 기능이지, 원함(의지)의 기능은 아니다. 이러한 관점의 형이상학적-신학적 기초는 칸트의 영향하에 있는 철학자 라인홀트(E. Reinhold, 1793~1855)에게서 아주 명백하게 표현되고 있는데, 프로인트(Peter Freund)는 매우 공로가 큰 자신의 베를린 박사학위논문 *Die Entwicklung des Normbegriffs von Kant bis Windelband*, Berlin 1933에서 그를 언급하고 있다. 라인홀트는 자신의 글 *Theorie des menschlichen Erkenntnisvermögens*, Gotha und Erfurt 1832, S. 98에서 말하기를(Freund, 앞의 글, 64쪽에 따라 인용된 것임), 개념들은 "우리의 표상·생각Vorstellen을 위해서 부분적으로는 필수적인 질서(조직·정돈)규범들Ordnungsnormen이며, 이에 따라 우리는 다양한 사고소재를 분야별로 분류하고 각 분야의 고유한 것들을 하나의 유일한 개별표상에서 유지한다. 부분적으로는 필수적인 구성규범Bildungsnorm으로, 반드시 이 구성규범의 안내에 따라 우리는 다양한 사례들에서 개별적인 대상들에 대한 생각(표상)들을 구상해야만 (윤곽을 그려야만) 한다. 특히 우리는 이러한 구성규범들에서 일반적인 규율들과 밑그림들을 (우리 앞에) 가지며, 이것을 통해 인간의 문화활동(예술행위)과 인간의 의사표현들의 저마다의 영역에서 우리의 실행(활동)력은 무릇 합목적적인 실효성에 이르는 것이고, 이러한 것들(문화활동과 의사표현들)에 따라, 그 실행력은 우리가 어떻게든 우리의 의지함과 할 수 있음의 힘으로 가져올 수 있는 모든 개별적인 것을 형성하는 것이다." 이것은 순수한 플라톤주의이다. 라인홀트의 *System der Metaphysik*, Jena 1842, S. 91에서 프로인트 등은, 반드시 개념들은 마치 그것에 따라 절대자, 신, 개별형상들을 만든 원형(전형)으로 간주되어야만 한다는 사고를 발견한다. 이러한 개념들을 통해 신에 의해서 의지된 목적들이 실현된다. 또한 개념들은, 우리가 우리를 그(개념들)에 맞추어야만 하는 한, 우리의 **활동**의 규범들을 기술하는 것이다. 라인홀트는 *System der Metaphysik*, Jena 1842, S. 324에서(프로인트에 따라 인용함, S. 70) 개념이 그것으로 표현되는 규범들에 대해서 "자신의 사고에 포함된 규범들의 그(정신)에 의해 생각된 합목적성과는 다른 어떠한, 그리고 그보다 더 높은 법률에 의해서도 제한되지 않는 정신은 자연활동성을 조종한다."라고 말했다. 신의 생각에 함유된 개념들은 규범들이다. 신의 사고의 규범들과 기능들, 그것은 ─물론─ 동시에 의욕(원함)이다.

8) 하나의 의지적 행위의 의미로서 규범은 (실제 존재에 반해서) 하나의 관념적인 존재이다. 그것은 규범은 사고들임을, 즉 진술들과 같이 사고-내용들임을 의미하는 것은 아니다. 무어(Julius Moor)는, "Das Logische im Recht", *Internationale Zeitschaft für Theorie des Rechts*, Bd. II(1927/28), S. 157ff. 에서, "법은 한편으로는 순전히 이상적으로 존재하는 규범들과 규칙들의 큰 체계이고, 다른 한편으로는 이러한 규범에 결합된 인간들의 행위의 큰 체계"를 의미한다고 말했다. "만약 우리가 법에서의 논리적인 것의 역할을 고찰한다면", 반드시 "우리는 단지 첫 번째의 구성부분, 법의 규범적 체계만을 고려해야만 하고 … 만약 우리가 어느 정도까지 법에서 논리적인 것이 효력을 가지는가를 연구하려 한다면, 반드시 우리는 단지 행위의 규칙(norma agendi; rule of conduct)으로서 법은 순수하게 사고적으로 존재하는 규정들, 규칙들 혹은 규범들의 한 체계라는 것만을 고려해야 하는 것이다. 이것은 저마다의 법체계는 하나의 사고의 체계라는 것을 의미한다. 여기서 이미 법에서 논리적인 것은 하나의 비상한 역할을 수행한다는 것이 분명해진다. 왜냐하면 만약 법체계

가 사고의 체계라면, 각 법규범은 논리적인 내용을 가지기 때문이다."라고 말했다. 규범들은 사실상 '순수하게 이상적으로'^rein ideal '존재한다'. 보다 정확하게는 관념적인 실존을 가진다. 왜냐하면 규범들은 단지 의미내용이지 사고행위^Denkakten, Gedanken의 의미는 아니고 ―달리 말해 사고의 의미가 아니고― 의지적 행위의 의미이기 때문이다.

의지(적)행위의 의미로서 규범은 우리의 사고(생각하기)의, 우리의 인식의 대상일 수 있고 ―윤리학과 법학과 같은― 하나의 학문의 대상일 수 있다. 사람들은 그 의미가 규범들인 의지적 행위를 고려하지 않고, 의미형상들로서 규범들을 인식의 대상으로 만들 수 있다. 말리(Ernst Mally)는 *Die Grundgesetz des Sollen*, Graz 1926, S. 11에서 우리가 '그에 속하는 의지의 주체 혹은 주체들을 제시하는 데 어느 정도 당혹감에 빠지게 되는' 그러한 당위의 사례들이 있을 것이라고 적고 있다. "하지만 결정적인 것은, 선입견 없는 자는 바로 이러한 사례들에서 ―그리고 윤리적인 당위의 가장 중요한 것이 그에 속하는― 그러한 주체가 없음을 전혀 알지 못한다는 것이다. 왜냐하면 그는 의지함이나 의지하는 자를 도대체 생각을 하지 않기 때문이다."라고 적었다. 이것은 맞는 말이다. 하지만 이것은 단지, 사람들이 당위, 규범을 의미로서 그의 인식 대상으로 만들고 그에 관해 진술한다는 것, 그리고 동시에 그것의 의미가 당위인 원함에 대해서는 멀어질 수(추상화) 있다는 것을 말할 뿐이다. 하지만 이것은 이 당위가 하나의 원함의 의미가 아니라는 것을, (규범으로서) 당위는 그 의미가 그것인 하나의 원함 없이 가능하다는 것을 의미하는 것은 아니다. (규범들이 아닌) 진술들이 당위문들이라면, 이러한 당위는 기술적인 의미를 가지는 것이지, 규정적인 의미를 가지는 것이 아니다. 말리는 그가 "사람들은 'A이어야만 한다.'에 '항상 A이어야만 한다가 유효하다(사실이다).'를 대체할 수 있다. 왜냐하면 주지하다시피 하나는 다른 하나 없이는 맞지 않기 때문이고, 그래서 사람들은 요구에 다시 하나의 통상적인 (그렇게 말할 수 있듯이) 이론적인 사실, 예를 들어 우리가 무언가를 원하지 않고도 (판단하면서 혹은 단순히 가정(수용)하면서) **생각**

할 수 있는 것을 대체한 것이다."(12쪽)라고 말했을 때, 분명히 이에 주목한 것이다. 말리가 지적한 '판단'은 단지 하나의 규범의 효력에 관한 진술일 수 있을 뿐 효력, 즉 —윤리학과 법학에서— 인식의 대상인 하나의 규범의 존재일 수는 없다.

9) 모리츠(Manfred Moritz, "Der praktische Syllogismus und das juridische Denken", *Theoria*, vol. XX, 1954, S. 88)는 특정되지 않은 다수의 사람에 향해진 것을 '일반적 명령'generelle Imperative이라고 표시했다. 하지만 또한 이름이 언급된, 즉 개별적으로 특정된 사람에게 향해진 하나의 명령도, 만약 그 명령된 행위가 개별적이 아니고 일반적으로 정해진 경우라면, 즉 명령이 애당초 제한되지 않은 수의 사례들에서 개별적으로 정해진 명령수신자들에 의해서 준수되어야만 할 때는, 일반적인 성격을 가질 수 있다.

10) 만약 그 행위의 인적 요소뿐만 아니라 물적 요소가 **구체적으로**, 달리 말해 개별적으로 특정된 **한** 인간의 일회적인 행위로서 당위된 것으로 설정된 경우에 하나의 규범은 개별(인)적인 것이다. 예를 들어 아버지 A의 "창문을 닫아라."라는 명령이 아들 B에게 향해졌다. 모든 다른 규범들은 일반적인 규범들이지만, 그 일반적인 성격의 정도는 다양할 수 있다.

1. 아버지는 자신의 세 아들 B, C, D에게 "지금 학교에 가라!"고 명령한다. (이러한 경우는) 개별적으로 **구체적으로** 정해진 일정 수의 수신자들, (그리고) 동일하게 일회적인 행위들의 특정 횟수(라는 특성을 가진다).

2. 한 하사관이 일렬로 선 20명의 군인들에게 "세 명 앞으로!"라고 명령했다. 개별적으로 특정되지 않은 일정한 수, 즉 **추상적으로** 정해진 규범수신자, 세 개의 구체적으로 동일하게 특정된 행위들.

3. 교황이 모든 가톨릭 신자들에게, 특정한 날에 특정한 시간에 하나의 특정한 기도를 신에게 하라고 명령했다. 하나의 불특정한, 하지만 **추상적으로** 정

해진 규범 수신자들의 제한된 수, 하나의 불특정한, 하지만 **구체적**으로 동일하게 정해진 행위들의 제한된 수.

4. 모든 사람들은 그가 한 약속을 지켜야만 한다. **추상적**으로 정해진 규범 수신자들의 불특정하고 제한 없는 수, 동일하게 **추상적**으로 정해진 행위들의 불특정하고 제한 없는 수.

5. 모든 사람들은 예수가 규정한 것처럼 행동해야만 한다. 단지 규범을 창설하는 권위는 **구체적**으로 정해졌다. 준수되어야 할 규범들의 실질적인 요소들은 전혀 정해지지 않았다. 인적인 요소는 **추상적**으로 정해진 사람들의 불특정이지만 제한된 수.

6. 사람은 무언가(어떤) 하나의 권위(자)가 규정한 대로 행위해야만 한다. 단지 규범을 설정하는 권위는 **추상적**으로 정해졌다. 준수되어야 할 규범들의 실질적 요소는 전혀 정해지지 않았다. 인적인 요소는 **추상적**으로 정해진 주체들의 불특정의 제한 없는 수.

규범 6은 하나의 규범의 최고의 일반적 성격을 보여준다. 규범 6은, 나중에 보다 상세하게 특징지워질, 하나의 실정 도덕질서와 법질서의 근본규범의 예이다. 규범 1부터 5까지는 개별적인 규범과 최고도로 일반적인 규범 간의 다양한 중간단계를 보여주고 있다.

11) '규칙'^{Regel}은 영어에서는 'rule'로, '법적 규칙·법규'^{Rechtsregel}는 영어에서 'rule of law'를 의미한다. 하지만 이러한 표현은 단지 실정법의 일반적인 규범만을 의미하는 것은 아니다. 이 표현은 또한 모종의 법 정책적인 명제(요구, Postulate)를 위해 사용된다. 그런 식으로는 마시(Norman S. Marsh)가 그의 논문 "The Rule of Law as a Supra-National Concept" in *Oxford Essays in Jurisprudence*, edited by A. G. Guest, Oxford 1961, S. 223에서 "보다 최근에는 비록 영미헌법의 특유한 형태로서보다는, 국제사법재판소법 Article 38(1)

ⓒ가 '문명국가'라고 부르는 것을 결합하거나 혹은 결속할 수 있는 법적 이념과 실무의 공통의 기초로서이지만, 법의 지배에 대한 관심의 부활이 있었다; 이러한 최근의 부활에서 법의 지배는 사실상 **그중에서도** Article 38이 법원에 적용하도록 하고 있는 '문명화된 국가에 의해 인정된 법의 일반원칙'들과 공통점이 많다."라고 말했다.

그러한 이상 혹은 요구로서 고려되는 것은, 무엇보다 법원의 행위는, 특히 형사법원의 행위는 (일반적인) 법률들을 적용함에 있어서 하나의 특별한 기관을 통해 설정된 규범들을 통해 이루어져야만 한다는 것(nulla poena sine lege); 이러한 합법성(법률주의)Gesetzmäßigkeit의 요구는 —모종의 예외는 있지만— 또한 행정행위의 영역에도 타당하다는 것; 법원은 독립적이어야만 한다는 것; 법률을 통해 보장된 특정의 자유들은 개인들에게 보장되어야만 한다는 것; 개인들은 '법 앞에서' 평등해야만 한다는 것; 또한 때때로 행정행위의 합법성은 법원의 심사에 종속되어야만 한다는 요구 등이다. 대부분 '법의 지배'(Rule of Law)라는 공식의 사용은 —이로써 실정 법률의 하나의 일반규범이 표현되는 것이 아닌 한— 자연법적인 이상으로 귀결된다. 하나의 규범적 강제행위는 단지 그것이 '법의 지배'(Rule of Law)로서 표현된 요구에 부합하는 경우에만 '법'으로서 유효하다.

'Rule of Law'의 공식의 법정책적인 특성에 대한 특징적인 내용은 타멜로(Ilmar Tammelo)의 에세이 "The Rule of Law and the Rule of Reason in International Legal Relations", *Logique et Analyse*, Nouvelle Série, 6ᵉ Année, 1963, 335쪽부터 368쪽에서 볼 수 있다. 이 논문이 다룬 문제는 "국가 사이에 rule of law가 있는가?"이고, "국가 사이에 rule of law가 존재해야만 하는가?"(336쪽)이다. 하나의 그러한 문제제기는 단지 'rule of law'가 실정법으로 이해되지 않을 때만 가능한 것이다. 왜냐하면 국가 간의 관계에서 실정 국제법이 있다는 것은 의문의 여지가 없기 때문이다. 338쪽에서 타멜로는 'rule of law'라는 공식은 "'자유', '합법성', 그리고 '인간의 존엄성', 그리고 354쪽에서 평등과 같은 이상의 호소(invocation)를 담고 있다."라고 말했다. '자유', '인간의 존엄성', '평등'은 매우 상이하게 해석될 수 있는 가치들이고, 하나의 실정 법질서에서는 실현될 수 있지만 결코 반드시 실현되어야만 하는 것은 아니라고 했다. 또한 350쪽에서 타멜로는 'rule of law'의 공식을, "특정한 맥락에서는 그 구(phrase)는 '법적 규범'(legal norm)에 의해 표현되는 것과 동일한 것을 의미한다. 이 의미는, 하지만 분명하게 우리의 현재 관심사라는 맥락에서는 적절하지 않다."라고 했다. 따라서 그는 'rule of law'라는 공식을 'rule of reason'이라는 공식으로 대체할 것을 제안했다. 363쪽에서 그는 "그것은 법을 따르는 것이, 심지어 악법(dura lex)인 경우에도, 우리의 의무라는 것은 누가 봐도 분명한 것이다. 법을 따를 도덕적 의무는 단지 그것의 명백하고 언어도단적인 불합리성과 우리가 필수적이고 없어서는 안 될 공익의 요구로서 간주할 수밖에 없는 것과 양립할 수 없다는 이름으로 도전될 수 있을 뿐이다."라고 했다. '공익'(common good)이라는 개념은 고도의 주관인 가치판단을 암시한다. 사회주의자들의 관점에서 '공익으로' 간주되는 것은 자본주의자의 관점에서는 바로 그 반대로 판단된다. 타멜로는 주지하다시피, reason은 이성이며, 무엇이 '공익'인가에 대한 대답을 준다고 전제한다; (이것은) 이성법으로 표현되는 자연법의 전형적인 환상이다. 타멜로는 불가피하게 '이성이라는 단어는 모호하고 쉽게 가늠하기 어려운 것'(358쪽)이라고 고백해야 했지만, 그럼에도 그는 '합리성은 국제법을 구성하는 요소'(362쪽 이하)라고 설명했다. 즉 만약 한 국가의 관습 혹은 국가 간의 계약을 통해 생겨난 실정 규범이, 이 규범을 따르거나 혹은 적용해야만 하는 주체의 생각에 따를 때 '합리적'이지 않다면, 즉 '이성적'이지 않다면 그 규범은 이러한 주체로부터 구속적인 것으로 간주될 수 없다는 말이다. 365쪽 이하에서는 "근본적인 정당화가 법적 정당화로 흘러들어가거나, 법적 정당화를 무시(능가)하는 지점들이 있다. 합법성보다는 반드시 더 높은 것으로 간주되어야만 하는 고려들을 지적함으로써 법은 유효하지 않은 것으로 보일 수 있는 데 반해 여전히 유효한 것으로 보일 수 있는 것이 있는 예들이 있다."라고 한다. 여기서 고려되는 관계는 이성에 대한 관계이고, 즉 법에 종속된 주체들이 '이성적'이라고 여기는 것에 대한 관계인 것이다. 이 것은 법실증주의에 반대하는 자연법이론 혹은 이성법이론이고, 이것들은, 만 약 그것이 사실상 적용된다면, 필시 완전한 무정부^{Anarchie} 상태에 이르게 될 것 임이 분명하다.

12) 하나의 규범은 필수적으로 일반적인 성격을 가질 수밖에 없다는 입장의 가장 전형적인 주장자는 왈리스왈피츠(Mieczyslaw Wallis-Walfisz, "Les enonces des appreciations et des normes", *Studia Philosophica*, vol. II, 1937, S. 421ff.)이다. 그는 "즉각적인 성격을 가지며, 그것이 수행이 되는 순간 바로 그 효력이 상실 되는 명령들과는 달리, 규범들과 그 진술들, 규범적 문장들은 항상 일반적 특 징을 가진다. '네 우산을 챙겨라.'라는 조언은 규범적 문장이 아니다. 그에 반 해 중국 고사 '비록 날씨가 좋아도 우산을 휴대하라.'는 규범적 문장이다. '피 에르는 산책가야 한다.'(Pierre devrait faire une promenade)라는 진술은 규범적 문장을 구성하지 않지만, 우리가 '피에르는 매일 산책가야 한다.'(Pierre devrait se promener chaque jour)고 말한다면 규범적 문장이 된다."(434쪽)라고 했다. 만 약 ―인용된 문장에서 부각되었듯이― 규범들이 하나의 일반적인 성격을 가지 는 것이 틀림없다는 것에 대한 근거가 하나의 개별 명령은 만약 그것이 준수되 면(이행되면) 그 효력을 잃는다는 것이라면, 이에 대해서는 또한 하나의 일반규 범도 그것이 준수될 수 있는 모든 사례들에서 실제로 준수되었다면 그 효력을 잃는 것이고, 따라서 그 일반규범이 (그 아래에서) 효력을 발하는 조건은 더 이 상 발생하지 않는다고 반박할 수 있을 것이다. 만약 피에르가 죽는다면, 그리 고 그 일반규범 "피에르는 매일 산책을 해야 한다."가 더 이상 준수될 수 없다 면, 그 규범은, "피에르는 산책을 가야만 한다."라는 개별적인 명령이 사실상 (이미) 준수되었다면 그 효력을 상실하는 것과 마찬가지로 효력을 잃게 된다. 본문 [112]쪽 이하를 비교할 것.

13) '명령하다'^{Befehlen}는 '요구(명령)하다'^{Gebieten}와 같은 의미이다. 이들의 언어형태는 하나의 명령문 혹은 당위(요구)문이다. "속이지 마라."(명령문) 혹은 "너는 속여서는 안 된다."(요구·당위문) 하지만 때때로 '명령'^{Imperativ}이라는 단어가 'Befehl' 혹은 'Gebot'라는 단어의 자리에 대신하여 사용된다. 사람들은 "A는 B에게 하나의 명령을 주었다(향하게 했다).'라고 말하고, 이 문장으로 "A는 하나의 명령(문)의 언어형태에서 하나의 Befehl(혹은 Gebot)을 B에게 향했다."를 의미한다. 종종 우리는 '명령'^{Befehl}이라는 단어를 ―영어에서는 'command' ― 개별적인 '명령'(Imperative)에 제한하고, 일반적인 '명령'^{Imperative}을 '규정·규칙들'^{Regeln}로 표현한다. 그렇게 메이요(Bernard Mayo)는 "Symposium: Varieties of Imperative", *The Aristotelian Society*, Supplementary volume XXXI, London, 1957, S. 161에서 "… 특별한 명령들(imperatives)은 명령들(commands)이고 일반적인 명령은 규칙들(rules)이다."라고 말했다. 이러한 용어상의 구별은, 하나의 일반명령을 ―예를 들어 선생님이 다수의 학생들에게 "매일 8시 5분 전에 일찍 교실에 와라."라고 말한 문장을― 그 선생님이 학생 마이어에게 말한 "지금 칠판 앞으로 와라."라고 말한 문장과 같이 하나의 명령으로 표시하는 것과 불일치하는 것이 아니다. 양 문장들은 명령들이고, '규칙(규정)'으로 표시되는 문장이다. 양 문장은 첫 번째의 것이 일반적 명령, 두 번째의 것이 개별적 명령이라는 점에서 상호 구분된다.

14) 빈델반트(Wilhelm Windelband, *Über Willensfreiheit*, Tübingen und Leipzig 1904, 66쪽)는 '목적의 원함은 수단의 원함을 필연적으로 수반한다는 원칙(법칙)(thelematische Grundgesetz)'을 말했다. 하지만 이 '원칙'은 빈델반트에 따르면 예외를 가지고 있다. 그는 "하지만 목적은 수단을 신성하게 한다(이러한 문장을 빈델반트는 thelematischer Grundgesetz와 동일한 의미로 생각하고 있는 것 같다)라는 문장의 효력은, 바로 수단에 혹은 그 부수결과 자체에 사실상 내재하고 있는 가치결정들에 그의 한계가 있는 것이고, 따라서 그 효력은, 이러한 가치결

정들이 부정적인 특성을 가진 사례들에서, 그리고 그렇기 때문에 사람들이 때에 따라서는 그에 이르는 수단이 그 자체 혹은 그 효과들에 있어서 그것들을 거부하게 하는 가치감정을 불러일으키기 때문에, 그 목적의 달성은 반드시 포기해야만 하는 모든 그런 사례들에서 변경되고 폐기되는 것이다. 그래서 경우에 따라서는 그 자체 종결된 목적의 선택이 수단의 선택을 통해서 번복될 수 있는 것이다. 보다 운이 좋은 다른 사례들에서는 이러한 목적의 선택은 그 수단이 그의 부수효과들 전체와 함께 승인을 얻게 되는 경우에도 즐거운 확인을 받게 되는 것이다."라고 했다. 말하자면 하나의 목적은, 그 수단이 의지됨(원해짐)이 없이도 의지될(원해질) 수 있다. 왜냐하면 우리는 그 수단을 무언가 어떤 하나의 이유로 원치 않을 수 있기 때문이다. 그렇다면 이제 우리는 —이미 의욕된— 목적을 더 이상 원치 않는다. 하지만 그 목적은 의욕되었던 것이다. 수단의 원함은, 따라서 목적의 원함에 대한 논리적인 결과도 아니며 심리(학)적인 결론도 아닌 것이다.

팬더(Alexander Pfänder, *Phänomenologie des Wollens*, 2. Aufl., Leipzig 1930)는 사람들은 또한 수단도 의욕된 것[gewollt]일 때만 목적의 하나의 '원함'[Wollen]을 말할 수 있다는 입장을 주장했다. 그는 "즉 원함의 목표[Ziel des Wollens]는 목적[Zweck]으로 표현된다. 하지만 사람들은 그럼에도 하나의 열망·추구[Streben]의 목표를, 단지 그 목표의 실현의 조건들에 대한 추구(열망)가 [원함은 추구의 하나의 특수한 경우다] 존재하는 경우에만 목적[Zweck]이라고 부른다. … 이러한 조건들은 그 목적에 대한 **수단**이라고 불린다."(95쪽 이하)라고 했다. 이것은 언어관용과 부합하지 않는다. 나는 (내가 그 당시 살았던, 뉴욕에서) 나에게, 가장 먼저 그 여행을 배로 할 것인지 혹은 비행기를 탈 것인지를 원하지 않고, 2주 안에 파리에 있기를 목적으로 설정하기를 원할 수 있다. 달리 말해 우선 그것을 통해 2주 안에 파리에 있는다는 목적이 실현되는 수단과 관련해서는 전혀 의욕함이 없이 말이다. 물론 어떻게, 즉 어떤 방법으로 내가 파리로 가게 될 것인가와 같은 문제는 전혀 고려하지 않고도 말이다. 나는 수단에 해당하는 결정을 연기할 수도 있다. 만약 내가 2주 내에 파리에 있을 것이라는 나의 의지를 포기한다면, 이러한 (수단의 선택에 관한) 결단은 전혀 하지 않을 수 있다. 하지만 나는 2주 내에 파리에 있을 것이라는 것을 '원했고', 단순히 바라기만 한 것은 아니었다. 팬더 자신은 "그것을 통해 원함의 목표가 달성되는 그 **행위 자체는** 필연적으로 원함에 속한다."라는 입장에 반대하는 자신의 논쟁에서 "그 목표는, 우리가 그것의 실현을 위해 필요한 수단의 달성에 다가가기 전에 이미, 우리의 원함의 대상이다."(87쪽)라고 했다. 그는 예로서 "나는 예를 들어 아침에 특정한 시간에, 그리고 특정한 장소에 그곳에서 거행되는 콘서트를 방청하려고 원한다. 이것은 당연히 하나의 현실적인 의지(원함)이다. 하지만 내가 바로 지금 그곳으로 가는 것은 아무런 의미도 없을 것이다. 그리고 나는 또한 내가 예를 들어 아침에 그곳으로 가거나 혹은 가기 시작하는 경우에만 비로소 현실적으로 무언가를 **원하는** 것도 아니다. 그리고 나의 지금의 원함은 단순한 바람도 아니다. 왜냐하면 만약 내가 나는 콘서트를 듣기를 '**원한다**'(의지한다)^will라고 말하는 대신에 나는 콘서트를 방청하기를 '**바란다**'(희망한다)^wünsch라고 말하는 경우에 그것은 다른 의미를 가지기 때문이다. 나의 지금의 원함은 또한 내가 아침에 그곳에 가는 것을 잊어버렸거나 특정한 이유들로 인해 달리 결정하였다고 하더라도 영원히 하나의 원함이었던 것이다."(89쪽)라고 했다. 그렇다면 왜 나는, 내가 그곳에 감과 관련하여 무언가를 원하지 않고, 아침에 한 특정한 시간에 한 특정한 장소에 그곳에서 개최되는 콘서트를 듣는 것을 실제로 '원할' 수 없는 것인지 그 이유를 이해할 수 없다. 왜냐하면 나의 목적을 실현하기 위한 수단은 아침에 비로소 적용되는 것이기 때문에, 나는 이러한 수단에 해당하는 나의 의사결정을 아침에야 비로소 할 수 있고, 혹은 내가 아침까지 콘서트를 듣겠다는 나의 의사를 무언가 하나의 이유로 단념한다면, 전혀 그러한 의사결정을 하지 않을 수 있는 것이다. 하지만 또한 이 경우에도 나는 실제로 콘서트를 듣기를 '의욕(원)'한 것이고 단순히 소망(바람)한 것은 아니다.

15) 헤어(R. M. Hare, *The Language of Morals*, Oxford, 1964, S. 160ff.)는 "너는 두 번째의 복용량(약)을 주어야만 한다(약의 두 배를 주어야 한다)(독살범이 되려고 하는 자에게 말했다),"(너는 두 배의 약을 주어야만 한다고 다른 사람을 독살하려는 자에게 말했다)와 "너는 진실을 말해야만 한다."는 문장에 대해서, "'해야만 한다.' (ought)라는 단어의 논리(학)는 두 사례에서 현저히 차이가 나는 것은 아니다." 라고 말한다. 하지만 만약 두 개의 문장 중 그 첫 번째의 문장이 "너는 그의 죽음을 야기하려고 의지하는 경우에는 그에게 두 배의 복용량의 약을 주어야만 한다."는 의미를 가진다면, 그것은 바르게 표현한다면, "해야만 한다."가 아니고, 달리 말해 '당위'^{Soll}가 아니라, 바로 하나의 '필연', 'muß'인 것이다. 영어에서는 물론 'ought'와 'must'의 구별이, 독일어에서의 'soll'과 'muß'의 구별과 같이 그렇게 뚜렷한 것은 아니다. 헤어는 첫 번째 문장에서는 그렇지 않지만, 단지 두 번째의 문장에서 "너는 해야만 한다."(you ought)에 "그것이 너의 의무이다."(it is your duty)가 투입될 수 있는 한, 양 문장 사이의 차이점이 있다고 보았다. 하지만 독일어에서는 "너는 해야만 한다."(du sollst)는 "그것은 너의 의무이다."(es is deine Pflicht)와 같은 의미이다.

16) 목적론적 필연성은 인과적 필연성이지 규범적 필연성은 아니기 때문에, 그리고 윤리학은 본질적으로 규범들의 효력, 하나의 당위, 하나의 규범적 필연성을 말하는 것이기 때문에, 하나의 규범적인 논리학과 목적론적인 논리학을 구별하는 것은 가능하지 않다. 로스(W. David Ross, *Foundation of Ethics*, Oxford 1939, S. 3)는 "도덕적 문제들에 대한 일반적인 견해들의 복잡한 구조 속에서 두 개의 중요한 입장이 발견될 수 있다. 한편으로는 의무의, 옳고 그름의, 도덕법과 법률들의, 명령들의 (상호) 밀접하게 결합된 이상들을 포함하고 있는 일련의 견해들이 있다. 다른 한쪽에는, 목적이 되는 선(재화들)과 목적들(goods and ends)의 이념을 담고 있는 견해들이 있다. 하나의 경우에는 인간 삶의 이상이 법에 대한 복종으로서 상정되고, 다른 경우에는 욕망의 점진적인 충

족과 목표의 달성으로서 예정된다."라고 적고 있다. 이러한 두 윤리적 이론 간의 차이점은 그 하나에 따를 때 윤리적인 가치, 하나의 행위의 선함$^{Gut-Sein}$은 그 행위가 도덕규범에 부합한다는 것에 있지만, 다른 하나에 따르면 그 행위가 하나의 특정한 목적을 실현하기 위한 수단이라는 것에 있다는 것이다. 다른 말로 하자면, 도덕적 가치는 유효한 것으로 전제된 규범에 대한 하나의 행위의 관계에서 혹은 이러한 목적에 대한 관계에서 존재한다는 것이다. 이것은 하나의 규범적 윤리학과 하나의 목적론적 윤리학의 차이고, (그 하나의 윤리학에 따르면) 하나의 행위는 그것이 유효한 것으로 전제된 도덕규범에 부합하는 경우 도덕적으로 선하다는 윤리학과, (다른 하나의 윤리학에 따르면) 만약 그 행위가 전제된 목적에 부합하는 경우라면 도덕적으로 선한 것이라는 윤리학 사이의 차이점이다. 하지만 목적론적 윤리학도 단지 하나의 규범적 윤리학이다. 왜냐하면 이러한 '윤리학'이 '목적'으로 표현하는 것은, 단지 하나의 특정 행위를 당위된 것으로 규정하는 하나의 규범일 수 있기 때문이다. 로스(Ross)는 "(그곳에서는) 의무가 핵심주제인 윤리적 체계들과 (그곳에서는) 재화와 목적이 핵심주제인 윤리적 체계들 사이의 대립은 아주 분명하다. 하지만 본능적인 재화들에 대한 인정을 포함하지 않은 의무의 윤리학이 있었다거나 의무들의 인정을 포함하지 않는 목적의 윤리학이 존재한다고 가정하는 것은 실수일 것이다."(4쪽)라고 한다. 하지만 하나의 규범적 논리학과 다른 윤리학은 있을 수 없다고 말하는 것이, 즉 도덕규범들의 효력을 말하는 하나의 윤리학이 있을 수 있다고 하는 것이 보다 정확하게 말하는 것이다. 왜냐하면 하나의 도덕은 하나의 규범적 질서와 다름없고, 하나의 특정 행위를 기술하는 규범들의 체계와 다르지 않기 때문이다. 하나의 특정 행위를 규정하는 규범을 '목적'으로 표시하는 것은 하나의 '주관적' 목적과 하나의 '객관적' 목적의 구별에 근거하는 것이며, 여기서 주관적인 목적은 누군가가 실현하려고 의지하는 상태로 이해되며, 객관적 목적은 비록 누군가가 스스로 그것을 실현하려고 원하지 않는다고 하더라도, 그것을 실현해야만 하는 하나의 상태로 이해된다. 하지만 '목적'^{Zweck}은 단지 그 규범을 자신의 의지적 행위를 통해 설정하는 자의 관점에서만, 사람들은 규범에서 정해진 방식으로 행위해야만 한다는 것을 원하는 자의 관점에서만 이러한 상태이다. 달리 말해 규범인 명령을 하는 자, 명령자의 관점에서만 그렇지, 그렇게 행위해야만 하는 자, 규범이 그에게 향해진 자, 규범의 수신자 혹은 명령의 수신자의 관점에서는 아니다. 하나의 실정 도덕의 규범은 —마치 하나의 실정 법의 규범과 같이— 항상 의지(적) 행위의 의미이다. 그것은 —인간의 종교적인 믿음에 있어서— 인간 위에 초월적인 인격의 의지적 행위이며, 그 선지자들에 의해 공포된 신의 의지일 수 있다. 이런 경우에 사람들은 그것의 의미가 규범인 의지적 행위를 간과하고 실정 규범들을 —원해진 것이 아니고 이러한 의미에서 '객관적인'— '목적들'로 해석하는 경향이 있다. 하지만 이러한 의미에서 그 목적들은 객관적일 수 없고, 객관적 목적이라는 것은 있을 수 없다. 왜냐하면 하나의 '목적'^{Zweck}은, 또한 초월적인 권위에 의해서라도, 의지된 것이어야만 하기 때문이다. 달리 말해, 사람들이 하나의 인간의 의지행위를 통해 설정된 것이 아닌 도덕규범들을 유효한 것으로 전제한다면, 그것은 반드시 초인간적인 선험적 의지를 통해 설정되었다고 받아들여야만 한다^{muß}. 하나의 의지적 행위를 통해 창설되지 않은, 하나의 의지적 행위의 의미가 아닌 하나의 실정 규범은 그 자체 모순이며, 명령(하는)자^{Befehlsgeber} 없는 명령^{Befehl}이거나, —만약 사람들이 이 명령의 언어적 표현을 주목한다면— 명령자^{Imperator} 없는 명령^{Imperativ}이다. 로스의 두 개의 윤리(학)적 이론의 구별과 관련하여 애슈비(Warren Ashby)는 "Teleology and Deontology in Ethics", *The Journal of Philosophy*, vol. XLVII, No. 26, 1950, S. 765ff.에서 규범적 윤리학을 '의무론적'으로 표시하고, 양 이론 사이에는 전혀 충돌은 존재하지 않는다고 주장했다. 즉 "지속적으로 발전되어온 양 이론은 다른 이론을 함유한다."(each position, consistently developed, implies the other)(765쪽)라고 했다. 이것은 옳지 않다. 그중 하나는 다른 하나를 포함하지 않으며, 단지 하나만 있는 것이고, 즉 규범적 윤리학이거나 의무론적인 윤리학이(있는 것이)다.

또한 아이슬러(Rudolf Eisler)가 *Der Zweck. Sein Bedeutung für Natur und Geist*, Berlin 1914, S. 65ff.에서 말한 것처럼, 하나의 '규범적' 목적개념을 하나의 '설명(해석)적'explikativ 목적개념과 구분하는 것도 가능하지 않다. 목적개념은, 목적의 실현이 수단의 실현의 효과로, 수단의 실현이 목적의 실현의 원인으로 생각되는 한, 설명적이다. 그렇다면 이제 '여기를 지배하는 사건의 필수불가결성'은 하나의 '목적론적-인과적 필연성'이다(같은 책, 66쪽). "하나의 **규범적-목적론적** 필연성은 우리가 수단과 목적의 관계(연관)를 직접적으로 인과적 관계로 환원하지 않고, 목적을 그 수단이 관념적으로 따라오는(도출되는) **이상적 근거**Idealgrund로 생각할 때 비로소 생겨나는 것이다. 수단의 설정은 이제 목적의 설정을 통해 정해지는 것 혹은 요구되는 것으로 보이거나, 또는 수단에 관한 판단은 목적의 설정이 유효하기 때문에 유효한 것(으로 보이는 것)이다. 여기서는 논리적인 것의 하나의 특수한 공간에의 적용, 즉 '목적론적 논리학' 혹은 **목적의 논리학**이 문제된다. 여기서 인과성은 직접적으로 고려되는 것은 아니다. 또한 그 '수단'이 동시에 목적 실현의 하나의 '원인'이라면, 그렇다면 그 순수한 목적적 관계는 특수한 유형의 의존성을 의미하는 것이다. 그와 같이 **목적법칙들**Zweckgesetze은 (그것들이 직접적이건 혹은 간접적이건 그러한 것(인과법칙)을 언급할지 몰라도) 그 자체 인과법칙들이 아니다. 그것들은 단지 만약 하나의 모종의 목표가 실현되어야만 한다면, 하나의 특정 목적이 충족되어야만 한다면 무엇이 반드시 일어나야만 하는지 혹은 일어나야만 할 것인지만을 규정한다. '(반드시) … 해야만 한다.'müssen는 여기서 어떠한 직접적인 인과적 의미를 가지는 것이 아니고, 그것은 하나의 원인으로부터 효과의 발생에 관련된 것이 아니고, 우선적으로 목적을 통한 수단의 조건 지워짐(피규정성)에 관련되어 있다."(66쪽 이하) 이에 반해 '목적을 통한 수단의 피규정성'Bedingtsein은 단지, 목적의 실현이 수단의 실현의 효과이고, 수단의 실현은 목적의 실현의 원인임에 있다는 반론이 당연히 제기되어야만 할 것이다. 만약 아이슬러가 '규범적' 목적개념을, 그 수단은 '이상적 근거'로서 목적으로부터 '관념적으로' 도출된다는 가정 아래 근거 지우고 있다면, 그것은 단지 수단이 논리적으로 목적으로부터 도출된다는 것만을 의미할 수 있는 것이다. 물론 아이슬러도 여기서는 '논리적인 것의 … 적용이 관건'이라고 말했다. 그는 '목적론적 논리학' 혹은 '목적의 논리학'에 대해 말했다. 하지만 수단은, 마치 "인간 소크라테스는 죽는다."라는 진술의 진실이, "모든 인간은 죽는다."라는 진술로부터 논리적으로 도출되는 것처럼, 목적으로부터 논리적으로 도출되지는 않는다. 목적은 —목적은 원해지는 경우에만 하나의 목적이다— 그 수단이 원해지지 않고도 —예를 들면 우리가 그 수단을 알지 못하거나 혹은 도덕위반이거나 위법한 것으로 생각한 경우처럼— 원해질 수 있는 것이다. 만약 그 '목적법칙'이, "만약 하나의 특정 목적이 충족되어야만 한다면, 특정한 무엇인가가 반드시 일어난다.^{geschehen} ^{muß}"라면, 그 'Müssen'은, 만약 그것이 수단과 목적의 관계를 표현하는 것이라면, 단지 하나의 **인과적** 의미만을 가지는 것이다. 왜냐하면 만약 하나의 특정 목적이 충족되어야만 한다^{soll}면, 무언가 특정한 것이 반드시 일어나야만 한다^{muß}는 것은 단지 이 사건 없이는 목적이 실현될 수 없기 때문에, 원인으로서 이러한 사건(발생)은 효과로서 목적의 실현을 야기하기 때문에 맞는 말이다. 아이슬러는 규범적-목적론적인 고찰방식에서는 "'의지의 내용으로 고려되는 사건 혹은 상태가 진실로 합목적적인가, 하나의 행위가 옳은 것인가, 하나의 행위가 그 목적에 따를 때 있어야만 하는 것과 같이 존재하는가?'라는 물음의 판단이 중요한 것이다."라고 했다. 우리는 이러한 물음을 단지 우리가 그 행위가 원인으로서 결과의 발생을 야기했다는 것을 받아들일 수 있을 때만 긍정적으로 답할 수 있는 것이다. 아이슬러는 '사건의 인과적 관계와 모든 목적론들의 다툴 수 없는 관련성'(69쪽)에 대해 말하면서, 이러한 관련성은 "(그에 대해서는 인과성이 관점설정^{Blickeinstellung}의 대상이 아닌) **규범적-목적론적 판단의 특성과 고유한 자율성**'을 폐지할 수 없다."고 지적했다. "수단으로 고려되는 것^{Sache}의 하나의 특정한 방향과 작용능력은 사실 규범적 판단의 하나의 객관적 조건이기는 하지만, 그것의 '형식적인 객체'는 아니다. 이것은 **목적을 통한 수단의 요구**

됨에 있고, 목적에 대한 수단의 '적정성'Angemessenheit에 있고, 그것은 부분적으로는 하나의 행위의 사실상의 결과와 그것을 설정된 혹은 설정할 목적과 비교한 것을 근거로 판단된다."고 언급했다. 하지만 수단이 목적으로부터 '요구되었다'는 것은 원인으로서 수단의 실현이 효과로서 목적의 실현을 초래한다는 것과 다름 아니다. 다른 곳이 아니라 여기에 목적에 대한 수단의 '적정성'이 존재하는 것이다. 아이슬러는 '목적판단'Zweckbeurteilung은 "(수단이) 하나의 소망스런 효과에 이르는 적성을 가지고 있다는 것에 있는 하나의 수단의 가치를 평가하기를 원한다."(70쪽)고 한다. 하지만 수단은 바로 그것의 실현이 목적 실현의 원인이라는 것을 통해서 바랐던 결과에 이르는 것이다.

73쪽에서 아이슬러는 지크바르트(Sigwart, *Logik*, 2. Aufl., 1893, S. 738f.)를 인용하고 있다. 그곳에서는 (아이슬러의 인용에 따르면) "하나의 특정 행위가 하나의 특정 목적을 위한 하나의 합목적적인 수단이고 바로 그 목적이 의지된 것이기 때문에 그것이 의지되어야만 한다고 말하기 위해서는 단순히, 일반적으로 그 목적이 그 수단의 필수적인 효과라는 확실성이 필요한 것이 아니고, 주어진 총체적 상황하에서도 이 수단은 목적을 달성하게 된다는 확실성이 필요한 것이다."라고 한다. "이러한 수단이 목적을 가져오게 된다."는 것은 명백하게, 원인으로서 수단의 실현은 결과로서 목적의 실현을 가져오게 된다는 것을 말하는 것이다. 목적과 관련한 수단의 **인과성**은 결정적인 목적론적 관련(성)이다.

17) 모리츠(Manfred Moritz, "Gebot und Pflicht, Eine Untersuchung zur imperativen Ethik", *Theoria*, vol. VII, 1941, S. 227f.)는 '진정한' 명령과 '부진정한' 명령Imperativ oder Gebot을 구분했다. "하나의 진정한 요구(명령)에서는 요구하는 주제의 목표(즉 요구의 내용)Ziel가 요구된다." 부진정 명령에서는, "표현되건 표현되지 않건 명령을 수신하는 주체Gebotnormierte[명령수신자Gebotsadressat]가 특정의 구체적인 목적들을 가지고 있다는 가정 혹은 전제조건하에서 명령(문)의 형태에서 하나의 행위가 권고되는" 그러한 명령(요구)이 문제되는 것이다. "그래서

명령은 전제된 목표의 달성을 위해 적합한 수단으로 간주되는 모종의 행위들의 수행을 '요구한다'. 그러한 명령은 '네가 이러이러한 목적을 갖고 있기 때문에(혹은 있다면) … 을 하라'는 형태를 취할 수 있다." 이에 대해 지적되어야 할 것은, 하나의 진정한 명령(그것은 요구인데)은 어떠한 목표도 요구하지 않는다는 것, 즉 어떠한 목적도 요구하지 않는다는 것이다. 그것은 그것의 **사실상의 결과**가 목표일 수 있는, (즉) 그것으로 명령이 설정된 그 행위의 목적일 수 있는, 하나의 특정한 행위를 요구한다. 목표, 즉 목적은 명령(요구)의 내용(그것은 명령에서 당위된 행위이다)이 아니고, 현실에서의 명령에 부합하는 존재하는 행위인 것이다. '부진정' 명령은 도대체 명령이 아니며, 수단과 목적 사이에 존재하는 하나의 인과관련성에 관해 언어적으로 부정확하게 표현된 하나의 진술이다. 예를 들어 "만약 네가 건강하게 머물고 싶다면, 너는 알코올 음료를 즐기는 것을 피해야만 한다(soll)(보다 정확하게는 du muß)."라고 말하거나 "만약 네가 계속 건강하고 싶으면, 알코올 음료를 마시는 것을 피해라."라고 말하는 사람은, 그 의미가 하나의 명령인 언어적 표현을 사용하는 것이다; 하지만 그는 이로써 무언가를 명령하려고 하는 것은 아니다. 그는 알코올 음료의 섭취를 금지하는 것이 아니다. 그는 알코올 음료의 건강에 대한 작용(효과)을 확언하는 것이다. 모리츠는 또한 "고유한 의미에서 사람들은 여기서 무언가 '요구(명령)되었다'라고 말할 수는 없다. '요구하는' 주체는 스스로는 원하는 것이 아무것도 없다."(228쪽)라고 인정했다.

지크바르트(Sigwart, *Logik*, II, 3. Aufl., 1904, S. 743)는, "저마다의 목적은 하나의 단지 특수한 규범으로서, 저마다의 규범은 하나의 일반적인 목적으로서 표현될 수 있다."고 했다. 하지만 목적은 규범이 아니다. 단지 하나의 규범에 부합하는 사실상의 행위만이 하나의 목적일 수 있고, 규범을 설정하는 인간이 그 규범설정으로 추구한 목적일 수 있다. 또한 하나의 규범은 목적이 아니다. 단지 규범**설정**행위만이 이러한 목적에 대한 수단일 수 있다. (즉) 규범에 부합하는 (규범과 동일한 것도 아니고, 규범**에서** 당위된 것으로 등장하는 행위와도 동일하지 않은) **사실상의** 행위인 목적에 대한 수단일 수 있다.

18) 따라서 만약 페를망과 올브레히츠-티테카(Ch. Perelman-L. Olbrechts-Tyteca, *Traite de l'Argumentation, La nouvelle rhétorique*, 2. Aufl., Bruxelles 1970, S. 371)가 "하지만 어떤 행위는 하나의 수단으로서 평가될 수 있다."라고 말한다면, 그리고 만약 그들이 또한 "잊지 말아야 할 것은, 만약 목적이 수단을 정당화한다고 하더라도, 목적은 항상 수단을 정당화하는 것은 아니라는 점이다. 왜냐하면 수단의 사용은 그 자체로 비난받을 수 있거나 누군가 확보하고자 한 목적을 능가하는 파국적인 결과를 가져올 수 있기 때문이다."(372쪽)라고 제한적으로 덧붙인다면 (이것은) 옳지 않다. 만약 'valoriser'가 "하나의 가치를 부여하다." (혹은) "무언가를 가치 있게 만든다."를 뜻하는 것이라면, 'valoriser'는 '정당화하다'(justifier)와 같은 의미이다.

19) 주지하다시피 칸트의 권위에 대한 존중으로, 그렇지 않으면 참으로 훌륭했을 그의 연구, *Über das Sollen und das Gute. Eine begriffsanalytische Untersuchung*, Leipzig 1898, S. 57ff.에서 본(Fred Bon)은 수단-목적-관계를 당위로 표현했고, 수단에 향해진 문제를 "'… 하기 위해서 나는 무엇을 해야만 하는가?'로 표현했다. 하지만 그는 수단-목적-관계는 규범적인 것이 아니고, 하나의 특정 행위는 하나의 특정한 목적을 실현하기 위한 하나의 적합한 수단이라는 진술은 하나의 특정 행위가 하나의 규범을 통해 요구되었다, (혹은) 당위되었다는 진술과는 상위하다는 것을 알았다. 그는 "'… 하기 위해 나는 무엇을 해야만 하는가.'라고 묻는 자는 무언가 하나의 … 규범들의 … 내용을 알기를 원하는 것이 아니라, 그에게는 앞 문장의 … 위하여^{um}라는 뒷 구절에 포함된 목적이 달성될 수 있는 데 도움이 되는 수단을 알려주는 조언이 관건이 되고 있는 것이다."(59쪽)라고 했다. 본(Bon)은 ―칸트와 달리― "이러한 조언(Rat)은 … 명령하는 것이 아니고 권고하는 것이다."라고 한다. 물론 그는 칸트

를 따라, "외형상 이미 그것(조언)은 이미 자신의 **가정적인** 형태를 통해 **정언적**인 명령(요구)과는 분명하게 구분되는 것이다. …"라고 첨언한다. 이 말은 옳지 않다. 왜냐하면 —이미 말했듯이— 또한 도덕의 가정적인 요구(명령)들도 있기 때문이다. 그리고 그는 계속해서 조언^{Rat}은 '요구(명령)와는 아주 많은 특징적인 차이들'을 보여서, "그 동일한 단어['당위'라는 단어]에 있는 그 하나의 비본질적인 일치가 얼마나 많은 (그 의미에 놓여 있는) 중요한 차이들을 간과하게 만들 수 있는지에 대해 사람들은 필히 놀랄 것임에 틀림없다. 요구는 또한 그것이 향해진 개인의 목적이 무엇이건 간에 항상 유효한 요구이다; (하지만) 조언은 단지 하나의 특정한 목적의 바람(욕구)이라는 전제조건하에서만 유효한 것이다. 그리고 바로 이러한 전제조건은 당해 당위를 하나의 가정적인 것으로 만드는 것이다."(59쪽 이하)라고 한다. 하지만 본에 의해 타당하게 '비본질적인' 것으로 표시된, '동일한 단어에 있는'(59쪽), '일치'^{Übereinstimmung}는 전혀 현실적인 일치가 아니고 하나의 잘못된 언어관용이다. 왜냐하면 하나의 전제된 목적을 위한 하나의 적합한 수단에 향해진 물음은 언어적으로 올바르게 표현하면, "… 을 하기 위하여 나는 무엇을 **반드시 해야만 하는가**^{muß}"이지, "… 을 하기 위하여 나는 무엇을 **당연히 해야만 하는가**^{soll}"는 아니기 때문이다. 왜냐하면 그것은 목표가 된 효과의 가능한 원인에 향해진 것이기 때문이다. 그리고 이러한 물음의 답은 "만약 너가 그 목적을 원한다·의지한다·의욕한다^{will}면, 너는 반드시 … 해야만 한다^{muß}."가 된다. 왜냐하면 그 답은 목적의 실현이 야기하는 원인을 제공하기 때문이다.

나중(62쪽 이하)에 본 자신은 "… 을 하기 위하여 나는 무엇을 해야만 하는가."라는 물음에 대한 답을 "만약 네가 b를 의욕한다면, 너는 반드시 a를 야기(유발)시켜야만 한다."라고 표현하고, 이 답은 "만약 a라면 (그렇다면) b이다."라고 하는 통찰에 근거한 것이라고 강조한다. 만약 그 답이 "만약 네가 b를 의욕한다면, 너는 반드시 a를 야기해야만 한다."라면, 그 물음은 단지 "… 하기 위하여 나는 무엇을 반드시 해야만 하는가."가 될 수 있다. 96쪽에서 본은 '기술적인 당위'technisches Sollen를 '규범적 당위'normisches Sollen와 구별하고, 이로써 **기술** Technik이 말하는, 수단-목적-관계의 필연Müssen과 **윤리학**Ethik이 말하는 규범들의 효력인 당위를 구별하려 했다. 61쪽에서 그는 "'… 을 위하여 나는 무엇을 해야만 하는가soll.'라는 질문은 기술이 답해야만 하는 모든 개별적인 질문들이 소급할 수 있는 근본질문Grundform이 된다."라고 말했다. 물론 그것은 언어적으로 보다 옳게 표현한다면 "'… 을 위하여 나는 무엇을 **반드시 해야만** 하는가muß'라는 질문이 근본형태Grundform이다." 등등이 되어야 할 것이다.

　형법의 규범들은 가정적 규범들hypothetische Normen이다. 왜냐하면 그 규범들은 형벌을 단지 그 범죄가 범해졌다는 조건하에서만 요구(명령)하기 때문이다. 형법의 고유성은 ─모든 법들에 일반적이듯이─ 하나의 특정 행위는 반대 행위-범죄-라는 조건들하에서 하나의 강제행위가 제재로서 당위된 것으로 규정되어 있다는 것을 통해 요구(명령)된다는 것에 있다. 사람들은 이것을, 범죄를 부작위(혹은 범죄의 금지)라는 명령은 ─범죄를 통해 결정되는─ 제재(특히 형벌)를 당위된 것으로 정하고 있는 규범 안에 포함(암시)되어 있다고 말하는 식으로 표현한다. 본(Bonn)은 "사람들은 이러한 [포함된] 명령을, '만약 네가 형벌을 피하기를 원한다면, 이것과 이것을 해라.'라고 표현함으로써, 이러한 가정적 형태로 표현하려고 시도했다. 하지만 사람들은 바로 이러한 표현(을 덧씌움)으로 명령의 성격은 상실된다는 것을 전적으로 간과하였다. 형벌 위하에서 암시적으로 함유된 **명령**(요구) **외에** 여기는 또한 이러한 명령을 준수하라는 입법자의 권고가 들어서 있다. …, 조언(권고)은 명령에 **추가되**지만 그것**과 동일한 것은 아니다**. 정언적 명령을 그런 식으로 가정적 조언의 형태로 환원해버리는 것은 결코 허용될 수 없다."(60쪽)고 한다. '만약 네가 형벌을 피하기를 원한다면, 이것과 이것을 해라.'라는 문장에서 목적-수단-관계는 하나의 당위문에서 표현된 것이 아니며, 혹은 동일한 결과가 되는 하나의 명령문에서 표현된 것도 아니다. "… 그것을 해라."라는 언어적 표현은 기만적이다. 왜냐하면 그것의 의미는 명령이 아니기 때문이다. 인용된 문장이, 본이 받아들인 것처럼,

하나의 '조언'^{Rat}이라면, 그 문장은 명령문에서 표현될 수가 없다. 왜냐하면 조언·권고는 명령이 아니기 때문이다. 또한 그것은 입법자의 조언도 아니다. 왜냐하면 입법자는 어떠한 조언도 하지 않고, 명령을 내리고, 규범을 설정하기 때문이다. 조언자는 "만약 네가 형벌을 피하기를 원한다면, 너는 그것과 그것을 반드시 해야만 한다."라고 말할 수 있다. 왜냐하면 조언자는 명령할 수 없기 때문이다. 당연히 본도 그가 조언은 명령에 추가되고 명령과는 동일한 것이 아니라고 말했을 때 이것을 뜻한 것이다. 즉 조언에서 표현된 수단-목적-관계는 어떠한 규범적인 성격도 가지지 않는다. 따라서 물론 본도 '기술적인 당위' —그것은 진짜로는 하나의 '필연'이다— 와 '규범적인 당위' —그것만이 하나의 당위^{sollen}이다— 를 구별하였다.

어떠한 예외도 인정하지 않는 하나의 명령(문)이 종종 '정언적' 명령(문)으로 이해되기도 한다. 웰먼(Carl Wellman, *The Language of Ethics*, Harvard University Press, Cambridge-Massachusetts 1961, S. 248)은 "정언적 명령을 이해하는 세 번째의 방법은 어떠한 예외들도 인정하지 않는 하나의 방법 같은 것이다."고 한다. 웰먼은 "하지만 이러한 관점에서 모든 명령(지시)들은 정언적일 것이다. 우리가 예외들을 허용하는 이런 명령들과 이를 허용하지 않는 그런 명령들을 구별할 수 있다고 생각하는 것은 실수이다. 명령들을 내린 그 사람들이, 그 명령들을 집행하는 데 성공하지 못했을 때 예외를 허용하는 (바로 그) 사람들이다. 명령 그 자체는 하나의 행위를 규정하고, 금지하는 것 혹은 허용하는 것 그 이상을 할 수 없다. 하나의 명령이 일종의 행위들(a class of actions)을 규정하거나 금지하는 경우, 그 지시가 향해진 행위자들의 대부분이 그에 순응하여 행위하는데, 단지 언급된 몇몇의 행위자들 중 한 사람이 지시된 방법으로 행위하지 못해 처벌되는 경우에 하나의 예외가 존재하는 것이다. 그 명령은 그에 따른 사람과 그에 따르지 않은 사람들에게 공평하게 적용된다. 만약 그 명령이 그것을 무시하는 사람에게 적용되지 않았다면, 그들을 그 명령에 대한 예외로 보기는 어렵다. 그것은 그것에 불복종한 자들을 참아줌으로써 그 예외들을 허용한 그 명령의 집행에 책임이 있는 자들이다."라고 적고 있다. 하지만 하나의 특정 행위를 규정하는 규범의 효력의 예외는 그 규범의 효력을 제한하는 하나의 규범을 통해 이루어질 수도 있다. "사람은 속여서는 안 된다."라는 규범의 효력은 의사들에게 불치의 환자들이 자신들의 질병이 치료될 수 있는가라고 묻는 질문에 대해 비진실(거짓)을 말하라고 규정하는 하나의 규범을 통해 제한될 수 있는 것이다. 이로써 그 일반규범에 대한 하나의 예외가 만들어진 것이다. 그것은 하나의 규범Norm이고, 웰먼의 용어에서는, 하나의 예외를 만드는 '명령'(directive)인 것이다.

20) 그렇게는 또한 지크바르트(Christoph Sigwart)가 *Logik*, 5. Aufl., 1924, I, S. 267에서 "(즉) 목적을 원하는will 자는 또한 수단도 반드시 원해야만 하고, 하나의 특정 목적의 전제된 의지·원함은 특정한 수단의 원함을 필수적으로 만든다. 우리의 원함의 대상으로서 목적(에 대한)의 **사고**Gedanken와 수단에 대한 **생각**Gedanken 사이의 관련성은 하나의 논리적인 것이지만, 사고(생각)의 필연성은 존재의 알려진(승인된) 인과적 필연성에 근거한다."라고 말했다. 효과 있는 원인의 인식으로부터(알게 됨으로써) "무엇이 하나의 특정 목적을 위한 수단인지가 논리적인 필연성으로 나온다는 것이고, 바로 그렇기 때문에, 목적이 원해지게 되면 바로, (그 수단도) 반드시 원해져야만 한다는 것"이다.

그의 논문 "Der Begriff des Wollens und sein Verhältnis zum Begriff der Ursache", in *Kleine Schriften*, Zweite Reihe, 2. Aufl., Freiburg i. B. und Tübingen 1889, 170쪽에서, 지크바르트는 **"행위에의 의지(의사)**는 결코 의욕된 목적을 위한 수단을 고려한 순수한 논리적인 결론일 수 없다. … 목적을 원함은 실패의 위험을 무릅쓰고 감행하는 **용기**의 동인 없이는 행위[이것을 통해 수단이 실현된다]의 원함에 이를 수 없다; **하나의 결단**Entschluß도 하나의 확정된 목적의 수행의 시작에 속한다는 것이 바로 여기서 나타난다. 지크바르트의 이러한 서술에 따른다면, 수단을 실현할 의사(의지)는 그 목적을 원함의 논리적인 결과는 아니다.

회플러(Alois Höfler, *Psychologie*, Wien 1897, S. 504)는 "그렇지만 그 '수단'은 항상 또한 실제적으로 그 '목적' 자체보다 약하게 의욕된 것이어서는 결코 안 된다."라고 했다. 수단의 원함은 목적의 원함과 같이 하나의 존재사실이다. 하지만 두 개의 존재사실 사이에는 어떠한 **논리적** 관련성도 존재하지 않는다.

21) 이러한 원칙은 예수회 신부인 부스바움{Herman Busebaum(1600~1668)}에 소급하는데, 그는 자신의 글 *Medulla theologiae moralis*(1663)에서 "목적이 합법적이면 그 수단도 합법적이다."{Cum finis est licitus, etiam media sunt licita(when the end is lawful, the means also are lawful)}라고 적었다. 하지만 그는 명백하게 비난해야 할 수단은 배제했다. 파스칼(Pascal)은 물론 자신의 "Les Provenciales, ou les lettres écrites par Louis de Montalte à un provincial de ses amis et aus RR. PP. Jesuites", Paris 1965, (septième lettre), 116쪽에서 한 예수회사람(수도사)을 말하게 한다: "우리는 목적의 순수성으로 수단의 사악함을 바로 잡는다." 이 문장에 앞선 문장은 다음과 같다. "… 우리는 의사를 명령(조종)하는 우리의 방법(그것은 한 사람의 행동의 목적으로서 모종의 합법적인 목적을 구성하는 것에 있다)을 실천하려 노력한다. 우리가 할 수 있는 한 금지된 것으로부터 그 사람들을 저지하는 것에 실패한다는 것이 아니라, 만약 우리가 그 행위를 막지 못한다면, 적어도 우리는 그 의도를 신성화한다." 즉 논리적인 원칙이 문제되는 것이 아니라, 하나의 도덕적-정치적 원칙이 관건인 것이다. 뷔흐만(George Büchmann, *Geflügelte Worte*, Berlin 1952, S. 88)을 비교해보라. 홉스(Hobbes)는 *De Cive*, Capt. I, § 8에서 "하지만, 만약 불가결한 수단들에 대한 권리가 그에게 거부된다면 그에게 그 목적에 대한 권리를 주는 것은 무위인 것이기 때문이다. 따라서 모든 사람은 자신을 유지할 권리를 가지기 때문에, 그에게는 또한 모든 수단을 이용할 권리가 반드시 허용되어야만 하고, 그것 없이는 스스로를 보존할 수 없는 모든 행동들을 할 수 있는 권리가 허용되

어야만 한다."라고 적고 있다. 그 자신을 보존할 권리(jus se conservandi)는 하나의 jus naturale(자연법)이고(§ 7), 인용된 문장들은 반드시 목적의 자연법적인 허용됨으로부터 수단의 자연법적인 허용됨이 논리적으로 도출되는 것임을 의미하는 것만은 아니다. 달리 말해 그것들이 반드시 하나의 논리적 필연성을 주장하는 것은 아니다. 홉스의 공식은 단지 실정법에서 인정될 수는 있지만 반드시 승인되어야만 하는 것은 아닌, 하나의 법 정책(정치)적인 요구를 세울 수 있을 것이다.

22) 칸트가 '정언(적) 명령'으로 표현한 것은 하나의 특정한 행위를 정언(범주)적으로 기술하는 일반 도덕규범은 아니다. 윤리학자로서 칸트는 하나의 도덕규범의 창설에 권한이 없다. 그가 정언명령에 관한 그의 이론을 기술하고 있는 그의 문헌 "Grundlegung zur Metaphysik der Sitten"은 하나의 윤리적 논문이다. 그리고 윤리학은, 그 자신 스스로 자신의 『도덕의 형이상학의 기초』의 서문(칸트의 작품집, Akademieausgabe, Band IV, S. 385ff.)에서 말했듯, 하나의 학문^{Wissenschaft}, 즉 하나의 대상의 인식, 소위 규범들의 하나의 체계로서 도덕의 인식이라고 말했다. '명령'^{Imperativ}으로서, 그리고 요구·명령^{Befehl}으로서, 규범으로서, 정언(적) 명령은 단지 하나의 의지(적)행위의 의미일 수 있다는 것이다. 하지만 칸트의 **윤리학**에서는 이러한 의지적 행위의 의미를 위한 자리가 없다. 칸트가 하나의 정언적 '명령'의 형태로 옷을 입힌 것은, 도덕의 규범들은 '하나의 법칙의 일반성'의 성격, 즉 보편(일반)적인 성격을 가지고 있다는 윤리학의 진술이다.

칸트 스스로도 말하기를 "하지만 내가 하나의 **정언적** 명령을 생각하면, 나는 즉시 그것이 무엇을 함유하고 있는지를 안다."(같은 책, 420쪽)라고 했다. 그리고 그 정언 명령이 포함하고 있는 것에 대해 그는 "하나의 법칙의 일반성 외에는 아무것도 남아 있는 것이 없다."(같은 책, 421쪽)라고 했다.

23) 지크바르트(Sigwart, *Logik*, II, 5. Aufl., 1924, S. 760)는 "행위를 규율해야만 하는 모든 규범들이 …보다 **일반적**이고, 대부분 **가정적**인 성격을 가지고 있다는 것은 사물의 본성에 속한다."라고 한다. 지크바르트가 여기서 단지 일반규범들만 주목했다는 것은 분명하다. 하지만 아래의 서술로부터 **모든** 일반규범들은 가정적인 것^{Natur}임이 나타난다. 왜냐하면 지크바르트는 "윤리적 숙고들은 부분적으로는 상황에 따라 다양한 방식으로 세분화되는 일반적인 목적들의 원함을 요구하고, 부분적으로는 만약 특정한 전제조건들이 발생할 때 어떻게 행위되어야만 하는지를 규정한다. 그리고 특히 금지들은 그 자체 무조건적이고, 그 금지된 행위가 부작위되면 항상 준수되는 것이고, 그 원함에 대해서는, 단지 그 위반을 위한 시도가 그곳에 있을 때만, 의미가 있는 것이다."(7쪽)라고 했기 때문이다. 마지막 부분은 옳다. 하지만 그렇다면 금지들은 항상 그 금지된 행위가 부작위에 머물러 있으면 준수된다는 것은 옳지 않다. 그 금지들은 단지 그 금지된 행위를 완수할 가능성이 있을 때만 준수되는 것이고, 지크바르트가 여기서, 규범수신자가 그 가능한 행위를 부작위하기를 **원한다**면(이라고 하여), 규범들은 하나의 원함을 요구한다고 받아들였기 때문이다. 하지만 하나의 행위의 부작위를 원함$^{\text{das Wollen}}$은 그 자체 하나의 행위이지, 부작위가 아니다. 그리고 하나의 적극적 행위는 단지 하나의 특정한 조건들하에서만 가능하다는 것, 따라서 단지 이러한 조건하에서만 규정(지시·명령)될 수 있다는 것은 자명하다. 또한 '일반적인 목적들의 원함'을 요구하는 규범들도 예를 들어 "너의 조국을 사랑하라."라는 규범과 같이, 단지 조건적으로만 유효하다. 이 규범은 단지 누군가가 하나의 조국을 가지고 있는 경우에만 타당한, 즉 무국적자에게는 유효하지 않다. 그리고 그것은 단지 예를 들면 그 조국이 공격을 당했을 때처럼, 그 조국을 사랑할 하나의 특별한 동인이 그곳에 있는 경우들에만 타당한 것이다.

24) 모리츠(Manfred Moritz, "Der praktischer Syllogismus und das juridische

Denken", *Theoria*, Vol. XX, 1954, S. 100f.)는 "만약 '만약 비가 온다면 집으로 가라!'(wenn es regnet, geh nach Haus!)라는 하나의 조건적 명령문이 있다면, (그렇다면) 사람들은 그와 유사한 판단을 다음과 같이 표현할 수 있을 것이다: '만약 비가 온다면, 집으로 가라고 명령(요구)되었다.(Es is geboten, nach Haus zu gehen, wenn es regnet)' 이에 반해 우리는 유사판단을 '만약 비가 온다면 집에 가라고 명령(요구)되었다.'(wenn es regnet, is es geboten, nach Haus zu gehen)고 말하는 식으로 표현할 수는 없다.(註: 전자의 경우는 비가 오건 비가 오지 않건 명령 자체가 있다는 것을 의미하고, 후자의 경우에는 비가 오는 경우에만 그 명령이 효력을 가진다는 의미로 이해할 수 있다) 이 판단에서는 어떠한 조건들하에서 그 행위가 **요구되는지**가 제시된 것이라고 할 것이다. 만약 비가 오지 않는다면, 그 행위는 요구되지 않을 것이다. **다른 말로 하자면** 이 문장은 단지 비가 오는 경우에만 그 **명령**이 존재한다는 것이 참일 경우에만 참이 될 것이다. 하지만 그것은 하나의 완전히 다른 판단이다. 조건적 명령문에 유사한 판단은 어떠한 조건하에서 하나의 행위가 **요구되는** 것인지를 제시하지 않는다. 오히려 어떠한 조건하에서 그 행위가 **수행되어야만** 하는가를 제시하는 것이다."라고 주장했다. 만약 유사(병렬적인) 판단이 어떠한 조건하에서 사람들은 집으로 가**야만 하는**가를 제시한다면, 그것은 어떠한 조건하에서 집으로 가는 것이 **명령(요구)되었**는가, 즉 당위되었는가를 제시하는 것이다. 하지만 물론 모리츠는, 조건부인 것은 당위가 아니고 —당위된— 행위, (즉) 집으로 가는 것이라고 생각하고 있다. 명령은 그것이 조건 지워졌기bedingt 때문에 조건적konditional인 것이 아니고, 그것이 **조건 지우는·제한하는**bedingend 것이기 때문에 조건적인 것이다.

25) 사실, 특정한 조건하에서 하나의 특정한 강제행위(형벌, 민사집행)가 이루어져야만 한다고 규정하는 법규범은, 즉 그것이 일반적인 성격을 가진다면, '법률'로 표현된다. 하지만 그 규범은 어떠한 법률도 아니며, 달리 말해 자연법에 유추하여 '법률'로 표현될 수 있는 그 무엇이 아니다. 왜냐하면 그 규범은

구성요건들의 하나의 결합, (즉) 하나의 기능적인 관계가 그 속에서 기술되는 하나의 진술이 아니기 때문이다. 일반적인 법규범은, (그 행위로 인해) 무언가 규정되고, 그래서 구성요건들 간의 결합, 즉 (**법학의 원칙·문장**^{Satz der Rechtswissenschaft}, **법규**^{Rechts-Satz}에서 혹은 법적 **법률**^{Rechtsgesetz}에서 기술되는) 기능적인 관련성이 처음으로 창출되는, 하나의 행위의 의미이다. 자연과학에 의해 표현되는 자연-법칙은 자연을 기술하는 것과 같이, 윤리학에 의해 표현되는 윤리-법칙은 도덕이고, 법학에 의해서 표현되는 법규(법적 법률)는 법이다. '법률'은, 비록 윤리학과 도덕, 법학과 법의 혼돈이 아주 흔하다고 하더라도, 진술에서 기술된 대상과 혼돈되어서는 안 되는 하나의 대상에 관한 **진술**이다. 모리츠-쉴리크(Moritz-Schlick, "Fragen der Ethik", *Schrifte zur wissenschaftlichen Weltauffassung*, Bd. 4, Wien 1930, S. 108)는 자연법칙^{Naturgesetz}을, 즉 '무언가가 사실상 어떠한 상태인가를 기술하는 공식'으로서 인과법칙^{Kausalgesetz}을 '무언가가 어떻게 행위해야만 하는가라는 규정'으로서 도덕적 법률·도덕률^{Moralgesetz}과 법적 법률·법률^{Rechtsgesetz}로부터 구분하고, "두 가지 유형의 '법칙·법률'^{Gesetz}은 단지 양자가 하나의 공식(Formel)으로 표현되곤 한다는 점에서만 유일한 공통점을 가지고 있다. 그렇지 않으면 양자는 사실 절대적으로 서로 관련성이 없는 것이다. 그리고 우리가 서로 다른 두 개의 것을 동일한 단어로 표현하는 것은 정말로 한탄스러운 것이다. …"라고 적고 있다. 도덕법률(법칙)과 법적 법률(이라는 표현으)로 도덕과 법의 규범들이 표현되는 한에서만 옳은 것이며, 그것으로 도덕과 법을 기술하는 윤리학과 법학의 진술들이 표시되는 한에서는 옳지 않다. 두 번째 경우에는 자연법칙들과 도덕과 법적 법률(법칙)들은 양자가 구성요건들의 결합, 기능적인 관련성들을 기술한다는 것에 공통점이 있고, 이러한 이유로 양자는 타당하게도 '법률'^{Gesetze}로 표현된다. 쉴리크는 도덕법(칙)들과 법적 법(칙)들은, 마치 자연법칙(법률)이 자연을 기술하는 자연과학에 의해 표현되는 것과 같이, 도덕규범과 법적 규범들을 기술하는 규범적 학문들에 의해 표현될 수 있다는 점을 간과했다. 그리고 그것을 기술하는 '법칙들'이 아니라, 단지 첫 번째에 의해 기술된 규범들만이 규정들이라는 것을 간과했다. 나의 *Reine Rechtslehre*, 2. Aufl., 1960, S. 84와 S. 107을 비교할 것. 두 가지 법률의 유형은 조건과 결과로서 두 개의 구성요건들을 결합한다. 하지만 결합의 의미는 자연법칙에서는 하나의 **인과적**인 필연성이고, 공동체의 법률들과 법적 법률과 도덕법률에서는 하나의 **규범적**인 필연성이다. 앞의 (인과적 필연성의) 도식은 "만약 A이면 B이다 (혹은 가 될 것이다)."이고, 뒤의 필연성의 도식은 "만약 A이면 B여야만 한다." 이다.

26) 응보는 그것으로 **정의**의 이념이 등장하는 원칙들 중의 하나이다. 나의 글 *Was ist Gerechtigkeit?*, Wien 1953과 *What is Justice?*, Berkely-Los Angeles 1957을 비교하라. Ilmar Tammelo, "Justice and Doubt. An Essay on the Fundamentals of Justice", *Österreichische Zeitschrift für öffentliches Recht*, Neue Folge, Bd. IX, Wien 1959, 308쪽에서 471쪽까지는 정의의 개념을, 절대적인 정의의 개념을 정의하려는 무용한 시도를 대표한다. 100쪽이 넘는 두꺼운 논문의 말미에 타멜로는 "'무엇이 정의인가?' 나는 '정의는 가치가 '공정'하게 배분되는 사회적 상황이다.' 혹은 '정의는 공정함을 가진 것으로 간주되는 사회적 상황이다.'라고 대답할 수 있다."라는 결론에 이르렀다. 이것은 완전히 공허한 순환논법이다. 왜냐하면 타멜로는 '공정(함)'을 정의로움이라는 성질Qualität gerecht zu sein로 이해했기 때문이고, 혹은 같은 글, 388쪽에서 "공정함은 공정한 … 에 부합하는 자명한(공리적인) 특성이다. … 공정함이 직접적으로 부착하고 있는 것(entity)은 … 행위이다." "… 하나의 행위는 공정함을 가지는 것으로 간주된다. …"라고 표현한 것과 같이 (공정함을 정의로움이라는 속성으로 이해했기 때문이다).

27) 골트슈미트(Werner Goldschmidt, "Beziehungen zwischen Ontologie und Logik in der Rechtswissenschaft", *Österreichische Zeitschrift für öffentlichen Recht*,

Bd. III, Neue Folge, 1951, S. 186)는 '이상적인'^{ideale} 대상으로서 법과 '실제·현실적'^{reale} 대상으로서 법을 구분한다. 명령으로서 ─즉 규범으로서─ 법은 하나의 이상적인 대상이라고 한다; 하지만 그것은 하나의 '공포된 명령'이기 때문에, 그 법은 '하나의 정신적-물리적인 사실(소여)이고, 그리고 그 자체, 양 측면(이상적, 실제적 측면)에서, 전적으로 실제적 소여$^{reale\ Gegebenheit}$'인 것이다. 하나의 '실제하는' 사실은 그 의미가 규범인 의지적-행위이다. 하지만 법은 의지적 행위가 아니라, 그것의 **의미**이고, 규범은 하나의 이상적인 대상이지, 결코 골트슈미트의 용어상 실제 대상$^{realer\ Gegenstand}$은 아니다. 만약 그 행위와 그 의미, 즉 규범 간의 관계가 비유적으로 표현된다면, 우리는 법은 하나의 의지적 행위를 통해 '생산된다'^{erzeugt}고 말한다. 법은 실제 행위의 산물, 즉 (이상적인 산물이 아닌) 관념·이념적 산물이다. 법을 생산하는 행위는 법적으로, 즉 법**규범들**을 통해 규율되는 한에서만, 법적으로 고려된다. 즉 마치 예를 들어 입법행위들을 규율하는 헌법의 **규범들**, 혹은 민사법규범들과 형사법규범들을 적용하는 행위를 규율하는 민사소송법과 형사소송법의 규범들과 같이, 단지 법을 생산하고 적용하는 행위를 규율하는 법-**규범들**만이 **법**으로 고려되는 것이다. 골트슈미트가, 타당하게, 실제의 대상과 이상적(보다 정확하게는 관념적·정신적)인 대상을 구별했음에도 불구하고, 그는 양자를 섞어버렸다. 달리 말해 그는 실제의 존재로서 법을 규정하면서 존재와 당위를 섞어버린 것이다.

그러한 존재와 당위의 혼합은 또한 에르트만(Benno Erdmann)이 자신의 *Logik*, 3. Aufl., Berlin und Leipzig 1923, S. 289f.에서 제시한 이러한 문제의 ─가장 인위적인─ 서술에서도 나타난다. 이 서술은 효력 ─즉 당위의 효력^{Geltung}─ 과 실효성^{Wirksamkeit}을, 즉 존재를 동일시하는 결과가 되었다. 그는 "예를 들면, '너는 진실을 말해야만 한다. 우리는 계율을 가지고$^{mit\ Zucht}$ … 신의 마음에 들도록 신에게 봉사해야만 한다.'와 같이, 하나의 존재 혹은 소유^{Haben}가 아니라, 존재해야 함 혹은 소유**해야만 함**이 표현되는 **규범적** 판단들에서는 정언(서술)적인 관계$^{prädikative\ Beziehung}$가 보다 특징적인 것이다. 왜냐하면 여기서 표현된 규범들은 다름 아니라, 그 규범들이 우리가 만든 이상에 부합하는 경우에 그 주체에게 사실상 유효하지만, 그럼에도 그들에게 필수적으로 부합하는 것은 아니고, 물론 심지어는 일반적으로는 그들에게 결여된 경우에도 유효하다는 것, 바로 그 때문에 규범들이기 때문이다."고 했다. 하지만 그 규범들은 이것이 '우리가 만든 이상에' —그리고 말하자면 이러한 이상을 구성하는 규범에— '부합하는' 경우에만 그 주체에게 '효력이 있는 것'이 아니라, 그들이 이러한 이상에 부합하지 않는 경우에도, (즉) 그 규범을 침해하는 경우에도 —물론 바로 그런 경우 아주 특별히— 그 주체에게 '효력이 있는 것'이다. 하나의 특정 행위를 통해 하나의 이상에 부합하지 않았다는 것, 하나의 —이러한 이상을 구성하는— 규범이 침해되었다는 것은 그 규범이 **유효하다**는 것을 전제한다. 왜냐하면 단지 하나의 효력 있는 규범만이 침해될 수 있기 때문이다. 그 규범들은 그것을 준수하거나 침해하는 주체들에게 '주어진'^zukommen 혹은 '결여된'^fehlen 것이라는 말이 무엇을 의미하는 것인지는 이해하기 어렵다. 규범이 그를 따르거나 그를 침해하는 사람에 대해 가지는 관계는 그 규범이 한 사람에게 '주어진 것'이고, 다른 사람에게는 '주어진 것'이 아니라는 것, 그에게는 '결여되었다'는 것에 있는 것이 아니며, —에르트만이 받아들인 것처럼— 한 사람에게는 '내재적인 것'이고, 다른 한 사람에게는 그렇지 않다는 것에 있는 것이 아니다. 그 규범은 양자에게 동일한 방식으로 존재하는 것이고, 양자에게 유효한 것이고, 단지 이러한 의미에서 양자에게 '주어진 것'이다. 규범이 그것을 따르지 않는 자에게, 즉 규범이 그자에게 실효적이지 못한 자에게 '결여되었다'는 것은 단지 그 규범이 그자에게 존재하지 않는다는 것을 의미할 수는, 달리 말해 그에게 **유효하지** 않다는 의미일 수는 있으나, 그것은 전적으로 옳지 않은 말임은 분명하다.

에르트만이 규범의 '효력'^Geltung을 실효성(효과·효력)^Wirksamkei과 동일시했다는 것은 그가 다음과 같이 계속 언급한 부분에서도 나온다: "그럼에도 불구하고 여기서도 논리적인 내재성은 결여되지 않는다. 물론 내가 내 앞에 서 있는 것을 보거나 사고 속에서 갖고 있는 거짓말을 한 자[이자는 "너는 진실을 말해야만 한다."는 규범을 침해한 자이다]는, 내가 그로부터 진실을 요구하는 한, 이러한 내재성의 주체가 아니다. 만약 그자가 이러한 자라면 그 판단[너는 진실을 말해야만 한다는 규범적 판단을 의미한다]은 무의미할 것이다. —하지만 물론 바로 이 자도 내가 이러한 요구를 실현했다고 생각하는 그 이상적인 도덕 공동체의 구성원인 것이다." 달리 말하면 —만약 우리가 그 규범을 창설한 자 스스로는 결코, (그곳에서) 그 규범이 실현되는 하나의 이상적인 공동체를 생각했어야만 했던 것이 아니라는 것, 그리고 그 규범은 그것을 침해하는 자에 대해 결코 무의미한 것이 아니고, 바로 이자에 대해 가장 의미 있는 것임을 무시한다면— 그 규범은 단지 그것을 준수하는 주체들에게서만 내재적이라는 것이다. "즉 **규범의 이상적인 주체들**은 이러한 요구[즉 규범]가 그들에게 소지^{Besitz}(된 것)로서 상정된 자이다. 바로 이 주체들이 그에 따르면 여기서 의미하는 내재성의 고유한 주체들이다. … 나는 그에게 당위된 것을 말한다. 왜냐하면 나는 그것이(당위된 것이) 이상적인 주체로서 그에게 실현된 것으로 생각하기 때문이다." 규범의 준수를 이해하기 위해서 나는 결코 하나의 이상적인 공동체에서 하나의 이상적인 주체를 반드시 상정해야만 하는 것은 아니다. 규범은 현실에서 최고도로 현실적인 주체들에 의해 준수된다. 만약 한 사람이 다른 사람을 살해하는 것을 (살인에 대해 형벌을 결합함으로써) 금지하는 법규범을 준수하고, 단지 그가 그 형벌을 두려워한다는 바로 그 이유 때문에 그의 적을 살해하지 않았다면, 그는 전혀 그 규범[그런 자(이상적인 주체)에게 향해진 것이 전혀 아니고, 바로 다른 사람을 살해한 그자에게 연관된 규범]의 '이상적인' 주체가 아니다. 또한 그 규범은 그것을 준수하는 주체의 '소유'도, 그것을 침해하는 주체의 소유도 아니다. 논리학의 관점에서 고도로 부적절한 이러한 비유적 언어(묘사)는 오해를 초래하는 것이고, 하나의 규범과 그의 행위가 규범에서 당위된 것으로 규정되어 있는 그 주체 간에 존재하는 관계를 모호하게 해버린다. 그 당위가 그 이상적인 주체에게서 '실현되었기' 때문에, 그 '이상적인' 주체에 의해 '당위된 것'이 언급된다는 것은 단지 효력과 실효성(효과)을 동일시하는 것에 대한 비유적인 표현인 것이다. 하지만 그 비유적 표현은 예를 들면 옳지 않은 것을 그럴 듯하게 옳은 것처럼 속이는 것이다. 그 '당위된 것'은 이상적인 주체에 의해 표현되는 것이 아니라, 단지 그 규범을 침해하는 것과 마찬가지로 준수할 수 있는 실제의 주체에 의해 표현되는 것이고, 그의 행위는 그것이 존재해야만(있어야만) 하는 것과 같이 그렇다 혹은 그렇지 않다고 표현되는 것^{ausgesagt}이다. 표현된 것은 하나의 —당위에 부합하거나 혹은 부합하지 않는— **존재**이다. 에르트만은 존재를 통해 당위를 대체하려 의도한 것이다. 그는 "당위는, 표준화된^{normiert}, **이상화된**^{idealisiert} 존재이기 때문에, 이상화된 주체의 존재이다."라고 말했다. 이로써 그는 당위, (즉) 규범을 그 규범을 준수하는 인간과 동일시한 것이다. 그리고 마지막으로 "즉 당위는 규범적인 존재이다. 따라서 규범적인 판단에서 논리적인 내재성은 그 진술의 논리적으로 암시되는 주체로서 이상화된 주체 속에 있는 것이다."(291쪽)라고 말했다. 하지만 '규범적'인 존재는 당위가 아니다. 당위는 규범화하는 것이고 표준화하는 것이지, 표준화 혹은 규범화된 것이 아니다. 그리고 규범화된 것은, 당위된 것은, 당위의 내용인 것은, 하나의 존재가 아니라 하나의 화법적으로 차이 없는 기체이고, 이 기체에는 존재의 화법에서 등장하는 하나의 기체가 동일할 수 있으나, 반드시 동일해야만 하는 것은 아니다. 첫 번째 경우에 우리는 하나의 상응(부합)하는 존재라고 말한다.

28) 말리(Ernst Mally, *Die Grundgesetz des Sollens*, Graz 1926, S. 10)는 당위를 원함(의지함)의 의미로 표현한다. 내가 다른 한 사람의 행위에 정향된 의지적 행위의 주관적 의미로서 당위와 객관적 의미로서 당위 간의 차이로 서술한 것을 말리는 '당위'와 '사실상'의 당위를 구별하는 것으로 표현하고자 시도했다. 말리에 따를 때, '사실상'의 당위는 '정당화'의 개념이 도입되는 경우에 존재하는 것이다. 어떤 무언가가 존재**해야만 한다**는 것으로는 아직도 "어떤 무언가가 **사실상 존재**해야만 한다고 말한 것이 아니다."라는 것이다. "하지만 모든 정당

화가 여기에 달려 있다. —또한 그 단어의 주관적인 의미에서도— 정당한 하나의 요구는 당연히 그 자체 여하튼 요구에 부합한다는 것이고, 하나의 당위에 부합한다는 것이다. 그렇게 그 요구는 단지 이러한 당위가 사실상 존재할 때, 사실상 정당화될 수 있는 것이다. … 사실상 존재해야만 하는 (적어도) 하나의 사실관계가 있다."(18쪽) '정당화된 당위'가 '사실상'의 당위로 표현되는 것은 용어상 그리 바람직한 것이 못된다. 왜냐하면 '사실상^{tatsächlich}이라는 것은 일반적으로 '존재하는'으로 이해되고 당위는 '존재하는' 것일 수 없기 때문이다. 나의 *Reine Rechtslehre*, 2. Aufl., 1960. S. 8을 비교할 것.

29) 행위^{Akt}와 그 행위의 의미$^{Sinne des Aktes}$를 구별하지 않는 대표적인 예는 키저(Cassius J. Keyser, "On the Study of Legal Science", *Yale Law Journal*, vol, XXXVIII, 1928~1929, S. 413 bis 422)의 논문이다. 키저는, 하나의 학문의 대상은 자연적인 현상들이라는 가정에서 출발하고, 따라서 만약 법에 대한 연구가 하나의 학문이거나 학문이어야만 한다면, 그의 대상은 반드시 자연적인 현상('natural phenomena')이어야만 한다고 주장했다(416쪽). 법학의 대상은 —혹은 사람들이 적절하건 적절하지 못하건, 그것으로 표현하는 것은— 법이다. 그에 따르면 법은 하나의 학문의 대상으로서 자연적인 현상이어야만 할 것이고, 물론 사람들의 사실상의 행위여야만 할 것이다. 키저는 또한 법을 '인간행위의 한 특정 유형'(a certain species of human behavior)(416쪽)이라고 표현하고, 좀 더 상세히는 무엇이 정의로운가(공정한가)라는 물음에 답하는 기능을 가진 인간들의 행위라고 표현했다. 이런 사람들은, 그의 관점에 따르면, 법관들이다. 그는 "법학(legal science)의 주제는 법관의 결정(판단)(구별되는 특징적 행위)이다."라고 했다.

실정의 법과 정의가 동일한 것이 아니라는 사정에 비추어 키저가 '공정한·정당한'으로 표현한 것은 단지 실정의 법으로만 이해될 수 있다. 그는 그가

'just'라는 단어가 가지는 이중의 의미를 알고 있다고 강조하고, 물론 이 단어로서도 실정의 법이 표현될 수 있다고 강조했다. 법은 이로써 법관의 사실상의 행위들인 것이다. 우리가 법은 하나의 특정한 행위라고, 즉 법관의 사실상의 행위라고 말한다면 발생하는 문제는 어떤 인간이 하나의 '법관'^{Richter}인가 하는 것이다. 법관이라는 개념은 법을 전제한다. 왜냐하면 법관은 단지 법의 특정한 규범에 부합하는 한 인간이고, 하나의 입법자의 행위 혹은 관습을 구성하는 행위의 **의미**에 부합하는 인간이기 때문이다. 단지 하나의 행위의 당위(의)-**의미**에 **부합될** 수 있는 것이지 하나의 행위에 **부합될** 수 있는 것이 아니다. 법은 단지 하나의 행위의 의미로서 파악될 수 있는 것이지, 행위로서 파악될 수 있는 것이 아니다. 또한 법관의 특수한 기능은 하나의 학문이 물음에 답한다는 의미에서 하나의 물음에 답하는 것(인식기능이 아님)이 아니라, 하나의 의지의 기능, 그 의미가 법, (혹은) 하나의 개별 법규범인 하나의 의지적 행위이다. 법관은 마치 목수가 탁자를 만드는 것과 같이 법을 '만든다'^{macht}. 그리고 하나의 책상이 한 목수의 만듦이 아니고, 그 목수가 만든 것인 것처럼, 법은 법의 '만듦'이 아니고, 법관의 하나의 특수한 **활동**^{Tätigkeit}이 아니라, 법관이 한(만든) **것**, 법관의 행위의 **의미**이다. 그리고 이러한 의미는 무언가 존재**해야만 한다**거나 존재**해서는** 안 된다는 것, 피고인이 교도소에 수감되어**야만 한다**, 피고의 재산에 하나의 강제집행이 부과되**어야만 한다**거나 되**어서는 안 된다**는, 즉 당위이지, 존재가 아니다. 그리고 법관의 행위는 하나의 존재이다. 이러한 당위-의미는 키저에 의해서 완전히 무시되었다. 그는 자신의 논문의 초반에 단지 두 개의 물음을 구분했다: '실제의 세상을 구성하는 것과 관련한 질문과 가능성의 세상을 구성하는 것에 관련된 물음'(414쪽). 하지만 무엇이 실제적인 것인가와 무엇이 가능한 것인가라는 이러한 두 가지의 질문 외에, 무엇이 존재해야만(있어야만) 하는가라는 물음도 있다. 실제적이거나 혹은 가능한 모든 것이 존재해야만 하는 것은 아니다. 많은 것이, 즉 실제적이지만 존재해야만 하는 것은 아니고, 실로 현실적인 것이 아니지만 그럼에도 가능한 것이 또한 존재해야만 하

는 것도 아니다: (예를 들면) 가능하지만 실현되지 않는 범죄(도 있다).

30) 코시오 자신에 의해서 소위 '에고적'^{egologischen} 법이론으로 명명된 그의 법이론에서 코시오(Carlos Cossio, "Phenomenology of the Decision", *Latin-American Legal Philosophy, 20th Century Legal Philosophy Series*, vol. III, Cambridge-Messachusetts, 1948, S. 343부터 400까지)는 법학의 대상은 규정(칙)들이 아니고, 즉 법의 규정(칙)들은 규범들이기 때문에, 법학의 대상은 규범들이 아니고, 인간적인, 경험에서 주어진 행위("egological Theory는 법률가에 의해 알려져야 하는 대상은 규칙이 아니고, 인간의 행위라고 생각한다.")라고 주장했다(348쪽). 이것으로는 단지 법을 생산하고 법을 적용하는 행위를 의미할 수 있는 것이고, 그것은 시간과 공간 안에서 일어나고 다른 자연적인 실제의 사실들과 인과성의 원칙에 따라 결합된 것이다. 하지만 코시오는 이러한 실제의 행위가 주어진 그 경험은 '자연적인 혹은 인과적인' 경험은 아니라고 주장했다. "에고적인 이론은 법의 도그마적 학문은 실제의 과학이고 그런 한도 내에서 경험의 과학, 문화적 경험과 인간의 경험의 과학이라고 보지만, 자연적 경험 혹은 인과적 경험으로서의 과학이라고 보지는 않는다."(345쪽 이하) 하지만 인간들의 사실상의 행위는 ―그것이 법생산과 법적용의 행위라고 하더라도― 다른 곳이 아니라 바로 그 자연적인 인과적 경험에서 주어질 수 있는 것이다. 인간들의 사실상의 행위는 실제의 모든 다른 사실과 같이 반드시 인과적으로 결정된 것으로 파악되어야만 한다. 단, 우리들이 종교적-형이상학적인, 하지만 학문적으로는 수용될 수 없는, 의사(결정의)자유라는 이념에서 출발하지 않는다면 말이다. 바로 이것을 코시오가 한 것이다. 그는 348쪽에서 "다시 한 번, 법적 경험주의와 다르게, 에고적 법이론은 인간의 행위는 자연적 대상과는 극단적으로 다른 경험의 대상으로 간주하는 것이다. 왜냐하면 자연적 대상들은 필연적으로 원인과 결과와의 동일성에 의해 지배되는 경험을 구성하는 데 반해, 인간의 행위는, 무언가 독창적인 것의 창조가 매 순간 나타나는 자유의 경험을 구성하기 때문

이다."라고 했다. 하지만 그 자신은 자유의 경험이라는 이러한 개념을 유지할 수 없었다. 왜냐하면 그는, 자신의 생각에 따를 때 법학의 대상을 이루는, 시간과 공간 안에서 일어나는 인간의 행위는 동기 부여된, 즉 인과적으로 결정되는 것임을 인정해야만 하기 때문이다. "선호에 의해 동기 부여된 인간을 통해 특정한 방식으로 창조된 문화적인 대상 혹은 재화들(Goods)은, 그들의 방향에서는, 실제적이다. 그것들은 존재를 가지고, 경험 안에 있으며 시간 안에 존재한다." 그는 바로 여기 인용된 것에 추가하여, "하지만 그것들[즉 문화적 대상들 및 따라서 인간의 법을 생산하고 법을 적용하는 행위들]은 긍정적인 혹은 부정적인 부호로 풍부해지는데, 공정한 혹은 공정하지 못한, 보기 좋은 혹은 추한, 유용한 혹은 무용한이라는 것은 그들의 존재를 평가하게 되는 속성들이고, 그러한 존재는 적어도 항상 그들 유형 중의 하나의 질을 가져야만 하는 것이다. 하나의 법규, 하나의 도구, 하나의 결정(판단)은 충분히 이러한 특성(성격묘사)들을 지닌다."(350쪽)라고 했다. 그리고 355쪽에서는 "모든 문화적 대상들은 그렇게 존재한다; 어떤 측면에서는 하나의 의미의 존재처럼 … 만약 그것이 법이라면 공정하거나 공정하지 않을 것이다."라고 한다. 만약 법절차에서 일어난 행위가 정의로운 것으로 혹은 부정의한 것으로 평가된다면, 그것은 다름 아니라 바로 이러한 행위를 통해서 창설되고 적용된 규범들이 정의라고 하는 어떤 식으로건 전제된 규범적인 원칙에 부합하거나 부합하지 않기 때문이다. 정의로운 것 혹은 정의롭지 않은 것은 창설된 혹은 적용된 법규범이다. 단지 이러한 규범의 내용 때문에 그 행위, 즉 규범을 적용하고 창조한 그 행위가 정의로운 것으로 혹은 부정의한 것으로 평가될 수 있는 것이다. 그 행위는 바로 이러한 간접적 의미에서 정의롭거나 부정의한 것이다. 따라서 법학은 이러한 규범들을 그 대상으로 해야만 하는 것이고, 그 규범들을 생산하거나 적용하는 그 행위들은 단지, 그것들이 법규범들을 통해 규범을 생산하는 혹은 규범을 적용하는 행위로 규정되는 한에 있어서만, 그리고 이러한 의미에서 법적 행위인 한에서만 그 대상으로 하는 것이다. 코시오는 375쪽 이하에서 법은 문화적인 대상으로서 정의롭거나 부정의할 수 있다고 한 자신의 주장에 직접적으로 모순되게, "법은 법 그 자체가 이미 실정적인 정의이기 때문에, 정의를 모색하지도 않으며 정의를 실현하려는 경향을 가지지도 않는다."라고 주장했다. 그렇다면 법은 —문화적인 대상임에도 불구하고— 정의롭거나 부정의로울 수 있는 것이 아니고, 단지 정의로울 수 있는 것이고, 이것은 법과 정의의 허용될 수 없는 동일화인 것이다.

코시오의 논문은 법관의 판결Entscheidung의 현상학을 기술하고 있는데, 그의 논문 396쪽에서 판결은 다음과 같이 특징 지워졌다: "판결은 … 사법적 경험의 일부의 개념적인 묘사(재현)이다; 그것은 구체적으로 당위의 형태에서 하나의 행위를 기술하는 것이다. 하나의 개별규범으로서 그 결정(판결)은 그것이고, 에고적 이론에 따를 때 그와 다른 무엇도 아니다." 만약 법관의 판단이 —코시오가 옳게 확언한 것처럼— 하나의 규범이라면, 그 판단은 어떠한 **기술**Beschreibung도 아니다. 법관의 판단은, 규범으로서, 하나의 **규정·지시함**Vorschreibung이다. 그리고 코시오는 법관의 판단을 규범으로서 자신의 법학적 연구의 대상으로 하였기 때문에, 그는 자신의 명제, 법적 인식의 대상은 규범들이 아니라, 인간의 행위라고 하는 자신의 명제에 대한 해소될 수 없는 모순에 빠지게 된 것이다.

31) 페를망과 올브레히츠-티테카(Ch. Perelman-L. Olbrechts-Tyteca, *Traite de l'Argumentation. La nouvelle rhétorique*, 2. Aufl., Bruxelles 1970, S. 398)는 "도덕(성)과 법은 행위와 행위자를 동시에 판단한다: 도덕과 법들은 단순히 이러한 두 요소 중의 하나를 고려할 수 있는 것이 아니다. 누군가(법관)가 개인을 판단하고 그의 행위들을 판단하지 않는다는 바로 그 사실에 의해 그(행위자)와 그의 행위들이 연대적임이 승인되는 것이다. 하지만 만약 누군가가 그에 대해 관심을 가진다면 그것은 바로 그의 행위 때문이고, 그것은 그와는 무관하게 평가될 수 있다. 책임이라는 개념 및 죄책감 혹은 훌륭함의 개념은 사람에게 관

련된 반면에 규범의 개념과 규칙의 개념들은 근본적으로 그 행위에 연관된 것이다. 하지만 이러한 행위와 그 사람을 분리하는 것은 불완전하고 위험한 것이다. 사람의 가치(훌륭함)는 그의 행위와 무관하게 평가될 수 있지만, 이것은 단지 그 행위에 대한 언급이 맥락에서 제공되는 형이상학 안에서만 가능할 것이기 때문이다.

다른 한편으로 만약 규칙들이 특정 행위들을 규정하거나 혹은 금지하는 경우에 그것들의 윤리적 혹은 법적 중요성은 그것들이 사람에게 향해져 있다는 그 사실에 놓여 있는 것이다. **행위-사람**(acte-personne)의 관계라는 용어는, 만약 필요하다면, 독자적으로 그 각자를 사용하는 것이 허용될 수 있을 만큼 충분히 상호 독립적이지만, 그것들은 양자의 상호간섭으로 특징 지워지는 사회적 삶의 전체영역에 있어서 충분하게 결속된 것이다."라고 한다. 도덕과 법의 영역에서 이러한 행위와 사람에 대한 관계의 진술은 옳지 않다. 행위와 사람은 상호 동일한 지위로 마주하는 것이 아니다. 우리는 한 사람의 기여를 그들의 행위와 무관하게 주장할 수 없다. 공적이 많은 것은 행위들이다: 만약 한 사람이 공적이 많은 것으로 표시된다면, 그것은 그 사람에 의해 수행된 행위가 공적이 많다는 것을 의미하는 것이거나, 그 사람이 그러한 행위들을 수행할 능력이 있고 의지했다는 것을 의미한다. 한 사람은, 하나의 도덕규범 혹은 법규범이 이러한 행위를 그 사람에게 향해진 하나의 제재의 조건으로 만듦으로써, 하나의 특정 행위에 대해 **책임을 지게(유책한 것이)** 된다. 여기서 그 사람은 단지 제재의 **대상 · 목적**^{Objekt}이다. 이것은 한 사람이 '유죄·유책'인^{schuldig} 것으로 인정된 경우인 '유죄'(culpabilité)의 사례에 대해서도 동일하다. 그 사람은 바로 하나의 도덕규범 혹은 법규범이 그 행위를 하나의 제재의 조건으로 만들었다는 바로 그 이유 때문에, 범죄인 그 행위로 '유죄'이다. 결정적인 연관(성)은 행위^{Akt} —보다 정확하게는 그 행위^{Verhalten}— 와, 도덕 혹은 법이 제재로서 규정하고 있는, 이 행위에 대한 반응^{Reaktion} 사이에 있다: 본문 [108]쪽을 비교하라. 도덕과 법이 사람들에게 향하고 있다는 것은 단지 —본문에서 언급되었듯—

도덕과 법의 규범들은 그것들이 명령하거나 금지하는 행위의 인적 요소를 정한다는 것을 의미하는 것이다.

32) 사고나 감정(느낌)과는 상위한, 이러한 정신적 과정들(사건들)에 소급 불가능한 과정으로서 의지함das Wollen을 부정하는 다양한 시도들은 —내 생각에 따르면— 성공하지 못했다. 그 시도들이 근육의 신경감응Muskel-Innervation의 직접적인 원인으로서 하나의 의욕(원함)은 자기관찰을 통해 확정 가능치 않다는 사실에 근거하고 있는 한, 그 시도들은 본문에서 기술된 근거로 그들의 목표를 놓쳐버린 것이다.

가장 최근에는 다시 라일(Gilbert Ryle, *The Concept of Mind*, New York 1949, S. 62)이 원함(Wollen; 의지·의향; volition)이라는 개념은 무의미하다(useless concept)고 주장했다.

33) 프레게(G. Frege, "Über Sinn und Bedeutung", *Zeitschrift für Philosophie und philosophische Kritik*, Neue Folge, 100. Band, 1892, S. 25ff.)는 '의미'Sinn와 '의미'Bedeutung를 위에서 언급된 방법과는 하나의 다른 방법에서 구별한다. 그는 "하나의 부호(이름들, 단어의 결합, 문자들)로 (그 부호의 의미가 말할 수 있는) 표시된 것 외에, 또한 내가 부호의 의미Sinn —그 안에 소여의 유형이 함유되어 있는— 라고 명명하고자 하는 것을 결합된 것으로 생각하는 것도 가능하다."(26쪽)라고 한다. 달리 말해 프레게는 하나의 단어의 의미Bedeutung eines Wortes 혹은 하나의 단어의 결합의 의미를 표시된 것, (즉) 표현된 대상으로 이해했다. '저녁의 명성'Abendstern과 '샛별·새벽별'Morgenstern이라는 단어들은, 그 양자가 금성을 표시하는 것이기 때문에, 동일한 의미Bedeutung를 가지지만, 동일한 의미Sinn를 가지는 것은 아니다. 29쪽에서 그는, "하나의 부호의 의미Bedeutung와 의미Sinn는 그 부호와 결합된 생각(표상)과는 구별되어야 한다."고 한다(註: bedeutung은 reference, 즉 대상의 표시에 가깝고, Sinn은 뜻, 의미, 즉 sense로 이해될 수 있다). '달'

Mond이라는 단어는 하나의 실제의, 외부세계에 존재하는 대상을 표시하는 것이고, 그 대상은 내가 내 속에 이러한 대상에 대해 가지고 있는 표상과는 필히 구별되어야만 하는 것이다: 그리고 그는 다음과 같이 적고 있다: "이상주의적인, 그리고 회의주의적인 입장으로부터 이미 오래전에, '너는 여기서 바로 하나의 대상으로서 달에 대해 말하는데, 하지만 너는 어디서부터 '달'이라는 이름이 도대체 하나의 의미를 가지는지를 … 알게 되었니?'라는 이의가 제기되었었다."(31쪽) 프레게의 용어와 다른 용어로 말하자면, '달'이라는 단어가 외부세계에서 존재하는 하나의 대상을 표현하는지 아닌지. 프레게는 이러한 물음에 대해, "… 달에 대한 우리의 생각을 말하는 것이 우리의 의도가 아니다."라고 답했다. 달리 말해 우리의 의도는, 만약 우리가 예를 들어 "달은 지구보다 작다."라고 말할 때, 외부세계에 객관적으로 존재하는 대상을 말하는 것이 의도라는 것이다. 이러한 문장에서 달에 대한 주관적인 생각(표상)이 언급된 것이 아니고, 실제의, 객관적으로 외부세계에 존재하는 대상이 문제라는 것이다. 하지만 이에 대해서 이상주의적 혹은 회의주의적 입장에서는 "그것은 당연히 우리의 의도일 수 있고, 우리는 '달'이라는 단어가 하나의 실제적으로 존재하는 대상, 그리고 우리의 표상으로서 단지 우리의 내부세계에만 존재하는 것이 아니라, 외부세계에서 존재하는 대상을 표시하는 것이라고 믿을 수 있다."라고 재반론을 할 수 있을 것이다. 하지만 이러한 믿음은 근거가 없다. 우리는 외부세계에 대해서, **물 그 자체**^{Dingen an sich}에 대해서는 아무것도 모르고 그에 대해 알 수도 없고, 알아야 할 필요도 없으며, 또한 그에 대해 아무런 것도 말할 수가 없다. 그래서 우리는 또한 하나의 언어적인 표현이 외부 세계에서 객관적으로 존재하는 것을 표현한다고 말할 수 없고, 하나의 언어적인 표현의 의미^{Bedeutung}가 그러한 것^{Ding}이라고 말할 수도 없다. 하지만 이로부터, 프레게가 받아들인 것으로 보이는 것과 같이, 언어적인 표현이 **어떠한** 의미를 **가지지 않는다**는 결론이 도출되는 것은 아니고, 다만 그 표현이 연관된 대상이 단지 우리의 내부세계에만 존재한다는 것만 추론되는 것이다. 하나의 언어적 표현의 의미의 문제는, 물론 이러한 문제가 무릇 우리의 인식의 전체범위에 대해 중요하지 않는 것과 같이, 외부세계의 실제의 문제와는 무관하다.

34) 길버트 라일(Gilbert Ryle, "The Theory of Meaning", in: *British Philosophy in the Mid-Century*, London 1957, S. 244)은 "그래서 **의미를 가진다**(having meaning)는 개념은 적어도 부분적으로 **의미(상징)하다**(standing for)라는 개념과는 다르다."고 했다. 달리 말해 의미를 가진다[Bedeurung haben]는 개념은 적어도 부분적으로는 무언가에 관련되어 있다[Sich-auf-etwas-beziehen]는 개념과는 다르다는 것이다. 그리고 246쪽에서 "… 하나의 단어는 무언가(something)를 의미한다는 것이 항상 그런 것은 아니다. 그것은 반드시 누군가(somebody) 혹은 무언가(something)를 표현하는 것이다."라고 하고, "나는 금성을 언급하는(referring to) 다른 방법들로 두 개의 기술적인 구들, '새벽별'(the Morning Star)과 '저녁별'(the Evening Star)을 사용한다. 하지만 두 개의 구(phrases)가 그 의미에서 다른 것임은 꽤 명백하다. … 만약 그 두 개의 구가 다른 의미를 가진다면, 우리가 이 두 개의 다른 기술들로 묘사하는 행성인 금성은, 이러한 기술적인 구들이 의미하는 것(mean)일 수 없다. 이러한 두 개의 구들에 있어, 금성은 단일하고 동일한 것이지만, 두 개의 구가 나타내는 것(signify)은 다르다."(224쪽)고 주장했다. 이것은 옳지 않다. '새벽별'과 '저녁별'이라는 단어들은 금성이라는 행성의 두 개의 상위한 속성들에 관련하여서만 상위한 의미를 가지지만, 이 두 개의 속성들을 가지고 있는 그 것[Ding]에 관해서는 **동일한**[dieselbe] 의미를 가지는 것이다. 양자는 동일한 행성을 의미하고, 표시하고, 그 고유명사가 '금성'인 동일한 행성에 관계를 가진다. 이러한 예는 무언가 의미한다, 무언가 표시한다, 무언가 연관되어 있다가 (각각) 상위한 개념들이라는 것을 보여주는 것은 아니다.

35) 마이농(A. Meinong, *Über Annahmen*, 2. Aufl., Leipzig 1910, S. 24ff.)은 '의미'[Bedeutung]와 '의미한다'[bedeuten]를 구분한다. "'의미'는, '-ung'의 접미어가 붙어 있

는 단어에서 특히 지적될 필요가 있듯이, '의미하다'보다 더 많은 것이 아니다. …" "일상의 의미함은Das lebendige Bedeuten 당연히 항상 누군가를 위한(에 대한) 의미함이다. 이러한 의미함은 이제 … 하나의 단어는 단지, 그것이 표현하는 한, 보다 정확히는 그것이 하나의 지적인 체험을 표현하는 한, 그 대상이 이제 그 단어의 의미를 형성하는 지적인 체험을 표현하는 한, 의미한다는 식으로 표현된 단어의 속성에 결부된다."(26쪽). "… 한 단어는 그것이 현재의(제공된) 체험을 표현하는 한, 무언가를 의미하는 것이고, 이것을 통해 표현된(나타난) 대상이 그 의미이다."(28쪽) 이것은 언어관용과는 일치할 수도 있을 것 같다. 하지만 이러한 언어관용은 오해를 불러일으킨다.

36) 라일(Ryle), 같은 책, 256쪽.: "의미들은 물건이 아니고 심지어 매우 기이한 물건(very queer things)도 아니다." 맞는 말이다. 하지만 무엇이 의미인가, 혹은 라일이 자신의 논문의 시작 부분에서(239쪽) 물었듯이, "무엇이 의미(들)인가?" 이에 대해 라일은 256쪽 이하에서 "하나의 표현의 의미를 배우는 것은 이전에는 조우하지 못한 대상을 만나게 되는 것보다는 송곳의 한 부품을 (조작하는 것을) 배우는 것에 더 가깝다. 그것은 그 표현 및 그것과 등가의 다른 표현들을 정확하게 조작하는 것을 배우는 것이다."라고 대답하고, 254쪽에서는 "하나의 표현이 무엇을 의미하는 것인지를 아는 것은 … 그 표현의 사용(이용)의 규칙을 아는 것이다."라고 한다.

달리 말해, 무엇이 하나의 표현이 의미하는 것인가를 배우는 것은 그 표현을 정확하게 사용하는 것을 배우는 것이고, 언어관용을 익히는 것이다. 하지만 우리는, 그 표현이 언어관용에서 무엇을 의미하는가를 우리가 알 때, 그 하나의 표현을 정확하게 사용할 수 있는 것이다. 언어관용을 지적함으로써 라일은 결코 그가 스스로 처음에 제기했던 "무엇이 의미(들)인가?"(즉 무엇이 의미인가)라는 물음에 답한 것이 아니다. 그는 단지 문제를 미루어놓은 것일 뿐이다. 그렇게 함으로써 그는 비트겐슈타인(Ludwig Wittgenstein)의 언어철학

Sprachphilosophie을 따랐다. 미주 39의 보론을 비교할 것.

37) 마이농(Meinong, *Über Annahme*, 2. Aufl., Leipzig 1910, S. 28)은 "… (부호의) 그 소여로부터 표현된 것을 실제로 추론하는 자는 부호를 이해한다. 즉 단어들이 말하는 자에게 있어 심리적인 사건(경과)들에 대한 부호·표현Zeichen이라면, 청자는 그가 들은 것을 근거로 언어적인 표현에 이르게 된 심리적인 경과들(사건들)에 대해 인식하게 되는 한, 그 말을 이해하게 된다."라고 했다.

38) 하나의 의지적 행위의 의미로서 규범을 규정하는 것에 반대해서 사람들은 법규범들은 —그것이 통례적으로 기술되는 것과 같이— 국가의 의지가 아니라고, —군주국가에 있어서는— 군주의 의지가 아니며, 혹은 —공화국에서는— 인민의 의지가 아니고 혹은 의회의 의지가 아니라고 주장한다. 이러한 서술들은 허구들이라고 한다. (법인으로서) 국가는 단어의 본래의 의미에서 어떠한 의지도 가지지 않는다. 의지Wille는 단지 인간만이 가질 수 있다. 법은 국가의 '의지·의사'라고 하는 것은 단지 법이 하나의 규범적 질서이고, 그 규범질서의 단일성·통일성Einheit이 국가를 의인화하는 것에서 표현된다는 것에 대한 비유적인 표현인 것이다(나의 *Reine Rechtslehre*, 2. Aufl., Wien 1960, S. 307을 볼 것). 사람들이 소위 관습법을 무시하고 (그에 대해서는 나중에 다시 언급하게 된다) 단지 소위 창출(제정)된 법gesetzte Recht만을 염두에 둔다면, 법규범들은 특정한 인간의 행위인 특정한 행위를 통해서 만들어진다. 군주국가에서는 군주의 행위들이 그것이고, 공화국에서는 국민들의 인민집회(국민의회)의 결정들이거나 혹은 인민에 의해 선출된 의회의 결정들인 것이다. 군주의 규범을 설정하는 행위는 대부분 그 군주가 특정 인간의 특정 행위를 규정하는 문장(원칙)들을 담고 있는 하나의 문서에 서명하는 것에 있다. 이를 통해 이 문장들은 유효한 규범들이 된다. 그 문서는 또한 —그런 식으로 사람들이 의사이론(의지이론)에 대해 이의를 제기하는데— 군주가 그 문서의 내용을 전혀 알지 못하고, 그래서 그

의미가 이 규범들일 수 있는 어떠한 의지도 가지지 않는 경우에도 유효한 규범들이 된다. 군주가 문서의 서명을 통해 창설한 규범들의 내용을 반드시 알아야만 하는 것은 아니라는 것은 옳지 않다. 하지만 그는 서명행위를 의미하는 그 행위를 반드시 원했어야만 한다. 만약 그렇지 않다면 그러한 행위에 이르지 못했을 것이다. 그리고 그는 그가 서명한 그 문서가 하나의 법률안이라는 것을 반드시 알았어야만 하고, 그가 그의 서명으로 규범들을 창설한다는 것, 그의 행위의 의미가 규범들이라는 것을 반드시 알아야만 하는 것이다. 그 군주는, 그가 그것의 의미가 규범들인 행위를 원함(의지함)으로써, 이러한 의미를 원하는 것이다. 그 군주가 자신에게 제출된 문서에 대해 그것이 법률안이라는 것을 알지 못하고 서명했다는 것이 밝혀졌다면, 어떠한 규범설정행위도 이루어진 것이 아닐 것이다. 하지만 ―효력 있는 헌법에 따라― 또한 이러한 경우에도 하나의 규범설정행위가 존재한다면, ―유효한 헌법에 따라― 문제되는 규범들은 문서가 군주에게 제출되게 된 그 행위의 의미일 것이다. 인민회의에서 혹은 의회에서 법률안에 대해 찬성투표를 한 자는 그 법률안이 법률이 되는 그 안의 내용을 반드시 알아야만 하는 것은 사실 아니지만, 그는 그가 법률안에 찬성한다는 것은 반드시 알아야만 한다. 유효한 헌법에 따라 하나의 법률안이, 투표한 자들 혹은 그들 중 모두가 법률안이 문제되고 있다는 것을 모르고, (만약) 다수가 그 안에 찬성한 경우에도 법률이 된다면, ―유효한 헌법에 따라― 그 법률은 그 법률안을 표결에 붙인 자, 인민회의 혹은 의회에 그 법률안을 밀어 넣은 자의 의지적 행위의 의미이다. 하나의 유효한 규범이 존재한다면, 그 어떤 누군가는 그 의미가 규범인 (그) 의사를 반드시 가졌어야만 한다.

규범들, 특히 도덕의 규범들은 의사에 있는 것이 아니라, 이성에서 그의 원천을 가진다는 관점, 즉 은유 없이 표현한다면, 규범들을 의지적 행위들의 의미가 아니고, 사고행위의 의미라는 관점에 대해서는 본문 [62]쪽 이하를 비교할 것.

39) 자신의 울음소리를 통해 닭들을 불러 모으는 수탉의 예는 비트겐슈타인(Ludwig Wittgenstein)의 *Philosophische Untersuchungen*, Oxford 1953에서 발췌한 것이다. 그곳 § 493에서는 "사람들은 '수탉이 자신의 울음소리를 통해 닭들을 불러 모았다.'고 말한다. —하지만 여기에는 이미 우리의 언어와의 비교가 바탕이 되어 있는 것이 아닌가?"라고 한다. 하지만 문제되는 것은 수탉의 울음이 하나의 명령의 의미를 가지는 **언어적인 표현**과 비유된다는 것이다. 그리고 나서 계속해서 "만약 우리가 무언가 하나의 물리적인 영향력을 통해 그 울음이 닭들을 움직이게 했다고 생각한다면 그 관점은 완전히 변화되는 것은 아닌가?"라고 적고 있다. 물론, 환언하면 우리가 그 과정을 울음이라는 외적인 사건과 닭들의 불러 보임 사이의 단순한 인과관계로서 기술한다면, 우리는 여전히 "수탉이 자신의 울음으로 닭들을 불러 모았다고 말할 수 있는가?"라는 것이다. 비트겐슈타인은 이 물음에 대해 —그가 물음을 제기할 때 자주 그렇게 하는 것처럼— 아무런 답도 제공하지 않았다. 우리는 단지 그는 그 관점은 변경되지 **않는다**는 입장이었을 것이라고 추측할 수 있다. 왜냐하면 다음의 문장이 '그러나[aber]'라는 단어로 시작되고 있기 때문이다: "그러나 만약 어떤 방식으로 '나에게 오라!'라는 단어가 [즉 명령의 언어적인 표현] 명령의 상대방에게 작용하는 것인지가 알려진다면, 그래서 종국에는 일정한 조건들하에서 그의 다리근육들이 감응하게 된다는 등이 알려진다면, 앞의 (명령)문장[Satz]은 이로써 우리에게 (명령)문으로서의 성격을 잃게 되는가?" 이제 비트겐슈타인은 수탉 한 마리가 울었고, 닭들이 모인 사례에 대응해서, 한 사람이 다른 사람에게 "나에게 오라!"라는 말을 했고, 그 다른 사람이 그에게 온 사례를 제시했다. 그리고 이제 비트겐슈타인은 우리가 이러한 과정을 "나에게 오라!"라는 (명령)문장을 말함과 청자의 반응 간의 단순한 인과적 관련성으로 기술한다면, 결과는 무엇인가라는 문제를 던진다. 여기서 문제가 되는 것은, 만약 우리가 한 인간이 다른 사람에게 "나에게 오라."라고 말을 했고 그 다른 사람이 그에게 왔다는 것에 있는 사실관계를, 화자와 청자(수명자)에게서의 내적인 **과정들**[innere]

Vorgänge과 관계 지우지 않고, "나에게 오라."라는 문장을 말함과 청자가 화자-에게로-감 사이의 단순한 인과적 관련성으로 기술한다면, "나에게 오라."는 문장이 **명령**으로서의 성격을, 그리고 명령을 받은 자의 반응이 이러한 명령의 준수라는 성격을 잃어버리는가이다. 비트겐슈타인은 **이것은 그렇지 않다**라는 입장이었던 것으로 보인다.

　비트겐슈타인이 그 명령과 명령의 준수의 사실관계를 명령하는 자와 명령의 수신자에서의 **내적인 과정들과 연결 짓지 않고**, 단순히 언어적인 표현의 표출과 이에 대한 반작용의 **외적인 과정들** 사이의 단순한 인과관련성으로 기술하려 시도하였다는 것은 그의 *Philosophischen Untersuchungen*의 무수한 다른 진술들에서 나타난다. 비트겐슈타인의 '명령'과 '명령-준수'에 대한 분석에 대한 부록을 보라.

　40) 모저(Shia Moser, "Some Remarks about Imperatives", *Philosophy and Phenomenological Research*, Vol. XVII, 1956, S. 192)는 두 가지 유형의 명령의 준수를 구별했다: 명령에 대한 동의가 있는 경우의 단어의 좁은 의미에서의 준수와 명령된 행위가 명령에 대한 동의와는 다른 하나의 원인을 통해서 야기된 경우의 넓은 의미에서의 준수의 구별이 그것이다. "단어의 엄격한 의미에서 명령은 단지 그 명령에 상응하게 행위를 하려는 기꺼움이 있는 경우에만 준수되는 것이다. 다른 말로 하자면 그 명령에 대한 동의가 있을 때이다. 보다 넓은 의미에서 우리는 그 행위가 무언가 다른 요소에 의해 야기되었다고 하더라도, 그 명령이 그 행위에 대한 필수적인 조건도 충분조건도 아니라고 하더라도, 명령의 준수라고 말할 수 있을 것이다." 하지만 모저는 일정한 제한을 했다. 만약 하나의 명령이 도대체 진지하게 받아들여지지 않는다면, 예를 들어 술 취한 승객이 종점에 도달하기도 전에 "다 내려!"라고 고함을 지르거나, 명령의 수신자가 도대체 그 명령을 기억하지 못하는 경우(와 같은 명령이 도대체 진지하게 받아들여지지 않은 경우를 제외하는 제한을 했다).

41) 따라서 헤어(R. M. Hare, *The Language of Morals*, Oxford 1964, S. 19f.)가 "만약, 그리고 단지 우리가 그것은 진실이라고 믿는(화자가 말한 것을 믿는) 경우에만, (우리의 동의에서) 우리는 진실한 것이라는 진술에 우리가 동의한다고 한다면. 다른 한편 만약 그리고 단지, 화자가 우리에게 하라고 한 것을 우리가 하거나 해결하는 경우에만 우리는 (우리의 동의에서) 진실한 것이라고 하는, (즉) 우리들에게 표현된 2인칭의 명령에 동의한다고 한다면"이라고 말한다면 그것은 옳지 않다. 사람들은 명령에 솔직·성실하게 동의하면서도 그 명령을 따를 능력·입장이 못될 수 있다. 왜냐하면 사람들은 그들이 해야**만 하고** 그것을 해야만 한다고 진심으로 믿는, 즉 원하는 그것을 하기를 **원할 수** 없을 수 있기 때문이다.

42) 예를 들어 모리츠(Manfred Moritz, "Gebot und Pflicht, Eine Untersuchung zur imperativen Ethik", *Theoria*, vol. VII, 1941, S. 220)는 "무언가를 명령하는 자는 무언가를 원(의지·의욕)하는 자이다. 명령하는 주체는 그 명령의 목적의 실현을 원한다. 명령문 '문을 닫아라!'에서는 그 문의 닫힘이 원해지는 것이고, 그처럼 다른 사례들에서는 … 또한 다른 주체가, 명령을 받는 주체가 부름을 당하고 그에 의한 명령의 목적 실현이 요구되는 것이다." 명령하는 주체가 원하는 것은 "그 문을 닫음"이 아니고, "명령을 받는 주체가 그 문을 닫는 것이다." 그(수명자)가 그 명령을 따를 때, '문을 닫는 것'을 이 주체가 원하는 것이다. 명령하는 주체는, 명령을 받는 주체가 그 문을 닫아**야만 한다**는 것을 원하는(의지·의욕) 것이다.

43) 그것은 그레이(John Ch. Gray, *The Nature and Sources of the Law*, 2. Aufl., 1927)가 "모든 법은 법관이 만든 법이다."라는 자신의 명제로써 주목했던 사실(관계)이다. 그런 점에서 법은 일반적 규범의 창설로는 아직 완전한 효력을 가지는 것이 아니다. 법의 완전한 효력, 단어의 완전한 의미에서 법의 효력이 애

기될 수 있기 위해서는 개별적인, (즉) 일반규범에 상응하는 규범의 창설이 법관을 통해 아직 추가되어야만 한다는 것도 옳은 말이다.

키저(Cassius J. Keyser)는 여기(미주 29)에서 이미 인용된 자신의 글("On the Study of Legal Science", *Yale Law Journal*, vol. XXXVIII, 1928~1929)에서 법을 —법학의 대상으로— 법관의 판결행위와 동일시하였다: "… 법학의 주제는 법관의 특징적인 행위이다."(419쪽) 하지만 법의 생산에 있어서는 단지 법원들만이 아니라 —일차적으로 무엇보다— 입법자가 참여하는 것이다. 입법자와 법원의 기능 차이 중 하나는 —통상적으로— 일반적인, 다른 하나는 개별적 법규범들을 만든다는 것이다. 하지만 키저는 —그레이와 마찬가지로— 입법자를 통해 만들어진 일반규범들은 법이 아니라고 주장한다. "법규(입법자에 의해 만들어진 틀에 박힌 문구)는 그 자체 법이 아니다." 그렇다면 무엇이 '법적 법률·제정법·성문법'(statutory law)인가? "제정법은 사실상 그 법규의 **사법적 해석**(judicial interpretation)이다."(419쪽) 말하자면 하나의 '법규', 하나의 법률은 하나의 법률의 해석이라는 것이다. 하지만 무엇이 법관이 해석하는 법률인가? '틀에 박힌 문구'인가? 그것은 또한 법관의 판단(판결)이다. 그 외에 법관의 기능은 단지 법률을 해석하는 것에만 있는 것이 결코 아니라, 무엇보다, 그리고 본질적인 과제에 따른다면, 입법자로부터 만들어진 일반규범으로서 법률을 구체적인 사례에 **적용하고**, 그리고 그의 판결을 법으로서 법률에 호소^{Berufung}하여 근거 지우는 것이다. 법관이 적용하고 그것으로 법관이 자신의 판결의 적법성을 근거 짓는 것은 하나의 법률의 해석이 아니라, 그에 의해 해석된 법률이다. 키저는 "법규 그 자체는 바르게 관찰되어야 한다. 나는 비록 그것이 종종 통제하는 것(하나, one)이기도 하지만, 전체 하나로서, 사법의 행위를 조건 지우는 상황들이라고 믿는다."(420쪽)라고 말했다. 그레이와 완전히 똑같이 키저는 법률과 법적으로 규정되지 않은, 법관의 판결에 동인을 주는, 도덕적-정치적 원칙들 간에 존재하는 본질적인 차이를 무시했다. 법률이 법관에게 일정 사례들을, 그가 도덕적-정치적 관점에서 이러한 사례에 적용되어야만 한다고 믿는 원칙에 근거하여 판결하는 권한을 부여함에도 불구하고, 그 법률은 ―법규정의 의미에 따를 때― 단지 법관에게는 구속적인 것이다.

44) 따라서 스웨덴의 철학자 회거스트룀(Axel Högerström, *Inquiries into the Nature of Law and Morals*, Uppsala 1953, S. 3)의 "하나의 지시, 명령은 그 지시 명령이 의도한 그 사람에게 도달하지 않았다면 단지 공허한 소리이고 실제의 명령·지시가 아니다."라는 입장은 옳지 않다. 그것은 매우 자명하게 법의 영역에서는 법률의 부지는 용서받지 못한다(법률의 부지는 어떠한 면책사유도 아니다)라는 근본원칙이 적용되는 경우이다.

45) 법의 규범적 성격은 때로 부정되기도 한다. 사람들은 법을 존재-규칙^Seins-Regel^으로 파악하려고 시도한다. 이에 관해 코헨(Morris R. Cohen, *Law and the Social Order*, New York 1933, S. 205f.)은 "존재적인 혹은 기술적인 것과 규제적인 혹은 규범적인 것 … 사이의 이러한 범주적인 구별을 피하려는 대단히 많은 노력들이 이루어졌다. 단연코 법의 규범적인 측면을 제거하는 가장 강력한 시도는 법을 관습과 동일시하는 것이고, 사실상 사회적인 삶을 지배하고 있는 방법들과 동일시하는 것이다."라고 지적한다. 가장 마지막의 언급은 법률적-법(제정법)이 지배하고 있는 영역에 대해서는 맞지 않는 말이다. 하지만 법이 단지 관습법, 즉 관습의 방법으로 생겨난 법이라고 하더라도 그것은 존재-질서로 파악될 수는 없다. 관습은 입법행위가 존재-사실^Seins-Tatsache^인 것과 같이, 전적으로 존재-사실이다. 관습을 통해 생겨난 법은 **규범**이고, 하나의 **당위**이다. 관습이 법을 생산했다는 것은, 사람들은 사람들이 관습적으로 행위하곤 하는 것과 같이 행위**해야만 한다**는 헌법-규범을 전제한다. 그리고 헌법입법 행위는 규범들을 생산한다는 것은 인간들은 헌법이 규정하는 대로 행위해야만 한다는 근본규범을 전제한다. 입법을 통해 생산된 법에 대해서도 이와 동일하다. 법을 존재-법칙^Seins-Regel^으로 파악하려는 시도는 사람들이 존재와 당

위를, 존재행위와 그것의 의미, 즉 하나의 당위인 그것의 의미를 구별하지 않는다는 것에 기인하고 있다. 사람들은 특정 조건들하에서 특정 방식으로 행위한다는 문장은 하나의 사회적 현실·실제^{Wirklichkeit}를 **기술하는**^{beschreiben} **진술**이고, 법은 어떻게 사람들이 특정 조건하에서 행위해야만 하는지를 **규정하고**^{vorschreiben} 있는 **규범들**이다. 법의 규범들이 아니라, 법-**학**의 원칙(문장)들은 진술(언명)들이고, 보다 정확히는 당위-규범들에 관한 진술들이다.

법은 존재-규정이라는 입장은 또한 '학문'은 단지 존재-사실에 관한 진술이고, 하나의 학문의 대상으로서 법은 따라서 반드시 존재-규정이어야만 한다(틀림없는 존재규정이라)는 잘못된 가정에 근거하고 있다. 이러한 잘못된 가정으로부터 사람들은 법-**학**은 단지 법-**사회학**일 수 있다는 결론을 도출하는 것이다. 하지만 어떠한 원인으로 인해 법이 생산되는 그 행위가 이루어지는가와 이러한 법-생산행위가 어떠한 효과를 가지는가라는 물음에 대해 답을 찾는 하나의 법 사회학은 반드시 법을 **규범**으로 전제해야만 한다. 법 사회학은 법을 기술하는 것이 아니라, 법을 생산하는, 그리고 법을 준수하고 법을 위반하는 행위를 기술한다. 법규범들과 그들의 상관관계들을 기술하는, 소위 도그마적인 혹은 '규범적인' 법학이 하나의 '학문'인지 여부는 부차적인, (즉) 용어상의 문제이다. 부인하는 대답은 대체로 사람들이 규범적 법학을, 실제로는 단지 규범들을 **기술**하는 것임에도, 규범을 **설정**하는 것으로 받아들이는 것에 근거한다.

46) 도덕은 어떠한 규범적 성격도 가지지 않는다는 입장은 바이어(Kurt Baier, *The Moral Point of View. A Rational Basis of Ethics*, Ithaca, New York 1958)가 주장했다. 바이어는 177쪽에서 "… 도덕(성)은 어떠한 법의 유형일 수도 없으나, 높은(고귀한) 것이다^{exalted}."고 말했다. 그는 '도덕(성)을 법의 한 유형으로 생각하는 것'을 거부했다(178쪽). 그는 '도덕의 유형으로 법'을 거부했다. 그가 법은 도덕적으로 판단될 수 있다고 강조했음에도 불구하고, 즉 '법체계들'은 '도

덕적인 근거들로 비판될 수' 있다고 했음에도 불구하고, 그럼에도 그는 도덕이 하나의 '최고 법'(superlaw)이라는 것을 부인했다. 179쪽에서 그는 "따라서 법은 도덕이라는 본질에 적합한 모델은 아니다."라고 말했다. 비록 바이어는 '규범'이라는 단어를 사용하지 않았지만, 이것은 도덕은 법과 같이 하나의 규범이 아니고, 규범적인 성격을 가지는 것이 아니라는 의미이다. 바이어가 '도덕 (성)의 명령적 본질'에 대해 말하고, "나는 그것을 승인된 것으로 생각한다, 그리고, 그것은 … 중심이 되는 규칙 혹은 세칙을 담고 있어야만 하는 '도덕(성)'의 바로 그 의미이다. … 도덕(성)은 비교적 세련되게 다듬어진 규칙들의 체계이다."라고 말하고, 그 외에도 '도덕률'(도덕적 규칙들)(예를 들어 195쪽), 도덕의 규정(규칙)들에 대한 '복종'(obedience)(309쪽), '도덕적 금지들'(231쪽) 및 '도덕의 요구'(247쪽 이하)를 말함으로써, 이것은 더욱 더 이해하기 어려워진다. 도덕의 '규칙'(rules)과 '세칙'(precepts)들은 단지 규범들일 수 있는 것이다. 단지 규범으로서만 도덕은 하나의 행위를 요구할 수 있는 것이고, 단지 규범으로서 그 도덕이 '준수'될 수 있으며, 단지 규범으로서 도덕이 무언가를 금지할 수 있는 것이다. 도덕은 법의 일종이 아니라는, 즉 규범이 아니라는 것에 대한 근거로 그가 제시한 것은, "만약 도덕(성)이 완전한 법이라면, 반드시 완벽한 입법자, 신 (God)이 있어야만 한다. 하지만 이것이 정확하게 도덕(성)의 한 모델로서 법에 대한 반대(이유)인 것이다."(178쪽)라는 것이다. 바이어는 분명히, 법은 입법 (legislation)의 방식으로만 생겨나는 것이 아니라, 관습의 길로도 만들어질 수 있다는 것을, 관습법은 **입법자가 없는**(legislator) 법이라는 것을 간과한 것이다. 이것을 전적으로 무시해도 도덕규범들은 법규범들과 같이 하나의 권위 있는 인격체의 의지행위를 통한 설정의 방법으로 만들어질 수도 있는 것이다. 그렇게 예수는 "너의 원수를 사랑하라!"라는 도덕-규범을 설정했던 것이다. 예수는 **도덕적인 입법자**로서 등장했다는 것 혹은 그리스도교도들로부터 그들의 도덕적 입법자로서, 달리 말해 하나의 도덕규범들을 설정하는 권위(자)로 간주된다는 것을 누구도 솔직히 부정할 수는 없을 것이다. 하나의 법률유형으로서 도덕, 즉 규범으로서 도덕이라는 것에 반대하는 바이어의 하나의 다른 논거는 "한 집단의 법(law)은 불법(illegal)한 것일 수 없다. … 다른 한편 … 그 집단의 도덕(Morality)은 잘못된(wrong) 것일 수 있다."(179쪽)라는 것이다. 만약 '도덕'이 한 집단 내에서 **유효한** '수칙·계율'의 체계라면, '도덕'은, 하나의 유효한 규범적 질서로서, 마찬가지로 '잘못된'(wrong)(즉 단지 도덕위반적이라고 할 수 있다) 것일 수 없는 것이다. 마치 한 집단의 법이 법위반(불법, illegal)^{rechtswidrig}일 수 없는 것과 마찬가지로 말이다. 한 집단의 도덕은 한 다른 집단의 도덕과는 상위할 수 있다. 하지만 이것은 그 도덕이 한 집단 내에서 유효한 이상 그것이 도덕-**위반적**이라는 것을 말하는 것은 아니다. 만약 그중 하나인 M1이 다른 M2와는 다르기 때문에 도덕위반이었다면, 또한 그 다른 M2도 그것이 M1과는 다르기 때문에 도덕위반이었던 것이다. 그렇다면 도대체 도덕위반이 아닌 도덕질서는 없다는 것이 될 것이다. 사람들이 —바이어와 같이— 하나의 **절대적인** 도덕의 효력을 가정하는 경우가 아니라면 말이다. 하지만 그것(절대적 도덕)은 이 도덕이 신의 의지를 통해서 설정되었다는 것을 전제하는데, 바이어는 그러나 바로 이 가정을 거부한 것이다. 그는 "만약 도덕성이 하나의 완벽한 법이라면, 그렇다면 신이라는 완벽한 입법자가 있어야만 한다. 하지만 이것은 정확하게 도덕(성)의 모델로서 법에 대한 반대(이유)인 것이다."(178쪽)라고 했다.

47) 모리츠(Manfred Moritz, "Der praktische Syllogismus und das juridische Denken", *Theoria*, vol. XX, 1954, S. 127)는 "하나의 법관의 판결은 그 법관이 그 판결을 선고했을 때, 만약 그 법관이 법률을 준수했다고 말하는 것이 정당한 경우라면, 즉 만약 이러한 법관의 행위가 하나의 명령준수라고 정당하게 말할 수 있는 경우라면, 그것은 법률을 통해 동기부여된 것이다(법률에 근거를 둔 것이다). 사람들은 법률로부터, 즉 불특정의(이름이 거명되지 않은) 사람들 한 부류에 향해진 하나의 일반적인 명령(요구)으로부터, 언제 이러한 부류에 속한 한 사람이 그 일반적인 명령을 준수하였는지를 도출해낼 수 있기 때문에, 한 법

관이 자신의 판결 선고로 그 일반규범을, 즉 법을 준수하였는지 여부를 발견하기 위해서, 우선 일반적인 명령으로부터 개별 법관에 향해진 하나의 개별적인 명령을 도출하는 것은 반드시 필요한 것은 아니다. "또한 하나의 그러한 개별적인 명령이 일반적인 요구로부터 도출되지 않아도 사람들은 그러한 개별적인 명령을 수신하는 주체가 그 일반적인 명령을 준수했는지 아니했는지 여부를 결정할 수 있다. 하나의 개별적인 명령을 거쳐가는 우회로는 불필요하다." (108쪽) 앞의 본문에서 서술한 바로부터, 왜 '하나의 개별적인 명령을 통한 우회(로)'가 필수적인지 밝혀졌고, 왜 이러한 명령이 일반적인 규범으로부터 '도출될' 수 없는지도 밝혀졌다.

매우 특징적인 것은 후아레츠-파츠(Rigoberto Juarez-Paz, "Reason, Commands and Moral Principles", *Logique et Analyse*, Nouvelle Serie, 2^e Annee, 1959, S. 194ff.) 와 같이 규범적인 삼단논법을 근거 지우려 시도한 것이다. 그는 스미스가 존스에게 "만약 비가 온다면 너의 코트를 입어라." 하고 명령한다는 것에서 시작한다. 규범적 삼단논법은 다음과 같다(200쪽):

만약 비가 온다면, 너의 코트를 입어라!

비가 온다.

너의 코트를 입어라.

후아레츠-파츠는 이에 대해 "… 스미스가 존스에게 '비가 온다면 너의 코트를 입어라!'는 말의 요지는 만약 비가 온다면(왔을 때) 스미스가 그곳에서 '너의 코트를 입어라!'고 말하지 않는 사례와 대응하는 것이다."라고 했다. 즉 그는 개별규범 "너의 코트를 입어라!"는 그것이 하나의 실제의 의지적 행위의 의미가 아니라고 하더라도 유효하다(효력이 있다)는 것을 받아들인다. 그는 이것을 다음과 같은 식으로 근거 지운다. "… 조건적 명령문은 만약 존스에게 비가 퍼붓는 경우에 그는, 마치 현장에서 스미스가 말하는 것처럼, '너의 코트를 입어라!'라는 명령에 맞닥뜨리게 된다는 결과를 가져오는 역할을 한다."(210쪽) 이것은 하나의 전형적인 허구이다. 이러한 논증은 개별규범이 유효한 것으로 간주될 수 있기 위해서, 그 의미가 개별규범인, 의지적 행위가 반드시 가공되어야만 하는 것이라는 결론이 된다. 후아레츠-파츠는 그 개별규범은 그 일반규범에서 소위 압축되어(incapsulate) 있다고 받아들이고, "아마도 명령들은 논증들의 결론들일 수 있다는 생각에 빠져들 필요 없이, 하나의 명령을 위해 ['이유·근거'의 반(유사)논리적인 의미에서] 이유를 준다(근거를 대준다)고 말하는 것이 보다 합리적인 것이다."(202쪽)라고 설명했다. 하지만 하나의 개별 진술 혹은 규범이 하나의 일반적인 진술 혹은 규범에 함유되어(포함되어) 있다는 것은 일반적인 진술 혹은 규범에서 개별진술 혹은 개별적 규범을 논리적으로 추론하는 것의 본질인 것이다.

48) 헤어(Hare, *The Language of Morals*, Oxford 1964, S. 33f.)는 "… 일련의 순수한 직설(암시)적 전제들에 수반될 수 있는 일종의 명령(문)적 결론이 있다. 이것은 소위 '가정적 명령문'이다."라고 주장했다. 즉 하나의 조건 지워진 당위는 존재-진술들로부터 도출될 수 있다는 말이다. 그는 하나의 '가정적 명령'의 예로서 다음과 같은 예를 제시했다. "'만약 네가 옥스퍼드에 있는 가장 큰 식료품가게에 가고 싶다면, 그림리 휴스(Grimbly Hughes)로 가라.' 이것은 '그림리 휴스가 옥스퍼드에서 가장 큰 식료품가게라는 것'에서 나온 것으로 보이고, 그것을 말하는 것과 다르지 않다." 이에 대해서는 "만약 네가 옥스퍼드에서 가장 큰 식료품가게에 가기 원한다면, 그림리 휴스로 가라."라는 문장은 단지 언어적으로만 하나의 명령문이지, 논리적으로 하나의 명령문은, (즉) 하나의 당위를 표현하는 것은 아니라는 이의를 제기할 수 있다. 언어적으로 바르게 구성한다면 그 진술은 "만약 네가 옥스퍼드에서 가장 큰 식료품가게에 가기 원한다면 너는 반드시 그림리 휴스로 가야만 한다(할 것이다)."이다. 그것은 수단-목적-관계의 진술이고, 수단-목적-관계는 위의 본문에서 표현했듯이, 당위가 아니고, 명령이 아니고, 하나의 필연^{Müssen}, 하나의 원인-효과-관계인 것이다.

1. 그림리 휴스는 옥스퍼드에서 가장 큰 식료품가게이다. 그리고

2. 너는 옥스퍼드에서 가장 큰 식료품가게에 가고 싶어 한다(원한다).

라는 진술들의 진실로부터, 논리적인 사고작동의 방법으로, "그림리 휴스로 가라!"라는 명령문이 도출되지는 않는다. 왜냐하면 이 명령문[Imperative, Befehl]은 단지 이러한 식으로 달성될 수 없는 하나의 의지적 행위의 의미로서 유효하기 때문이다.

49) 볼차노(Bernhard Bolzano, *Wissenschaftslehre*, 2. Bd., 2. Aufl., Leipzig 1929) 는 명령문들을 '심리적인 현상을 표현하는 문장들'이라는 표제어 아래서 다루었다. 그는 명령문에는 하나의 '당위'가 포함되어 있다고 말했다. 명령은 의지(원함)의 표현이라고 했다. "이리 와!"라고 말하는 자는 누군가 다른 사람이 와야만 한다는 것을 원하는 것이다. 하나의 요구, 하나의 명령을 볼차노는 '과제·과업'[Aufgabe]이라고 불렀다. 명령은 하나의 '과제문'이다. 그는 한 다른 사람의 행위에 향해진 하나의 원함[Wollen]이 존재한다고 했다. 따라서 "문을 닫아라."라는 명령이 의미하는 바는, "나는 네가 그 문을 닫아야만 한다고 원한다."이다. 볼차노는 의지적 행위, 즉 명령하는 것과 이러한 행위의 의미, 즉 명령을 구분하지 않았다. 그에 대해 후썰(Edmund Husserl, *Logische Untersuchungen*, 5. Aufl., Tübingen 1968, 2. Bd., I. Teil, S. 4, 42ff.)은 심리적인 행위, (즉) '의미를 부여하는 체험'과 그 '의미'를 구별해야 할 필요성을 역설했다. 하지만 양자의 혼합은 너무나 자주 일어난다. 예를 들어 베커(Walter G. Becker, "Die Realität des Rechts", *Archiv für Rechts– und Sozialphilosophie*, Bd. XL, 1952/1953, S. 216ff. u. 275ff.)가 그렇게 말했다: "만약 하나의 행위가 규범으로 특징 지위져야만 한다면, (Gehlen의 입장에 따를 때) 선택행위가 문제되는 것이 분명하다(행위는 선택을 암시·내포한다: act implies a choice). 하지만 여전히 무엇보다 규범의 미숙한 상태[Embryonalzustand]는 정신, 의지, 오성과 이성을 갖춘 특수한 인간의 역량으로부터 조종되는 인간의 조직적인 선택행위에, 즉 (무감각적인 실제행

위 혹은 반감적인 범죄행위에 반해서) 공감적인 설정행위에 있다. 다른 말로 하자면 **판단**에 존재하는 것이다. 그 판단에는 (지식에 의한) 지식형상 혹은 인식형상이 존재하며, 물론 (의지에 의해서) 하나의 의지형상도 존재한다."(399쪽) 규범설정행위는 어떠한 판단행위도 아니라는 것은 여기서는 더 이상 의미가 없다. 중요한 것은, 베커가 하나의 행위를 규범으로 특징 지울 수 있다고 믿었다는 것이다. 이에 반해서 정당하게도 모리츠(Manfred Moritz, "Gebot und Pflicht. Eine Untersuchung zur imperativen Ethik", *Theoria*, vol. VII, 1941, S. 224)는 "그것을 하라!"는 명령의 의미는 "나는 네가 그것을 하는 것을 원한다."라는 판단을 통해 재현될 수 없다고 말한다. 사실 모리츠는 명령하는 주체의 의지에 관한 판단으로서 명령을 해석하는 것은 거부한다. 그는 222쪽에서 "그 [명령하는] 주체는 무언가를 고지하려고 원하는 것이 아니라, 행위(하도록)로 **유도하는 것**을 원하는 것이다. … 그것은 명령의 의미이다."라고 했다. 즉 명령은 진술이 아니고, 판단이 아니다. 하지만 모리츠는 명령에서 하나의 진술이 **암시(포함)되어** 있다고 받아들인다. 그는 225쪽에서 명령을 판단^{Urteil}으로 해석하는 것에 대해 언급한다. "이러한 이론은 명령 자체에서 말해진 것을 고수하지만 동시에 명령적인 요소, 즉 명령함 자체는 간과한다. 물론 이러한 이론에 의해 사람들은 하나의 판단과 관계를 갖고 있다고 하는 이론에 유리하게 이용된 그러한 하나의 고지(정보의 제공)가 명령 속으로 들어간다. 물론 명령을 받은 주체는 당연히 사람들이 그에게 무엇을 기대하는가도 반드시 알게 되어야만 한다. 하지만 거기에 바로 명령적인 구성요소, (즉) 요구 그 자체가 들어간다. 그리고 이러한 명령적인 구성요소는 명령문의 표현(문장구성)에 있다." 하지만 그럼에도 명령은, 이러한 고지가 명령 속으로 '들어간다면' 이러한 고지 속으로 '다가갈 수(덧붙여질 수)' 없다. "사람들을 또한 명령**에서** 말해진 것이 판단과 같이 파악될 수 있다는 식으로 표현할 수 있다. 하지만 이러한 요소(Moment)에는 우선 명령적 요소가 덧붙여지는 것이다. 이것은 그것에 동일하게 겹치는 것이다." 말하자면 명령^{Imperativ}, 보다 정확히는 명령^{Befehel}, 요구^{Gebot}, 규범은 **또한** 하나의 진술·언명

Aussage이라는 것이다. 하지만 명령, (즉) 규범은 어떠한 진술도 아니고, 어떠한 진술도 함유(내포)하지 않는다. 규범이 명령하는 **것**, (즉) 그 규범이 규정하는 행위는, 규범에서 **언급**^{ausgesagt}되지 않으며, 달리 말해, **기술**되지 않고 **규정**되는 것이다. 모리츠는 여기서 규범인 명령을 규범에 **관한** 진술과 섞어버린 것이다.

물론 매우 명망 높았던 논리학자도 그렇게 했다는 것은 부인될 수 없다. 지크바르트도, 진술 혹은 주장(명제)문은 참 혹은 거짓이지만, 명령문은 '그것의 진실에 대한 믿음이 아니라 복종'을 요구하는 것이고, 진술 혹은 주장문과 같이 '하나의 사실을 알리는 것'을 의도하는 것은 아니라고 확인함으로써, 비록 명령문^{Imperativsatz}과 진술문^{Aussagesatz} 혹은 주장문^{Behauptungssatz}을 명백하게 구분했음에도 불구하고; "명령문도 물론 하나의 주장을 포함한다, 즉 말하는 자가 그에 의해 요구된 행위를 지금 바로 원한다. … 는 주장을 포함한다."라고 그렇게 말했던 것(Sigwart, *Logik*, I, 5. Aufl., 1924, S. 18)이다. 하지만 이러한 '주장'은 명령과는, 요구와는 전적으로 다른 문장이고, 명령문의 의미와는 전적으로 다른 의미를 가지고 있는 문장이며, 따라서 명령문에 포함될 수 없는 것이다.

후썰(Edmund Husserl, *Logische Untersuchungen*, 5. Aufl. Tübingen 1968, 1. Bd., S. 40)은 저마다의 규범적 군기(Disziplin) 규정들은 ―그는 이것을 이러한 군기를 '세우는' 규범들로 이해한다― "(당위의) 규범화의 사고와는 구별 가능한 이론적인 내용을 반드시 가지고 있어야만 한다."고 주장했고, 48쪽에서 "'A는 B 여야만 한다.'[예를 들어 규범으로서 '전사는 용맹해야만 한다.', (혹은) '전사야, 용맹해라!'라는 명령문과 동일한 의미로]와 같은 형태의 저마다의 규범적 문장은, '단지 B 인 A만이 C라는 속성(여기서 우리는 C를 통해 '좋은·훌륭한'^{gut}이라는 표준이 되는 술어의 구성적인 의미를 암시한다)을 가진다.'[즉 '단지 용감한 전사만이 좋은·훌륭한 전사이다.']라는 이론적인 문장을" 포함한다고 주장했다. 하지만 후썰은 "새로운 문장은 하나의 순수한 이론적인 문장이고, 이 문장은 더 이상 규범화의 사고를 포함하고 있지 않다."라고 첨언했다. 사실상 이러한 '이론적' 문장은, 후썰 스스로 인정해야만 했듯이, 하나의 '새로운' 문장이다. 왜냐하면 그 문장은 '규범적'인 문장과는 완전히 다른 것이고, 따라서 여기에는 포함될 수 없는 것이기 때문이다. "단지 용감한 전사만이 훌륭한 전사이다."라는 이론적 문장은 "전사는 용감해야만 한다."라는 진술문과 전적으로 동일한 의미이다. 왜냐하면 무언가 '좋은·훌륭한'이라는 것은 그것이 하나의 규범에서 당위된 것이라는 의미와 전혀 다를 바 없기 때문이다. 후썰에 의해 표현된 이론적 문장은 하나의 진술적 당위문^{aussagender Soll-Satz}, 즉 하나의 규범에 관한 진술^{Aussage über eine Norm}의 전형적인 예이다. 명령하는 자가 무언가를 원한다는 것을 진술하는 문장과 그 자에 의한 명령을 표현하는 규범적인 문장은 전적으로 다른 것[이것은 후썰이 자신의 연구에서 '의미를 부여하는 체험(사건)'^{bedeutungsverleihendes Erlebnis}과 '의미'^{Bedeutung} 간의 연구로 인정했던 것이다]과 매한가지로 하나의 규범인 당위문은, 단어의 표현^{Wortlaut}에 따를 때는 아니라고 하더라도 그것의 의미에 따를 때는, 하나의 **규범에 관한** 진술인 당위문과는 전적으로 다르다. 양자를 구별하지 않는 것은 논리적 원칙들을 규범들에 적용 가능하다는 것을 보여주려는 시도들에서 하나의 결정적인 역할을 하고 있다. 본문 [157]쪽을 비교하라.

50) 하나의 특정 도덕의 당위와 당위를 동일시하는 전형적인 예는, 해거스트룀(Hägerström, *Inquiries into the Nature of Law and Morals*, Uppsala 1953, S. 201ff.)이다. 왜냐하면 그에게는 단지 하나의 도덕적인 당위만이 있기 때문에, 하나의 법적 당위라는 개념을 거부했다. "모든 상황하에서 도덕적 의무의 인식을 구별(특징) 짓는 것은 이러한 '명령'을, 모든 다른 명령과 비교할 때, 권위 있는 것으로 느낀다는 것 때문이다. 바로 이러한 명령은, 모든 다른 명령 이전에, **준수되어야만 하는 것**이다. 혹은 솔직히 말하면 이 명령을 따르는 것만이 행위의 **옳은**(right) 방법(길)이다. … 그것은 내가 **준수해야만 하는** 명령으로 두드러짐을 통해 특별한 신성함을 부여받게 된다. 이제 우리는, 사람들은 하나

의 특정한 방법으로 행위해**야만 한다**는 도덕적 의무에 의해 이해된다고 가정해 보자. 그렇다면 무엇이건 간에 그 속에, 두 가지의, 즉 법적이라고 불리는 것과 단순히 누군가(one)는 (하나의) 특정한 외적 힘의 명령의 대상이라는 사실에 있다고 하는 것, 이 두 가지의 의무가 속하는 공통의 유형(genus)은 없다. 후자에 대해서는 **사실상의**(de facto) 관계라고 표시되고, 전자의 것은 '발생해야만 하는 것'(ought to happen)이라고 불린다. 그리고 그곳에는 순전히 사실적인 것과 '당위'(ought)인 것을 (포함하는) 공통의 것(common genus)은 없다."(207쪽 이하) 해거스트룀은 존재와 당위의 이원론은 승인했다. 하지만 그는 '법규들'(rules of law)이 사람들은 특정한 식으로 행위해야만 한다는 것을 규정한다는 것을 부정했다. 달리 말해 법규들은 당위-규범들이라는 특수한 의미에서 규범들이라는 것을 부정했다. 단지 도덕적인 당위만이 '진정한' 당위이고, 'genuine ought'(222쪽)라는 것이다. '법의 규칙(법규)들'이 어떠한 당위-규정도 아니라면, 그것들은 단지 존재-규정일 수 있다. 그것들(법규들)은 그것(존재규정)이 아니라는 것, 절도를 형벌과 결합하는 법규들은 만약 누군가가 절취했다면 그는 처벌된다는 의미를 가질 수 없다는 것은, 절도가 처벌되지 않는 무수한 사례들이 있기 때문에, 자명한 것이다.

51) 모리츠(Manfred Moritz, "Über den Satz, Die Handlung H ist Pflicht", *Theoria*, vol. XVII, 1951, S. 176)는 "종종 다음과 같은 문장이 표현되거나 전제된다: 의무인 하나의 행위는 현실(적)이지 않은, 즉 현재 존재하지 않는 행위이다. 그 행위가 의무진 주체로부터 수행된다면, 그 행위는 더 이상 의무가 아니다."라고 적고 있다. 모리츠는 여기서 하나의 난점을 발견한다. 그는 "만약 '그 행위는 의무이다.'라는 문장이 하나의 판단^{Urteil}이라면 위에서 도입된 문장은 어려움에 빠지게 된다. '행위 H는 그것이 실재하지 않으면 의무이고 그것이 이행되었으면 의무가 아니다.'라는 문장은 소위 실재하는 것이 아닌 하나의 행위 H로부터 하나의 속성이 표현된다는 것을 암시한다. 말하자면 그 행위가 실재하

지 않으면 그 행위에 하나의 속성이 부여된다는 것이다. 하지만 그 반대도 유효하다: 만약 그 행위가 실재하는 것이면(수행되었다면), 그것은 더 이상 '의무임'이라는 속성을 가지지 않는다. 그 행위와 그 행위의 속성은, 만약 하나의 행위가 실재하면 그 속성은 실제적이지 않고, 그 행위가 실재하지 않으면, 그 속성이 실재하는, '상호 대립된 존재방식'$^{\text{entgegengesetzte Existenzweise}}$을 가지는 것이 될 것이다." 이러한 난점은 하지만 우리가 당위의 화법에서의 행위와 존재의 화법에서의 행위가 진술들의 두 개의 상이한 대상들이라는 것을 인정하지 않는 경우에만 존재하는 것이다. 우리가, 동일한 기체에 대해 존재의 화법에서 말할 수 없는 무언가를 당위의 화법에서 말할 수 있다는 것은, 그리고 그 반대도, 우리가 상위한 대상들에 대해 상위한 것을 말할 수 있다는 것과 마찬가지로 어려운 것이 아니다. 하나의 행위가 의무라는 진술은 당위의 화법에서 그 행위에 관련된 것이고, 존재의 화법에서 그 행위에 연관될 수는 없다. 모리츠는 소위 그 난점을 '존재하지 않는 하나의 대상에 하나의 속성이 부여된다는 것'(177쪽)에서 보았다고 믿은 것이다. 그리고 그는 언급한 난점을 그가 의무일 수 있음$^{\text{Pflicht-Sein könne}}$은 하나의 행위의 속성으로 파악될 수 없다고 확정함으로써 풀 수 있다고 믿었다. 그렇게 되면 "행위 H는 의무이다."라는 문장은 "행위 H는 하나의 의무 지워진 명령이다."를 뜻하게 될 것이다. 옳은 말이다. 하지만 행위 H가 하나의 의무 지워진 명령의 내용이라면, 즉 H를 당위된 것으로 설정한 규범의 내용이라면, 우리는 그것을 H의 속성이라고 말할 수 있고, 그 행위를 규정하는 규범의 내용, 하나의 당위의 내용이라고 말할 수 있다. 하지만 이러한 속성은 당위의 화법에서의 ―화법상 **구별되지 않는 기체**― H가 가지는 것이지, 존재의 화법에서의 H가 가지는 것이 아니다. 이것은 모리츠가 말했듯이 하나의 행위와 그 행위의 속성은 '반대되는 존재양식'을 가지고 있어서가 아니라, 행위 H의 두 개의 상이한 존재방식, 당위의 화법(양식)에서 H, 존재의 화법(양식)에서 H가 있기 때문인 것이다.

52) 만약 우리가 평가될 행위가 단지 **관념적**으로 존재하는 규범에 대해 가지는 관계에 관한 객관적 판단에서, 그 의미가 이 규범인 **실제의 의지적 행위**로 나아간다면, 그리고 그 가치판단에서 실제적 행위가 실제적 의지적 행위에 대해 가지는 관계를 말한다면, ―예를 들어 법적 가치판단의 경우에 하나의 행위가 입법자의 의사에 부합하기 때문에 적법한 것으로 판단된다면― 우리는 또한 이러한 객관적 가치판단을 현실(성)판단으로 파악할 수도 있을 것이다. 하지만 객관적 가치는 하나의 행위가 ―어떠한 이유에서건 여기서는 중요하지 않은― 유효한 것으로 전제된 하나의 **규범**에 부합한다는 것에 있는 것이지, 그 의미가 규범인 의지에 부합한다는 것에 있는 것은 아니라는 것이 그에 대한 반론이다.

뒤르켐(E. Durkheim, "Jugements de valeur et jugements de réalité", *Revue de Métaphysique et da Morale*, 19ᵉ Année, Paris 1911, S. 437ff.)은 가치판단과 현실 (성)판단 간에는 어떠한 본질적인 차이는 없다는 입장을 피력했다. 451쪽에서 "언급한 바에 따를 때 우리는 그들 사이에는 본질적인 차이가 없다는 것을 보았다. 가치판단은 하나의 것(존재, thing)이 하나의 이상에 대해 가지는 관계를 표현하는 것이다. 혹은 이상은, 비록 다른 방식으로지만, 그 대상과 같이 주어진 실제 그 자체이다(주어진 것이다). 표현된 관계는 현실 판단에서처럼 두 개의 주어진 용어들을 결합한다."라고 말했다. 뒤르켐은 주관적인 가치를 무시했다. 그는 단지 객관적인 가치만을 고려했고, 유효한 것으로 전제된 규범에 대한 관계를 말한 것이 아니고, 하나의 '이상'ⁱᵈᵉᵃˡ에 대한 관계를 말한 것이다. 이것은 매우 잘된 용어는 결코 아니다. 왜냐하면 만약 하나의 특정 행위가 하나의 특정 실정 법규범에 부합한다는 판단이 적법하다면, 하나의 가치판단이라면, 여기서 고려하는 실정법의 규범을 항상 '이상'으로 표시하는 것은 어렵기 때문이다. 고려될 법규범은 우리가 하나의 '이상'으로 표시하는 것의 바로 그 반대로 표시될 수도 있다. 뒤르켐은 '이상'이란 특별한 유형의 하나의 실제라는 것을 인식했다. 하지만 그의 이상의 이러한 '실제(성)'의 본질에 관한 설명은 그렇게 명확하지가 않다. 그는 440쪽에서 "이러한 이상들, 그것들은 단순히 그 사회가 자신의 발전단계에서 최고도의 지점에서 자신을 드러내고(묘사하고) 존재한다는 관점에서의 생각(사고)이다. 단지 우리가 사회를 어떤 살아 있는 기능을 위해 조직된 신체로서 바라보는 것은 그것을 축소하는 것이다. 이 신체에는 정신이 살고, 그 정신은 전체적인 집단적 이상들이다." 즉 그 '이상'은 요구들이고, 달리 말해, 개별 인간의 특정한 행위를 규정하는, 영혼이 있는 신체로 사고되는 공동체의 의지적 행위들의 의미이다. 하지만 우리가 실정도덕의 혹은 하나의 실정법의 규범들의 이러한 사회적-형이상학적 해석을 받아들인다고 하더라도, 우리는 정신이 깃든 신체로 간주된 공동체의 실제 의지적 행위와 그것의 **의미**, 그 **요구** 또는 **규범**들은 반드시 구별해야만 한다. 그 규범의 실존(존재), 즉 효력은 의지적 행위의 존재와는 **전적으로 다른** 유형이고, 그 의지적 행위는 시간과 공간에서 일어나는 인과적으로 특정한, 공동체적인 과정(사건)이고, 그것은 개별 인간의 행위들로 구성된 것(사건)이다. '현실(성)'^{Realität}로서 '이상'^{Ideale}을, 또한 특별한 성질^{Natur}의 현실로서 이상, 즉 사회적 본질의 실제로 표현한다고 하더라도, 하나의 **행위**의 존재와 이러한 행위의 **의미**의 존재 간의 차이가 무시된다는 의심스런 결론에 이르게 된다.

53) Max F. Scheler, "Beiträge zur Feststellung der Beziehung zwischen den logischen und ethischen Prinzipien", Inauguraldissertation, Jena 1899, S. 83 : "가치와 존재는, 저마다의 (서로 상대로부터) 파생·도출^{Ableitung}을 서로 저항하는, 전적으로 병렬적인 개념이다. 사람들은 그가 원하는 대로 뒤집고 돌리고 할 수는 있지만 성공하지 못한다. '무엇이 가치인가?'$^{Was\ ist\ der\ Wert}$라는 물음에 대해 우리는, 그 '인가'(이다)^{ist}가 존재의 표현인 한 (그리고 단순한 연사^{Kopula}가 아닌 한), 가치는 **있는**(존재하는)^{ist} 것이 아니라고 답한다. 가치는 존재의 개념과 같이 개념 정의가 거의 불가능하다. 그래서 가치는 그것의 다른 감각적인 특성 외에 하나의 것(Dinge)의 '속성'일 수 없고, … 가치는 하나의 것의 속성이

라는 주장을 진지하게 보면 주물숭배인 것이다." 셸러가 여기서 의도한 것은 '존재'와 '당위'의 화법 및 그것들의 화법상 차이 없는 기체의 구별을 통해서야 비로소 이해되는 것이다.

54) 홀(Hall, *What is Value?*, New York-London 1952, 16쪽)은, '가치의 기본적인 특성에 존재를 의도적으로 포함시키는 것'에 대해 말하면서, 249쪽에서 "가치는 어떤 의미에서는 사실을 포함한다.", "규범적인 문장들은 … 그에 부합하는 사실의 선언문들과 부합하고, 어느 정도 모호하고 의도적인 방식으로 그에 부합하는 사실의 선언(서술)문을 포함한다."라고 말했다. 241쪽에서는 "하나의 가치는 그것에 부합하는(혹은 부합할) 사실에 관련되어 있다."라고 하고, 226쪽에서 "어느 면에서는 하나의 가치의 구조는 (단순히 사실의 구조에 유사한 것이 아니라) 사실의 —특히 그것이 존재하는 것이 가치가 있는 사실의— 구조를 포함한다고 가정하는 것이 필수적인 것으로 보인다."라고 했다. 홀은 이에 추가하여, "여전히 이것은 다른 고려들과 충돌하는 것으로 보인다.", 소위 "가치와 사실은 무관하다. 가치는 그에 부합하는 사실(동일한 성분을 가진)이 존재하지 않는 곳에 있을 수 있고, 또한 그 역도 같다."라고 했다. 홀은 가치와 현실(성)·실제의 관계라는 문제와 씨름했다. 단지 화법(양식)과 화법상 차이나지 않는 기체를 구별하는 것만이 그 문제를 해결하게 한다.

55) 대화편 『파르메니데스』에서 플라톤은 동일한 이름의 철학자에게 이데아론의 비판을 말하게 한다. 그 비판 과정에서 이자는 소크라테스에게 "정의의 이데아, 아름다움과 선함의 이데아, 그리고 그 밖에도 그에 속하는 것(속)에 무언가(즉 절대적 이상^{absolute ideas, idee})를 생각할 수 있는지." 여부를 묻는다. 소크라테스가 단호하게 긍정한 것이다. "그리고 나아가 … 인간의 이데아, 불의 이데아 혹은 물의 이데아도?"라고 묻는다. 소크라테스는 이에 대해 "파르메니데스야, 자주 나는 사람들이 여기서도 반드시 그곳에서 혹은 다른 곳에서와 같

이 판단해야만 하는지에 대해 의심을 한 적이 있었다."라고 대답한다. 파르메
니데스는 계속한다. "소크라테스, 하지만 당신은 또한 그러한 것들에서도, 거
의 우습게 보일 수 있는 곳에서도, 예를 들면 머리카락, 똥, 더러운(오물) 것,
그리고 그와 같은 천하고 구역질나는 것들에서도 그런가, 당신은 사람들이 그
각각에 대해서, 우리가 손을 통해 접촉하는 것과는 다른, 하나의 특별한 이데
아를 설정해야만 하는지에 대해 의심하는가, 아니면 그것은 여기서는 그래서
는 안 되는 것인가?" 이에 대해 소크라테스는 답한다: "전적으로 그렇지 않다;
… 그것들에 대해 하나의 특수한 이데아를 받아들이는 것은 그럼에도 전혀 그
렇게 놀랄 만한 것은 아닐 것이다."(*Parmenides*, 130). (註: 대화편 *Parmenides*
에 대한 이해에 도움이 되는 자세한 영문 자료로는 http://braungardt.trialectics.com/
philosophy/philosophers/plato-parmenides-dialog을 참고할 것.)

56) 볼프(Hans Wolf, *Plato. Der Kampf ums Sein*, Bern 1957, S. 198)는 적절하게
도, 만약 이데아가 추상적인 개념들이라면 "어떻게 추상적인 개념들로부터 구
체적인 행위를 위한 규칙들이 도출될 수 있는지 불명확하다."라고 적고 있다.
로스(Davis Ross, *Plato's Theory of Ideas*, Oxford 1951, S. 23f.)도 본질적인 가치들
에 있어서 이데아는 '이상들'(ideals)이라고 생각한다.

57) 피타고라스학파보다 플라톤의 철학에 더 많은 영향을 미친 파르메니데
스에 있어서도 존재와 당위, 실제와 이상은 서로 같다. 조엘(Joël, *Geschichte der
antiken Philosophie*, I. Bd., Tübingen 1921, S. 428)은 그에 대해서 "그는 모든 힘
을 다해 이상을 실제로 파악하고자 했고, 모든 힘을 다해 실제를 이상으로 정
화하려고 했다."라고 말했다. 파르메니데스에게는 "사고(생각하는 것)는 동시
에 의지이고 행위라는 것이다."(Joël, 앞의 책, 422쪽)라고 말했다. 따라서 그에게
는 선은 동시에 참(진실)이다. 그는 자신의 교훈시[Lehrgedicht](Fragment 1, Hermann
Diels, *Die Fragmente der Vorsokratiker*, I, 9. Aufl., 1931, S. 230)에서, '테미스와 디

케'(Themis und Dike), 법률과 법으로 가는 도중에 '잘 완성된 진실'^{wohlgerundete} Wahrheit을 경험했다고 했다.

58) 하나의 비존재^{Nicht-Sein}인 이러한 존재의 무의미성은 플라톤이 글라우콘 (Glaukon)(*Politeia*, 479)에게, "존재하지 않는 존재하는 것은 이중적 의미를 가진 (모호한) 단어들과 같다. ··· 왜냐하면 [있으면서도 없는 감각의 세계의] 알려진 많은 것들이 이중적 의미이고 그것이 있다는 것에 대해서도, 그것이 없다는 것에 대 해서도, 그 둘 모두가 존재한다는 것 혹은 둘 중의 어느 것도 존재하지 않는다 는 것에 대해서도 사람들은 타당한 생각을 할 수 없다."라고 말하게 했을 때 노골적으로 표현되었다. 이에 대해 소크라테스는 "그래서 너는 그것으로 무엇 을 하려고 원하는가? 너는 그것들에 존재와 비존재의 가운데(중간 자리)보다 더 좋은 자리를 줄 수 있는가? 왜냐하면 거기서 그것들은 예를 들어 비존재보다 더 높은 자리를 표현하기 위해 비존재보다 더 어둡게 보이게 되지도 않을 것이 고, 예를 들어 무언가 존재보다 더 높은 자리를 표현하기 위해 존재보다 더 밝 게 될 수도 없기 때문이다."라고 했다. 현실에서는 단계가 있을 수 없지만, 가 치에는 단계가 있을 수 있다; 물론 단지 주관적인 **가치**의 단계, 즉 소망됨의 다양한 단계가 있을 수 있는 것이다.

59) 이미 브란디스(C. A. Brandis, *Geschichte der Entwicklungen der griechischen Philosophie I*, Berlin 1862, S. 484)가 우리는 아리스토텔레스의 형이상학은 단 지 우리가 "신적인 사고들은 어떻게든 사물의 세계로 들어간다(관여한다)."는 것을 받아들인 경우에만 이해할 수 있다고 주장했다. 첼러(Eduard Zeller, *Die Philosophie der Griechen*, 2. Teil/2. Abteilung, Tübingen 1862, S. 285)는 세상에서 신의 내재성을 받아들이는 것은 아리스토텔레스에게는 생소한 것이기 때문에 이러한 해석을 거부했다. 하지만 그는 289쪽에서 "··· 신성이 첫 번째의 원동자 인 한, 세상 전체에서 모든 움직임들은 그로부터 나오는 것임에 분명하고, 따

라서 자연력은 단지 그 힘의 배출구일 수 있고, 자연(적) 원인들은 단지 그의 인과성의 하나의 특정한 발현일 수 있다."라고 고백해야만 했다. 첼러는 또한, 아리스토텔레스는 '신적인 힘들의 지배를 직접적으로 자연현상에서 인식하고 숭배하는' 그리스 시민들의 확신의 의미에서, '신성'과 '자연'은 '동일한 의미로' 기술한다는 것을 인정했다. 왜냐하면 그가 신과 자연은 아무것도 목적 없이 만들지 않는다고 말했기 때문이었다.

또한 예거(Werner Jäger, *Aristoteles*, 2. Aufl., Berlin 1955)도 내재(항구)성이론을 거부했다. 그는 "신의 자연(세상)과의 단일·일자성^{Einheit}은 신이 세상을 꿰뚫고 있다(스며들어 있다)는 것을 통해서도, (사람들이 생각하듯이) 이해할 수 있는(intelligible) 세상으로서 그 모든 형태들을 그 속에 품고 있다는 것을 통해서도 창출되지 않으며, 세상이 그에게 '매달려 있다.'(ἤρτηται)^{hängt}는 것: 그는 그 세상 안에는 없지만 그것(세상과)의 일자^{Einheit}(이)라는 것을 통해 창출되는 것이다. 저마다의 존재^{Wesen}는 자신의 고유한 형태를 실현하려고 애씀으로써, 그 것들은 자신의 부분에서 전체로서 신^{Gott als Ganz}의 무한한 완전성을 실현하는 것이다."(411쪽)라고 했다. 저마다의 존재 자체(스스로)가 신인 것을 실현한다면 그것은 **그 안에** 신을 실현하는 것이고, 신은 모든 저마다의 존재 **안에** 있는 것이다. 신은 세상의 일자(Einheit der Welt)일 수 없고, 세상(안)에^{in der Welt} 있을 수 없다. 왜냐하면 세상의 일자는 세상의 밖에 있을 수 없기 때문이다. 하나의 대상의 밖에 있는 하나의 대상의 일자는 생각할 수 없는 것이고, 우리는 이것(생각할 수 없는 비사고)을 아리스토텔레스에게 귀속시킬 수는 없다. 왜냐하면 아리스토텔레스는 —무언가 모종의 이유로— 그의 형이상학적인 존재론으로부터 불가피하게 나오는 신의 내재성을 특별히 강조하지 않았기 때문이다. 그 밖에 예거는 251쪽에서 스스로 우주·세상, 그리고 인간의 정신에서 신의 내재성이 명백하게 표현된, 위에서 소개된, 『에우데모스 윤리학(*Eudemischen Ethik*)』의 일부분을 인용한다. 그리고 『에우데모스 윤리학(*Eudemian ethic*)』은, 예거에 따르면, 반드시 아리스토텔레스의 한 작품으로 간주되어야만 한다.

60) 우리에게 존재하는 실천적 이성에 관한 아리스토텔레스의 문헌들에서 언급된 것은 그렇게 분명한 것은 아니고 모순에 가득 찬 것이다. 타이히뮐러(Gustav Teichmüller)는 자신의 상세한 연구 "Die praktische Vernunft bei Aristoteles", *Neue Studien zur Geschichte der Begriffe*, III, Gotha 1879, S. 107에서, 실천이성의 개념은 "아리스토텔레스가 아주 흠투성이로 해결한 문제들에 속하고, 따라서 그 문제들에서 매우 불확실하고 … 그의 고유한 입장을 알아내는 것은 단지 아리스토텔레스의 전체 철학을 완전히 이해할 때에만 가능하다."고 지적했다. 타이히뮐러(같은 책, 40쪽 이하)에 따르면 아리스토텔레스에서 실천 이성은 '이성과 욕망의 관통·스며듦'Durchdringung von Vernunft und Begehren이거나 '욕망과 이성의 결합(합일)'이며, 달리 말해 동시에 인식이며 의지이다. 이것은 아리스토텔레스의 문헌의 다양한 곳에 따르면 옳은 말이다. 그리고 만약 그것이 옳다면, 인간에게 하나의 특정한 행위를 규정하는 이성은 반드시 인간행위의 옳은 목표를 정해야만 하는 것이다. 하지만 어떻게 전체 아리스토텔레스의 철학을 완전히 통달했다고 하더라도 『에우데모스 윤리학(*Eudemischen Ethik*)』(II, 11)에서 말하는 것, 그 목표를 결정하는 것은 이성이 아니고, 즉 사고가 아니고 덕이라는 것을 극복할 수 있을까? "그렇다면 덕은 목표의 창안자인가 혹은 그에 이르는 수단인가? 우리는 그것을 확실히 목표의 창안자로 받아들여야만 한다. 왜냐하면 그에 대해 어떠한 고려나 이성적인 숙려가 필요한 것이 아니고, 이것은 오히려, 하나의 원칙Prinzip과 같이, 전제조건으로 반드시 존재해야만 하기 때문이다. … 그렇다면 이제 사고에 대해서는 최종목적은 원칙이지만, 행위에 대해서는 (최종목적은) 그 사고의 완성(완수)이다. 만약 이제 저마다의 정당성·옳음Richtigkeit의 근거가 이성에서 혹은 덕에서 모색되어야 한다면, 그리고 나아가 이성은 그 근거가 아니라면, 목적의 정당성은 덕에 근거하고 있다는 결론이 도출되는 것이지, 목적에 이르게 하는 것의 정당성에 근거하는 것은 아니다." 그것은 주지하다시피 사고에 근거하는 것이다. 그리고 만약 『니코마코스 윤리학(*Nikomachische Ethik*)』(VII, 8)에서

는 "소위 덕과 악덕은 그 원칙과 관련하여 상호반대작용을 한다; (즉) 덕은 그
것을 보존하고, 악덕은 그것을 파괴한다: 하지만 행위들에 있어서는, 마치 수
학에서 가설들이 그것인 것처럼, 최종목적은 원칙^{Prinzip}이다. 주지하다시피 여
기(수학)서도 저기(행위)서도 우리에게 원칙들을 가르치는 이성이 아니라, 그
것은 항상, **타고난 것이건 익힌 것이건**, 우리를 원칙에 관해 올바르게 사고하
게 하는 하나의 덕^{Tugend}이다."라고 한다. 이것은 실천이성의 개념과는 조화되
지 않는다. 이 두 부분을 언급하고 있는 안도(Takatura Ando, *Aristotle's Theory
of Practical Cognition*, Sakoyo-Kyoto, Japan 1958)도 이 부분(Stelle)들은 아리스토
텔레스의 실천적 이성에 관한 이론이라는 관점에서는 당혹감을 야기한다(most
embarrassing)고 고백하지 않을 수 없었다. 발터(Julius Walter, *Die Lehre von der
praktischen Vernunft in der griechischen Philosophie*, Jena 1874)는 아리스토텔레
스의 철학에서는 칸트적 철학의 의미에서 하나의 실천적 이성은 없다는 견해
를 피력했다. 그는 242쪽 이하에서, "이성은 자발적으로 실제 세상과 하나의
직접적인 연관성으로 들어갈 수 있기 위해서 반드시 실천적^{praktisch}이 되어야만
한다. … 여기가 아리스토텔레스의 윤리학이 칸트의 이론과 유사성^{Verwandtschaft}
을 보이는 그 지점이고, 그것(유사성)은 물론 아리스토텔레스가, 칸트는 예로
답했던, 이성은 그 스스로 실천적일 수 있는가라는 물음을 '아니오'라고 답하
는 순간 뒤집어져 버리는 하나의 유사성인 것이다. 칸트는 '의지·의사(Wille)는
실천적 이성과 다를 바 없다(Kants Werke, Akademieausgabe, Bd. IV, S. 260).'고
말하고, 아리스토텔레스는 실천적 이성 외에, 그것 없이는 이성이 전혀 실천
적일 수 없는 하나의 의사가 있다고 주장했다." 윤리학은 ―발터가 그렇게 주
장했는데― 아리스토텔레스에 따르면 하나의 이론적인 분과학이다. 같은 책,
157쪽 이하, 537쪽 이하 참조.

61) 『신학대전(*Summa theologica*)』(독일판 토마스 저술, Bd. 18 München-Salzburg
1953, S. 444)의 57번 물음에서 79번 물음까지에 대한 자신의 주석에서 우츠(A.

F. Utz)는 인간의 실천이성이 '법을 생산하는 힘'^{rechtserzeugende Kraft}을 강조했다. 그는 "성(聖) 토마스의 자연법론은 실천이성의 본성에 부합하는 잠언들에서, 그 스스로 보다 상위의 입법자를 가리키는, 즉 이 세상에 대한 영원한 입법자를 가리키는, 인권의 가장 가까운(인접한) 입법자를 보았다."라고 말한다. 만약 인간의 실천적 이성이 보다 높은 입법자에 종속하는, 즉 세상의 입법자로서 신의 하위인 입법자라면 인간의 실천이성을 통한 입법은 단지 신에 의해 위임받은 입법이고, 달리 말해 최종적으로는 단지 신의 이성을 통한 하나의 입법일 수 있는 것이고, 따라서 인간의 이성은 실천적인, 즉 그 인간의 이성이 신적인 이성에 참여할 때, (그) 일부분일 때, 그것이 인간 속의 신의 이성인 한에서만 입법적인 것이다.

우츠는 482쪽에서 "자연에 기우는 것(Naturneigung)은 동시에 의식에 기우는 것(Bewußtseinsneigung)이고, 우리 이성의 본능적(자연스런)인 요구이므로, 따라서 자연스레 우리 안에 주어진, 즉 창조주로부터 우리에게 쓰인 **법률**이다."라고 한다.

62) 모든 철학을 ―그리고 또한 자신의 철학도― 단지 '언어비판'^{Sprachkritik}으로 보았던(32쪽, Sentenz 4.0031) 비트겐슈타인도('Tractatus Logico-Philosophicus', Oxford 1959) '당위'라는 단어는 하나의 의미를 갖는다는 것을 부인했다. 그는 115쪽에서(Sentenz 6.53); "아마도 본질적으로 철학의 올바른 방법은 말할 수 있는 것보다 많은 것을 말하지 않는 것, 즉 자연과학의 원칙들 ―즉 철학과는 무관한 어떤 것― 외에는 말하지 않는 것이고, 다른 사람이 무언가 형이상학적인 것을 말하려 한다면 항상 그에게, 그는(당신은) 자신의 문장에서 일정 부호들에게 아무런 의미도 부여하지 않았다는 것을 알려주는 것일 것이다."라고 했다. 즉 하나의 당위문은 무의미한 것이라는 말이다. 따라서 "… 윤리학의 원칙들^{Sätze}도 있을 수 없다."(112쪽, Sentenz 6.24), "윤리학은 선험적이다."(112쪽,

Sentenz 6.421)라고 했다.

포퍼(Karl Popper, "Philosophy of Science" in: *British Philosophy in the Mid-Century*, London 1957 S. 163)에서는 비트겐슈타인을 (다음과 같이) 해석한다: "모든 진정한 명제·진술(proposition)은 관찰진술(observation statement)들의 진리-기능이어야만 하고, 따라서 그것으로부터 연역 가능한 것이어야만 한다. 모든 다른 외관상의 진술은 사실상 무의미할 것이다. 그것들은 의미 없는 유사(사이비, 반) 명제·진술일 것이다."

마찬가지로 앤스콤(G. E. M. Anscombe, *An Introduction to Wittgenstein's Tractatus*, London, 1959)이 있다.

하지만 하나의 당위문은 의미 없는, 무의미한 것이 아니다. 당위문을 말하는 자는 무언가를 의미하고, 그것이 향하고 있는 자는 그것을 이해할 수 있다. 왜냐하면 누군가 그것을 하지 않아도, 했지 않아도 혹은 하게 되지 않아도, 무엇을 해야**만 한다**는 것은 가능하기 때문이다. 존재 외에 그와 상위한 당위가 있다는 것, 존재와 당위를 구별하는 것이 **의미 충만한** 것이라는 것은, 예를 들어 도덕과 법과 같은 무엇이 있다는 사실에 비추어 부인될 수 없는 것이다.

63) 빈델반트(Wilhelm Windelband, *Über Willensfreiheit*, Tübingen und Leipzig 1904)는 95쪽에서 칸트에 연결하여, "자유롭다는 것은 이성에 복종하는 것이다. … 하지만 이성은 단지 그것이 생각(표상)들의 체계가 아니라, 평가하는 것의 힘, 느낌과 원함의 힘인 경우에만 지배할 수 있다. 이러한 의미에서 우리는 그것을 실천이성이라고 부른다." 소위 '실천적 이성'은 본질적으로 하나의 원함(의지)이지, 느끼는 것이 아니다. 사람들을 단지 하나의 **의지적 행위**의 의미로서의 명령에만 따를 수 있는 것이고, 단지 하나의 의지·의향^Wollen으로만 실천적 이성은 '지배할'^herrschen 수 있다. 인식기능이면서 동시에 의지기능이기도 한 하나의 이성은 하나의 —이러한 실천적 이성과 본질적으로 결합된— '자유'(즉 그것은 동시에 그와 바로 정반대인 —말하자면 구속— 것이다)를 말하는 그 자

체가 자기모순selbst-Widerspruch인 것이다. 빈델반트에 따르면 의사(의지)의 자유 Willensfreiheit는 —전적으로 칸트 이론의 의미에서— 실천 이성의 요구(명령)를 통한 구속인 것이다.

64) 셸러(Max Scheler, "Beiträge zur Feststellung der Beziehung zwischen den logischen und ethischen Prinzipien", Inauguraldissertation, Jena 1899, S. 8f.)는 그가 아리스토텔레스에게서 발견할 수 있었다고 믿는 이성과 의지·의사활동Willenstätigkeit의 엄격한 구분을 지적하면서, 9쪽에서 "사람들은 이성의 사고를 윤리적 기초로서 반드시 포기해야만 하고, 저 '엄격한 구분'을 내버려 두어야만 한다. 그렇지 않으면 이러한 사고를 반드시 유지하고 이성과 의사활동을, 예를 들어 독일 이상주의(관념) 철학(특히 피히테)의 의미에서 보다 가까이 접근시켜야만 한다."라고 적고 있다. 셸러는 두 개의 택일안 중에서 첫 번째의 것을 선택했다. 하지만 인식과 의지는 두 개의 서로 본질적으로 상위한 기능들이라는 것을 부인할 수 없는 것이기 때문에, 우리는 어떠한 선택도 할 수 없다. 따라서 셸러는 정당하게 칸트에 반대하며, 이론적 이성과 실천적 이성 간의 차이는 '그 능력의 활동의 **상이성**' 자체에 있는 것이라고 설명했다(45쪽). 즉 먼저 [이론적 이성의] 하나의 사례(주어진 감각을 조직(형성)함에 있어서)에서 그 활동은 단지 하나의 **질서 지우는** 것이어야만 하고, 다른 [실천적 이성의] 사례에서 그 활동은 **단지** 질서여야**만** 하는 것이 아니라, 또한 주어진 것(현실, 소여)에 대한 **부분적인 억누름**도 수행해야만 한다. 주어진 **감각**(느낌)들은, 이성이 그의 범주를 통해 그(감각)에 행사하는 활동Tätigkeit을 통해 당연히 상실되어서는 안 되는, 혹은 단지 그 내용에 있어서만 변경되어야만 하는 것이다; 그 감각들은 단지 합법칙적인·시간-공간적인 관련(맥락)에서 정리되어야만 한다. 하지만 [실천이성이 그 도덕률로 그에 관계하는] 본능·충동Treibe도 이성을 통해 … 적법한 질서 속으로 정서되어야만 하지만, 그럼에도 **단지 그것만이** 아니라, 오히려 그들 중 몇몇은 반드시 직접적으로 억압되어야만 하는 것이다. …" 이것은 결코 그리 좋

은 표현은 아니다. 관건은, 그 양 질서들^{Ordnungen}이 상호 본질적으로 다르다는 것이다: 그중 하나는 존재질서이고 다른 하나는 당위질서이다. 왜냐하면 그 하나는 인식을 통해서, 다른 하나는 의지를 통해 —칸트적인 의미에서— '형성'^{geschaffen}되기 때문이다.

65) 하나의 실천적 —도덕규범들을 설정하는— 이성이라는 칸트적 개념은, 칸트 자신의 설명에 따를 때, 자신이 그로부터 영향을 받은 흄의 철학과 정반대에 서 있다. 흄은 단호하게 이성(Vernunft, reason)과 도덕의 본질적 관련성^{Wesenszusammenhang}을 부인한다. 그는 그의 저작 *A Treatise of Human Nature'*, vol. II, London 1962, S. 167에서 "따라서 도덕들은 행위들과 감정들에 영향을 미치기 때문에, 그것들은 이성으로부터 도출될 수 없다는 결론이 된다. … 도덕들은 열정들을 자극하고 행위를 야기하거나 막는다. 이성 그 자체는 이러한 특별한 경우에 아주 중요하다. 도덕의 규칙들은, 따라서 우리의 이성의 결론들이 아니다. … 활성적인 원칙들은 결코 비활성의 것에 기초할 수 없고, 만약 이성이 그 자체 비활성(inactive)인 것이라면, 그것은 그것의 모든 형상과 외관들에서 그대로 그렇게 비활성으로 머물러야만 하는 것이다."라고 말했다. 그리고 167쪽 이하에서 "나는 이성은 완벽하게 불활성이라는 것을, 그리고 어떠한 행위나 감정도 막거나 만들 수 없다는 것을 증명했다. 그 주제에 대해 언급된 것을 기억해내는 것은 쉬울 것이다. 이 기회에 나는 단지 내가 아직 좀더 확실히 하고 현재의 주제에 보다 더 적용 가능하게 하기 위해 노력할 이러한 논거들 중의 하나만을 회상할 것이다. 이성은 참과 거짓의 발견이다. 진실 혹은 허위는 이상들(ideas)의 **실제** 관계들에 대한 동의나 부동의에 있거나, 혹은 사실의 **실제** 존재와 중요성에 대한 동의나 부동의에 있다. 따라서 무엇이건 간에 이러한 동의 혹은 부동의에 영향을 받지 않는 것들은 진실이거나 거짓일 수 없고, 결코 우리의 이성의 객체(대상)가 될 수 없다. 이제 분명한 것은 우리의 열정들, 의지들, 그리고 행동들은 어떠한 그런 동의나 부동의에 민감하지

않다는 것이다. … 따라서 그것들이 진실로 혹은 거짓으로 선언·표명되는 것과 이성에 반하는 것으로 혹은 부합하는 것으로 선언된다는 것은 불가능하다. … 따라서 도덕적인 뛰어남(Moral distinctions)이 이성의 산물(offspring)은 아닌 것이다. 이성은 전적으로 불활성이고, 결코 양심 혹은 도덕감과 같은 그러한 활동적인 원칙의 출처(source)일 수는 없는 것이다."라고 한다. 흄과는 반대로 툴민(Stephen Edelston Toulmin, *An Examination of the Place of Reason in Ethics*, Cambridge 1960)은 도덕의 영역에서 —그가 대부분 도덕과는 구분하지 않고 말한 것과 같이, 윤리학의 영역에서— 이성의 기능을 확보하려고 시도했다. 그의 문제는 "사람은 도덕적 결정들에 도달함에 있어서 얼마까지 이성에 의지할 수 있는가?"(같은 책, 3쪽)이다. 여기서 그는 이성은 선과 악 사이를 구별하는 능력을 가지고 있고, 논리학은 도덕 영역에 자리가 있다는 것을 전제한다. 그는 131쪽에서 자신의 저술에 대해 "이 책은 논리적으로, '도덕적' 근거들에 기초한 결정의 행위특성에 있어서 변화의 유형들에 대한 연구로 여겨질 수 있을 것이다; 그것이 '윤리적인' 등등으로 불린다면 그 행동에 영향을 미치기 위해 고안되어야만 하는 논증(reasoning)의 방법에 대한 연구로 여겨질 수 있을 것이다."라고 말했다. 툴민은 따라서 '논증·추론', 말하자면 이성적인 사고, 이성은, '도덕적인' 것으로 혹은 '윤리적인 것'(두 가지는 동일한 의미임)으로 판단될 수 있는 인간의 행위를 목표로 하는 것임을 받아들인다. 하지만 사고(생각하는 것)가 아니라 원함만이 도덕적으로 평가된 행위를 '목적할 수 있다'. 단지 의지적 행위의 의미만이, 소위 규범만이, 한 인간이 특정한 방식으로 행위해야만 한다는 것을 표현할 수 있다. 왜냐하면 그 행위는 단지 그것이 하나의 의지적 행위의 의미인 규범에 부합할 때에만 '도덕적'인 것이기 때문이다. 사람들은 하나의 그런 규범을 생각할 수 있지만, 그것을 단지 하나의 의지적 행위의 의미로서, 신과 같이 도덕적인 권위자로 승인된 존재의 의지적 행위의 의미로서, 공동체의 한 지도자의 의지적 행위의 의미로서만 생각할 수 있는 것이다. 하지만 그것은 —사고된— 규범이지 그 특정한 행위를 목적으로 하는 나의 사고가 아니다. 예를 들어 나는 한 아이가 바다에 빠지는 것을 본다. 나는 즉시 생명의 위험에 처한 사람을 자신이 생명의 위험에 처해도 구조하려고 노력하라고 규정하고 있는 도덕-규범을 인식한다. 그 규범이 인식되는 행위^{Akt des Bewußtwerdens der Norm}는 하나의 사고행위이다. 그 사고행위는 ―반드시 그래야만 하는 것은 아니고― 내게 하나의 의지적 행위, 즉 그 의미가 '너는 어린이의 생명을 구할 노력을 해야만 한다.', 즉 일반규범에 부합하는 하나의 개별규범인 하나의 의지적 행위를 야기한다. 도덕적으로 선한 것으로 평가되는 행위를 목적으로 하는 것은 이러한 일반적이고 개별적인 규범이지 나의 생각^{Denken}이 아니다. 일반규범에 대한 나의 생각은 ―반드시 그래야 하는 것은 아니고― 마치 개별규범에 대한 나의 의지(원함)가 그 일반규범에 부합하는 나의 행위를 야기할 수 있는 것과 같이(하지만 반드시 그런 것은 아니다), 개별규범에 대한 나의 의지를 야기할 수 있다. 나는 ―반드시 그런 것은 아니고― 어린이의 생명을 구하기를 시도하고 바다 속으로 뛰어드는 나의 의지를 실행에 옮길 수 있고, 그래서 하나의 도덕적으로 선한 행위를 완수할 수 있다. 위의 마지막 줄에 있는 이것을 '목적하는 것'은, 그 의미가 일반규범에 부합하는 개별규범인 나의 의지적 행위이다. 하지만 무엇을 야기한다(불러일으킨다)는 것은 무엇을 목적으로 한다는 의미는 아니다. 가열은 금속물체의 확장을 야기하지만 금속물체의 확장을 목적으로 하지는 않는다.

66) **규범적인**, 즉 규범을 설정하는 **학문**이라는 개념은 그 자체 모순 가득한, 즉 인식하는 동시에 입법하는, 의지하는 **이성**인 **실천이성**과 관련성이 있다. 논리학과 특히 윤리학이 그런 것으로 이해될 수 있다. 전형적인 한 예는 에르트만(Benno Erdmann, *Logik*, 3. Aufl., Berlin und Leipzig 1923)이다. '현실적인 것에 대한 관계에 따른 사고의 대상들'이라는 표제어가 붙은 편장(141쪽)에서 에르트만은 "[그가 **실제**의 대상들로부터 구별한] 관념적인 대상의 마지막 그룹은 우리가 거기서 무엇이다(무엇이 존재한다)라고 생각하는 것이 아니고, 무엇이어야만

한다(무엇이 존재해야만 한다)고 [생각]하는 모든 유형의 규범들로 구성된다. …"
라고 말한다. 달리 말해 그는 규범들을 사고유형들의 의미로 본 것이다. 따라
서 그는 논리학에 대해서, "논리학은 마치 예를 들어 윤리학이, 입법이, 교육
학이 그들의 영역에 대해 우리가 어떻게 행위해야만 하는가를 확정하는 것과
비슷한 방식으로 … 우리가 어떻게 사고**해야만 하는가**를 가르친다."(25쪽)고 말
한다. 에르트만은 법학^{Jurisprudenz}을 '실천적 학문'으로 표현하면서 '규범적 학문'
으로 분류하고, 그에 대해서 "모든 이러한 학문들의 과제는 사회적 문화를 학
문적인 사고의 발전에 맞추는 것이다."(9쪽)라고 말했다. 하지만 이런 모든 이
론분과들을 학문들로 만드는 것은 단지 그것들의 기초를 이루는 이론적 지식
인 것이다. 학문적인 사고는 그 안에서 사실 실용(실천)적인 목적을 위해 이용
되지만, 언급한 목적에 맞추어지는 것이 아니고, 오히려 그 목적들이 이 지식
에 부합하도록 만들어지는 것이다. '이론'으로서, 즉 학문들로서, 인식기능들
로서 논리학과 윤리학은 '입법'에 대등하게 놓이고, 우리가 어떻게 생각하고
행위해야만 하는지를 기술한다. 학문들의 과제는 사회적 문화를 형성하고 그
것을 어떤 하나의 목적에 맞추는 것이다. 이러한 '학문들'**에서** 사고는 **실천적인
목적**을 위해 '사용되고' 목적은 '형성된다(만들어진다).' 즉 이러한 학문들은 규범
들을 창설한다. 이것은 윤리학과 도덕, 법과 법학의 전형적인 혼합(혼동)인 것
이다.

크라프트(Julius Kraft, "Rationale und empirische Elemente der Ethik", *Ratio* 1960,
Bd. Ⅱ, 135)는 윤리학을 '비자의적으로 확정된 인간의 과제의 필요하고도 충분
한 특징들을 정하는 … 진실한 주장의 체계'라고 정의한다. 진실한 진술들은
―즉 순수한 인식기능들― 인간들의 과업들을 정한다. 즉 크라프트가 말한 것
과 같이, 인간들에게 '요구되는 것'을 결정한다. 여기서는 크라프트는 명백하
게 칸트의 실천이성이론에 근거하고 있다(145쪽). 그는 "종족우상 혹은 계급우
상에 기대는 현대의 우상숭배"에 대해 "… 정의와 자유의 윤리학을 … 실천적
이성과 경험"을 대치시킨다. 여기서 윤리학과 도덕의 혼합이 실천이성에 기초

되어 있음이 명백하게 나타난다.

칸트의 실천이성이론은, 그가 명백하게 흄에 의해 영향을 받았음을 고백했고, 흄은 실천이성의 개념을 단호하게 거부했다는 바로 그 때문에 더욱 이해하기 어렵다. 미주 64를 비교하라. 로스(Alf Ross, *Kritik der sogenannten praktischen Erkenntnis*, Kopenhagen 1933)는 아주 기여도가 높은 이 문헌에서 실천이성 개념을 최고로 설득력 있게 비판했다.

프랑스의 철학자 랄랑드(André Lalande)는 자신의 작품『이성과 규범(*La raison et les normes*)』, Paris 1963)에서 칸트보다, 그리고 하나의 이론적 이성과 실천적 이성, 하나의 기술적-설명적 이성과 규정적-규범적 이성을 구분한 모든 철학자들보다 더 나아갔다. 그는 229쪽에서 "이성이 무엇이건 간에, 그 기원에서, 사실(기술)적이지 않고 규범적이다. 도덕(성을) 이성적인 행위인 것으로 생각하는 사람들은 이러한 사실을 잘 알고 있는 것이고, 이성이라는 여신의 숭배는, 비록 순진해보이는 것임에도 불구하고, 심지어 웃겨보이지만 일종의 공적인 선언(진술)과 같은 것이다."라고 말했다. 이성의 규범적 성격에 관한 그의 견해는 하나의 규범적 의미에서 'raison'이라는 단어를 관용구^{Redensart}, 'Il a raison'(그는 옳다·정당하다)에서 사용하는 프랑스 어로부터 본질적으로 영향을 받았다. 랄랑드는 86쪽에서 이성은 하나의 행위를 **정당화할 수** 있는가?라는 물음을 제기한다. "정당화로서 충분한 이성의 적극적인 극성(polarité)이 있는가? 하지만 어떤 행위 혹은 행동을 정당화하는 것은 무엇일까? 그것들이 정당하다(합법적이다)고 보여주는 것에 있고, 따라서 우리의 것들과 **동일한**(les mêmes) 원칙의 존재에 대해 감독자, 법관들, 친구들에 호소하는 것에 있다." 하나의 행위를 '정당화한다'는 것은 그것이 특정한, 유효한 것으로 전제된 규범들에 부합한다는 것을 확정하는 것이다. 이러한 확정은 사실 이성의 한 행위이다. 하지만 규범들은 ―혹은 랄랑드가 여기서 '원칙'(les porincipes)이라고 말한 것처럼, ― 이성으로부터 나오는 것이 아니고, 또한 이성에 내재하는 것도 아니며, 사고행위의 의미도 아니고, ―다른 사람의 행위에 정향된― 신의 의지적 행위의 의미 혹은 신으로부터 영감을 받은, 모세, 예수, 마호메트 혹은 하나의 입법자 혹은 하나의 공동체의 의지적 행위의 의미이다. 어떠한 종류의 논증을 통해서도 참 혹은 거짓인 진술들인 기술적인 인식beschreibendes Erkennen과 규정적인, 참 또는 거짓일 수 없는 규범에서 표현되는 다른 사람의 행위에 정향된 의지는 두 개의 심리(학)적으로 전혀 별개인 정신적 힘에 의해 수행될 수 있다는 것을 넘어설 수는 없다. 양자를 동일한 단어인 이성Vernunf, 'raison'으로 표현하는 것은 오도하는 용어이다.

   67) 칸트가 도덕의 자율성Autonomie의 원칙을 고수하지 않는다는 것은 다음과 같은 고찰로부터 나온다: 도덕의 진정한 자율성은 단지 도덕적 법률에 종속되어 있는 그 주체가 —이것은 **경험적인** 인간이거나 **경험적** 인간의 의사이다— 동시에 도덕적 입법자일 경우에만 존재할 수 있을 것이다. 이것은 하지만 칸트 스스로의 서술에 따르면 가능하지 않다. '자율성'을 칸트는 다음과 같이 규정했다. 즉 그는 "우리가 동시에 의무라는 개념을 우리를 법률에 종속Unterwürfigkeit하는 것으로 생각하더라도, 우리는 또한 이를 통해 동시에 그들의 모든 의무를 충족한 그 사람들에 대한 모종의 고결성Erhabenheit과 가치(존엄성)를 생각한다. 왜냐하면 그 사람이 도덕적 법률에 **종속되어** 있는 한 사실상 어떠한 숭고함도 그에게는 없는 것이지만, 그럼에도 불구하고 그는 동시에 **입법적인** 것이며, 단지 그 이유로 그(법률)에 종속된 것이기 때문에 숭고한 것이다."라고 말했다(*Grundlegung zur Metaphysik der Sitten*, Kants Werke, Akademieausgabe, Bd. IV, S. 439f.). 즉 도덕적 법률에 종속된 그 사람은 —이는 **경험적인** 사람이다— 반드시 동시에 '입법적'이어야만 하고, 입법하는 의사(의지)는 반드시 **경험적인** 인간의 의지여야만 한다. 하지만 칸트의 이론에 따르면 도덕적 입법자는 의사·의지Wille, 그가 실천이성으로 표시한 그 의지이다. 그리고 이러한 의지는 결코 인간의 경험적 의지와 같은 것이 아니다. 칸트는, "도덕철학은" —그는 종종 이것이 또한 인식인 한에서는 실천이성과 동일시했다— "이성적인 존

재로서, 그에게[인간에게] 선험적인 법률들(Gesetze a priori)을 주는데, 이 선험적인 법률들은, … 인간의 의지 속으로 들어갈 그들의 입구를 마련하고, 그 집행을 위한 추동력을 만들기 위해 물론 경험을 통해 날카로워진 판단력을 필요로 한다. 왜냐하면 이 인간의 의지는, 그 자체 아주 많은 편향들에 영향을 받은 것으로, 하나의 실천적인, 순수한 이성의 이상이 될 수 있지만, 그렇게 쉽게 그 이상(이데아)을 구체적으로 자신의 처신에 있어서 효과적으로 만들 수 있는 능력이 있는 것은 아니기 때문이다."(*Grundlegung zur Metaphysik der Sitten*, IV, S. 389) 도덕률들Moralgesetz은 따라서 그 도덕률에 지배를 받는, 인간의 **경험적인** 의지로부터 나오는 것이 아니다. 그들에게 이러한 의지로 들어갈 '입구'가 반드시 마련되어야만 한다. 그 의미가 도덕규범들의 당위인 의지는 이러한 규범들이 향해진 그 의지가 아니다. 도덕규범들이 기인한다는 것은 "무엇이 일어나야만 하는 것인지를 명령하는" "순수한, 하지만 실천적인 이성으로부터"이다(같은 책, 408쪽). ㅡ칸트가 항상 강조했던 것과 같이, '의지'인, '실천적 능력의 이성'Vernunft des praktischen Vermögens은 의지(의사)에 ㅡ인간의 경험적인 의지에ㅡ 영향력을 행사해야만 한다(같은 책, 396쪽). 실천적 이성의 완전한 입법적 의지와 인간의 불완전한 **경험적** 의사 사이에 오인의 여지가 없는 분명한 이원주의가 존재하는 것이다. 자율성의 원칙이 견지되어야만 한다면 입법적 의지로서 실천이성은 반드시 그의 자리를 **경험적**인 인간에게서 찾아야만 하는 것이다. 하지만 바로 이것이 가능하지 않은 것이다. 왜냐하면 이 실천적 이성은 자유로운 것이 분명하기 때문이다. 달리 말해 이 실천적 이성은 인간의 경험적인 의지를 인과적으로 결정하는 것이지만, 스스로는 인과적으로 결정된 것은 아니기 때문이다. 하지만 하나의 그러한 자유는 경험적 세상에서는 있을 수 없다. 그 자유는 ㅡ도대체 있다고 하면ㅡ 단지 하나의 관념적인 세상intelligible Welt에서나 생각될 수 있는 것이고, 단지 관념적인 존재로서 인간에게, 인간 **그 자체**에게 인정되는 것이지, 경험적인 인간이나 경험적인 의지에는 아니고, 단지 하나의 관념적인 의지에만 속할 수 있는 것이다. 칸트는 실천이성에 대해서: "이제 우리는 그 고유한 인식을 가지고 그 판단들을 고려하여 외부로부터의 조종을 반응(수용)하는 하나의 이성을 생각하는 것은 가능할 수 없다. 왜냐하면 그렇다면 그 주체는 그의 이성이 아니라 충동에 판단력의 결정을 내맡기는 것이 될 것이기 때문이다. 그것은 반드시, 외부의 영향력들에 무관하게, 스스로 자신의 원칙들의 창안자Urheberin로 여겨져야만 하고, 따라서 그것은 실천이성으로, 혹은 하나의 이성적인 존재의 의지로서 반드시 그 자체로부터 자유로운 것으로 간주되어야만 한다; 환언하면 바로 그것의 의지는 단지 자유의 이데아 아래에서만 하나의 고유한 의지일 수 있으며, 즉 실천적인 관점에서 반드시 모든 이성적인 존재들에게 부여되어야만 한다."(같은 책, 448쪽)라고 말한다. 하지만 『실천이성비판(Kritik der praktischen Vernunft)』(Kants Werke, Akademieausgabe, Bd. V, S. 95)에서 그는 인과법칙Kausalgesetz은, "그 사물들Dinge의 존재가 시간에서 정해질 수 있는 한[즉 경험적 세상의 모든 (사)물들Dinge], 불가피하게 모든 물들의 인과성에 관계하는 것이기 때문에", 만약 우리가 자유를 "아직도 구하려고 한다면", 만약 하나의 물이 시간에서 정해질 수 있다면, 하나의 물의 현존재 이외에 남아 있는 다른 길은 없고, 따라서 **단순한 외형의 자연필연성**의 법칙에 따른 인과성, **자유를 바로 사물 그 자체로서 그 존재에** 부여하는 것밖에 다른 길이 없다고 한다. 단지 물 그 자체로서, 관념적 존재로서의 인간, 그리고 따라서 **경험적인** 의지가 **아니라**, 단지 관념적인 의지만이, **경험적인 이성**이 **아니라** 단지 관념적인 이성만이 자유로운 것으로 간주될 수 있다는 것이다. "이러한 경험적인 성격을 고려하면, 즉 자유란 없는 것이다."(Kritik der reinen Vernunft, Kants Werke, Akademieausgabe, Bd. III, S. 372f.) 만약 도덕적 입법자로서 실천이성이 반드시 자유로운 것이어야만 한다면 그 이성은 그 도덕적 법률에 지배를 받는(종속된) 경험적인 인간의 실천이성일 수는 없다. 경험적인 이성을 가진 경험적인 인간은, 마치 경험적 현실의 물Ding이 물 그 자체(즉자적 물)와 일치하지 않는 것과 마찬가지로, 그 관념적 이성을 가진 관념적인 인간과 거의 일치할 수가 없다. 경험적인 세상과 관념적인 세상은 두 개의 상호 구분된 세상이다.

우리는 관념적인 세상에 대해 아는 것이 없고, 알 수도 없으며 또한 아무것도 알 필요도 없다(*Kritik der reinen Vernunft*, III, S. 65, 224). 도덕적 입법자인 실천 이성은 이러한 관념의 세계에 속하는 것이지, 도덕률(도덕적 법률)에 종속된 경험적 인간이 사는 세상에 속하는 것이 아니다. 따라서 도덕의 자율성은 폐기된 것이다. 나의 *Reine Rechtslehre*, 2. Aufl., 1960, S. 130, 369, 420, 그리고 나의 논문 「자연법론의 기초(Die Grundlage der Naturrechtslehre)」(*Österreichische Zeitschaft für öffentliches Recht*, Bd. XIII, 1964, 1 ff.)를 비교할 것.

68) 하나의 규범을 승인하는 것은 그 규범을 인식하는 것과는 반드시 구분되어야만 한다. 규범의 인식은 **사고행위**이고, 그 행위의 의미는 하나의 기술적인 진술(언명)이다. 하나의 규범의 승인은 하나의 **의지적 행위**이고, 그 의미는 하나의 규범이다. 양자를 혼동하고 있음을 보여주는 대표적인 경우는 지크바르트(Sigwart, *Logik*, 5. Aufl., 1924, I, S. 5ff.)의 논리학의 과제에 관한 설명들이다: 우리의 사고의 목적은 단지 '존재하는 것의 인식'만은 아니다; "지적 충동의 이러한 이해(관심)로써 우리 사고의 목적은 결코 다하지 않는다. 우리는 사고에게, 존재하는 것의 인식이라는 개념에 들어갈 수 없는, 하나의 방향에서 동일한 충동을 요구한다. 우리는 사실상, 그들(법률들)에 따라 인간의 행위들을 평가하고 그것에 우리가 우리의 의지와 행위에서 우리를 그것에 종속시키는 것으로 보는, 특정한 **법률들**의 지배 아래에 있는 것이다." 이러한 법률들은 주지하다시피, 지크바르트가 '미풍양속, 습속, 법, 의무의 규칙들'이라고 말한 것과 같은, 도덕과 법의 규범들이다. "어디서 이 법률들이 나왔는지, 그리고 우리가 그 법률들을 우리에게 유효한 것으로 승인하는 그 동기는 무엇인지는 우리의 연구를 위해서는 중요하지 않다; 우리가, 미풍양속의 규칙들, 도덕, 법, 의무의 규칙들에 대한 관찰을 끊임없이 진력한다는 것, 그리고 매 순간 우리는 무엇을 하고 어떻게 행위해야만 하는가라는 문제에 답하기를 요구받는다는 것으로 충분하다. …" 규범들에 향해진 '사고함', 우리에게 우리는 어떻게 행위

해야만 하는가라는 질문에 답하는 인식은, 달리 말해 우리가 그 규범들을 우리에게 효력이 있는 것으로 승인하는 것에 있는 것이다. "우리의 사고가 그 목적을 달성했는가 아닌가에 대해 우리를 가르치는 것은 우리에게 우리의 요량이 물의 본성과 일치함을 보증하는 현실적인 결과가 아니다; 의도된 결과 그 자체는 순수한 사고 안에 있는 것이다; 마찬가지로 실제 결과는, 다른 사람으로부터, 그리고 우리 스스로로부터, 개별적인 행위(함)가 일반적인 규칙에 비추어 적정함을 승인하거나 혹은 부인하는 것을 문제 삼거나^{verklagen} 변호하는^{entschuldigen}, 사고·생각^{Gedanken}들이다." 만약 그 규범들에 맞추어진 사고^{Denken}의 목적이, 개별적 행위가 그 규범들에 적합한가의 승인 혹은 불승인에서 문제 삼거나 변호하는 생각^{Gedanken}에 존재한다면, 이러한 규범들에 정향된 사고^{Denken}, 이러한 규범들의 인식^{Erkennen}은, 우리가 그 규범들을 우리에게 유효한 것으로 승인한다는 것에 있는 것이다. 지크바르트는 규범들의 인식을 규범들의 승인과 구분하지 않았기 때문에, 그는 '우리의 행동을 지도하는(이끄는) 사고'^{unser Handeln leitendes Denken}를 받아들였다. 이 —우리의 행위를 이끄는— 사고, 인식이자 동시에 승인은, 즉 의지는, 당연히 지크바르트에게 결정적인 영향을 미친, 칸트의 실천이성이라는 그 자체 모순 가득한 개념이다.

69) 흄(Hume, *A Treatise of Human Nature*, vol. II, London 1962, S. 126f.)은 "이성 혼자는 결코 어떠한 행동도 만들 수 없기 때문에, 혹은 의지를 불러일으킬 수 없기 때문에, 나는 그와 동일한 능력은 의지를 막을 능력도 없고, 혹은 어떠한 열정이나 감정으로 선호하는 것을 다툴 수 있는 능력도 없다고 추론한다. … 이성은 열정의 노예이고, 단지 노예여야만 하고, 결코 그들에 봉사하고 복종하는 것과는 어떤 다른 것인 척 가장할 수는 없다." 이러한 **흄**의 입장에 반하는 것은 **칸트**의 이성에 대한 견해 또한 이론적 이성에 관한 견해이다. 왜냐하면 칸트에 따르면 이 이론적 이성은, 단순한 수용적-선언적 기능이 아니라, 능동적-구성적 기능을 가지고 있기 때문이다. 그것은 우리의 감각

들의 혼돈에 질서를 준다. 자연의 질서는 ―인식-(이)론적으로 고찰할 때― 이론적 이성의 산물이다. 따라서 칸트가 그와 동일한 이성의 산물로 도덕-질서를 실천적 이성으로 해석한 것은 이해가 간다. 하지만 칸트에 따르면 이성이 창조한 이러한 양 질서들은 상호 아주 본질적으로 상위한 것이다. 이론적 이성이 '만든'schaffen 질서는 이러한 이성에 **주어진** 소재의 질서이다. 이러한 소재는 사실상 현존하는, 존재하는 감각들이다. 따라서 이것은 존재의 질서이다. 실천적 이성이 '창조'schaffen하는 질서는 이성에 주어진, 존재하는 소재의 질서가 아니다. 실천적 이성이 관계하는 충동은 존재하는, 사실상 현존하는 충동이 아니라, 실천적 이성으로부터 **요구된**, 그것으로부터 명령 혹은 금지된 충동Triebe이다. 실천적 이성에 의해 창설된 **규범들**에서는 충동들이 ―이론적 이성의 진술에서 감각들과 같이― **존재하는** 것으로서 등장하는 것이 아니라 ―적극적 혹은 소극적으로― **당위된 것**으로 등장한다. 감각들은 이론적 이성에 소재로서 '주어진 것이다.' 왜냐하면 그것은 이론적 이성이 인과성의 법칙에 따라 그것들을 원인과 효과로서 **기술함**으로써, 그 이론적 이성이 '질서 짓는' 존재하는 대상들이기 때문이다. 충동(열정)은 이에 반해 전혀 실천적 이성에 소재로서 **주어진** 것이 아니다. 실천적 이성은, 마치 이론적 이성이 존재하는 감각들을 기술하는 것과 같이, 존재하는 충동을 **기술하는** 것이 아니라, 특정의 충동과 다른 충동의 억제를 **요구하고, 금지하는** 것이다. 사실상 현존하는 충동들은 실천이성이 도덕규범들을 창설한 도덕-질서를 만든 경우에 비로소 고려되는 것이다. 그리고 나서야 이제 충동은 선한 것으로 혹은 악한 것으로 판단될 수 있다. 칸트의 이론적 이성은 인식의 능력이고, 인식은 ―도대체 무언가를 (만들 수 있다고 한다면)― 그에게 주어진 존재에 대해서 아무런 것도 변화시키지 못하고, 단지 하나의 **존재**질서만을 만드는 것이다. 하나의 당위-질서는 단지 의지를 통해서만 창조될 수 있는 것이다. 칸트는 물론 자신의 실천이성을 하나의 의지Wollen로 표시했다(*Grundlegung zur Metaphysik der Sitten*, Kants Werk, Akademieausgabe, Bd. IV, S. 412, 441을 비교할 것). 하지만 그 실천이성이 하나의 의지라면, 그것은 이론적 이성의 인식과 하나일 수 없고, 당연히 '이성'일 수도 없는 것이다. 나의 *Reine Rechtslehre*, 2. Aufl., Wien 1960, S. 420ff.를 비교할 것.

셸러(Max Scheler, *Beiträge zur Feststellung der Beziehungen zwischen den logischen und ethischen Prinzipien*, Inauguraldissertation, Jena 1899, S. 45)는 정당하게도, 칸트의 이론적 및 실천적 이성은 '단일하고 동일한 정신적 능력'ein und dasselbe geistige Vermögen으로 등장한다고 강조하고, 양자의 차이는 '그 능력의 활동의 **상위성**'에 있다고 설명했다.

70) 헤어(R. M. Hare, *The Language of Morals*, Oxford, 1964, S. 144)는 "만약 우리가 '선한'(good)이라는 단어를 도덕적으로 명령하기 위해 사용한다면 우리는 항상 직접적으로 혹은 간접적으로 **사람**(people)들에게 명령하고 있는 것이다. 설령 우리가 '선한 (좋은) 행위' 혹은 이와 같은 다른 표현들을 사용하더라도, 그(지시)것은 간접적으로 인간의 특성에 향해진 것이다. 이것은, 종종 지적되어 왔듯이, '좋은(선한)'과 '옳은'(right)이라는 단어 사이에 차이를 만든다. 따라서 도덕적 선(량)함이라고 말하면, 나는 단지 '선한 사람'과 그와 유사한 표현들만을 말할 수 있다."라고 했다. 한 인간이 하나의 도덕적으로 '선한·좋은' 인격을 가지고 있다는 것은 그의 행위가 항상, 혹은 대부분, 유효한 것으로 전제된 도덕규범에 부합한다는 것을 말하는 것에 지나지 않는다. **단지** 간접적으로 그의 성격(특성)이, 그 사람 자체가, 도덕적으로 선한 것으로 표현될 수 있는 것이다. 언어관용에 있어서 '선한·좋은'(good)이라는 단어는, '옳은·정당한'(right) richtig 이라는 단어에서는 사실상 그렇지 않은 반면에, 사실상 그의 행위가 선한 사람에게도 사용된다. 한 인간은 옳은·정당한 혹은 옳지 않은·부당한 (인간)일 수 없고, 단지 하나의 행위만이 이렇게 표현된 속성을 가진다.

71) 자신의 논문 "Deontic Logic", *Mind*, vol. LX, 1951, S. 1ff.에서 하나

의 특정 행위의 부작위를 '주어진 행위의 부정'^{Negation}으로 표시한 라이트(G. H. Wright)에게는 이의를 제기해야만 한다. 그는 2쪽에서 "따라서 주어진 행위의 부정(-행위)에 의해서 우리는 한 사람에 의해 수행된 그 행위를, 그가 그 주어진 행위를 수행하지 않은 경우에만, 그리고 단지 그런 경우에만 이해할 수 있다. 예를 들면: 대부금을 반환하는 행위의 부정은 그것을 반환하지 않는 행위이다."라고 한다. 이에 대해서는 대부금을 반환하지 않는 것은 어떠한 '행위'도 아니고, 하나의 행위의, 부작위, 즉 대부금의 반환에 존재하는 그 행위의 부작위인 것이라고 이의를 제기해야 한다. 그 행위의 부작위가 아니라, 단지 행위만이 '수행'(performed), 말하자면 실행^{ausgeführt}될 수 있는 것이다. 하지만 라이트는 그가 '주어진(정해진) 행위의 부정'으로 언급한 것을 또한 '행위'로 표현했기 때문에, 그는 나중에 (다른) 맥락에서는 하나의 행위의 부정, 하나의 행위의 부작위도 그것이 '수행되었다'고 말했다. 하지만 하나의 특정 행위를, 예를 들어 대부금의 반환을 부작위한 자에 대해 우리는 그가 하나의 행위를 '수행했다'라고 말할 수 없다. 그는 대부금을 반환하지 않음으로써 아무것도 수행한 것이 없다. 예를 들어 "속여라!"와 "속이지 마라!"(속임의 부작위) 혹은 "속이지 마라!"(속임의 부작위)와 "속이지 않는 것을 부작위하라!"(속이지 않음의 부작위)에서처럼, 하나의 규범은 하나의 특정 행위를, 다른 하나의 규범은 그와 동일한 그 행위의 부작위를 요구하는 두 규범들이 충돌하는 경우를 다룸에 있어서, 그는 "A를 하나의 행위의 이름이라고 하자. 이 행위의 의무론적 영역^{realm}에서 그 모든 (양자) 의무론적 단위들이 거짓이라는 것은 그 행위 자체, 그리고 그의 부정 양자가 금지되었다는 것을 의미한다. … 그 행위 **혹은** 그의 부정은 그가 행위를 할 때는 언제든지 그자에 의해 수행되기 때문에, 그 모든 의무론적 단위들의 허위는 우리는 무엇이건 어떤 식으로건 행위하는 것이 금지되어 있다는 것을 의미하는 것이다."(8쪽)라고 설명하고 있다. 만약 속임과 속임의 부작위가 금지된 것이라면 저마다의 행위(작위)는 금지된 것이 아님은 명백하다. 산책을 가는 것과 혹은 책을 읽는 것 등등은 금지된 것이 아니고, 단지 진실이거나 거짓일 수 있는 **진술들을 하는 것**이 금지된 것이다. 단지 속이는 것, 즉 거짓인 **진술과 거짓말을 하는 것**의 부작위, 즉 그러한 **진술**의 부작위가 금지되는 것이다. 하지만 하나의 다른 행위의 부작위, 하나의 **진술**이 아닌 행위의 부작위는 금지되지 않는다. 만약 누군가 산책을 하거나 책을 읽는다면 사람들은 그가 거짓말을 하라는 규범 혹은 거짓말을 부작위하라는 규범을 침해했다고 말할 수 없다.

72) 홀(Hall, *What is Value*, New York-London 1952, S. 155)은 '규범문'(normative sentences)에 대해 언급하고 있다: "그것들은 아마도 어떤 사실이 있어야만 한다(혹은 있었어야 했다)는 것을 말하는 문장으로 기술될 수 있을 것이다. 통상적으로, 하지만 필수적인 것은 아니지만, 이 사실은 인간 행위의 사실(a fact of human behavior)이다. 나는 '지진은 없어야만 한다거나 다른 자연적 재앙들은 있어서는 안 된다.'를 하나의 규범문으로 부르기를 원한다." 하지만 이것은, '규범문'이 하나의 명령, 무언가 금지된 혹은 요구된 규범으로 이해되는 한, 옳지 않다. 한 인간은 지진이나 다른 자연재앙이 없기를 **소망**^{wünschen}(원)할 수 있다. 하지만 한 인간은 지진 혹은 다른 하나의 자연재앙이 발생해서는 안 된다고 유의미하게 명령할 수는 없다. 신은 자연에, 그 자연이 준수하는 명령을 내린다는 종교적 신념에는 하나의 애니미즘적인 자연에 대한 생각이 들어 있다.

73) 메이요(Bernard Mayo, "Symposium: Varieties of Imperative", *The Aristotelian Society*, Supplementary Volume XXXI, London 1957)는 'command'와 'prescribe'는 물론 'fordid'와 'prohibit'도 구별했다. 그는 168쪽에서 "… 권위(권한)를 가진 사람은 명령(command)하고 금지(forbid)하며, 규칙들(rules)은 지시(prescribe)하거나 막는다(prohibit)."라고 말했다. 독일어에서는 우리는 ―그런 것이 도대체 있다고 해도― 'forbid'와 'prohibit'의 차이를 표현할 수가 없다. 양자는 모

두 '금지하다'verbieten를 의미한다. '권위(에) 있는 사람'은 구속력 있는 규범들을 창설할 권한이 있는 사람이다. "권위 있는 사람이 명령하고 금지한다."는 것은 그 사람은 그에 의해 설정된 규범을 통해 명령하고 금지한다는 것을 의미한다. 즉 사람들은 물론 이 규범에 대해서 그것이 명령하고 금지한다고 말할 수 있다. '규칙들'은, 그것들을 통해 사람들이 '명령'하고 '금지하는' 개별규범들과 구별하기 위하여, '일반적 규범들'을 의미한다. 하지만 또한 그 '규칙들', 일반규범들은 (이들에 대해 메이요는 이것들은 '규정하고', '금지한다'고 자인했다) 반드시 사람들에 의해 창설되어야만 하며, 그에 대해 우리는 그들은 그들에 의해 창설된 규칙들을 통해 규정하고 금지한다고 말할 수 있다.

74) 메이요(Mayo, 같은 책, 163쪽 이하)는, "(어떤) 것은, 그것이 도대체 기술된다면, 하나의 특정 유형의 것으로 서술된다. 행위들도 역시 기술될 수 있으며, 그것들은 하나의 특정 유형(a certain type)의 행위들로 기술된다; 예를 들면 이것은 살인이다. 하지만 규정(금지)된 것은 그 행위(the action)가 아니다. 그것은 그 유형 … 단지 행위의 유형(종류, classes)만이 규정(지시)될 수 있다."고 설명하고, 165쪽에서 "… 단지 행위의 유형들만이 규정되거나 금지될 수 있다. …"라고 한다. 이것은 단지 만약 우리가 —메이요와 같이— '기술함'의 기능과 '금지함'의 기능을 '규칙들'에, 즉 일반적인 규범들에 제한하는 경우에만 옳은 말이다. 그는 또한 보다 이전에 "… 네가 법에 의해서 하는 것이 금지된 것은 **바로 이것이** … 아니다."(164쪽)라고 했다. '법에 의해서'(by law)라는 것은 물론 하나의 일반적 규범에 의한 것을 말하는 것이다; 그리고 하나의 일반규범에서는 물론 단지 한 유형의 행동들만이 규정(지시)되거나 금지되는 것이다. 하지만 만약 '규정(지시)하다'vorschreiben와 '명령하다'befehlen가 동일한 의미라면, 따라서 사람들이 "아버지는 자신의 아들 파울에게 특정 창문 하나를 열라고 **지시(규정)했다.**"라고 말할 수 있는 것처럼, "아버지는 자신의 아들 파울에게 특정한 하나의 창문을 닫으라고 **명령했다.**"라고 말할 수 있다면, 이러한 개별적 명령에

서, 이러한 개별적 규정에서는, 한 종류의 행동들이 아니라, 하나의 개별적인 특정한, 구체적인, 일회성의 행위가 규정(지시)된 것이다. 그리고 그것은 만약 그 아버지가 아들 파울에게 하나의 특정한 창문을 닫는 것을 **금지**한 경우에도 마찬가지이다.

75) 또한 이론적으로도 종종 '명령(요구)하다'gebieten와 '금지하다'verbieten는 구별된다. 예를 들어 라이트(G. H. Wright)가 자신의 논문("Deontic Logic" in *Logical Studies*, New York 1957, S. 58)에서 다음과 같이 '의무론적 유형'(deontic modes)을 그렇게 구분했다: '의무적인(obligatory; 우리가 해야만 하는 것), 허용된(permitted; 우리가 하는 것이 허용된), 그리고 금지된(forbidden; 우리가 해서는 안 되는 것)'이 그것이다. '의무론적 논리학', 달리 말해 물론 하나의 규범들의 논리학이 문제되고 있는 것이기 때문에, '의무론적 유형들'은 반드시 규범의 기능들에 관련되어야만 한다. 하지만 라이트에 의해 인용된 '유형들'(modes)은 규범의 대상들, 명령된, 금지된, 허용된 행위들에 관련된 것이고, 그것은 요구(명령)함, 금지함, 허용함이라는 세 가지의 규범적 기능들을 전제하는 것이다.

캐스터네다(H. N. Castaneda, "Obligation and Modal Logic", *Logique et Analyse*, Nouvelle Serie, 3ᵉ année, 1960, S. 41)는 '일상적 의무론적 표현'(deontic terms)을 '허용하는'(permissible), '의무적인'(obligatory), '금지하는'(forbidden)으로 구분했다. 즉 그는 명령함과 금지함을 두 가지의 다른 규범적 기능들로 전제한 것이다.

베커(Oskar Becker, *Untersuchungen über den Modalkalkül*, Meisenheim 1952, S. 42)는 다음과 같은 '규범적인 양식(화법, Modi)'을 도입한다. 1. p[하나의 행위]가 요구(명령, 지령, 지시)되었다. 2. p는 허용되었다. 3. p는 금지되었다(허용되지 않았다). 4. p는 불요구(명령)되었다(요구·명령되지 않았다, p의 부작위는 허용되었다). 5. p는 '면제·위임되었다'(명령되지도 금지되지도 않았다, p와 그것의 부작위는 양자 모두 허용된다). 베커는 행위들과 부작위들에 대한 규범적인 양식(화법)을 별도로 서술했기 때문에, 하나의 행위가 요구(명령)된 사례와 하나의 행위가 금지된 사례를 구별했다. 그것은 규범의 **대상**의 관점에서 본 사실이지 규범의 **기능**의 관점에서 본 것이 아니다.

규범의 기능과 규범의 대상을 혼동하는 것은 또한 사람들이 ―규범의 하나의 기능으로서― '명령하는 것'과 하나의 명령의 대상인 ―하나의 행위의 속성으로서―, '명령됨(명령되어 있음)'을 구별하지 않는 경우에도 나타난다. 하나의 행위가 요구(명령)되었다는 것은 하나의 진술, 하나의 특정 행위를 요구하는 하나의 규범에 관한 진술의 의미이다. 이러한 진술은 하나의 **기술함**이지 **규정**(지시)함이 아니다. 이러한 착종은 라이트(Wright, *Logical Studies*, London 1957, S. 66)가 '의무적인 행위', 즉 하나의 요구된 행위를 말할 때 나타나는데, 왜냐하면 그럼에도 불구하고 그와 동시에 그가 하나의 '의무론적 논리학', 즉 명령함의 기능을 염두에 둔 규범의 논리학을 목표로 했기 때문이다.

76) 게스트(A. G. Guest, "Logic in the law" in *Oxford Essays in Jurisprudence*, Oxford 1961, S. 184)는 "법적 규칙들(법규들)은 그것들이 명령들 혹은 경고(명령, injunction)들이라는 의미에서는 규범적인 것이 아니다. 도덕규칙들과 같이 그것들은 수용될, 그리고 관찰될 행위의 기준을 창설하는 것이다. 형법법규들이 통상 틀이 잡히는 완곡한 방식(oblique way)을 언급하는 것은 흥미롭다. 그것들은 "(한 사람이) 절도를 하면 그는 처벌되어야만(shall 혹은 ought to be) 한다."라고 말하지 않는다. 그것들은 단순히 만약 그가 하나의 특정한 행위 혹은 행위들을 한다면 "그는 하나의 범죄로 유죄가 될 것이다." 혹은 "그는 3개월 이하의 구금형의 책임을 질 것이다."라고 제정한다. 사용된 언어들이 암시하는 것은, 위에서 구성된 형태의 법규범은 단순히 어떤 결과가 일어나는 것이 허용되는 것인지에 대한 조건을 특정하고 있다고 하는 것이 보다 설득력 있다."라고 했다. 하나의 법규범의 의미가, 만약 한 인간이 특정한 식으로 행위했다면 "그는 일정 기간의 구금형의 책임을 질 것이다."(he shall be liable to a term of imprisonment)라면, 이러한 법규범의 의미는, 'shall'이라는 단어가 영어에서 가지는 통상적인 의미에 있어서는, 이 사람을 처벌하라는 하나의 '명령'(command)^Gebot인 것이다. 그리고 만약 게스트가 "일정 기간 구금형의 책임을 져야만 한다."는 표현을, 그 인간을 처벌하는 것이 '허용되었다'라고 이해했다면, 바로 그것을 통해 그 행위는, 즉 그것 때문에 인간을 처벌하는 것이 허용된 바로 그 행위는, 법적으로 금지된 것이다. 게스트는 하나의 행위의 명령(요구)의 간접적인 기능, 즉 반대되는 행위에 대해 제재로 반응하는 권한의 위임^Ermächtigung에 있는 명령의 간접적 기능을 간과한 것이다. 도덕과 법을 동일시하는 것은 이러한 맥락에서 어쨌거나 타당하지 않은 것이다.

인용된 게스트의 설명들 앞에는 나의 이론에 대한 도전^Polemik이 적혀 있다. 게스트는 "켈젠은 법규들은 사실상 특정 조건들이 충족되면 특정한 방식으로 행위할 것을 법원에 명령하는 것이 적혀 있는(언급된) 명령들이라는 것을 일관되게 유지하고 있다. … 하지만 사실상 법규들을 단순히 명령으로 간주하는 것은 고도로 인공적인 것이고 그러한 관점은 발달된 어떠한 법체계에 대한 현실적인 조사와도 거의 부합하지 않는다."(168쪽)라고 주장한다. 나는 하지만 이미 나의 *Reine Rechtslehre*, 2. Aufl., 1960에서, 하나의 법규범의 기능은 단지 명령하는 것만이 아니고, 또한 수권하고, 허용하고, 폐지하는 것이기도 하다는 것을, 아주 충분히 역점을 두어 강조했다. 4쪽 이하, 15쪽 이하, 57쪽 이하, 73쪽을 보라.

77) 메이네츠(Máynez, "Die höchsten Prinzipien der formalen Rechtsontologie und der juristischen Logik", *Archiv für Rechts- und Sozialphilosophie*, Bd. XLV, 1959)는 법규범들은 단지 금지함, 규정(지시)함[이것은 물론 명령함이다], 허용함, 그리고 법적으로 면제함(법적으로 자유로운 영역)의 기능들만을 가진다고 받아들였다. 그는 193쪽에서 '법적으로(jurisitisch)[물론 그는 rechtlich를 의미한 것이다] **규율된 행위**를 금지된 것, 규정(지시)된 것, 허용된 것, 그리고 법적으로 면제된

것Potestativen으로 받아들일 수 있는 가장 중요한 형태들'을 언급했다. 동시에 그는 '면제된(자유로운)' 행위를 법적인 허용의 '하위유형'으로 보고, '법적으로 의무진' 행위를 ―그것은 물론 '명령된 것'이다― 그것의 다른 하위유형으로 본다고 표현했다(196쪽). 여기서 메이네츠는 법적 규범들의 폐지기능을 무시한 것이다; 그리고 그는 (금지함과 명령함은) 두 개의 **단일하고 동일한** 규범적 기능이 문제됨에도 불구하고, 두 개의 상위한 행위방식, 즉 무언가의 '작위'와 '이러한 작위의 부작위'의 '명령(함)'이 문제됨에도 불구하고, '금지함'과 '명령함'을 두 개의 상위한 규범적 기능으로 구분하였다. 또한 그는 '허용함'과 '수권함'을 구분하지 않았다. 그는 193쪽에서 "법적 의미에서 허용된 것은 주관적인 권리들의 행사를 그 자체 포함하고 있는 행위이다."라고 하고 "법은 권리의 인정과 의무들의 부과를 통하여 행위를 규율하는 것이다."(194쪽)라고 했다. 메이네츠에 따르면, 우리는 주관적 권리들의 행사에 있어서, 법적인 규율의 하나인, '허용함'을 사용하기 때문에(그는 193쪽에서 "권리를 행사하는 자의 행위는 **필연적으로** 허용된 것이다."라고 했다), '허용함'Erlauben은 주관적인 권리들의 인정을 뜻한다. 이러한 주관적 권리들의 '인정'은, 하지만 법적 권한(법권)Rechtsmacht을 부여하는 것이고, 하나의 '수권'Ermächtigen이고, 그것은 본문에서 상세하게 표현된 소극적, 그리고 적극적 의미에서의 '허용함'과는 본질적으로 상위하다. 권리들의 행사는, 그것이 하나의 법적 절차에서의 주장에서 이루어지는 한, '수권된' 것이지 '허용된' 것이 아니다. **허용**을 행사하는 것, 정당방위에서 사람을 살해하는 것은 누군가가 그자의 소유권을 침해한 자에 대해 법원에 소제기를 통해 하나의 법적 절차를 시작한 것에 있는 행위와는 **본질적으로 상위하다.** 이러한 행위는 원고에게 부여된 **법적 힘**의 행사인 것이다. 하나의 법적 힘(法力)의 행사는 또한 메이네츠가 '허용된' 것으로, 즉 허용의 행사로 표현한, '법적인 의무들의 충족'과도 구분된다(194쪽 이하). 하나의 법적 의무를 충족한 자는, 예를 들어 대부금 채무를 지급한 자는 어떠한 법적 힘Rechtsmacht도 행사한 것이 아니다.

메이네츠는 195쪽에서 "만약 하나의 행위가 법적으로 규율되고 있다면 그것은 단지 **금지되거나 허용될** 수 있을 뿐이라는 것은" 자명한 것이라고 했다. "이러한 근본원칙에 우리는 **배중률의 존재론적-법적 공리**라는 이름을 줄 수 있을 것이다. 왜냐하면 법적 금지됨과 법적 허용됨 사이에는 어떠한 제3의 가능성은 없기 때문이다(tertium non datur)."라고 말했다. 하지만 그 스스로, 이미 확인했듯이, 금지됨과 허용됨 외에 '규정(지시)된 것'(즉 명령된 것)과 '법적으로 면제(자유로운 영역)된 것'을 구별했다. 만약 우리가 (소극적인 의미에서 혹은 적극적인 의미에서) '허용되어 있음'을 원문(79쪽 이하)에서와 같이 이해한다면, 하나의 행위는 금지될 수도 허용될 수도 없고, 그것은 명령된 것일 수 있다; 그리고 만약 하나의 행위가 명령된 것이면 그것은 '허용된' 것이 아니다. 왜냐하면 '명령하다'와 '허용하다'는 상이한 규범적 기능들이기 때문이다. 따라서 만약 메이네츠가 195쪽에서 "만약 하나의 행위가 법적으로 금지된 것이 아니라면, 그것은 법적으로 허용된 것이다."라고 주장하고, "만약 하나의 행위가 법적으로 허용된 것이 아니라면, 그것은 법적으로 금지된 것이다."라고 주장한다면 그것도 옳지 않은 것이다. 만약 하나의 행위가 금지된 것이 아니라면 그것은 허용된 것일 수 있을 뿐만 아니라, 명령(요구)된 것일 수도 있다; 그리고 만약 하나의 행위가 허용되지 않았다면, 그것은 필연적으로 **금지**되어야만 하는 것은 아니고, **요구**(명령)된 것일 수 있는 것이다. 마지막의 경우에 메이네츠는 '불허용된'이라는 의미에서 '허용되지 않은'이 '금지된'과 동일한 의미인 **언어관용**에 따랐다. 메이네츠는 "법적으로 의무적인 (즉 명령·요구된) 행위는 필연적으로 항상 허용된 것이다. 만약 그것이 법적으로 허용되지 않았다고 한다면, 그것은 반드시 금지되어야만 할 것이나, 이 경우에는 동시에 금지되고 지시(명령)된 것이 될 것이고, 이것은 모순을 자체에 담고 있는 것이다."라고 했다. "만약 그것이 법적으로 허용되지 않았다고 한다면, 그것은 반드시 금지되어야만 할 것이다."라는 문장에서는, 허용되지 않음, 즉 법적으로 명령됨이 '금지됨'과 동일시되는 언어관용이 미친 영향이 명백하게 나타나고 있다.

확인된 바와 같이, 메이네츠는 허용되어 있음은 주관적 권리들의 행사를 그 안에 포함하고 있다는 것을 받아들였다. 197쪽에서 그는 "만약 법적으로 지시된 모든 것이 법적으로 허용된 것이라면, 하나의 특정한 행위에 의무를 진 자는 필연적으로 그에게 명령된 것을 할 권리를 가지는 것이다(의무자의 권리)."라고 말했다. 여기서 하나의 명령된 행위는 하나의 허용된 행위라는 가정이 '의무'와 '권리'의 개념을 섞어버리고 있다는 것을 알 수 있다.

78) 라이트(G. H. Wright, "Deontic Logic", *Logical Studies*, London 1957, S. 58)는 이미 지적했듯이(미주 75), 세 가지의 '의무론적 양식', 즉 의무적인(obligatory)geboten, 허용된(permitted)erlaubt, 금지된(forbidden)verboten을 구분했고, '의무적인'과 '금지된'의 양식을 '허용된'이라는 양식을 통해 정의하려 했다. 그는 금지되어 있음Verboten-sein은 허용되지 않았음을 의미한다고 말했다(같은 책, 60쪽). "만약 하나의 행위가 허용되지 않았다면, 그것은 금지된 것이라고 불린다. 예를 들어: 절도는 허용되지 않았다. 따라서 그것은 금지된 것이다. 우리에게는 절도하는 것이 **허용되지 않았다**. 따라서 우리는 절취해서는 **절대 안 된다**." 하지만, 만약 하나의 행위가 허용되지 않았다면, 그것은 금지된 것으로 표현되는 것이 아니고, 그 반대이다: 만약 하나의 행위가 금지되었다면, 그것은 허용되지 않은 것으로 표현된다는 것이고, 여기서 '허용된'은 '금지되지 아니한'과 같은 의미이다. 금지된 것은 허용되지 않았다는 이 문장은 하나의 공허한 순환논법이다. 본질적인 것은, 절도에 해당하는 규범은 비-절취, 즉 절취의 부작위를 명령한다는 것이고, 즉 이러한 경우에 단지 **하나의** 규범적 기능, 그리고 보다 정확히는 명령함의 기능이 존재한다는 것이고, 그 단어의 유일하게 정확한 의미에서 '허용함'은 언급될 수 없다는 것이다. 이제 라이트는 하나의 행위가 명령되었다는 것은 그것의 부작위는 허용되지 않았다는 것을 의미한다고 말한다(61쪽): "우리는 **그것을 하지 않도록 허용되지 아니한 것을 해야만 한다**." (We ought to do that which we are not allowed not to do) 또다시 이것도, 만약 하나의 행위의 부작위는 허용되지 않았다면 그 행위는 요구(명령)된 것으로 표시

된다는 것이 아니라, 그 반대이다: 만약 하나의 행위가 요구(명령)되었다면, 그 행위의 부작위는 허용되지 않은 것으로 표시된다는 것이고, 여기서 '허용된'은 '금지되지 아니한'과 같은 것이지, '허용되지 아니한'이 '금지되지 아니한 것이 아닌', 즉 금지된 것과 같은 의미는 아닌 것이다. "우리는 우리가 하지 않는 것이 허용되지 아니한 것을 해야만 한다."라는 문장은, 만약 하나의 행위가 요구되었으면 그것의 부작위는 금지된 것이라는 것을 말한다. 그 사실관계는 허용함이라는 개념의 도움 없이도 기술될 수 있다. 여기에 있는 유일한 규범적 기능은 하나의 행위의 명령 혹은 그 행위의 부작위의 요구인 것이다. 라이트는 이러한 맥락에서, "만약 하나의 행위의 부정이 금지되었다면, 그 행위 자체는 의무적인 것으로 불린다. 예를 들자면: 법에 복종하지 않는 것은 금지되었다. 따라서 그 법을 따르는 것이 의무적이다."(61쪽)라고 말했다. 고려되는 규범적 기능은 명령함이기 때문에, 금지함은 하나의 부작위의 명령(지시, 요구)이기 때문에, 만약에 우리가 하나의 행위의 명령(요구)되었음을 그 행위의 부작위가 금지되었음으로 말한다면, 거꾸로 된 것이다. "법률에 복종하는 것이 요구(명령)된 것이다." 우리는, 우리가 **금지하다**는 개념을 이용하려고 한다면, 사실 "법률에 따르지 않는 것은 금지되었다."고 말한다는 식으로 그것을 표현할 수 있다. 하지만 만약 우리가 법률에 따르지 않는 것은 금지되었고, **따라서** 법률에 복종할 것이 요구(명령)된 것이다라고 말한다면 사실관계를 뒤집는 것이다.

79) 때때로 법은 특정 개인들을 통한 특정 단어들 혹은 문장들의 표현을 특정한 법효과들의 조건으로 만든다. 예를 들어 법은, 하나의 문서는 단지 그것이 무엇보다 그 자체로서 명백하게 '유언'Testament 혹은 '유지'letzter Wille로 표현된 경우에만 효력 있는 유언이라고 규정하거나, 특히 법적으로 승인된 종교공동체의 한 성직자가 그에게 마주보고 서 있는 다른 성별의 두 인간들에게, "나는 이로써 너희들을 남편과 부인(부부)으로 선언한다."라는 말을 했을 때만, 혼인이 성립(발생)하는 것이라고 규정한다. '유언' 혹은 '유지'라는 단어는 **언어적**

116

으로 문서의 서술이고, 성직자의 단어들(성직자가 한 말들)은 언어적으로 이 단어들이 가지는 법효과의 기술, 즉 **진술들**이다. 하지만 그것들의 법적인 기능에 따르면, 그것들은 기술들, 진술들이 아니고, 법적 효과들의 (전제)조건들이다.

오스틴(J. L. Austin, "Other Minds", in: *Logic and Language*, Second Series, Oxford 1955, S. 146f.)은 "설령 몇몇 언어가 이제는 순전히 기술적이라고 하더라도, 언어는 원래 그런 것이 아니었고, 그들의 대부분은 지금도 여전히 그렇지 않다. 명백한 의례적인 관용구를 말하는 것이, 적정한 상황들에서는, 우리가 하고 있는 행위를 **기술하는** 것이 아니고, 그것을 **하고 있는 것**(I do)이다; 다른 사례들에서는 그것은 마치 말투나 표현과 같이 기능하거나, 구두점이나 서법처럼, 우리가 언어를 어떤 특정한 방식으로 적용하고 있다('나는 경고한다', '나는 묻는다', '나는 정의한다') 암시로 작용한다. 엄격히 보면 그러한 구절들은, 마치 '나는 약속한다.'가 나는 전적으로 비진실일 수 있는 것을 의도한다는 것을 암시하듯이, 그것이 비록 거짓말을 '암시'할 수는 있다고 하더라도, 거짓일 수는 없는 것이다."라고 적고 있다. 법이 그(단어 혹은 문장들)것들의 표현^{Äußerung}을 모종의 법효과들의 조건으로 만드는, 그런 단어들 혹은 문장들이 고려되는 한, 오스틴의 언급, 즉 그것들은 기술적이 **아니라는** 언급은 전적으로 옳은 것은 아니다. 그것들이 기술적**이기도 하지만** 단지 기술적인 것**만은 아닌 것**이다; 하지만 기술은 그의 본질적인 ─즉 법적인─ 기능이 아니다.

그것들은 진술들로서는 진실 혹은 거짓일 수 있다. "이 문서는 하나의 유언이다."라는 문장의 축약으로 '유언'이라는 단어는 만약 예를 들어 그 문서에서 처분되는 물건(대상)이 그 문서를 유언으로 작성한 사람의 재산이 아닌 경우에는, 거짓일 수 있다. 왜냐하면 그렇다면 그 문서는 유언이 아니기 때문이다, 즉 그것은 하나의 유언의 특수한 법효과들을 가질 수 없기 때문이다. 성직자가 말한 "나는 이로써 너희들을 부부로 선언한다."라는 문장은 만약 그 문장이 향해져 있는 두 사람이 이성이 아니고, 그 둘 중 한 사람이 여자 혹은 남자의 복장을 한, 두 명의 남자이거나 두 명의 여자인 경우에는 거짓인 것이다. 왜냐하면 그렇다면 성직자라는 단어는 그것이 기술하고 있는 법효과를 가지지 않고, 결혼은 성립되지 않는 것이다.

80) 에써(Esser, *Grundsatz und Norm in der richrerlichen Fortbildung des Privatrechts*, Tübingen 1956)는 각주 149(132쪽 이하)에서 로스코 파운드(Roscoe Pound)의 *Tulane Law Review*, vol. VII, 1933, S. 475 이하(Esser가 각주 41, 15쪽 이라고 제시한 것과 같지 않다: 7 Harvard L. Rev., S. 475ff.)에 출간된 "Hierarchy of Sources and Forms in Different Systems of Law"라는 논문을 참고하고 있는데, 그곳에서 파운드는 '원리들'(principles)에 대해 말하고 있다: "이것들은 (사례들이 보다 좁은 의미에서 규칙들에 의해 전혀 다뤄지지 않거나, 전적으로 혹은 명백하게 포함되지 않는 곳에서 지속적으로, 그리고 합법적으로 사용되는) 법적 논증을 위한 권위 있는(인정된) 출발점들이다."라고 말했다. 파운드는 "아주 종종 진행할 그러한 출발점에 대한 선택은 있지만, 무엇이 선택되어야 할지를 결정하는 어떠한 인식도 수중에 없다. 여기서 보통 선택은 인정된 이상들에 대한 각각의 출발점들의 결과를 지적함으로써, 그리고 이에 조화되는 결정에 이르는 방향을 따름으로써 이루어진다."라고 말했다. 이러한 '이상들'에 대해서 그는 77쪽에서 "…[사법적] 판단의 소재를 완벽하게 보려면 우리는 지각의 중심에서 판단의 근거를 찾는 인정된 기법을 고려하는 것을 놓쳐서는 안 되며, 수칙들 그 자체만큼이나 권위가 있는 수용된 이상의 요체를 고려하는 것도 잊어서는 안 된다. …" 이러한 '이상들'에는 '윤리적인 요소들'이 들어가 있다. '규칙들'^rules만이 아니라, '원리들'^principles과 '이상들'^ideals도 법의 구성부분들이다. 그것을 파운드는 이러한 맥락에서 다음과 같이 표현했다: "[우리는] 법을 법적 판단의 기초로서 받아들여진 혹은 규정된 권위적인 재료들의 본체라고 본다."(476쪽) 파운드는 '원칙들'과 '받아들여진 이상들'은, 즉 ―우리는 반드시 그렇게 가정해야만 한다― 달리 말해 '규칙들' 외에 법의 구성부분들이라고 이 논문에서는 명시적으로 표현하지 않았다. 하지만 파운드는 그의 5권짜리 작품집 *Jurisprudence*,

Band II, St. Paul 1959, S. 126에서, '원칙들'에 대해 말했다: "그것들은 법적 글쓰기와 법학자들의 사변(speculation)의 출현과 함께 법으로 들어왔다." 그리고 122쪽에서는 '이상들'에 대해서: "우리는 우리가 그러한 것들을 '법'(the law)으로부터 배제하는 법의 이론을 고안할 때 우리 스스로를 아주 심하게 속이는 것이다. 그러한 이상적인 그림들이 법적인, 그리고 전문가들의 전통에서 확실한 고정(지위)을 획득했다면 그것들은 '법'의 부분이고 그만큼 법적 표상·수칙들(legal precepts)이 되는 것이다."라고 했다. 하지만 법관들의 판결(결정)들은, 파운드가 말하기를, 단지 '권위 있는' 요소에 의해서만 아니라 '비권위적인 요소들'에 의해서도 결정된다. 그는 476쪽에서 "우리가 실제적인 것이지만 합법적이지 않은 영향들을 얘기하건, 합법적이나 권위가 없는 요소들을 얘기하건 간에, 우리는 법을 얘기하는 것은 아니다."라고 강조했다. 그렇다면 이제 우리는 하나의 원칙 혹은 하나의 이상의 '권위적인 성격'을 어디에서 인식할 수 있는 것인가? 이러한 자신의 이론에 **결정적**인 물음에 대해 파운드는 더군다나 그리 명확하게 쓰이지 않은 이 논문에서 전혀 대답하지 않았다. 만약 '원리들'과 '이상들'이, 바로 그것들이 법관의 결정들에 영향을 미치기 때문에, 법의 구성요소들로 간주되어야 한다면, 왜 이것은 법관의 판결들에 영향을 주는 모든 요소들이어야만 하는 것은 아닌지 그 이유를 이해할 수 없다; 특히 권위 있는, 그리고 권위가 없는 요소들의 구별이, 법의 권위와는 다른 하나의 권위는 법관의 판결을 위해 고려되지 않기 때문에, 단지 **법 자체로부터** 정해진 요소만이 권위가 있는 것으로는 간주되어야만 한다는 식으로만 가능할 것이다. 하지만 실정법은 단지, 법원들은 그들의 판결에 있어서 입법과 관습을 통해 생성된 유효한 법**규범들**Rechtsnormen, '규칙들'(rules)만을 적용해야 한다고 규정하고 있다.

81) 조르주 리페르(Georges Ripert, "Les Règles du Droit Civil applicables aux Rapports Internationaux", *Recueil des Cours*, 1933, II, S. 569ff.)는 580쪽에서 상설 국제법원규정(Statuts der Cour permanente de justice) 제38조의 같은 단어의 규정

과 관련하여 "이러한 원칙은 **국내법**상의 원칙이다."라고 말했다. 587쪽에서는 '법의 일반원칙의 수용'(reception des principes générau du droit)에 관해 말했다. 페르드로스(Alfred Verdross, *Völkerrecht*, 5. Aufl., 1964, S. 147)는 "Artikel 38c는 따라서 전혀 새로운 것을 만든 것이 아니고, 이미 존재하는 법상태를 법으로 만든 것이다."라고 말했다. '문화적인 국민들의 법질서들에서 공동으로 선존 하는 근본원칙들이 혹은 그것에 기초가 되는 그런 근본원칙들이 문제'될 수 도 있다는 것이다. 하지만 어떻게 국가의 법들의 원칙들이 국제법이 되는가? "Les Principes Généraux du Droit dans la Jurisprudence Internationale", *Recueil des Cours*, 1935, II, S. 195ff.라는 자신의 논문에서 그는 상설국제법 원규정(Statuts der Cour permanente de justice internationale)의 동음의 규정과 관 련하여 "이러한 원칙들의 적용은 국제관례(관습)에 의해 제재를 받을 수 있다." 라고 말했다. 하지만 그의 『국제법』 147쪽에서는, '계약(조약)적으로도 관습법 적으로도 승인을 받지 못한' 법적 근본원칙에 관계된 것이라고 했다. 어떤 방 법으로 이러한 법의 근본원칙들^{Rechtsgrundsätze}이 —국제법원에 의해 적용될— 국 제법규범들이 되었는가? 만약에 국가 간의 관습법(국제관습법)^{Staatengewohnheit}의 방법이 아니라면, 그렇다면 단지 하나의 국제법상의 조약이 하나의 국제 법원 에 이러한 원칙들을 적용하도록 수권했다는 것을 통해서, 보다 정확하게는, 그 법원이 문명화된 국가들로부터 하나의 승인된 법원칙으로 생각하는 하나 의 규범을 적용하도록 수권했다는 것을 통해서만이다. 국제사법재판소규정 (Status des International Gerichtshofes) 제38조에서는 이러한 근본원칙들이 조약 상 승인을 얻었다. 페르드로스는 148쪽에서 제38조는 법적 **근본원칙**·법의 일 반원칙(Rechtsgrundsätze; principes généraux du droit)에 대해 말하고 있지, **법규 범**들^{Rechtsnormen}에 대해 말하고 있는 것은 아니라고 지적한다. 하지만 만약 국 제사법재판소가 구체적인 사례들에서 일반(보편)적 법원칙들을 **적용해야만** 한다면 이것은 —국제사법재판소법에 앞서 있는—국제협약 (a)와 국제관습 법 (b)를 통해서 생산된, 국제법규범들^{Völkerrechtsnormen}과는 상이한 국제법**규범들**

Völlkerrechtsnormen의 성격을 반드시 가져야만 한다.

82) 이러한 원칙Grundsatz이 하나의 논리적 법칙이라는 것은 전통적 법학에서 다양하게 주장되어왔다. 예를 들어 무어(Julius Moor, "Das Logische im Recht", *Internationale Zeitschrift für Theorie des Rechts*, Bd. II, 1927/1928, S. 165)가 그렇게 말했다: "'사후법은 사전법을 폐지한다.'라는 원칙은 입법자를 통해서 변경될 수 있거나 혹은 무시될 수 있는 그러한 실정-법적 규정이 아니라, 법생성의 논리적인 한계이다."

아이젤레(Fr. Eisele, "Unverbindlicher Gesetzesinhalt", *Archiv für die Civilistische Praxis*, 69. Bd., 1886, S. 275ff.)는 283쪽에서: 의지(의사)는, "또한 공포된 의사도 … 자기 스스로에 대해 법적으로 자유이고, 따라서 변경 가능한 것이다." "입법자의 의사는 자기 스스로에 대해 자유로운 것임은 **사전법은 사후법을 폐지한다**는 문장(원칙) ─이것은 또한 법원칙Rechtssatz이 아니고, 법적 진실(사실) Rechtswahrheit이다─ 에서 사실 직접적으로 표현된 것은 아니지만, 그 전제로서 그와 동일한 것에 기초하고 있다."고 했다. 하지만 이미 아돌프 메르클(Adolf Merkl)은 자신의 *Allgemeines Verwaltungsrecht*, 1927, S. 211에서 "'사후법은 사전법을 폐지한다'(lex posterior dergat priori)는 원칙은 단지 실정법적 규정 Satzung의 힘으로만 유효한 것이고, 일반적으로 그렇게 이해되는, 법적 공리Axiom 로서 유효한 것은 아니다."라고 설명했다.

83) 물론 하나의 규범충돌의 해소는 법적용기관 측에서의 해석을 통해서 가능한 것으로 보인다. 두 개의 일반규범들 사이에 하나의 충돌이 있고 한 법원이 그 두 개의 규범 중 하나를 적용한다면, 즉 그 법원이 하나의 구체적 사례를 두 개의 충돌하는 규범 중의 하나에 부합하는 하나의 개별규범에서 판결한다면, 그리고 이러한 판결이 기판력을 가지면, 이 사례는 더 이상 충돌하는 두 개의 일반규범 중 다른 규범에 부합하는 개별규범을 통해 결정될 수

가 없다. 이러한 일반규범을 다른 규범에 따라 결정된 사례에 적용하는 것은 배제된다. 하지만 일반규범들의 영역에서 충돌은 지속적으로 존재한다. 루페르트 슈라이버(Rupert Schreiber)는 *Logik des Rechts*, Berlin-Göttingen-Heidelberg 1962, S. 59에서, 법언어에서 모순들은 존재할 수 있는 것이라고 주장했다. 그는 87쪽에서, "법규범들 사이에 모순들이 생겨나면, 상호 모순관계에 있는 모든 규범들은 법적으로 무효임에 틀림이 없을 것이다. 왜냐하면 모순에 가득 찬 규범들은 법적으로 효력이 없는 것이기 때문이다."라고 했다. 하지만 이것은 단지, 하나의 실정법규범이 상호 충돌하는 규범의 효력을 폐지하는 경우에만 옳은 말이다. 슈라이버는 또한, 그러한 충돌들은 ―혹은 그가 말했듯이, '모순들'Widersprüche은― 단지 실정-법적 규정을 통해서만 해소될 수 있는 것임을 자인했다. 왜냐하면 그는 59쪽에서 "하지만 법언어에서는 모순들이 존재하기 때문에, 그것들은 적정한 결정(geeignete Festsetzung)을 통해 반드시 제거되어야만 한다."라고 했고, 87쪽에서 "이러한 충돌사례를 위해 어떠한 규정도 만들어지지 않는다면, 법질서의 상당한 부분들이 모순으로 인해 기능을 상실하게 될 것이다."고 했다. 하지만 이러한 '결정·확정'Festsetzung 혹은 '규율·규정들'Regelungen은 배중률의 논리적 원칙이 아니고, 법적 권위자에 의해 창설된 규범들이다. 이러한 '확정' 혹은 '규정'으로 슈라이버는 "특수법은 일반법을 폐지한다."와 "사후법은 사전법을 폐지한다."라는 근본원칙을 끌어들였다. 슈라이버는, 이러한 근본원칙들은 '법학에서' 발전된 것이라고 했다(60쪽). 맞는 말일 수 있지만, 그것이 명시적으로 혹은 암묵적으로 법적 권위자로부터 창설되지 않은 한 적용될 수가 없다. 슈라이버는 하지만 "논리학의 법칙들은 법의 구성부분"(60쪽, 94쪽)이라고까지 주장하고 나갔다. 그는 이때 94쪽에서 1948년 10월 19일 영국 점령지역의 최고법원의, 서로 모순되는 확정들이 포함되어 있는, 판결을 참고하고 있는데, 그 판결에서는 "사고법칙에 대한 그러한 충돌은 객관적 법(sachliches Recht)의 침해를 의미한다. 이것은 확정된 결론들 내에서 서로 조화될 수 없는 모순이 발견되는 경우뿐만 아니라, 그 최종확정들과 개별적 증명사실들 간에 사고법칙적인 모순들이 존재하는 경우도 그렇다. … 사고법칙에 대한 충돌은 따라서 객관적인 법에 대한 충돌로 간주되는 것이다."라고 적혀 있다. 확정들과 확정된 사실 사이에는 어떠한 논리적 모순도 존재할 수 없기 때문에, 단지 확정들 사이의 '모순들'만이 고려된다. 하나의 사실의 확정이 사실에 부합하지 않는다는 것은 어떤 논리적 모순도 아니다. 슈라이버에 의해 인용된 두 번째 독일 연방대법원의 판례(BGH Str 6, 72)는 법관은 "사고의 법칙들과 경험의 지배를 받는 것이고 이 법칙들을 사실들의 확정에 있어서 존중해야만 한다. 이 법칙들은 불문의 법의 규범들이다. 그것을 고려하지 않는 것은 형사소송법 제337조의 의미에서 법률을 침해하는 것이고, 항소의 근거가 될 수 있다."라고 하고 있다. 법적 권위(자)는 실제로, 만약 하나의 법률의 문장들에서 혹은 하나의 법적용기관의 판결에서, 특히 한 법원의 판결에서, 하나의 사고오류, 논리적 모순, 혹은 하나의 잘못된 결론도출이 있는 경우라면, 그 법률은 마치 헌법위반적인 법률과 같이 그렇게 다루어져야 한다거나(즉 법원들은 이 법률의 적용을 거부할 수 있다고), 하나의 법률은 헌법재판소를 통해 폐지될 수 있고, 법적용기관의 판결은 마치 위법한 판결과 같이 다루어져야 한다고(즉 그에 대해 이러한 이유로 항소가 제기되고 그것은 상급법원의 판결을 통해 효력을 잃을 수 있다고) 규정할 수 있다. 하지만 이것은 배중률의 원칙과 추론의 규칙이 법의 규범들이 되었다는 것을 의미하는 것은 아니다. 왜냐하면 논리학의 원칙들은 사고법칙의 의미들에 관계하지만, 법의 규범들은 법기관의 의지적 행위에 관련되기 때문이다. 배중률의 원칙은 상호 모순되는 두 개의 진술들 중에서 단지 하나가 참일 수 있다는 것, 그리고 만약 그중 하나가 참이라면, 다른 하나는 반드시 거짓임에 틀림없다는 것을 말한다. 하지만 옳은 것은 단지 두 개의 규범이 —논리적 모순이 아닌— 충돌을 하면, 법률 혹은 판결이 폐기될 수 있다는 것뿐이다. 추론의 원칙은 만약 전제들이 참이고, 결론문이 전제에 포함(암시)되어 있다면, 그 결론문은 참이라는 것을 말하는 것이다. 하지만 옳은 것은 단지, 만약 하나의 법률 혹은 하나의 판결에 하나의 잘못된 추론이 포함되어 있다면 그 법률 혹은 그 판결은 효력을 상실하게 된다는 것뿐이다. 규범들의 충돌사례에 효력을 가지는 법원칙도, 하나의 법률 혹은 하나의 법원의 판결에서 포함된 잘못된 결론도출(추론)의 경우에 타당한 법원칙도, 하나의 논리적 법칙은 아니다. 추론의 법칙에 관한 한, 법적용기관의 판결, 이러한 기관으로부터 설정될 개별적 규범이, 논리적 추론의 방법에서 유효한 일반규범으로부터 도출되어야만 한다는 어떠한 확정도 법적 권위를 통해 정해질 수 없다. 왜냐하면 이것은 나중에 보게 되듯이, 논리적으로 가능한 것이 아니다. 본문 [190]쪽 이하를 비교하라.

84) 페를망과 올브레히츠-티테카(Ch. Perelman-L. Olbrechts-Tyteca, *Traité de l'Argumentation. La nouvelle rhétorique*, 2. Aufl., Bruxelles 1970, S. 176)는 내가 나의 *Reine Rechtslehre*(1934)에서 주장했던 법체계의 폐쇄성에 관한 입장을 거부했고, 사실 모든 판결될 사례들이 **예견 가능한** 것이 아니라는 것이 그 근거였다. "완전히 명료한 개념은 모든 적용들이 알려진 개념이다. 그리고 예측하지 못한 사용인 새로운 사용은 허용하지 않는다. 단지 성스러운 혹은 인습적으로 제한된 지식만이 그러한 요구에 들어맞는 것이다. 이러한 이유로, 켈젠이 제한하는 것처럼, 법에서 닫힌 질서(ordre fermé)를 본다는 것은 불가능하다. 사실, 법관은 형식논리자의 예처럼 한 번에 그 체계의 적용 분야를 제한할 수 있다. 법률의 침묵, 모호함이나 불충분함을 들어 법관이 판결하지 않는다면 재판거부(de déni de justice)를 범하는 위험을 가져온다(프랑스 민법 제4조). 매번 법관은 비록 법률에서 규정되지 않았다 하더라도 법적 규정이 상황에 적용되는지 그렇지 않은지를 판단해야 한다." 바로 프랑스 민법(나폴레옹법전) 제4조가 이 법체계의 폐쇄성을 증명하고 있다. 법률이 '침묵하고 있으면', 즉 주어진 사례에 하나의 불법효과를 결합하는 규범을 함유하고 있지 않으면, 법관은 공소를 기각하고, 피고인을 무죄 석방해야만 하며, 이것도 그 법을 적용해서 하는 것이다. 그 상황은 '모호한'(obscurité) 경우와 차이가 나지 않는데, 즉 법률

이 너무 '모호해서'(dunkel), 법관이 그 법에서 사례에 적용 가능한, 실질적으로 정해진 규범을 도출할 수 없는 경우와 차이가 나지 않는다. 법관은 이 법을 적용해서 소를 기각하고, 피고인을 무죄선고해야만 한다. '불충분한·부족한'(Insufficance)은 법적용기관의 주관적인 가치판단이다. 법관이 법을 불충분한 unzulänglich 것으로 판단하더라도 또한 그 법률을 적용해야만 한다는 것은, 단지 법관은 하나의 유효한, 그에 의해 불충분한 것으로 여겨진 규범의 자리에(대체해서) 그가 충분하다고 생각하는 규범을 대체 설정할 권한을 갖고 있지 않다는 원칙의 결론일 뿐인 것이다. 이 양 저자에 의해 주장된 이론에 이르는 결론은 권한위임인데, 이것은 적용될 법률이 법관에게 줄 수는 있지만, 반드시 주어야만 하는 것은 아니다; **프랑스 민법(나폴레옹 민법전)**은 어쨌거나 부여하지 않았다. 입법자가 —법관의 입장에 따를 때— 문제되는 법적 규정이 주어진 사례에 적용 가능하지 않다는 것을 예견하지 않았다는 것은, 단지 법관의 추정이 문제되고 있는 한에서는, 실정-법적 관점에서는 중요하지 않다. 법관이 하나의 법적 규정이, 사실 법률의 표현에 따르면 아니지만, 그 외의 입법자의 **증명 가능한** 의도에 따를 때, 주어진 사례에 적용되어야만 한다는 것을 필히 받아들여야만 한다고 믿는다면, 그는 그 규정을 바로 —실정-법적 원칙에 따라— 적용해야만 하는 것이다. 유효한 법질서는 여하튼, 소가 제기되어야만 하거나, 피고인이 유죄판결을 받아야만 하거나, **혹은** 소가 기각되어야만 하거나, 피고인이 무죄선고되어야만 하는 경우라면 항상 구체적인 사례에 적용될 수 있는 것이다. **제3의 가능성은 없다**(Tertium non datur). 여기에 바로 법체계의 폐쇄성이 있다.

85) 나의 『순수법학(*Reine Rechtslehre*)』, 2. Aufl., Wien 1960, S. 130ff.을 비교하라. 의무에 대한 주관적인 권리의 우월성이라는 잘못된 생각의 가장 전형적인 예는 빌헬름 분트(Wilhelm Wundt)가 자신의 *Logik*, III. Band., 3. Aufl., Stuttgart 1908에 적고 있는 이 문제에 대한 기술이다. 분트는 실은 법을 **규범**

으로 파악했고, 따라서 본질적으로는 명령(요구)으로 파악했으며(568쪽 이하 참고), 물론 단지 규범들의 하나의 체계일 수 있는 법질서의 개념으로 작업했다(577쪽을 비교할 것). 하지만 그는 법을 "한 공동체에서 유효한 상위의 의지가 이 공동체의 개별 구성원들에게, 그리고 자신 스스로에게 승인한 권한들과 의무들의 총체"라고 정의했다(578쪽). 이러한 '공동체에서 유효한 상위의 의지'가 단지 문제되는 의지적 행위의 의미인 규범들에서만 표현될 수 있음에도 불구하고, 이 개념정의에서는 규범의 개념은 도대체 나타나지 않는다. 또한 이 개념정의에서는 '권한들'이 첫 번째의 자리를, '의무들'이 단지 두 번째의 자리를 차지한다는 것도 특징적이다. 따라서 분트는 또한 582쪽에서 "저마다의 주관적 권리에는, 다른 한편 그 권리의 행사로부터 필연적인 논리적 및 윤리적인 결과로 나오는 **의무들**이 대응한다. 그것들은 **두 가지** 그룹으로 나누어진다: 첫 번째는 그 권리들의 행사로부터 권한(권리)이 없는 자들(개인 및 공동체, 그리고 거기에는 특히 법공동체 자체도 속함)에게 부과되는 그러한 의무이다. ―이것은 주관적인 권리의 **논리적** 결과이고; 그것은 그 (권리의) 관철을 위한 수단을 고려할 때 필수적인 것으로 도출되는 결과이다. 그리고 두 번째 그룹의 의무들에는, **권한 있는 자들**에게 부과되는 그런 의무이고, 그 의무를 위해서는 단지 권리의 행사가 동시에 법공동체의 이익 자체이다. ―이것은 주관적 권리의 **윤리적** 효과들이고 … 따라서 이러한 관점하에서 주관적 권리들로부터 나오는 의무들은 **강제의무와 자유로운** 혹은 **도덕적인** 의무로 갈라진다."라고 한다. 강제적인 것이 아니고 자유로운 의무는 그 자체 하나의 모순이다. 왜냐하면 하나의 의무에는 그것이 강제적이다, 즉 구속적이다, 의무진 자에게 그것을 충족하거나 충족하지 않는 것이 **'자유에 맡겨진'** 것이 아니라는 것이 본질적이기 때문이다. 그 의무의 불충족에 하나의 제재가 결합되어 있다는 것은 법적 의무에 그런 것과 같이 도덕적 의무에도 해당하는 것이다. 하나의 **법**질서로부터 부여된, 주관적인 권리로부터는 전혀 '윤리적'인, 즉 정확히 말하자면, 하나의 도덕적 의무가 나오지 않는다. 하나의 도덕적-의무는 단지 하나의 도덕-질서를 통해서 부과될 수 있는 것이지, 하나의 법질서를 통해서 부과될 수 있는 것이 아니다. 보다 정확히는; 도덕과 법을 구별하는 것이 도대체 의미가 있다고 한다면, 하나의 도덕-의무는 바로 하나의 도덕질서의 규범이지, 하나의 법질서의 규범이 아니다. 하지만 특히 하나의 의무는, 소위 반사-의무^Reflex-Pflicht, 혹은 의무라는 이 단어의 특수한 의미에서 하나의 주관적 의무가 문제되는 것인지와 무관하게, 하나의 주관적 권리로부터는 나올 수 없다. 왜냐하면 소위 반사-권리^Reflex-Recht는 의무와 동일하고, 그 특수한 의미에서 주관적 권리는 존재하는 의무의 충족을 주장하는 법적 힘^Rechtsmacht이기 때문이다. 그럼에도 눈에 띄는 것은, 만약 A가 B에게, 일정한 액수의 금전을 지급하겠다고 약속한 경우에 도덕적 및 윤리적으로 **우선 첫 번째**의 자리에 들어서는 것은 B에게 1000을 지불할 A의 의무이고, 두 번째의 자리(부차적으로)에 들어서는 것은 A의 의무의 충족을 주장하는 B의 권리라는 점이다. 특수한 의미에서 어떠한 주관적인 권리도 그에 대응하지 않는 의무들(형사제재를 통해 구성된 의무들)이 있다. 만약 어떤 사람도 다른 사람을 살해해서는 안 된다는 규범이 유효한 경우, 누구도 살해되지 않을 주관적 권리를 가지는 것이 아니다. 만약 살인자는 공적 기소자의 기소에 의해 처벌되어야만 한다는 규범이 국가의 하나의 주관적 권리를 의미하게 된다면, 그것은 처벌할 권리이지 피해자의 살해되지 않을 권리는 아니다. 주관적 권리행사의 하나의 **논리적인** 효과로서 의무는 문제가 될 수 없다. 우선 그것은 바로, 그 주관적 권리가 일차적인 요소이고, 의무가 그 이차적인 요소라고 하더라도, 권리가 **존재**한다면, 의무가 존재하기 때문이지, 권리가 **행사되어야**만 비로소 의무가 존재하는 것은 아니기 때문이다. 약속한 금액을 지불하는 A의 의무는 만약 B가 자신의 권리를 행사하지 않아도, 어쨌거나 그가 그것을 행사하기 전에도 존재하는 것이다. 왜냐하면 그 의무는 물론 A는 B에게 약속한 1000을 지불하여야만 한다는 규범과 전혀 다를 바 없기 때문이다. 누군가 하나의 특정 행위의 의무를 진다는 것은 그가 특정한 방식으로 행위해야만 한다는 것을 의미한다. 그것은 하나의 의지적 행위의 의미인 하나의 규범의 표현이고, 이것은 논리적 추론의 방법에서, (즉) 사고작용의 방법으로 달성될 수는 없다.

분트의 설명은, 바로 그가 그것을 이해한 것과 같이, 단지 그 전통적인 법학의 입장을 재현하고 있기 때문에 의미 있다. 하인리히 데른부르크(Heinrich Dernburg)의 "System des Römischen Rechts", *Der Pandekten achte*, umgearbeitete Auflage, Erster Teil, Berlin 1911, S. 65에서는 "주관적인 의미에서의 권리는 역사적으로 하나의 의식적인 국가의 질서가 형성되기 오래전에 존재했었다. 그것들은 개인의 인격성에 근거를 두고 있었고, 그 사람들과 그의 재화들을 위해 권리를 획득하고 빼앗을 줄 알았던 존중에 근거를 두고 있었다. 추상화를 통해서 비로소 사람들은 점점 존재하는 주관적 권리에 대한 관조로부터 법질서의 개념을 획득했음이 분명하다. 따라서 주관적 의미에서의 권리들은 객관적 의미에서의 권리의 배출구에 다름 아니라는 것은 비역사적일 뿐만 아니라 잘못된 입장이다."라고 서술하고 있다. 이러한 설명의 배후에는 권리들은 사실상의 사실관계로부터 나온다는, 법은 사실적인 사실관계에 내재한 것이라는 생각이 있다. 이것은 자연법론을 특징짓는, 존재에서 당위로의 잘못된 추론(궤변)인 것이다.

86) 헤거스트룀(Hägerström, *Inquiries into the Nature of Law and Morals*, Uppsala 1953, S. 8)은 법적 의무와 주관적 권리의 개념을 '신비주의적'인 것으로 거부했다: "법적 의무라는 개념은 어떤 사실을 지시함으로써 정의될 수 있는 것이 아니고, 신비주의적인 불명확한 기초를 가지고 있다. 마치 권리(right)가 그런 것과 같이." 4쪽에서 그는 다른 주체의 특정한 행위에 대한 한 주체의 주관적 권리에 부합(corresponds)하는 사실(fact)^{Tatsache}에, 예를 들어 채무자의 금전지급에 대한 채권자의 권리와 같은 사실에 대해 의문을 제기한다. 그는 그러한 사실을 찾지 못한다. 그는 "그곳에는 그러한 사실들은 존재하지 않고, 우리는 여기서 현실·실제(reality)와는 전혀 관계가 없는 이념들(이상들)에 관심을

두고 있는 것이다."라고 확언한다. 이것은 만약 '실제·현실'(reality)이 정신적인 실제가 결코 아닌, 단지 자연적인 실제로 이해된다면 맞는 말이다. 채권자의 주관적 권리에는 사실상 어떠한 존재-사실도 부합하지 않고, 채무자의 **당위**, 즉 하나의 사실이 아니고 하나의 사실의 **의미**, 하나의 **행위의** 의미가 부합하는 것이다. 만약 우리가 이 세상의 현실에서 이루어진 하나의 행위의 의미로, 하나의 법창출행위의 의미로, 당위를 인식한다면, 이러한 당위를, 해거스트룀이 한 것과 같이, 하나의 형이상학적인 개념으로 폄하하고, 따라서 학문적인 인식으로부터 배제할 아무런 이유도 없는 것이다. 주관적 권리와 법의무의 개념을 '불명확한 신비적' 개념으로 거부한 것은 그가 당위를 부정한다는 데 근거를 두고 있는 것이다.

87) '의무'와 '권리'에 대한 비판은 나의 *Reine Rechtslehre*, 2. Aufl., 1960, S. 15, 44, 120, 130ff., 136, 168, 173을 비교하라. 종종 행해진 의무-윤리Pflichten-Moral와 덕성-윤리Tugend-Moral의 구별(Fred Bon, *Über das Sollen und das Gute. Eine begriffsanalytische Untersuchung*, Leipzig 1898, S. 171ff.)은 거부되어야만 한다. 또한 이른바 덕성-윤리(학)도 하나의 의무-윤리(학)이다. 왜냐하면 자신의 도덕적 의무들을 충족시킨 자는 덕(성)이 있는 자이기 때문이다. 덕(성)이라는 개념은, 하나의 특정한 행위를 명령하는 도덕규범으로부터 나오는 의무의 개념을 전제한다. ─참으로 엉뚱한 것은, 마치 게스트(Guest, "Logik in the Law", in: *Oxford Essays in Jurisprudence*, Oxford 1961, S. 176ff.)가 법규칙들은 명령이 아니라고 주장한 것과 같이, 도덕의 규범들은 어떠한 명령(요구)도 아니라고 한 모리츠의 생각("Gebot und Pflicht. Eine Untersuchung zur imperativen Ethik", *Theoria*, vol. VII, 1941, S. 219ff.)이다. 미주 76을 비교하라. 그는 255쪽에서 "도덕적으로 가치 있는 것은 그것[즉 윤리학]에 의해 제시된다. 하지만 그것은 도덕적으로 가치 있는 것을 명령(요구)하지는 않는다. 이러한 한 윤리학은 물론 규범들을 설정하지만, 그 규범들은 명령적으로 표현되지는 않는다. 그것이 도덕적으로 선

이어야만 한다고 해도 아직 그것이 명령되었다는 것을 말하는 것은 아니다. 우리가 도덕법칙들(도덕률들)을 당위의 법률들로 표현하고자 할때, 그 법칙들이 명령(요구)들이라는 것을 그 자체 포함하는 것은 아니다."라고 말한다. "그것은 도덕적으로 선(한 것)이어야만 한다."라고 말하는 것은 동어반복인데, 무언가 '선한·좋은' 것이라는 것은 이미 그것은 존재해야(그래야)만 한다는 것을 의미하기 때문이다. 도덕의 당위는 인간의 행위에 관계한다. 하나의 도덕적 법, 도덕의 하나의 규범은 하나의 특정한 의미, 즉 인간들은 특정한 방식으로 행위해야만 한다는 의미이다. 하나의 행위는 이 행위가 당위된 것으로 규정된 하나의 도덕규범에, 모세, 예수, 마호메트와 같은 종교적 지도자에 의해 생산되었건 혹은 관습법의 방법으로 만들어졌건, 이 행위를 당위 지워진 것으로 설정하고 있는 이 도덕규범에 부합할 때 도덕적으로 선한 것이다. '십계명'^{Zehn} ^{Gebote}이 기술하는 의미내용은 하나의 이런 방식으로 혹은 다른 하나의 방식으로 생겨났을 수도 있는 것이다. 도덕의 학문으로서 윤리학은 도덕의 규범들을 물론 명령문에서 **기술**하는 것이 아니고, 당위문들에서, 즉 그 속에서는 당위가 기술적인 성격을 가지는 당위문들에서 **기술**한다. 하지만 윤리학은 어떠한 규범들도 설정하지 않으며, 윤리학은 아무것도 명령하지 않으며, 아무것도 규정(지시)하지 않으며, 그것은 단지 도덕적인 입법의 방법으로 혹은 관습의 방법으로 생겨난 규범들만을 **기술**한다. 도덕규범들은 어떠한 명령들도 아니라는 잘못된 생각은 윤리학과 도덕, 규범들과 규범들의 진술에 대한 통상적인 혼동(혼합)에 기인한다. 본문 [127]쪽 이하를 비교하라.

88) 슈라이버(Rupert Schreiber, *Logik des Rechts*, Berlin-Göttingen-Heidelberg 1962, S. 81)는 나의 *Reine Rechtslehre*에서 주장된, 실효성^{Wirksamkeit}은 유효성 ^{Geltung}의 조건이지만 유효성(효력)과 동일한 것이 아니라는 입장에 반대해서, "법규범의 효력은 그 법규범의 실효성과 동일하다."라고 주장한다. 나의 이론에 반대하는 그의 논거는 "만약 하나의 법규범이 실효적이지^{wirksam} 않다면 그

것은 또한 효력이 없는(유효하지 않다는) 것$^{\text{nicht gültig}}$이라는 문장으로부터는, 논리적인 이유들로 인해, 단지 만약 하나의 법규범이 유효하다면, 그것은 또한 실효적이라는 것(문장)만이 도출된다."라는 것이다. "만약 하나의 법규범이 실효적이지 않다면, 그것은 또한 유효한(효력이 있는) 것이 아니다."(Wenn eine Rechtsnorm nicht wirksam ist, so ist sie auch nicht gültig)라는 문장을 나는 한번도 주장한 적이 없다. 나는 만약 하나의 유효한^{gültig} 법규범이 그의 실효성을 잃어버리거나, 전혀 실효적이지 못하다면, 그 법규범은 그 효력^{Geltung}을 상실한다고 주장했다. 나는 나의 『순수법학』, 제2판 1960에서 명확하게 "하나의 법규범은 이미 그것이 실효적이기 전에, 즉 준수되거나 적용되기 전에 효력을 발생한다; 한 법원이, 그 법이 공포되고 난 직후에, 따라서 아직도 실효적이 되지 못한 법을 직접적으로 하나의 구체적인 사안에 적용한다면 그 법원은 하나의 유효한(효력 있는) 법을 적용하는 것이다."라고 지적했고, 슈라이버도 그 부분을 인용하고 있다(82쪽). 이에 대해 슈라이버는 "하지만 법원이 그 법규범을 적용함으로써 동시에 그 법규범의 실효성(이 있는) 사례를 제공하는 것이다. 그 규범은 그것이 바로 준수되고 적용되지 않는다고 하더라도 효력이 발생하면 이미 실효적이다. 왜냐하면 그것이 나중에야 비로소 적용된다고 하더라도 그럼에도 법률위반의 효과는 또한 그 법규범이 시행된 즉후 바로 그 시점까지 미치게 되는 것이기 때문이다."라고 하고 있다. 만약 실효성이 법규범의 준수와 적용에 있다면, 그 법규범은 그것이 준수되거나 적용되기 전에는 실효적일 수가 없다. 법률위반의 효과는 그 법률위반이 이루어지고 난 다음에야 비로소 발생한다. 그 (법률위반의) 효과는 그 법규범의 시행 후 바로 그 시점에까지 '미치지' 않는다. 만약 하나의 형법규범이 1950년 7월 1일에 효력을 발생했고, 1951년 8월 30일에 처음으로, 1951년 8월 1일에 행해진 범죄에 적용되었다면, 그 범죄인을 1951년 8월 30일에 교도소에 수감시킨 처벌행위는, 1950년 7월 1일에 '미치는' 것은 아니다. 슈라이버의 이러한 '미침'^{Erstreckung}에 관한 주장은 그야말로 어처구니없다. 그 밖에도 슈라이버는 자신이 법규범의 효력과 실효성을 동일시함으로써 그가 앉아 있는 가지를 잘라버렸다는 것을 깨닫지 못하고 있다. 즉 논리적 원칙들의 법규범에의 적용인 그의 법의 논리학이 근거하고 있는 직설문과 규범문의 구분(그가 '규범적인 문장들'이라고 하여 직설적인 문장들로부터 구별하는 것)을 잘라내 버렸다는 것을 깨닫지 못하고 있다. 만약에 하나의 법규범의 효력이 그의 실효성이라면, 그것은 하나의 법규범은 사람들이 그 법규범에 맞게, 즉 하나의 사실상 특정한 방식으로 행위하는 것과 똑같은 만큼의 효력이 있다는 것을 의미한다. 그렇다면 유효한(통용되는) 법규범들은 사람들의 사실상의 행위에 관한 진술들이고, 그렇다면 예를 들어 절도범의 처벌에 관한 법규범은 "절도범은 구금형으로 처벌된다."를 뜻하게 된다. 이것은 "모든 사람은 죽는다."라는 진술과 동일한 유형의, 진실이거나 거짓인 사실상의 사건에 관한 하나의 진술이다. 그리고 이제 진실도 거짓도 아닌 규범문들에 대한 논리학으로서 법의 특수한 논리학은 존재하지 않는 것이고, 단지, 법규범을 진술하는 것으로서 법적-진술과 모든 다른 진술들에 적용되는, 하나의 일반적인 진술(술어·명제)논리학만이 존재하는 것이다.

89) 그렇게 말한 경우로는 골트슈미트(Werner Goldschmidt, "Beziehung zwischen Ontologie und Logik der Rechtswissenschaft", *Österreichische Zeitschrift für öffentliches Rechts*, Bd. III, Neue Folge 1951, S. 191)가 있다.: "실제의 대상으로서 법은 {이것은 그것의 의미가 법규범인 의지적 행위이다(본문 2쪽 참조)} 실효적이거나 존재하지 않는다." 법의 존재는 그것의 효력이기 때문에 인용된 문장은 법의 효력은, 그의 존재는 그의 실효성이라고 말하는 것이다. 골트슈미트는 법의 특수한 '존재'인 실존·존재·현존^{Existenz}을 다음과 같이 특징 지우려 시도했다: "부호체계(언어학, 부호학)들의 영속적인 존재는 그것들의 불연속적인 충족에 의존한다. 마치 괴테의 시 혹은 베토벤의 심포니가, (그것들이) 일정한 규칙성을 가지고 낭독되거나 연주되는 한, 비록 중간중간 … 무시된다고 하더라도, 지속적으로 살아남는 것과 같이, 완전히 그와 유사한 방식으로 법은 그것

이 기본적으로 준수되는 한 살아남는다." 법의 효력은 가령 하나의 시 혹은 하나의 심포니가 '존속'하는 것과는 전적으로 상위한 것이다. 규범으로서의 법은 '유효한'^{gilt} 것이지만, 시나 심포니는 '유효한' 것이 아니다. 시를 재인용하고 심포니를 연주하는 것은 하나의 규범을 준수하는 것과는 완전히 다른 무엇이다. 만약 대관절 비교가 가능하다고 한다면, 시의 재인용이나 심포니의 연주는 하나의 규범의 **인용**과 비교될 수 있는 것이지, 그 규범의 준수와 비교될 수 있는 것이 아니다. 골트슈미트의 이론에 반대해서 무엇보다 하나의 법규범은 아직도 그것이 실효적이 되기 전에, 실존에 들어선다, 즉 효력을 갖기 시작한다는 것, 규범이 효력이 발생한 다음에야 비로소 그것이 실효적이 될 수 있다는 것을 지적할 수 있다.

90) 바이어(Kurt Baier, *The Moral Point of View. A Rational Basis of Ethics*, Cornell University Press, Ithaca, New York, 1958)는 법과 도덕을 구분할 수 있기 때문에, 저마다의 개인들은 자신의 고유한 도덕을 갖고 있지만, 자신의 고유한 법을 가지는 것은 아니라고 믿었다. 그는 233쪽 이하에서 "우리는, 말하자면 영국의 중산층의 도덕(성)과 스미스의 도덕(성)을 구분할 수 있지만, 반면에 영국의 법과 스미스의 법을 구분할 수는 없다. 스미스는 그가 그 자신의 고유한 도덕(성)을 가지는 것과 같은 방법으로 그의 고유한 법을 가질 수는 없다. 스미스는 그가 영국 도덕에 종속하지 않는 방법, 바로 그 방법으로 단순히 영국의 법에 종속하는 것이다. 스미스는 영국법을 그 전체로도 혹은 부분적으로도 수용하거나 거부할 수 없지만, 그는 영국 중산층의 도덕을 적어도 부분적으로 수용하거나 거부할 수 있다."고 말한다. 이것이 옳지 않다는 것은 너무나 분명하다. 만약 바이어가 "사회 밖에서는 사람들은 도덕적이어야 할 … 이유가 없다."(315쪽) 그리고 "우리는 자연상태에서는(즉 사회 밖에서는(231쪽)} … 우리가 무엇을 해야만 하는지, 해서는 안 되는지 혹은 무엇이 도덕적으로 바르고, 무엇이 도덕적으로 잘못된 것인지를 말할 수 없다."(249쪽)라고 말했을 때

고백한 것과 같이, 도덕은 하나의 **사회적** 질서라면 어느 누구도 자신의 고유한 도덕을 가질 수 없다. **도덕**은 **법**과 꼭 같이 하나의 **사회적** 질서이고, 한 개인은 마치 그 개인이 그가 속하는 사회적 집단에 유효한 법에 종속되는 것과 같이 그가 속하는 사회집단에 유효한 **도덕에도 마찬가지로 종속되는** 것이다.

이제 바이어는 "그리고 이 모든 것은 도덕적 진실은 있지만, 법적 진실은 없다는 것에서부터 나오는 것이다. 왜냐하면 만약 법적 진실이 없다면, 어느 개인도 분명히 그것이 무엇이라고 주장할 수 없고 혹은 심지어 그것이 무엇인가에 관한 자신의 고유한 생각도 가질 수 없기 때문이다. 만약, 다른 한편, 도덕적 진실들이 있다면 이제 모든 사람은 그것들이 무엇인지에 관한 자신의 관점을 가질 수 있다."(234쪽)라고 한다. '도덕적 진실'은 단지 하나의 행위가 도덕적으로 좋다 혹은 나쁘다는 판단의 진실일 수 있다; 그리고 이러한 가치-판단은, 바이어 스스로 173쪽에서 가정했듯이, 이러한 행위를 명령하거나 금지하는 하나의 실정적 도덕-규범이 유효한 경우에 참이다. 하지만 이것은 하나의 행위가 **적법하다** 혹은 **위법하다**고 말하는 가치판단에도 매한가지로 맞아떨어지는 것이다. 만약 **도덕적 진실들**이 있다면, 또한 **법적 진실들**도 필히 있어야만 하는 것이다. 왜냐하면 도덕과 같이 법은 하나의 **규범질서**, 규범들의 체계이기 때문이다. 한 개인이 무엇이 하나의 법적 진실(legal truth)^{rechtliche Wahrheit}인지에 대해 자신의 고유한 입장을 가질 수 없듯이, 무엇이 하나의 도덕적 진실인가에 대해서도 자신의 고유한 입장을 가지기 어렵다. 왜냐하면 양 진실들은 하나의 규범적 질서의 효력에 좌우되고, 그것은 **개별적인 개인들의** 기호에 있는 것이 아니기 때문이다.

91) 스트로손(P. W. Strawson, "Social Morality and Individual Ideal", *Philosophy*, vol. XXXVI, 1961, S. 5)은 '도덕적 규칙(규범)들의 보편적 적용 가능성의 사고'에 대해 언급한다: "이 사고는 그것이 적어도 무엇이건 간에 모든 인간존재에 적용되는 것으로 간주되어야만 한다는 것이 **도덕적** 규범의 필수적인 요청이라

는 것이다. 도덕적 행위는 인간 그 자체에 요구되는 것이다. 하지만 우리는 각양각색의 사회들이 각각 매우 상이한 일련의 규칙들을 준수함에 의해 함께 유지되고 있다는 것을 쉽게 상상할 수 있고 심지어 찾을 수도 있다. 더군다나 우리는 결코 모든 그의 구성원들에게 동일한 요구를 하지 않지만, 그 사회 내의 각각의 다른 계층과 그룹에 대해 매우 다양한 요구를 하는 일련의 규범들에 의해 유지되는 한 사회가 있다는 것도 발견할 수 있고 상상할 수 있다. 한 사회에 응집성을 주는 규범들이 그의 제한된, 그리고 부분적인 성격을 가지고 있다는 것이 인정되는 한, 그 규범들은, 이러한 이의제기의 의미에서, 도덕적 규칙들로 보일 수는 없다. 하지만 한 사회에 응집력을 주는 그 규범들은, 그것이 승인되건 않건, 물론 이러한 성격을 가질 수 있다."

칼 웰먼(Carl Wellman, *The Language of Ethics*, Harvard University Press, Cambridge-Massachusetts 1961, S. 246)은 '사람(수범자, agent)에 대한 보편성과 경우(occasion)에 대한 보편성'을 구분하고, 245쪽에서, "(여기에) 모든 도덕적 명령은 그 지시된 사람에 대해 반드시 보편적이어야만 한다는 것을 주장하는 실제 요지가 있다. 하나의 행위의 옳고 그름은 누가 그것을 하는가와 무관하다. 따라서 동일한 상황하에서는 한 사람에게 의무 지워진 행위는 동일하게 다른 어떤 사람에게도 의무적일 것이다. … 하지만 모든 도덕적 명령들은 그것이 적용되는 경우(occasion)에 대하여 반드시 보편적이어야만 한다고 주장하는 것은 그리 설득력이 있어 보이지 않는다. '거짓말하지 말라.'는 아마도 모든 사람에게 모든 상황에서 거짓말을 하는 것을 금지하는 것일 것이다. 하지만 그것은 침묵하는 것 혹은 소설을 쓰는 것을 금지하는 것으로서 '진실을 말하라.'로 달리 해석될 수도 있을 것이다. 이러한 규정은 암묵적으로 행위자가 정보를 제공할 목적으로 말하게 되는 상황에 제한된다. 대부분의 명령문들은, 사실, 그 명령들이 수행되는 상황에 관한 약간의 명시적 혹은 묵시적인 제한을 가지고 있다. 왜 이것이 그들을 혹은 그들이 수행하는 행위를 조금이라도 보다 덜 도덕적으로 만드는지 그 이유를 찾기 어렵다."라고 했다. 거짓말을 금하는 도덕-규범의 효력은 일정한 범주의 사람들과 관련해 제한될 수 있다는 것은 아주 당연하고, 의사들에게는 그 직업윤리를 통해 환자를 보호하기 위해 환자들에게 그들의 질병의 불치성과 관련해 비진실을 말하는 것이 요구될 수 있다. 이것은 물론 '지시된 행위자들에 관한' 제한으로도, '그것이 적용되는 경우에 관한' 제한으로도 해석될 수도 있는 것이다.

92) 그렇게 스토러(Thomas Storer, "The Logic of Value Imperatives", *Philosophy of Science*, vol. XIII, 1946, S. 25ff.)는 명령(문)의 '효력'(force)과 관련하여 다양한 정도('degrees')를 구별할 수 있다고 믿었다. 그는 27쪽에서, "… 등급은 다음과 같은 세 가지 명령 간에 존재할 수 있을 것 같다: '죽이지 말라.', '너는 죽여서는 안 된다.', '죽이지 않는 것이 너의 의무다.'; 그리고 상대적인 강도(힘)의 하나의 가치 체계는 그러한 등급에 기초하여 작업될 수 있을 것이다."라고 설명하고 있다. 하지만 스토러가 세 가지 '명령(문)'으로 제시한 것은 전혀 세 가지 명령이 아니다. 단지 "죽이지 마라."만이 하나의 명령이다. "너는 죽여서는 안 된다."는 사실상 하나의 명령이지만, 언어적으로는 명령이 아니다. 그리고 명령Imperativ은 그 속에서 하나의 명령이 표현되는 언어형태이다. "죽이지 않는 것은 너의 의무이다."라는 진술은, 하나의 정언적imperative으로 표현된 명령Befehl을 통해 구성될 수 있는, 하나의 의무의 존재에 관한 진술이지만, 그렇게 구성되어야만 하는 것은 아니다. 그것은 예를 들어 죽이지 않는 법적 의무는 언어적으로 더 이상 명령문이 아니라 당위문인 하나의 법규범을 통해 구성된다: "만약 누군가가 다른 한 사람을 살해했다면 그는 처벌되어야만 한다." 하나의 당위문은 언어적으로는 하나의 명령과는 무언가 다른 것이다. "너는 살해해서는 안 된다."라는 명령은, 그의 강도에 따를 때, 즉 구속력에 따를 때, "살해하지 말라."라는 명령보다 강하지 않고, "살해하지 않는 것이 너의 의무이다."라는 진술보다도 강하지 않다. 또한 언어적으로 명령(문)으로 표현되는 저마다의 명령이 모두 하나의 의무를 구성하는 것은 아니라는 것도 주의해야만 한다.

예를 들어 그에게 내 돈을 내놓으라는 노상강도의 명령이 그렇다. 단지 유효한 일반 법규범에 일치하는, 명령적으로 표현된 명령만이 하나의 법적 의무를 구성하는 것이다.

93) 명령문들과 진술문들 혹은 주장문들을 구별하면서 지크바르트(Sigwart, *Logik*, I, 5. Aufl., 1924, S. 19)는 "즉 단순한 문법적인 형태는 우리가 주장문과 관계하고 있다는 것에 대한 결코 명확한 표시가 아니다."라고 말했다.

모리츠(Manfred Moritz, *Gebot und Pflicht*, S. 227): "[말하자면, 한 문장의] 단순한 문법적 형태로부터 바로 그 논리적 의미가 추론될 수는 없다. 이것은 '원한다·의지한다' 혹은 '해야만 한다.'라는 단어들이 등장하는 문장들에 대해서도 그렇다. 상황에 따라 미래가 이러한 기능을 떠안을 수도 있다. 결정적인 것은 그 의도와 그 기능이다."

94) 법을 하나의 규범으로서가 아니고, 즉 하나의 규정(지시)으로서가 아니고, 하나의 진술, 심지어 일정한 자격을 갖춘 개인의, 즉 법관의 장래의 행위에 관한 진술로, 다시 말해 법관의 판결들의 예견으로 파악하려는 시도는 명망 높은 법률가의 한 사람인 홈즈 대법관(Oliver Wendell Holmes)에 의해 이루어졌었다. 자신의 논문 *The Path of the Law*, Collected Legal Papers, New York 1921, S. 167ff.에서 그는 "사람들은 어떠한 상황하에서, 그리고 어느 정도까지 그들이 자신보다 더욱 강한 것에 부딪히는 위험을 무릅쓰게 될 것인가를 알고 싶어 하고, 따라서 언제 그러한 위험이 두려운 것이 될 것인지를 찾는 것이 일이 되게 된다. 우리의 연구의 목적은" —그것은 법이다— "따라서 예견이다. 즉 법원들이라는 제도를 통하여 공중의 힘이 미치는 범위를 예견(prediction)하는 것이다." "사실상 법원들이 무엇을 할 것인가에 대한 예언들(prophecies)이, 그리고 더 이상의 과장이 아니고, 내가 법으로 의미하는 것이다."(173쪽) "법학이 스스로 그렇게 매달려 있는 기본적인 권리와 의무들은, 다름 아닌 예언들

(prophecies)이다."(168쪽) "… 소위 법적 의무는 한 사람이 특정의 것을 하거나 하지 않는다면, 그는 법원의 판결에 의해 이런 식으로 혹은 저런 식으로 고통을 받게 될 것이라는 예견에 다름 아니다; 법적 권리도 그렇다."(169쪽)

홈즈가 이로써 입법을 통해 생겨난 일반규범들과 법관의 판결로 만들어진 개별규범이 가지는 의미를 재현한 것이 아님은 자명하다. 규범들이 기술하는 의미와 장래의 소여들의 예견의 의미 사이에, 예를 들어 기상학자의 내일 비가 올 것이라는 예견의 의미 간에는 본질적인 차이가 있다. 왜냐하면 기상학자는 그가 내일 비가 오게 될 것이라는 것을 말함으로써 내일 비가 오게 된다는 것을 야기할 수 있는 것은 아니기 때문이다. 하지만 입법자는 —그리고 매 한가지로 법관은— 그가 규범의 특성(성격)을 가지는 것을 말함으로써, —그리고 이것은 또한 양자의 의도인데— 그들이 말한 것이 일어나도록 할 수 있는 것이다. 이러한 가능성이 없다고 한다면, 입법과 판결, 법이 생산되는 전체 절차는 무의미한 것이 될 것이다. 입법자가 말한 것의 의미는 만약 한 인간이 절도를 하면, 그는 교도소에 수감**된다**가 아니라, 만약 한 인간이 절도를 하면 그는 교도소에 수감되**어야만 한다**이고; 법관이 말한 것의 의미는, 절도범 슐체는 교도소에 수감**된다**가 아니라, 절도범 슐체는 교도소에 수감되**어야만 한다**이다. 입법자가 무엇을 얘기하게 될 것인가는 거의 전적으로 예견 불가능한 것이다. 법관이 말하게 되는 것은 단지 일정한 개연성의 정도까지 예견할 수 있는 것이고, 그것은 법관이 일반적으로 구체적인 사례들에서 유효한 일반규범을 적용한다는 것을 전제한다; 즉 입법자가 말한 것의 규범적인 의미를 전제하는 것이다.

홈즈는 법을 예견(예언)으로 보는 자신의 해석을 다음과 같이 근거 지운다: "만약 당신이 다른 것이 아니라 법을 알기를 원한다면 당신은 그것(법)을, 법의 내부이건 혹은 법의 외부이건, 양심의 보다 모호한 제재에서, 그의 행위의 이유를 찾는 선한 한 사람이 아니라, 그러한 지식(법에 대한 지식)이 그로 하여금 예견 가능하게 해주는, 단지 물질적인 결과들만을 신경 쓰는 한 나쁜 사람(a bad man)으로 그것을 보아야만 한다."(171쪽) "… 만약 우리가 우리의 친구 그 나쁜 사람의 관점을 취한다면, 우리는 그가 공리나 연역 등에 대해서는 조금도 개의치 않지만, 그 … 법원들이 사실상 어떻게 할 것 같은가를 알려고 한다는 것을 발견하게 될 것이다. 나는 많이 그와 같은 생각이다."(172쪽 이하) 다른 사람에게 해를 입히려고 원하는 그런 한 '나쁜' 인간만이 아니라, 누구에게도 손해를 가하지 않으려는 최선을 다하는 한 좋은 사람도 법을 아는 것(예를 들어 그는 어떻게 하나의 유효한 유언을 해야만 하는가를 아는 것)에 관심이 있다는 것을 전적으로 무시하더라도, 어떻게 법인식의 본질에 관한 이러한 생각(관조)이 진지하게 받아들여질 수 있는지 놀라울 따름이다. 단지 홈즈가 최고법원의 법관으로서 누리고 있는 권위만이, 사람들이 법은 하나의 객관적인 법학에 의해서가 아니라, 잠재적인 악한에 의해 인식된다는 불합리한 가정을 아주 총명한 것으로 받아들인다는 것을 설명할 수 있을 뿐이다. 하지만 우리가 이러한 가정을 받아들인다고 하더라도, 우리는 법을 규범으로서 파악해야만 하고, 단지 장래에 겪게 될 해악의 예언으로만 파악할 수 있는 것은 아니다. 도대체 그가(질문하는 자가) 특정한 방식으로 행위하게 된다면, 예를 들어 이웃을 살해하거나, 세금을 납부하지 않는다면, 한 법관은 무엇을 하게 될 것인가를 묻는 자는 무엇을 대답할 수 있는가? 법관이 그러한 행위에 대해 하나의 형벌을 **당위된 것**으로 설정하고 있는 하나의 보편규범을 적용하여, 행위자는 교수형을 당하거나 교도소에 수감되어**야만 한다**고 판단하게 될 것이라는 것과 단지 법관이 그러한 하나의 개별**규범**을 설정할 때에만 형벌의 해악이 그 행위자에게 행해질 것이라는 것, 그리고 단지, 만약 법관이 하나의 그러한 개별규범을 창설하였다면 그 형벌의 해악은 범인에게 적용되게 될 것이라는 것(을 대답할 수 있을 것이다). '법'은 이러한 보편·일반규범이고 개별규범이다. 교수형에 처해짐 혹은 교도소에 수감됨은 단지 법의 집행인 것이다. 또한 교수형에 처해지거나 교도소에 수감되는 것을 피하기를 원하고 단지 이러한 목적을 위해 '법을 주시하는' 잠재적인 악한은 **법**을 단지 규범으로써 파악할 수 있고 예견으로 파악할 수 있는 것이 아니다. 형벌의 해악을 당할 가능성을 **예견한** 자는 법이 아니고, 잠재적인 악한·범죄인이다.

자신의 법의 정의에서 홈즈는 단지 법관의 기능에만 연관 지웠다. 그는 또한 법률을 통해서, 그리고 법관의 판결들을 통해서 구성되는 관습을 통해서 만들어지는 일반규범들이 법에 속한다는 것을 무시했다. 그는 심지어 다음과 같이 말했다: "예견을 보다 더 쉽게 기억되고 이해될 수 있도록 하는 것은 과거의 판결들의 가르침이 일반명제의 지위로 되고, 교과서들 속으로 모여지는 것이거나, 그 규정(법률)들이 일반적인 형태로 통과되는 것이다."(168쪽) 만약 하나의 예언이 일반적인 형태에서 —사실상 일반적인 규범으로— 표현된다면 우리는 그 예언을 보다 쉽게 인지하고 보다 더 잘 이해할 수 있다는 것은 근거가 없는 주장이다. 하지만 하나의 법률의 일반규범들은 단지 사람들이 입법자가 말한 것을 보다 더 쉽게 인지하고 이해할 수 있도록 하기 위하여 창설된 것이라는 것은 이미 역설의 한계를 넘어서는 것이다. 관습법이 유효하고 이러한 법의 일반규범들이 법전화되지 않은 곳에서는, 이것이 교과서들에 표현되어 있다는 것은 옳다. 하지만 이러한 표현은 그의 효력을 근거 지우지 않으며, 그것은 교과서에 표현되어 있지 않더라도 법원에 의해 적용될 수 있는 것이다.

코헨(Morris R. Cohen)은 자신의 논문 "Justice Holmes and the Nature of Law", *Columbia Law Review*, vol. XXXI, 1931, 363쪽에서 "내가 판단하건대, 홈즈의 입장은 '법적 원칙들은 (그것들로부터 연역될 수 있는) 구체적인 사건들에서 사법적 판단들로부터 분리되어서는 아무런 의미도 없고, 원칙들 혼자서는 (달리 말해 사실들에 대한 지식이나 가정 없이는) 논리적으로 사례들을 결정할 수 없다.'라고 한 피어스(Peirce)와 같은 논리적 실용주의자의 입장과 완전하게 일치한다."라고 했다. "원칙들만으로는 사례들을 논리적으로 판단할 수 없다."라는 말의 의미는 하나의 구체적인 사례의 판단은 하나의 일반규범에서부터 논리적인 연역의 방법으로(즉 사고작용으로) 나올 수 없고, 법의 하나의 의지적 행위, 그 속에 그 일반규범이 적용된 판결이 필요불가결하다는 것이다. 하지만 그렇다면 이 판결은 일반규범으로부터 '연역될' 수 없다.

그 밖에도 홈즈(*Collected Legal Papers*, New York 1921)는 아주 자주 '예견'으로서가 아니라, 하나의 구속력 있는 규범으로서 법을 언급한다. 그가 "The Law"(27쪽)라는 논문에서 법의 '가장 신성한 명령들'을 언급했을 때, 혹은 그가 "The Path of the Law"라는 논문에서, 법은 하나의 예견일 뿐이다(167쪽)는 테제를 주장하면서 "우리 사회와 같은 사회들에서는 공중의 힘의 명령은 법관들에게 신탁(위임)된 것이다."라고 말했을 때, 그리고 그가 171쪽에서 "많은 법들은 과거에 집행되었고 몇몇 법은 지금 집행될 확률이 크다. …"라고 말했을 때가 그런 경우이다. 하나의 '예견'은 '명령'이 아니고, 강제될 수 없다; 혹은 만약 그가 28쪽에서 '우리의 여주인'(our mistress)을 말하기보다는 법에 대해서 말할 때, 혹은 "나는 법을 공경한다."고 말했을 때(194쪽); 그리고 170쪽에서 "법은 우리의 도덕적인 삶의 증인이고 외적인 보증금이다. …그것의 실무는, 만연한 농담에도 불구하고, 선한 시민들과 선한 사람들을 만드는 경향이 있다."라고 말했을 때이다. 그것은 단지 하나의 예견일 뿐이라는 '농담'에도 불구하고 (그렇다는 것인가)?

95) 하나의 규범과 하나의 규범에 관한 진술을 명백하게 구별한 ―아주 적은― 저자들 중에 우선 본(Fred Bon)을 다루는 것이 좋겠다. 그는 *Über das Sollen und das Gute. Eine begriffsanalytische Untersuchung*, Leipzig 1898, 22쪽에서 "'너는 이것과 이것을 해야만 한다.'라는 문장은 다른 한 사람의 명령을 설명하는 **판결**을 의미할 수도 있고, 하나의 **명령** 자체를 의미할 수도 있다. 그 문장은 하나의 직설법의 문장일 수도 있고, 명령문적 문장일 수도 있다. 판결(판단)은 … 항상 지식을 풍부하게 한다는 목적을 가지고 있다."라고 설명하고 있다. 요구·명령Gebot은 "**인식을 강화하는 것**을 원하는 것이 아니고, 그것이 향해진 자의 의지에 **영향을 미치려고** 하는 것이고, 그 행위의 수행이 그것의 원함과 의지에 있는 하나의 특정한 행위로 이끌려고 하는 것이고, 명령을 발하

게 한 이해관계를 충족하도록 정해진 행위로 이끌려고 하는 것이다. 하나의 판단은, 그것이 보고한 것이 현실에 그렇게 있는가 아닌가에 따라 **옳거나**^{richtig} **그를**^{falsch} 수 있다. 명령·요구에 진실과 거짓이라는 표지들은 결코 적용될 수 없다. … 우리가 —하나의 명령의 재현으로서— **판결**과 **명령**의 이러한 차이를 인식하게 된다면 어떠한 과제가 우리에게 떨어지는지에 대해 어떠한 의심도 있을 수 없다.”

모리츠(Manfred Moritz, "Verpflichtung und Freiheit. Über den Satz, 'Sollen impliziert Können'", *Theoria*, vol. XIX, 1953, S. 143) : "만약 사람들이 '너는 행위 H를 수행해야만 한다.'라고 말하면, 이 문장은 '이 행위를 수행해라!'라는 명령문과 동일한 의미를 가진다. —이제 하나의 그러한 명령문이 존재한다고 가정하자. 이러한 명령(문)에 대해서 우리는 다시 하나의 판단을 할 수 있다. 사람들은 가령 행위 H는 요구(명령)되었다; 특정 주체 G가 이러한 행위를 명령했다, 그리고 끝으로 그 행위는 주체 S에게 명령되었다고 확정할 수 있다. 모든 이런 문장들을 우리는 하나의 유일한 문장으로, 즉 명령하는 주체 G는 주체 S에게 행위 H를 명령했다라는 문장으로 요약할 수 있다." 마지막 것은 옳지 않다. 첫 번째 세 개의 문장: 1. "행위 S가 요구(명령)되었다."; 2. "주체 G가 행위 H를 명령했다."; 3. "행위 H는 주체 S에게 명령되었다."는 그 네 번째 문장에 요약될 수 없다. 왜냐하면 이 문장은 명령-행위에 관한 하나의 진술, 즉 하나의 존재에 관한 진술이기 때문이다. 그것은 또한 두 번째와 세 번째 문장이다. 하지만 만약 첫 번째 문장, "행위 H가 요구되었다."가 "행위 H는 당위된 것이다(당위되었다)."와 매한가지의 의미라면 그 문장은 하나의 당위에 관한 진술이고, 하나의 요구, 하나의 명령, 하나의 규범에 관한 진술이고 명령-행위에 관한 진술과 동일한 의미가 아니다.

모리츠는 계속해서 다음과 같이 말한다: "사람들이 이제 가령 명령을 수신하는 주체 S에게 그에게 행위 H가 요구되었다고 알려주려고 한다면, 사람들은 이것을 언어적으로 또한 다음과 같이 표현할 수 있다: 너는 행위 H를 수행해야만 한다. 이 경우에 '너는 행위 H를 수행해야만 한다.'라는 것은 판결(판단)로서 기능한다." 이것은 사실 하나의 당위에 관한 판단이다. 그래서 모리츠(의 서술)에서는, "이러한 판단은 위에서 명령으로 이해되었던 문장과 동일한 자구 Wortlaut를 가진다. 다른 말로 하면, '너는 행위 H를 수행해야만 한다.'라는 문장은 이중적 의미이다. 그 문장은 명령(문)으로 기능할 수 있다; 그렇다면 그 문장은 '행위 H를 수행해라!'라는 문장과 동일한 의미를 가진다. '너는 그 행위 H를 수행해야만 한다.'가 그럼에도 판단(판결)으로 기능한다면, 그것은 '그 행위 H를 수행하는 것이 너에게 명령(요구)되었다.'라는 문장과 같은 의미를 가진다."라는 표현이 등장하는 것이다. 이것은 옳은 말이다. 하지만 "행위 H를 수행하는 것이 너에게 요구되었다."는 문장은 "명령하는 주체 G가 주체 S에게 행위 H를 명령했다."는 문장과는 동일한 의미가 아니다. 왜냐하면 이 문장은 하나의 명령-행위의 존재에 관한 판단이고, 반면에 "행위 H를 수행하는 것이 너에게 요구되었다."는 문장은 하나의 당위에 관한, 하나의 규범에 관한, 하나의 행위의 의미에 관한 진술이기 때문이다. 모리츠는 명령-행위Gebots-Akt, 하나의 의미를 가지는 규범설정행위Normsetzung-Akt와 이러한 행위의 의미, 명령, 하나의 당위인 규범 간의 논리적인 근본적 차이를 무시했다.

또한 헤어(R. M. Hare, *The Language of Morals*, Oxford 1964)는 '당위'(ought) Sollen라는 단어의 이중적 의미를 승인한 것처럼 보인다. 그는 159쪽에서 "'당위'도, 우리가 기대하는 것처럼, 그것의 기술적(descriptive), 그리고 평가적 (evaluative) 혹은 규정적인 힘들(prescriptive forces) 사이의 관계에 관련한 '좋은' (good)이라는 특성을 가지고 있다. 'ought'라는 단어를 포함하고 있는 몇몇 문장들은 기술적인 힘을 가진다는 것은 자명하다."라고 말했다. 164쪽에서는 "나는 '당위-문'(ought-sentences)은, 어쨌든 그것의 몇몇 사용에서는, 명령문을 포함하고 있다는 것을 보여주어야만 한다." "나는 모든 '당위'-문들이 명령문을 함유하고 있다고 주장하기를 원치 않고, 단지 그 문장들이 평가적으로 사용될 때 그렇다고만 주장하고자 한다."라고 한다. 그리고 헤어는 이에 덧붙여

"나는, 명령문들이 그것으로부터 도출된다고 여겨지지 않는다면, 하나의 '당위'-문은 평가적으로 사용된 것이라고 말할 수 없다."라고 했다.

셸러(Max Scheler, *Der Formalismus in der Ethik und die materiale Wertethik*, 5. Aufl., Bern 1966, S. 179)는 하나의 명령의 직접적인 표현일 수 있으며, 명령자가 무언가를 원했다는 것을 단순히 알려주는(고지) 것일 수 있는 이중적 의미의 당위에 관해 말했다. 그것은 별론으로 하고도 셸러는 하나의 '이상적'인 당위와 하나의 '명령적'인 당위, 두 개의 유형의 당위를 구분했다(같은 책, 211쪽 이하). 후자는 "노력을 요구하거나 명령하는 것을 표현하는"(211쪽) 하나의 당위이다. "'의무' 혹은 '규범'이 문제가 되는 곳에서는 항상, '이상적인' 당위가 아니라, 이미 이것은 무언가 한 유형의 명령적인 것의 특화된 것을 의미한다." 이러한 구별은 유지될 수 없다. 왜냐하면 만약 그것이 하나의 인간의 의지적 행위의 의미가 아니라면, 또한 셸러가 주목했던 '이상적인' 당위도 하나의 규범, 하나의 명령, 즉 규범적인 당위라는 것이 저절로 증명될 수 있기 때문이다. 셸러의 이상적, 그리고 명령적 당위 혹은 규범적 당위의 이원론의 배후에는 그 대상이 신에 의해 창조된 규범들인 신학적 윤리학과 그 규범들이 경험적인 현실에서 인간들에 의해 만들어진 실정적 도덕의 윤리학이라는 이원주의가 숨어 있다. 나의 *Reine Rechtslehre*, 2. Aufl., Wien 1960, S. 73ff.를 비교하라. 종종 주장되는, 법규범들은 가정적인 판단들이라고 하는 입장은, 법규범과 하나의 법규범에 관한 진술로서 법원칙(문장)을 구별하지 않는 것에 근거하고 있다. 이러한 입장은 치텔만(Ernst Zitelmann, *Irrtum und Rechtsgeschäft*, Leipzig 1879, S. 222f.)과 무엇보다 최근에는 메이네츠(Eduardo Garcia Máynez, "Die relationale Struktur der rechtlichen Verhaltensregelung", *Archiv für Rechts- und Sozialphilosophie*, Bd. XLIV, 1958, S. 1ff.)가 주장했다. 나의 *Reine Rechtslehre*, 2. Aufl., Wien 1960, S. 83를 비교하라. 소위 법관의 '판결'Urteil도 논리적인 의미에서 판단Urteil im logischen Sinne이 아니고, 하나의 개별적인 규범, 하나의 규정(지시)이며, 어떠한 기술도 아니다. 또한 내가 그곳(93쪽)에서, "법률들, 판결들,

행정행위들 등등[즉 그것은 법의 규범들]은 비논리적인 소재로 법원칙들의 판단으로 수용되고 이를 통해 논리적인 영역으로 고양된다."라고 말한, 나의 문헌 *Rechtswissenschaft und Recht*, Wien 1922를 비교하라. "이러한 하나의 비논리적인 소재에서 판단들을 찾는다."고 믿는 자는 하나의 근본적인 착오를 범하는 것이다.

96) 인테마(Hessel E. Yntema, "The Rational Basis of Legal Science", *Columbia Law Review*, vol. XXXI, 1931, S. 925ff.)는 법학을 하나의 규범적인 학문으로 파악하는 입장은 법과 윤리학(그는 분명히 법과 도덕을 의미한 것이다)을 서로 섞어버렸다는 근거로 이를 거부했다. 그는 945쪽에서, "법학의 '규범적' 이해(구상)는 법과 윤리학을 혼돈함으로써 단지 전통적인 법적 원칙들의 객관적인 서술을 불가능하게만 하게 하는 것이 아니라, 보아하니, 이성이라는 이름으로, 개인적인 생각과 주관적인 직관의 제시로 법적 기준들과 윤리적 기준들을 유효한 것으로 만들고자 하고, 삶을 통제하려고 하는 것이다. 지적되어야 할 필요가 있는 것은 이것은 변증법에서(in dialectic) 개혁하고자 하는 직관적인 충동을 감추기 어려운 신정(神政)철학(Ethocratic/Theocratic philosophy)의 바로 그 형이상학이라는 것이다."라고 했다. 이것은 단지 '규범적인' 학문이, 규범들을 창출하는 분과학으로 이해되는 경우에만 맞는 말이지, 규범들을 대상으로 하는 학문이 아니며, 그들의 대상을 평가하거나 혹은 심지어 개혁하려고 원하는 것이 아니라, 이러한 규범들과 그 반대의 관계들을 기술하는 것만을 할 뿐인 학문으로 이해되는 경우에는 맞지 않다. 하지만 인테마는 규범적인 법학에 반대하면서: "… 법학(legal science)은 그것의 주제, 법과 동일시되는 것이며, 법의 규칙들에 의해 정의되는 그의 가능한 일반화들로 취급되는 것이다."(950쪽)라고 했다. 만약 그것이 그런 경우라면, 그렇다면 물론 법학은 **이런 의미에서** '규범적'인 법학은 거부되어야 할 것이다. 왜냐하면 그때는 학문이 아니라, 정치(정책)학이 있는 것이고, 보다 정확하게는 법정책(정치)이기 때문이다.

코헨(Morris R. Cohen, *Law and the Social Order*, New York 1933, S. 219ff.)은 인테마의 입장에 반대했다. 그는 240쪽에서 "법학은, 우선적으로 그것이 규범들을 다룬다는 의미에서 규범적이다. 법률에 들어 있건, 수용된 법이론 혹은 법적 판단이건, 법 규칙들(Legal rules)은 규범적이며, 거기서 법규칙들은 인간은 무엇을 해야만 하는지를 규율하는 명령들 혹은 지시들을 함유하고 있다."라고 했다. 이로써 그는 규범으로서 법을, 그 규범으로서 법을 인식의 대상으로 하는 법학과 구분했다. 하지만 그는 경우에 따라 종종 '법'^{Recht} —'law'— 을 법학으로 말하기도 한다. 이미 법을 자연과학과 비교하려는 그의 시도(166쪽 이하)는 —"법의 기능들과 자연과학의 기능들 사이에는 암시적인 평행성이 도출될 수 있는 것처럼— 의심스럽다. 자연과학은 법학의 **대상**과 비교될 수 없다. 법과 물리학 간의 차이점 중에서, 코헨은 법이 하나의 당위 규범들의 복합체이고, 물리학이 존재문(원칙)들의 복합체라는 것이 본질적인 것이 아니라고 언급하고 있다(170쪽). 이러한 맥락에서 코헨은 "연역의 역할은 법과 자연과학에서 우연한 사건이 아니고, 오히려 그들 생명의 필수적인 부분이다."라고 말했다. 173쪽에서 그는 (물론 당연히 논리적 원칙들을 법에 적용 가능하다는 것을 근거 짓기 위해서), "모든 과학(science)은 반드시, 특정한 결론이 주어진 전제들로부터 도출된 것인지 어떤지를 심사하기 위해, 논리학을 사용해야만 한다. 하지만 하나의 과학을 다른 하나의 과학과 구분하는 것, 즉 법을 물리 화학과 구분하는 것은 그것으로부터 결론들이 도출되는 주제(subject matter), 공리(axioms), 그리고 공준(요구)(postulates)들이다. ('물리 화학'이라는 과학과 구분되는 과학으로서) 법의 대상(주제)은 개인들의 행위의 규율이다. …"라고 한다. 하지만 '개인들의 행동의 규율은' '법의 주제'가 아니고, 법학의 대상인 '법'**이다.** 281쪽에서 그는 후썰의 '논리적인 설명이 단지 실제 존재하는 것에만 관계한다고 가정하는 오래된 실정적 논리학의 부적절성에 대한 후썰의 통찰'을 참고하고 있다. "… 이것은 그들의 주제가 실제 존재하는가라는 물음과는 별도로, 그것으로부터 가정 혹은 가설들이 논리적인 성격을 가지는 과학적(학문적)인 관점이 있다는 것을 의미한다. 유효한 논리학의 개념의 이러한 확정은 법학연구에 아주 많이 중요하게 적용된다. 한 예를 들자면, 그것은 단지 **존재하는 것**(what is it)만을 다루는 것으로 법학을 생각하는 실증주의자들의 이상(positivistic ideal)을 무가치한 것(imagit nugatory)으로 만든다. 그것은 우리에게 당위(무엇이 존재해야만 하는가)의 과학(학문), 소망스러운 혹은 공정한 법의 학문은, 아마도 수학만큼이나 논리적으로 엄격할 수 있다는 것을 보여준다."라는 것이다. 만약 이것이 무엇이 '공정·정의로운' 법인가를 규정하는, 무엇이 법인가만이 아니라, 무엇이 법이어야만 하고 어떻게 법이어야**만 하는 것인가**를 결정하는 하나의 학문이 있다는 것을 의미한다면, 하나의 그런 '학문'은 있을 수 없다는 것을 확실히 해야만 한다. 무엇이 법이어야만 하고, 어떻게 법이어야만(법으로 존재해야만) 하는가를 결정하는 것은 법학이 아니라 법**정책(정치)**이다. 그는 자신의 문헌 *Reason and Law*, New York 1961, S. 12에서 "논리적인 연관성 없이는 어떠한 법질서도 법체계도 있을 수 없다."라고 하고, 142쪽에서 "… 법관 혹은 (영장전담)판사는, 가능한 한 개인적인 오차를 제거하고 법을 통일적으로, 일관되고, 확실히 하기 위하여, 입법이 결여된 경우에도, 반드시 규칙들에 구속되어야만 한다. 법은 합리적이어야만 한다, 즉 법은 자명한(인정된) 원칙들로부터 연역 가능한 것이어야만 한다는 요구는 법을 연역적인 과학의 형태로 간주하게끔 만드는 것이다."라고 말했다. 여기서는, 나중에 다루어지게 될 법관의 하나의 판결은 유효한 일반규범으로부터 논리적인 추론의 방법으로 달성되는가라는 문제에서 모종의 역할을 하는 것으로 보이는, 법을 학문으로 보는 생각이 나타나고 있다. 법이 하나의 학문이라면, 그의 원칙들은 사고행위들의 의미이고, 논리학의 원칙들은 사고행위의 의미에 적용 가능한 것이다. 본문 [152]쪽을 보라.

97) 웰먼(Carl Wellman, *The Language of Ethics*, Cambridge-Massachusetts 1961)은 윤리학과 그의 특수한 대상으로서 도덕 사이에 어떠한 중요한 연관성도 인정하지 않는다. 그는 '윤리적 판단(들)'이라는 표현을, 도덕-규범들에 대한 판

단뿐만 아니라, 다른 **가치판단들**을 위해서도 사용한다. 그는 "나는 특별히 도덕적인 것과 도덕과 무관한 것 사이의 차이가 실제한다는 것을 인정함에도 불구하고, 나는 '윤리적 판단'이라는 용어를 그 양자를 포함하기에 충분하도록 넓은 방법으로 사용하기를 원한다. 대부분, 이것은 내가 가치 또는 의무에 대한 도덕적인 판단과 도덕과 무관한 판단 사이의 차이점들만큼 중요한, 그 유사점이 더 본질적이라고 느끼기 때문이다."(같은 책, 10쪽)라고 한다. '윤리적 판단들'은 단지 도덕규범들에 관한 판단들로서, 그리고 따라서 단지 특정한 도덕-**규범들**의 유효성이라는 전제하에서만 가능하다는 것은 그에게는 아마 인식되지 못한 것으로 보인다; 여하튼 그는 윤리학과 도덕 사이의 이러한 본질적인 관련성을 무시하였다.

98) 만약 법이 학문으로 간주된다면, 일반적인 법규범들은 규정(지시)적인 것이 아니라, —자연법과 같이— 기술적인 진술들로 해석되고 그들에게는 어떠한 규범적인 성격도 부인되어야만 할 것이다. 하나의 예로 빙엄(Joseph W. Bingham, "What is the Law?", *Michigan Law Review*, vol. XI, 1912~1913, S. 109ff.)을 들 수 있다. 빙엄은 "마치 생물학의 원칙들이나 규칙(법칙)들, 건축학 혹은 다른 과학(학문) 혹은 예술(인문학, arts)의 규칙들 및 원칙들이 있는 것과 같이, 법의 규칙들과 원칙들도 확실히 있다. 그것들은 언제라도 법적 문제들이 해결 과정 중에 있는 경우에 나타난다. 우리는 교과서에서, 그리고 법적 견해들이나 기타의 것에서 그들의 진술을 발견한다. 그것들은 '마음 밖에서는 존재할 수 없는' 정신적인 것이다. 법의 (한) 규칙은 법원들이 그 범위 내에서 어떻게 구체적인 문제들을 결정하는지에 대한 일반화된 추상적 이해들이다. 법의 (한) 원칙은 그것이 적용 가능한 문제들의 판단에 있어서 법원들에게 중요한 고려들의 이해이다. 충분한 지식과 정신적인 능력을 가진 자만이 법원 규칙의 원칙을 구성할 수 있다. 법원들과 입법기관들은 그것을 생산하는 데 독점권을 가지는 것이 아니다. 하나의 규칙 혹은 하나의 원칙의 존재에 권위라는 것은

없다."라고 한다. 의미내용으로서 일반적인 법규범들이 '사고-물'Gedanken-Ding이라는 것이, 그것을 구속적이지 않는 것으로 볼 하등의 이유가 되지 못한다. 또한 법원의 판결들을 의미하는 개별규범들도 사고물들이고, 인간의 의식 외에 존재하는 것이 아니다; 그리고 당연히 우리는 그것들의 권위적인 특성을 부인할 수 없다. 더구나 입법자의 일반규범들은 법원들의 결정의 개별규범들과 같이, 감각적으로 인지 가능한 방식으로 표현되고, 즉 언급되고(말해지고), 쓰인 의지적 행위들의 의미내용이다. 빙엄은 계속해서 "만약 이러한 일반화들이 정확하게 그의 범위 내에서의 잠재적인 법적 효과들을 표시하는 것이라면, 혹은 정확하게 법원에 의해 사례의 결정에 있어서 무게가 주어질 고려들을 이해하는 것이라면, 그것들은 법의 원칙들의 유효한 규칙들인 것이다."라고 한다. 여기서 빙엄은 일반 법규범의 효력을 실효성과 섞어버리고, 일반 법규범을 자연법칙에 동일하게 놓는다. 즉 일반 법규범들을 장래의 소여들에 관한 진술로서 이해하는 것이다. 하지만 이러한 일반 법규범들은 법원이 어떻게 구체적인 사례들을 판단**하게 될** 것인지에 관한 진술들이 아니고, 어떻게 법원들이 구체적인 사례들을 판단**해야만 하는지**를 규정하는 규범들이다. 그리고 빙엄이 누구나 일반규범들을 설정할 수 있다고 말한다면, 그것은 그 사실들에 대한 공공연한 모순이다. 실제로는 단지 전적으로 특정한, 법질서로부터 이에 대해 수권받은 개인들만이 —입법기관, 법원, 그리고 행정기관(관습법은 여기서는 논외가 될 수 있다)— 법규범들을 설정할 권한이 있다.

빙엄의 유지되기 어려운 이론은, 주지하다시피, 그가 법과 법-학을 혼동하고 있다는 것에 연관되어 있다. 그는 115쪽에서 '법'(the law)을 법에 대한 학문(science)이라는 의미에서 말하면서, "그렇게 사용되는 용어는 법률가의 전문직업의 영역을 언급하는 것이 아니고, **그 영역에 관한** 체계화된 **지식**을 말한다."라고 한다. 그리고 118쪽에서 "법에서는, 다른 학문에서와 같이, 예외와 변경(exceptions and variations)에 종속(대상이)되는 '규범'은 이해와 유형화의 편의적인 방법들로 고안될 수도 있는 것이다. 하지만 모든 과학과 예술(인문학, arts)에서와 같이 그것들은 단지 정신적 도구이고, 정신적, 그리고 언어적인 엄폐(모호하게 만듦)의 과정에 의해, 법의 대상의 지위로, 그리고 법 그 자체의 목적으로 승격되어서는 안 되는 것이다. 법이 규범적인 과학(학문)이라는 진술은 법을 다른 학문분야들로부터 구별하지 않는 것이지만 그것은 학생들로 하여금 법의 공부에서 누군가 다른 사람의 일반화에 대한 변증론적 공부(dialectic study)로 이끄는 아주 뛰어난 눈가리개로 봉사하는 것이다."라고 한다. 누구나 당연히 법에 관한 일반적인 진술들을 할 수 있고, 특히 법원의 판결에 대한 모종의 개연성을 가진 예견을 할 수 있다. 하지만 이러한 **진술들**은 결코 수신자를 구속하는 **규범들**이 아니다.

99) 윤리학과 도덕을 혼동하는 전형적인 경우는 스티븐슨(Charles L. Stevenson, *Ethics and Language*, New Haven 1947)으로, 그는 그 서문에서, "규범적 윤리학은, 윤리적인 주제들이 무엇이 승인되어야 하는가에 관한 개인적이고 사회적인 결정들을 함유하고 있고, 비록 그것들이 지극히 지식에 의존하고 있음에도 불구하고, 이러한 결정들은 그 스스로 지식을 구성하지 않는 … 학문(과학)들보다는 많은(more than) 것이다."라고 했다. 무엇이 인정(승인)되어야 하는가, 그리고 달리 말해 우선적으로 인간은 어떻게 행위해야만 하는가에 대한 판단들(decisions)^Entscheidungen은 윤리학의 기능이 아니고, 윤리학의 과제를 기술해야 하는 도덕의 기능이다. 윤리학과 도덕을 섞어버리는 것은 또한 툴민(Stephen Edelston Toulmin, *An Examination of the Place of Reason in Ethics*, Cambridge 1960)에서도 두드러진다. 이 작품의 핵심주제(문제)는 윤리학이 하나의 학문인가{"Is Ethics a Science?"(121쪽 이하)}이고, 툴민은 이러한 물음에 부정의 대답을 하는데, 왜냐하면 그는 125쪽에서 "학문과 윤리학 사이에 하나의 유사성^Parallele이 존재한다."(the parallel between ethics and science breaks down)라는 가정은 무너져 버렸다고 설명했고, 127쪽에서는 '학문과 윤리학의 대조'라고 말하고, 128쪽에서는 '학문과 윤리학 간의 결정적인 차이점'을 말하

고 있다. 이것은 다름 아니라 그가 '윤리학'을 도덕에 관한 학문으로 이해하지 않고, 이러한 학문의, 도덕의 대상으로 이해한 바로 그 때문인 것이다. 그는 두 단어들을 동일한 의미로 사용했고, 한번은 '윤리적 판단'이라고 했다가 금방 또 '도덕적 판단'이라고도 한다(121, 123, 124 125, 127, 128, 129쪽을 보라). 그는 과학적 판단들(scientific judgements)을 '윤리적'(혹은 '도덕적') 판단들에 대비시키고, 양자 사이의 차이점을, 첫 번째의 것은 우리의 기대를 변경하는 기능을 가지는 반면에, 후자의 것은 우리의 감각과 우리의 행위를 변경시키는 것에 있다고 보았다: "과학(학문)적 판단과 윤리적 판단 간의 기능에서의 차이는 —그 하나는 기대를 변경하는 데 관심이 있고, 다른 하나는 느낌과 행동을 바꾸는 데 관심을 가진다."(129쪽) 학문의 판단들의 기능에 대한 (그의) 정의가 적절한 것인지는 의심스럽다. 그들의 기능은 물론 우리의 **지식**^{Wissen}을 풍부하게 하는 것이다. 관건이 되는 것은, 툴민은 이러한 두 유형의 판단들의 차이를 개념정의하면서, 과학과 도덕에 관한 과학으로서 윤리학의 차이를 표현한 것이 아니라, 과학과 **도덕** 사이의 차이를 표현하였다는 것이다. —규범들의 체계로서— 도덕을 대상으로 하는 학문(과학)이 있다는 것, 이러한 학문의 이름은 '윤리학'이라는 것, 그리고 이러한 학문은 저마다의 학문들과 마찬가지로 —그 대상, 즉 도덕은 규범들의 체계로서 우리의 **의지**에 향해져 있는 반면에— 우리의 **지식**에 향해졌다는 것은 당연히 부정될 수가 없다. 137쪽에서 툴민은, "그 초기 단계에서는, 따라서 도덕(성)은 '용납되는 것(올바른 일)을 하는 것'이 본질이었다; 그리고 어린애가 그의 부모로부터 배우는 방법, 그리고 사회적 선-사(시대)에, 도덕률(moral code)(로부터 배우는 방법), 이 양자는 진실이었다. 원시적 윤리학(—그는 도덕(성)으로 이해한다—)은 '의무론'적이고, 엄격한 의무들의 문제이고, 터부, 관습들, 그리고 계명들이었다. 그것은 모든 관계자들의 성향(기호)의 조정을 유지함으로써 이해의 충돌을 막고, 규정된 목적으로부터 벗어난 행위를 비난하는 것이다."라고 했다. 툴민이 여기서 윤리학에 관해 말한 것은, 단지 도덕에 해당하는 것이다. 단지 도덕만이 의무를 규정하고 인간에게 명령을 내리는 것이다. 윤리학은 단지 인간에게 도덕에 의해 규정된 의무에 관한 정보를 주는 것이고, 도덕에 의해 인간에게 향해진 명령에 관한 정보를 주는 것이다. 물론 영어가 윤리학Ethik과 도덕Moral의 이러한 착종에 추동력을 준 것은 당연히 인정해야만 한다. 왜냐하면 'ethics'라는 단어는 두 가지 의미를 (모두) 갖고 있기 때문이다: 웹스터(Webster)의 *New International Dictionary of the English Language*, London 1927에서 우리는 'ethics'라는 표제어 아래 1. "도덕 … 에 관한 논문", 2. "도덕적 의무 … 의 학문", 3. "도덕적 원칙, 도덕적 질서, 실천; 도덕적 원칙들의 체계; 사회적 **윤리 · 도덕학**(social ethics), 의료 **윤리 · 도덕학**(medical ethics)과 같이 (사용됨); 개인적 행위 혹은 실천의 morale; 양심적인 사람의 **ethics** 혹은 범죄행위의 ethics로 사용됨"이라는 서술을 읽을 수 있다.

100) 이것은 일반적으로 승인되어 있다. 지크바르트(Sigwart, *Logik*, 5. Aufl., 1924, I, S. 20)는 판단들에 대해서, 즉 '진술문들 혹은 주장문들'에 대해서 언급하고 있다: "이 문장들은", "자신의 진실에 대한 믿음을 요구하는 것이 아니라 복종을 요구"하는 명령문과는 반대로, "진실이기를 원하고 주장이 믿겨지기를 의욕한다."고 말했다.

팬더(Alexander Pfänder, *Logik, Jahrbuch für Philosophie und phänomenologische Forschung*, 4. Band., Halle a.d.S. 1921, S. 209)는, "저마다의 판단은 그 자체에 진실(하다는) 주장을 담고 있다." "원하는 대로 만들어질 수는 있겠지만, 본질적으로 진실 주장을 그 자체 함유하고 있지 않은 사고 형상은 따라서 확실히 판단이 아니다." 따라서 '규정들Vorschriften, 처분들Verfügungen, 요구들Gebote, 금지들Verbote, 명령들Befehle, 그리고 법률들Gesetze'(149쪽), 그리고 말하자면 규범들과 같은 명령(문)적인 성격의 사고형상들은 판단일 수 없다.

라이트(G. H. Wright, *Logical Studies*, London 1957)는 서문(S. VII)에서, 이 책에서 다시 출간된 에세이 'Deontic Logik'에 관해 말하고 있는데, 그는 이것을

'규범의 논리적 연구'(normative discourse)라고 표현하고 있다: "나는 이 글을 매우 불만족스럽게 생각한다. 한 예를 든다면, 그것은 참일 수도 혹은 거짓일 수도 있는 명제의 한 유형으로 규범들을 다루고 있기 때문이다. 이것은, 내가 생각하기에, 실수이다."라고 하고 있다. 그는 "그 규범들"[은] '진실의 영역으로부터 제거되었다."고 고백했지만, 그(규범)들은 그럼에도 '논리적 법(칙)'(logical law)에 종속한다고 주장했다. 하지만 그는 물론, 하나의 규범의 효력과 하나의 진술의 진실 사이에 유사성 혹은 비슷한 점(Analogie oder Parallele)이 존재한다고 받아들였고, 이것은 옳지 않은 것이다.

코헨과 네이겔(Morris R. Cohen과 Ernst Nagel, *An Introduction to Logic and Scientific Method*, New York 1946, S. 352)은 "만약 우리가 모든 도덕적 혹은 미적인 판단이 다른 것과 달리 더 이상 진실 혹은 거짓이 아니라는 관점을 취했다면 거의 모든 인간의 논의(discourse)는 무의미해질 것이다."라고 한다. 만약 '판단'(judgement)이 그 단어의 논리적 의미에서의 판단urteil으로 이해된다면, 하나의 '도덕적 판단'은 하나의 도덕-규범의 효력에 관한 판단이다; 그리고 하나의 그러한 판단은 ―모든 저마다의 판단들과 같이― 사실상 참 혹은 거짓일 수 있다. 하지만 코헨과 네이겔은 '도덕적 판단들'을 규범들로, 즉 명령들로 이해했다. 그들은 362쪽에서: "도덕적 판단들은 통상 명령(문)의 형태를 취한다. 우리는 우리의 아버지와 어머니를 존중해야만 한다, 우리의 국가의 이익에 충성적이어야 한다, 진실을 말해야 한다, 살인을 억제해야 한다 혹은 그와 같은 것을 해야만 한다(ought to)."라고 말한다. 저자들은 계속해서, "어떤 의미에서건, 만약 그런 것이 있다면, 그러한 판단들은 진실 혹은 거짓인 명제들을 함유하고 있고, 그래서 논리적 원칙들은 그들에게 적용될 수 있는 것인가?"라고 묻는다. {이것은 나중에 이 책에서 (본문 [150]쪽 이하를 비교할 것) 다루어지게 될 것과 유사한 하나의 문제제기이다} 아래의 서술로부터, 이 저자들은 이러한 '판단들'을 '도덕적 명령'(363쪽), '도덕적 요구·가정'(moral postulates)(364쪽)과 동일시하였다는 것이 밝혀진다. 그들은 도덕-규범들과, 한 특정한 인간의 행위가 유효한 것으로 전제된 도덕-규범에 대해 가지는 관계에 대한 판단들인, 도덕적 **가치-판단들**을 구별하지 않았다. 해당 편장은 '논리학과 비판적 평가'라는 표제어로 되어 있다. 그곳에서는 "예를 들면 대부분의 사람들은 건강을 하나의 선(good)으로 생각하며, 어떤 경우에는 그것은 그렇지 않다고 하는 의견을 심지어 놀라운 눈초리로 바라본다. 그렇지만 우리가 다른 목적들을 달성하기 위해 건강을 의도적으로 희생하는 무수한 사례들이 있다. 때때로 그러한 희생들, 즉 순간적인 쾌락, 부, 명예 혹은 아름답다는 명성을 위해 그런 것들이 이루어진 희생들과 같은 경우에는, 사후적으로 후회될 수도 있고, 어리석은 것으로 선언될 수도 있다. 하지만 우리가 진정으로 사랑하는 사람을 위해서 혹은 그것들이 없이는 우리의 삶이 우리에게 그렇게 의미가 없을 것으로 여겨지는 국가(country) 혹은 종교와 같은 것을 이유로 우리의 건강을 희생하는, 그런 경우에는, 우리는 그러한 희생을 회고적으로 승인하는 것이다. 이것은 또한 다른 목적들, 건강, 명예 혹은 그와 유사한 것에 대해서도 진실이다."(365쪽 이하)라고 한다. 이것은 우리가 우리의 최고의 가치, 그리고 따라서 이러한 가치를 구성하는 규범들의 효력과 관련하여 우리의 가치관Anschauung을 바꾸었다는 것과 다름없다. 하지만 이 규범들이 진실 혹은 거짓이라는 것은 아니다. 하지만 두 저자는 이로부터, "그렇다면 도덕규칙들(도덕률들, moral rules)은, 이러한 관점에 따를 때, 우리로 하여금 궁극적으로 현명한 선택과 궁극적으로 어리석은 선택을 구별하는 것을 가능하게 해준다."라는 결론을 도출한다. 하지만 우리의 선택이 '현명'하다, 혹은 '현명하지 않'다는 것은, '현명한'이라는 가치를 구성하고, 특히 우리는 우리의 건강을 유지해야만 한다는 규범과 같이 여기서 고려되는 다른 규범들과 같이, 진실 혹은 거짓일 수 없는 하나의 규범과 관련된 가치판단인 것이다. 코헨과 네이겔은 "사람들이 희망해**야만 하는** 것은, **만약** 그들이 진정으로 원했던 것과 자연적인 수단들이 가져올 것, 그 양자에 대해 일깨워졌고, 알았**다면** 그들이 원**했었을 것**이다. 도덕(morality)은 따라서 처세(conduct of life)에 적용된 지혜이고, 만약 우리가 모든 우리의 선택들이 가지는 암시(함의)들을 완전히 생각하고 미리 그것들의 결과들을 알았다면 우리가 따르게 될 규칙들을 내놓는 것이다."(366쪽)라고 했다. 도덕을 지식에 축소하려는 시도는 유지될 수 없다. 설령 한 인간이 그가 무엇을 원하는지를 알고, 그러한 바람의 충족을 가져올 수단 및 그 충족의 결과들을 안다고 하더라도, 그의 행위는, 그것이 유효한 것으로 전제된 도덕-규범에 부합하는지 혹은 부합하지 않는지에 따라, 도덕적으로 선하거나 악한 것으로 평가될 수 있고, 이 도덕-규범은 진실도 거짓도 아닌 것이다.

메이네츠(Eduardo Garcia Máynez, "Die relationale Struktur der rechtlichen Verhaltensregelung", *Archiv für Rechts- und Sozialphilosophie*, Bd. XLIV/1, 1958, S. 1)는 '판단'과 '진술'을 구별했다; 하지만 그는 "몇몇 논리학자의 입장에 따를 때" 판단과 진술은 "서로 교환 가능"하다고 인정했다. 그의 '진술'과 '판단'의 구별은 그가 '진술'을 언어적인 표현으로, '판결에 언어적인 옷을 입힘'으로 이해했다는 것에 근거하고 있다. 그가 '명령적 진술'이라고 말했을 때, 그는 '명령-문'으로 달리 표현되는 것과 동일한 것을 의미한 것이다. 그는 판결들은 참이거나 거짓이라는 것을 부정하지 않았고, "법의 규범들은 판단으로서의 성격을 가지고 있다."라고 주장했다. 하지만 그의 논문, "Die höchsten Prinzipien der formalen Rechtsontologie und der juristischen Logik", *Archiv für Rechts- und Sozialphilosophie*, Bd. XLV/2, 1959, S. 202에서, "마치 모순율이라는 논리적 원칙이, 두 개의 상호 모순적인 진술들은 양자 모두 진실일 수 없다는 것을 말하는 것과 같이, 법적 논리학의 이에 상응한 원칙은, 두 개의 상호 모순된 법규범들은 양자가 모두 유효한 것일 수 없다는 것을 가르치는 것이다."라고 말했다. 그는 여기서 공공연히, 법규범들은 판결과 같이 진실 혹은 거짓이 아니고 유효하거나 유효하지 않다는 것을, 즉 판단들일 수 없음을 전제했다. 이러한 모순은 ─우리가 보게 되듯이─ 규범과 하나의 규범에 관한 진술을 구별하지 않는 것에서 나온 것이다. 본문 [177]쪽 이하를 보라.

101) 턴불(Robert G. Turnbull, "Imperatives Logic and Moral Obligation", *Philosophy of Science*, vol. XXVII, 1960, S. 374ff.)은 하나의 규범을 기술하는 당위-문을 하나의 존재-문으로 환원하려 시도했다. 그는 381쪽에서 "'너는 (이러한 상황들하에서) X를 해야만 한다.'라는" 도덕규범은 "만약 (이러한 상황하에서) 네가 도덕적이기를 원한다면, 그렇다면 너는 X를 할 것이다."를 의미한다고 말했다. 하지만 양 문장은 두 개의 전적으로 상이한 의미내용을 가지며, 이러한 차이는, 그 하나의 문장은 참도 거짓일 수도 없는 규범이고, 다른 하나의 문장은 참 혹은 거짓일 수 있는 진술이라는 점에서 표현된다. 한 인간이 실은 도덕적이기를 원하지만, 그럼에도 그는, 그가 하나의 구체적인 사례에서 도덕적이고자 하는 그의 의도를 충족할 수 없기 때문에, 도덕으로부터 요구된 행위, 진실을 말하는 것을 실행하지 않는 것은 전적으로 가능하며, 진실이 그에게 손해를 가져오기 때문에 자신의 선한 의도에도 불구하고 거짓말을 하는 것은 전적으로 가능하다. 그렇다면 "너는 X를 할 것이다."라는 진술은 거짓이다. 그 진술은 단지 인간의 사실상의 행위가 도덕적이고자 하는 자신의 의도·원함 ^Wollen^에 부합하는 경우에만, 비록 그가 그에게 손해가 된다는 것을 알았더라도, 구체적인 경우에 진실을 말하는 경우에만 참인 것이다. 하지만 무엇보다 확인되어야 할 것은, "네가 **도덕적**이기를 원한다면 너는 진실을 말할 것이다."라는 진술(언명)은, "사람들은 진실을 말해야만 한다."라는 규범, 당위-규범에 관련되어 있다. 한 사람이 —보다 정확히는, 그의 행위가— '도덕적'이라는 것은 그의 행위가 하나의 당위-규범에 부합한다는 것을 의미한다. 문제되는 존재-진술은 그와는 **상위한** 하나의 당위-규범을 **전제한다.** 이러한 당위-규범은 존재-진술로 환원(축소)되지 않는다. 양자 사이의 차이는 부정될 수 없다.

102) 마르칙(René Marčič, "Um eine Grundlegung des Rechts", in: *Die ontologische Begründung des Rechts*, Darmstadt 1965, 521쪽)은, 하나의 새로운 —당위에 향해진 법이론 대신에— 존재에 향해진 법이론을 기안하려 했다. 달리 말

해 아마도 법을 당위로서가 아니라 **존재**로서 파악하는 하나의 법-**이론**을 구상하는 것이다. 인용된 문장에는 '존재의 망각'에 뿌리를 두고 있는 —법이론이 아니라— '법의 위기'가 있다는 주장이 앞서 있다(520쪽). 우리는 법**이론**에 대해, 법을 존재로서가 아니라, 당위로 파악하려고 시도하는 법이론에 대해 '존재의 망각'Seinsvergessenheit을 비난할 수 있지, 법에 대해 비난할 수 있는 것이 아니다. 하지만 마르칙은 "우리 시대의 법은 이유도 없이 그곳에 있다; 법은 당위의 영역들과 존재하는 세상 사이에 열려 있는 틈 사이에 균형을 잡으며 (걸어)가고 있다."라고 한다. 만약 우리 시대의 '법'이 아무런 '근거·이유'도 갖고 있지 않고, 하나의 틈 사이에 균형을 잡고 걸어가고 있다면, 그것은 당연히 '그곳에 있을 수' 없다. 그리고 "그곳에 있다."는 것, 즉 우리의 시대에 법이 효력이 있다는 것, 실존한다는 것, 존재한다는 것은, 우리가 '법의 기초(지음)'를 수행할 법이론을 요구한다면, 즉 법의 근거를, 법의 존재의 근거를, 그의 존재를 보여줄 법이론을 요구한다면, 솔직히 결코 부인될 수 없는 것이다.

이러한 전체의 문제제기는 대상이 없는 것이다. 왜냐하면 오늘날의 법이론은 법의 존재를 잊어버렸다는 것과는 아주 동떨어진 것이기 때문이다. 만약 우리가 법이론에 대해 하나의 비난을 할 수 있다면, 그것은 법이론이 법의 당위 때문에 그것의 존재를 잊어버렸다는 것이 아니라, 오히려 그 반대로, 법이론이 법의 존재 때문에 그의 당위를 잊어버렸다는 것이고, 법이론이 법의 특수한 관념적인 존재를 자연적인, 오감으로 인지 가능한 사실의 현실적인 존재로부터 충분히 구별하지 않았다는 것이다.

마르칙이 의도한 것은, 마르칙의 생각에 따를 때 하이데거(Heidegger)가 '불명확하게 말한 것'이다: 즉 법은 '이미 존재가 열리면서 시원적으로 그곳'에 있었다(524쪽)는 것, '**존재로부터**' 법률(Nomoi, 규범)은 인간에게 영향을 미치고, 그들의 존재를 결정한다는 것(525쪽), 법과 관련하여 인간의 기능은 —혹은 마르칙이 말하듯; '인간의 시원적 책임'은— "하나의 창조, 하나의 **활동**이 **아니고**, 하나의 모색, 하나의 발견이고, 지시들의 영향을 받기 위한 **자기-개방**이고, 그 규칙의 수용이라는 것"; "법의 **발달**의 본질, 법의 **생기**의 본질은, 즉 법의 **생산**과 법의 **적용**"은, "법을 모색하고 찾는 것이다."(531쪽 이하)라는 것이다. 이것은 하나의 존재에는 하나의 당위가, 자연의 실제에는 인간행위의 진실되고 정의로운 규범들이 내재하고 있다는, 그리고 따라서 인간은 진실한 법을 만들수 없고, 단지 —자연에서— 찾을 수만 있다는 **자연법론**의 유지될 수 없는(근거 없는) 주장처럼 오래되었다. 이것은 마르칙이, "인간과 그의 법은 법질서가 존재상태의 특징으로 파악된다면 비로소 확실해진다. … 법은 인간의 활동에 의해, 입법자를 통해서, 일반의지·총의(volonté générale)를 통해서 비로소 창조되거나 설정되는 것이 아니고, 인간이 발견하는 존재질서의 배출구이다."라고 말했을 때(531쪽), 그리고 마르칙이 가톨릭 저자 아우어(Albert Auer, *Der Mensch bat Recht, Naturrecht auf dem Hitergrund des Heute*, Graz-Wien-Köln 1956)의 법의 시원은 **신에서** 파악되어야 한다는 주장에 동의했을 때 아주 노골적으로 표현되었다. 만약 법이 존재에서 인간에게 '영향을 미치는' 신의 의지라면, 인간은 '그 존재로부터' 단지 법을 '받아들일 수(수용할 수)' 있을 뿐이다. 만약 마르칙(529쪽)이 제한적으로 자연법은 그것이 유신론적으로 확립되기 전에, 우선 반드시 존재론적으로 근거 지워져야만 한다, 즉 **법적 물음**에 대해 **존재문제**가 '일차적'이고 신의 문제는 '이차적'이라고 첨언한다면, 그는 단지, 존재의 본질이 신의 명령에 부합하는 경우에만, 존재에서 신의 규범적인 의지가 실현된 경우에만, 법질서는 '존재상태의 특징'^{Wesenszug der Seinsverfassung}으로 파악될 수 있다는 것을 간과하는 것이다. 존재문제^{Seinsfrage}는 —만약 하나의 자연법이 존재에 본질적으로 내재적이라면— 신의 문제**이다**^{Gottesfrage}. 마르칙은 529쪽에서, "존재문제는 첫 번째의 법적 문제이다. 왜냐하면 만들어진, 창설된, 생성된 —인간의 손에 의해 만들어진— 법은 존재의 법^{Seinsrecht}, 즉 스스로로부터, 그리고 애당초 '자연으로부터' 공포되는 법을 전제한다. 즉 이(후자) 법은 저(전자의) 법보다 높은 지위에 있다."고 한다, 하지만 그것은 이것과 같이 규범, 혹은 마르칙이 말한 것처럼, 'nomos'이다. 그리고 그것은 단지 그것이 하나의 의지의 의미일 때만, 'nomos'이다; 그리고 그 원함(의지함)은 단지, 이러한 nomos가 인간에 의해 생성된 nomos보다 그 지위에서 보다 상위일 때만, 신의 의지일 수 있는 것이다.

법을 이렇게 기초 짓는 결과는 "(당위로서) 규범은 따라서 어떠한 독자적인 가치영역이 아니고, 오히려 하나의 (εἰς τρόπος) modus essendi, 하나의 특정한 존재방식이라는 것이다."(563쪽) 만약 규범으로서 법이 하나의 당위라면 그 법은 하나의 가치를 구성(창설)한다는 것은, 무언가 가치 있다는 판단이 그 무언가가 유효한 규범에 비추어 존재해야만 하는 것과 같이 존재한다는 것을 의미하는 경우에도, 부인될 수 없다. 하지만 그것은 규범의 존재, 당위의 존재가 있다는 것을 배제하는 것은 아니다. 단지 바로 이러한 존재는, 자연적인, 오감으로 인지 가능한 현실의 존재와는 다르다는 것이다; 하나의 특수한, **관념적인**—**실제의** 존재와는 구별되는— (존재) 것이다. 하지만 마르칙의 법의 근거 지움에서는, 그것이 비록 아주 상세하게 순수법이론을 다루고 있음에도 불구하고, 순수법이론으로부터 강조된 이러한 경계선(구분)을 찾을 수 없다.

103) 툴민(Stephen Edelston Toulmin, *An Examination of the Place of Reason in Ethics*, Cambridge 1960, S. 9ff. 및 S. 28ff.)은 선(량)함(goodness)과 올바름(rightness)은 행위방식의 어떠한 속성(properties)도 아니라고 주장한다. 그는 9쪽 이하에서 "그것들이 특별한 유형의, 자연적인 것이 아닌 특성들이라고 하는 이유들만큼 많은, 그것들이(선량함과 올바름) 전혀 특성이 아니라고 하는 것을 지지하는 이유들이 있다. … 가장 전형적인 윤리적인 의미에서 선량함과 올바름에 대해서 우리가 이야기할 때, 우리는 그 대상들의 직접적으로-인지된 특성에 대해서 말하는 것은 아니다."라고 말한다. '선량-함'과 '옳-음'은 윤리적인 의미에서 직접적으로 인지 가능한 속성들이 아니라는 것은 옳다. 하지만 그것은 —본문에서 말했듯이— 그것들이 전혀 속성이 아니라는 것을 의미하는 것이 아니다. 툴민은 28쪽에서 '공정함·올바름'(rightness)에 대해 다음과 같이 말

했다: "'올바름'은 속성·특성(property)이 아니다. 그리고 만약 내가 두 사람에게 어떻게 행위하는 것이 옳았는가라고 물었다면 나는 그들에게 속성을 물은 것이 아니다. ―내가 알기를 원하는 것은 다른 행위방식보다는 그 하나의 행위방식을 택할 어떠한 이유가 있었는가를 알고 싶어 했던 것이다. 그리고 만약 그들이 내가 각각 다른 것을 한 것에 대한 이유에 관해 논쟁하고 있다고 한다면, 우리가 'N이 옳다.'와 '아니다, N이 아니고 M이 옳다.' 사이의 진정한 모순(contradiction)에 대해 얘기하는 것은 전적으로 정당한 것이다. 만약 한 사람이 술어 'X'를 아무것에나 부여하고, 다른 사람은 그것을 부여하지 않는다면, 'X'가 적어도 하나의 **속성**을 의미하는 것이 아닌 한, 그들은 서로 모순되는 것일 수 없다는 (철학자들이 당연한 것으로 여기는) 사고는, 하나의 오류이다. 그 두 사람이 윤리적 술어들의 경우에 서로 다툴 필요가 있는 모든 것(그리고 그들이 반박해야만 하는 모든 것은)은 저것보다 혹은 다른 것보다 이것을 해야 하는 **이유들**이다." 만약 어떤 행위방식이 '옳은가'라는 문제에서 '옳은'(right)이 하나의 '윤리적 술어'라고 한다면, 그리고 이로써 그 질문이 어떠한 행위방식이 **도덕적**으로 옳은 것인가를 의미한다면, 그리고 만약 질문자가 그 하나의 행위방식이 다른 행위방식에 우선하는 이유가 있는지를 알고 싶어 한다면, 그는 그가 그 하나의 행위방식 'M'이 다른 'N보다 우선되**어야만 한다**'는 것에 대한 **도덕적**인 근거가 있는지를 알기를 원하는 것이다. 그에 대한 도덕적 근거는 단지 행위방식 'M'이 **당위된** 것으로 설정하는 하나의 **도덕규범**이 유효하고, 따라서 행위방식 M은 효력 있는 도덕규범에 부합하고, 행위방식 N은 하지만 이 도덕규범에 부합하지 않는다는 것일 수 있다. 하나의 특정 행위방식이 효력 있는 하나의 도덕규범에 부합한다는 것, 즉 그 행위방식이 하나의 유효한 도덕에 맞게 존재해야만 하는 것과 같이 그렇게 **존재한다**는 것은, ―일반적으로 승인된 언어관용에 따를 때― 이러한 행위방식의 **속성**인 것이다. 즉 오감을 통해 직접적으로 감지할 수 있는 속성이 아니라, 문제되는 행위방식과 유효한 도덕규범에서 당위된 것으로 설정된 행위방식의 비교를 통해 **인식 가능한** 속성인 것

이다. 하나의 특정한 행위방식이 행해져야만 한다는 것은 ―그것은 이러한 행위를 당위된 것으로 설정한 **규범**이다― 물론 사실상 일어난 **존재하는** 행위방식의 속성은 결코 아니다. 존재하는 행위와 ―하나의 규범에서― 당위된 행위는 두 개의 상위한 것이다. 화법(양식)상 차이 없는 기체에 대한 설명들을 비교할 것, 본문 [44]쪽 이하.

툴민은 '속성·특성'이라는 범주에 'Gerundivum'(동사상형용사)이라는 개념을 대치시킨다. 그는 71쪽 이하에서 "논리학의 물음들과 같이 윤리학과 미학의 물음들은, 명백하게 … 개념들과 … 관계한다. … 우리는 이들을 모두 'gerundives'로 묶을 수 있고, 그래서 이들을 '속성'과 같은 그러한 논리학적 범주에 대치시킬 수 있다. … 'gerundives'라는 이름은, 그것들이 모두 '이런저런 가치가 있는 것'으로 분석될 수 있기 때문에, 적정하다; 이러한 유사성에 있어서 'gerundives'라고 하는 문법적 유형은, 즉 라틴 어의 입문서에 등장하는 ―'사랑(할)의 가치가 있는'(혹은 'meet-t-be-loved')을 의미하는 amandus와 '칭찬할 가치가 있는'을 의미하는 laudandus와 같은 단어들로 구성된 것이다."라고 말했다. 하지만 '사랑할(만한)'$^{zu\ liebende}$ 혹은 '칭찬할(만한)' 그 Gerundivum(der, die, das), 혹은 ―툴민의 말한 바와 같이― 'worthy of love', 'worthy of praise'는 무언가가 사랑받아야만 한다, 무언가가 칭찬받아야만 한다는 것을 의미하고, 이것은 사람들이 Gerundivs의 문법적 형태에서 등장하는 것은 사**랑해야만 한다**거나 칭찬**해야만 한다**는 것을 규정하는 하나의 유효한 **규범**을 전제한다는 것을 의미한다. 하지만 툴민은 이러한 전제를 무시했다. 자신의 윤리학에 관한 글에서 규범의 개념은 전혀 아무런 역할을 하지 않는다는 것이 특징이다. 그는 '도덕적 원칙들'에 대해서 말하지만, 그가 그것에 관해 말한 것은, 그가 윤리학의 대상, (즉) 도덕은 하나의 **규범들**의 체계라는 것을 인식하지 못했고, 윤리적인 문장(원칙)들('ethical sentences')(51쪽)은 규범에 관한 진술들 혹은 그 규범들에 대한 관계들에 관한 진술들이라는 것을 인식하지 못했다는 것을 보여준다. 그는 윤리학(223쪽)을 다음과 같이 표현한다: "윤리학

은 소망·욕심 혹은 이해(관계)의 조화로운 충족에 관계가 있다.", 그리고 "도덕
주의자"는 "현재의 도덕과 제도들을 비판하고, 하나의 이상에 더 가까운 실천
을 지지하는 자"라고 한다. "그리고 그에게 주어진 그가 반드시 지켜야만 하
는 이상은, 존재하는 재원들과 지식 상태 내에서 어떠한 빈곤이나 혼란도 관
용되지 않는 한 사회의 이상인 것이다." 하지만 이것은 그 윤리학die Ethik이 아
니다. ―혹은 보다 정확히는, 그 도덕die Moral이 아니고― 하나의 특수한 도덕
eine besondere Moral이고, 결코 그리스도교적인 혹은 스토아적인 도덕이 아닌 쾌락
주의적 도덕의 한 유형이다.

104) Christoph Sigwart, "Der Begriff des Wollens und sein Verhältnis
zum Begriff der Ursache", *Kleine Schriften*, Zweite Reihe, 2. Aufl.,
Freiburg i. B. und Tübingen 1889, S. 176: "의지(원함)의 직접적인 대상은 …
항상 단지 상정된 결과일 수밖에 없다.", 원함(의지함)이 나오는 내적인 과정의
'첫 번째 동인'으로서, 지크바르트가 언급한 것은 '하나의 장래의 상태에 대한
표상·생각'Vorstellung이었다(120쪽).

마이어(Heinrich Maier, *Psychologie des emotionalen Denkens*, Tübingen 1908, S.
573)는 모든 의지적 행위는 목적표상·목적에 대한 생각Zweckvorstellung과 결합되
어 있다는 입장을 주장했다. 그는, "모든 사례들에서 의지(원)함의 과정이 이러
한 표상적인(presentative) 요소를 포함한다는 것은, 그것이 보이는 것과 같이,
그 과정들의 가장 고유한 심리적 특성에서 근거 지워진다."라고 말했다. 그의
저작 5장 556쪽에서 마이어는, '의지적(의사적) 사고'라는 표제어하에서, '욕망
(에 대한)표상'Begehrungsvorstellung에 관해 말하는데, "그것에는 단순히 모든 단계의
의지(함의)과정의 목적사고가 속하는 것만이 아니라, 소망(바람)의 표상과 명령
의 표상들이 속하는 것이다."라고 한다. 그리고 그는 이러한 표상들은 "욕망의
경향으로부터 발전되어 나온다"는 것, "표상행위들은 여기서 단지 '욕망(함의)
과정들의 단지 부분기능들'이라는 것, 그리고 보다 정확히는 욕망하는 자가 자

신의 욕망의 목적을 인식으로 가져가는, 즉 인식하게 하는 기능"이라고 주장했다. 즉 표상(생각)에는 이미 하나의 '욕망의 경향'Begehrungstendenz이 선행한다.

105) 규범의 효력과 그 규범의 설정행위를 동일시하는 전형적인 예는 웨드버그(Anders Wedberg, "Some Problems in the logical analysis of legal science", *Theoria*, vol. XVII, 1951)이다. 웨드버그는 '법학의 사실적 기초'(247쪽 이하)를 강조하고, '사실적 기초'factual basis를 '특별한 법적 권위가 이에 부여된 특정의 (구술의 혹은 문서의) 언급(발언)'으로 이해했다. "그러한 발언들은 문서(법률)화된 법률 혹은 법규들이고, 법원의 판결들, 공식적인 계약 … 이다."라고 했다. 나아가 '그와 비슷하고, 특별한 법적 권위를 가진 것으로 승인된 관습들과 관행(실무)들'도 그러한 발언들이라고 했다. 웨드버그는 (그것으로) 일반적 혹은 개별적 법규범들이 창설되는 이러한 행위들을 법학의 '사실적 기초'로 표현했다. 특정한 규범이 유효하다(타당하다)['these rules are in force']라는 것을 말하는 법학의 문장들에 대해 그는, 그것들은 '법학의 사실상의 기초를 언급·지적(reference)하는 것'이라고 말한다(260쪽). 하나의 규범이 효력이 있다는 진술은, 하지만 그 규범의 설정행위와는 무관하다. 이 행위는 효력의 조건이지, 효력이 아니다.

106) 후썰(Edmund Husserl, *Erfahrung und Urteil, Untersuchung zur Genealogie der Logik*, Prag 1939, S. 323)은 "비현실적인 혹은 정신적인 대상들은, 그것의 본질적으로 고유한 운명Bestimmung에 속하는 그런 것, … 라는 의미인 것이다."라고 말했다. 베커(Walter G. Becker, "Die Realität des Rechts", *Archiv für Rechts- und Sozialphilosophie*, Band XL, 1952/1953, S. 227)는 후썰에 연결하여 정신적인 실제geistige Realitäten에 대해 말하였고, 규범을 정신적인 실제로 표현했다. 그것은 하나의 행위의 의미로서 규범에는 맞아떨어지지만, 그것의 의미가 규범인 행위에 해당하는 말은 아니다. 이러한 행위는 단어의 통상적인 의미에서의 '실제'이

고, 후썰의 용어에서는, 하나의 '실제적인' 대상인 것이지, 비현실적인, 정신적인 혹은 관념적인 대상이 아니다.

107) 듀카스(C. J. Ducasse)는 자신의 루이스(C. I. Lewis)에 대한 평석, "Analysis of Knowledge and Valuation", *The Philosophical Review*, Vol. LVII, 1948, S. 260ff.에서 하나의 대상(객체)의 '존재'(실존)는 그것의 '속성'이 아니라고 강조했다(262쪽). 그는 '존재'가 "마치 속성, 색깔 혹은 모양과 같다는 식으로 파악되는 것"을 거부했다. "… 물론 '실제로·사실상'(actual) 혹은 '존재하는'(existent)이라는 단어들은 형용사들이다. 하지만 그것은 단지 모든 형용사들이 **구성적인**(quiddative) 것이 아니라는 것을 인식하는 데 결정적으로 중요한 것이다. —모든 형용사가 속성을, 특성을 표시하고 혹은 무언가의 **본성**의 다른 측면들을 나타내는 것은 아니라는 것을 인식하는 데 결정적으로 중요한 것이다. 이러한 두 개의 형용사들은 특히 그들의 주어가 **무엇**인지를 예견하지 않고, 그것이라는 **것**을 예견한다. 그것들은 **존재적인 것이지**, 구성적인(quiddative; constituting, containing) 것은 아니다."라고 강조했다.

108) 클룩(Ulrich Klug)은 자신의 *Jurisitische Logik*, 2. Aufl., Berlin-Göttingen-Heidelberg 1958, S. 53에서, "모든 영업적 장물범은 10년 이하의 교화소형으로 처벌되어야만 한다."라는 법규범은 "모든 영업적 장물범은 10년 이하의 교화소형으로 처벌되어야만 할 속성·특성^Eigenschaft을 가지고 있다."라는 진술로 '번역'될 수 있다고 믿었다. 이러한 번역을 통해 "누구건 개인들에 대해 공공연하게", 그들에게 "하나의-영업적인-장물범-임"이라는 속성이 부여된다면, 항상 그들은 또한 "10년-미만의-교화소형에-처해-져야만-함"이라는 속성을 가지게 된다고 말한다는 것이다. 형벌은 하나의 특수한 제재이다. 한 인간이 처벌되어야만 한다는 것은, 그에 대해 하나의 특정한 강제행위가 부과되어야만 한다는 것을 의미한다. 이것은 결코 이 사람의 특성 혹은 이 사람의 행위

의 속성이 아니라는 것은, 특히, 형벌의 제재가 문제되는 것이 아니고, 민사집행의 제재가 문제되는 경우에는 아주 확실하게 나타난다. 예를 들어: "만약 채무자가 자신의 채권자에게 채무를 진 금액을 지급하지 않으면, 그 채무자에게는 강제적으로 하나의 특정한 재산적 가치가 박탈되고 채권자의 만족을 위해 (채권충당을 위해) 이용되어야만 한다."라는 규범이 유효하다. 한 법관이 하나의 구체적 사례에서 "채권자 슐체에게 채무 10000(DM)을 지급하지 아니한 채무자 마이어에게는 그의 자동차가 강제적으로 압류되어야만 하고, 그것을 판매한 것은 채권자의 채권에 충당되어야만 한다."라고 판결했다. 일반규범은 채무이행을 지체한 채무자의 속성이 아니고, 개별규범은 마이어의 속성이 아니라는 것은 자명하다. 클룩은 일반규범으로부터 특정 영업적인 장물범에 대한 (법관의 판결의) 개별규범의 효력으로의 추론의 적용 가능성을, 영업범인 장물범은 처벌되어야만 한다는 규범을 영업범인 장물범의 하나의 속성으로 보는 허용되지 않는 번역(변경)에 근거하고 있다.

109) 지크바르트(Sigwart, *Logik*, 5. Aufl., 1924, S. 115)는 "모든 **개별적인 존재(자)는** 우리에게 **시간(안)에서** 주어지기 때문에, 시간에서 한 특정한 자리를 차지하는 것이기 때문에 … 필연적으로 모든 개별적인 것들의 존재, 특성, 활동, 그리고 관계들에 관한 **모든 우리의 판단들에는 시간에의 관계가** 수반되어 있고, 저마다의 그러한 판단은 **단지 하나의 특정한 시간에 있어(을 위해서만)** 타당하기를 원할 수 있는 것이다."라고 말했다. 지크바르트가 116쪽 이하에서 "그것들의 객관적인 효력은 시간에 의존하지 않는다.", 예를 들면 "피는 붉다."라고 말한 다른 판단들에 반해서 (말이다). "이로써 설명하는 판단에 본질적인 것은, 주어와 술어의 단일성이 객관적으로 유효한 시간이 동시에 주어지는 경우에만 완전하게 표현될 수 있다는 것이다; 그것은 반드시 **현재, 과거** 또는 **미래**에서 표현된 것이어야만 한다."라고 한다. 이것은 틀린 말이다. '시간에 대한 관계' Beziehung zur Zeit는 판단의 내용에서 표현된다. 그것은 말해진 사실의 시간이지,

진실의 시간이 아니다. 그것은 진술의 효력이다. 태양, 달, 그리고 지구가 일순간에 특정한 자리에 있다는 것은 일순간인 시점 t에만 있는 것이 아니라, 미래에 일어나는 것으로 시점 t보다 오래전에 한 천문학자에 의해 예견되었거나, 혹은 오랜 시간 뒤에 과거에 일어난 것으로 진술되는 경우처럼 이전과 이후에도 진실이다. 하나의 판단은 "특정한 시간에 있어(을 위해) 타당하다."는 표현은 두 가지의 뜻이 있다. 그 표현은 하나의 판단은 단지 하나의 특정한 시간을 통해서만 존재하는 사실을 표현한다는 것을 의미할 수 있다. 혹은 그 판단은 단지 하나의 특정한 시간 동안에만 진실이라는 것을 의미할 수 있다. 하지만 두 번째의 의미는 고려되지 않는다.

110) 슈라이버(Schreiber, *Logik des Rechts*, Berlin-Göttingen-Heidelberg 1962, S. 63f.)는 마치 '진실'이 하나의 진술의 속성인 것과 같이, '효력'Geltung은, 하나의 규범의 특징이라는 잘못된 가정에서 출발하여, 양자는 '하나의 문장의 효력'이라는 상위개념에 포섭시킬 수 있다고 믿었다. 그는 63쪽에서 "법규범들은 하지만 직설문들과 동일한 가치들로, 즉 참 혹은 거짓으로, 평가될 수 없다."라고 했다. 슈라이버에 따르면 규범적 문장들인 법규범들은 직설문들과 같이 진실 혹은 거짓이라는 속성을 가지는 것이 아니라, 합법적인·정당한·옳은rechtens zu sein 혹은 옳지 않은nicht rechtens zu sein이라는 속성을 가진다. "즉 우리는 법언어의 의미론적 체계를 사실학realwissenschaft과 같이 동일한 도식에 따라 구성할 수 없다. 왜냐하면 우리는 문장들의 평가를 진실 혹은 거짓으로 할 수 없기 때문이다. 우리는 그 외에도 법언어에서 나오는 문장들의 하나의 특정한 범주를 이러한 문장들이 법효력Rechtsgültigkeit을 가지는가 하는 식으로 평가해야만 한다. 이러한 범주는 법규범들[슈라이버는 일반적 법규범들을 의미한다]과 법적 판단들[이것은 개별 법규범들이다]을 포함한다. '법적 유효성(효력)을 가진다.'는 속성을 우리는 '합법적이다 혹은 정당하다.'rechtens라고 표현하려고 한다. '합법적인·옳은'이라는 단어는 그에 병렬적인 '참인'wahr에 상응한다. 법언어의 하나의 임의

적인 문장에 정당한 혹은 참인 가치가 귀속되는 것을 표현하기 위하여 우리는 그 문장^{Satz}은 유효하다·효력이 있다고 말하려고 한다. 따라서 유효하다는 것은 합법적인과 참인에 대한 상위개념이다. 만약 '합법적인'이라는 가치가 '진실인'이라는 유사한 가치에 부합한다면, '거짓의'라는 가치에는 '정당하지 않은·합법적이지 않은'이라는 병렬적인 가치가 반드시 상응해야만 한다. 슈라이버는 78쪽에서 규범적인 문장들은 '정당한'과 '정당하지 않은'으로 평가된다고 말했다. 즉 진실이고 거짓인 진술이 있는 것과 같이 '정당한' 법규범들과 '정당하지 않은' 법규범들이 필히 있는 것이다. '합법적이지 않은' 법규범, 즉 유효하지 않은 법규범은 비개념^{Unbegriff}이다. 유효하지 않은, 효력이 없는 법규범은 법규범이 아니고, 존재하는 것이 아니기 때문이다. 정당-함, 즉 효력이 있음은 진실-임과 같이 속성이 아니고 그 법규범의 존재·실존^{Existenz}이기 때문이다.

'참인'과 '정당한'을 '유효한'이라는 상위개념에 합치는 것은 혼란을 초래하는 것이다. 왜냐하면 참인 하나의 문장은 유효하다는 진술에서는 '유효한'은 '정당한' 문장은 유효하다는 진술에서와는 다른 의미를 가지기 때문이다. 한 문장이 '정당하다'는 것은 그것이 하나의 법규범이라는 것을 의미하는 것이다. 만약 슈라이버가 그가 '정당한'으로 표시한 "법적 효력을 가진다."는 그 범주는 법규범들과 법적 판단들을 포괄하는 것이라고 말한다면, 법적 판단들은 법규범들이라는 것이 지적되어야 할 것이다. 진실인 한 문장은 유효하다는 진술에서 '유효한'은 그 문장이 관련된 사실에 부합한다는 것을 의미한다. 정당한 하나의 문장이, 즉 하나의 법규범이 유효하다는 진술에서 '유효한'은 그 문장이 구속적인 것으로 혹은 구속적인 규범으로 존재한다는 것을 의미한다. 슈라이버가 논리적으로 참인 문장들과 논리적으로 정당한 문장들을 구분할 수 있는 것으로 믿었음에도 불구하고, 그는 '논리적으로-정당한'의 개념에 대해 정의하지 않았다; 하지만 단지 그 개념은 하나의 문장이 **논리학**의 관점에서 '정당하다'^{rechten}는 것으로 이해될 수 있다.

그것은 —거의 자명하다고 할 정도로— 하나의 문장은 단지 법을 근거로,

달리 말해 **실정 법질서에** 근거하여서만 '정당할' 수 있다는 가정에 반하는 것이다. 슈라이버가 자신의 가정을 위해 제시한 예들은 이것을 분명히 보여준다. 65쪽에서 그는 하나의 법질서에서 "모살자는 종신 교화소형에 처해진다."라는 문장과 "모살자는 10년의 교화소형에 처해진다."라는 문장이 존재하는 사례를 제시한다. 세부적인 근거 지움이 없이 슈라이버는 "모살자는 종신 교화소형에 처해진다."라는 문장은 "논리적으로 정당하지 않게 규정된 것"이라는 결론에 이른다.

이러한 결론은 전적으로 뜬구름잡는 소리이다. 만약 법적 권위에 의해 창설된 두 개의 규범들이 하나의 실정 법질서에 존재하고, 그중 하나는 모살자를 종신 교화소형에, 다른 하나는 모살자를 10년의 교화소형에 처한다면, 양 규범은 '정당하게 규정된' 것이다. 즉 둘 다 유효한 것이고 하나의 규범충돌을 만들어낸 것이다. 논리학은 그중 하나의 혹은 다른 하나의 효력 —혹은 정당하게 규정되어 있음— 을 결코 부정할 권한이 없다. 하지만 또한 법학도 단지 규범충돌을 확정할 수 있을 뿐이다. 법을 적용하는 기관은, 그 기관이 하나의 모살사례를 결정해야만 한다면, 충돌하는 양 규범 중 하나 혹은 다른 하나를, 혹은 둘 중 아무것도 적용하지 않고, 자신의 재량에 따라 판단할 수도 있을 것이다. 슈라이버는 '논리적으로 정당한 문장'에 대한 두 번째 사례를 제시한다. 누군가가 "법의 논리학에 관한 박사학위들의 저자들은 제적당했다 혹은 그들은 제적당하지 않았다."는 "정당하다"라는 법규범을 주장한다. 슈라이버는 대학의 법에는 하나의 그러한 규범이 없다는 것을 받아들인다. 그럼에도 불구하고 그는 그 문장은 정당하다는 결론에 이른다. "주장된 유형의 법규범이 … 존재한다."(66쪽) 문제되는 문장은 슈라이버에 따르면 논리적으로 정당한 문장이다. 하지만 그 문장은 **논리적으로** 정당하지도 **법적으로** '정당하지'도 않다. 그것은 그것을 주장하는 자의 고안^{Erfindung}이다. 만약 그 문장이 '정당하다'면, 하나의 법질서는 무수한 수의 법규범들로 구성될 것이다. 왜냐하면 그 실정법 질서 안에서 나오는 법규범들과 충돌하지 않으면서, 하나의 실정법 질서에서는 존재하지 않는 같은 유형들의 문장들은 셀 수 없이 많을 수 있기 때문이다.

필립스(Lothar Philipps, "Rechtliche Regelung und formale Logik", *Archiv für Rechts- und Sozialphilosophie*, Bd. L. 1964, S. 317ff.)는 "법의 논리학에 관한 박사학위들의 저자들은 제적당했다 혹은 그들은 제적당하지 않았다."는 문장은 법을 통해서 규율되는 관계들Beziehungen이라는 슈라이버의 주장에 대해, "그 자체, 그리고 애당초부터 정당한 것이 아니라, 입법자가 그 관계를 정당한 것으로 설정한 경우만 정당한 것이다. 한 문장은 하나의 실정적인 창설에서 도출될 수 있다는 것을 통해 정당한 것이고, 예를 들어 창설에 의하지 않고도 도달 가능한 무언가는 그럼에도 그 자체 정당하거나 혹은 정당하지 않을 수 있다는 가정은, 우리가 실정법의 영역에 머물고 있는 한, 무의미한 것일 거다."라고 지적하고 있다.

111) 지크바르트에 대한 비판글에서 후썰(Husserl, *Logische Untersuchungen*, 5. Aufl., Tübingen 1968, 1. Bd., S. 127f.)은 "예를 들어 지크바르트에 따르면 … 하나의 판단이 참일 수 있는 것으로 … 하나의 허구이다. … 모종의 하나의 이성적인 존재·예지Intelligenz가 이러한 판단을 생각했다는 것을 차치하면 … 중력의 법칙을 표현하는 판단은 뉴턴 이전에는 참이 아니었을 것이다. 그리고 정확하게 보면, 그것은 모순 가득하고 완전히 거짓이었을 것이다."라고 말했다. 후썰은 "하지만 진실은 '영원'하고, 혹은 보다 좋게 표현한다면, 그것은 하나의 관념이고 그 자체로 시대를 초월하는 것이다."라고 강조한다. 이에 대해 지크바르트(Sigwart, *Logik*, 5. Aufl., 1924, I, S. 23)는 "행성들은 물론 이미 뉴턴 이전에도 중력의 법칙에 맞게 움직였다; 하지만 뉴턴이 자신의 이론을 세우기 전에는 [이를 후썰은 더구나 단지 개연적인 가설로서 타당한 것으로 본다] 인간의 인식에는 진실이었을 것에 관한 어떠한 문장도 없었다; 이제 그 문장은 당연히 그 내용의 힘으로, 또한 과거에 대해서도 유효한 것이다."라고 주장했다. 뉴턴의 중력의 법칙의 표현 전에 진실이었을 것에 대해 어떠한 문장도 없었다는 것은 하

나의 진술-행위의 실존, 존재와 관련되어 있다. 그것의 존재는 하지만, 만약 하나의 진술의 '효력'이 그의 진실을 의미한다면, 결코 —규범창설행위의 존재와 같이— 하나의 진술의 '효력' 조건은 아니다. 중력에 관한 뉴턴의 진술은, 그것이 만들어지기 전에는, 다른 사람에 의해 진실 혹은 거짓으로 **판단되지** 않았다. 하지만 그것은 이미 그것이 만들어지기 전, 그때도 진실이었다. 지크바르트는 그가 뉴턴의 중력의 법칙(공식)은 "지금" "유효하다", 즉 그것이 뉴턴에 의해 만들어진 이후에 '과거에 대해서' 유효하다고 말할 때, 뉴턴의 중력에 대한 진술은 이미 그(진술)것이 만들어졌다는(진술이 있었다는) 사실 이전에도 참이었다고 지크바르트는 자인한 것이다. 하지만 뉴턴의 진술은 —하나의 규범과 같이— 소급적인 효력을 가지고 공포되는 것이 아니고, 이미 그것이 만들어지기 이전 시점에 존재했던 하나의 진실을 표현하는 것이다. 관건은 뉴턴의 진술의 진실은, 마치 하나의 규범의 효력이 그것을 설정하는 행위를 통해 결정되는 것과 같이, 그것이 만들어진 행위에 의해서 **결정되는 것**^{bedingt}이 아니라는 것이다. 지크바르트는 —규범에 대해서와 마찬가지로— 진술에 대해서 그것이 '유효하다'라고 말했기 때문에, 이것을 보지 못한 것이다.

112) 죙엔(Gottlieb Söhngen, *Grundfragen einer Rechtstheologie*, München 1962, S. 22ff.)은 사고의 형식적 올바름·정확함^{Richtigkeit}에 대한 실질적 진실의 관계와 형식적인 합법성^{Rechtsmäßigkeit}에 대한 실질적 정의의 관계 사이에는 하나의 유사점이 있을 것이라고 주장했고, 그곳에서 그는 정의를 법의 '진실'로 실정적 합법성^{positive Rechtsmäßigkeit}을 '법적 정확함'^{juristische Richtigkeit}으로 표시했다. 이러한 유사점^{Analogie}은 존재하지 않는다. 왜냐하면 실정적인 적법성은 정의를 결코 전제하지 않는 반면에, 형식-논리적 진실 혹은 올바름은 정말 본질적으로 실질적인 진실을 정말 본질적으로 전제하기 때문이다. 논리학은 만약 하나의 진술이 실질적으로 참이라면 이러한 진술에 모순관계에 있는 진술은 거짓이라는 것을 말한다. 만약 하나의 삼단논법의 두 개의 전제들이 실질적으로 참이라면 결론

은 참이다. 실질적인 진실에 대한 관계는 형식-논리적인 진실에 내재한다. 하지만 하나의 실정적 적법성에 대한 진술에는 정의에 대한 관계가 내재하지 않는다. 사형선고를 받은 모살자에 대한 사형집행은, 만약 실정법이 모살의 경우에 사형을 규정하고 있다면, 이것이 정의로운지 부정의한지와 무관하게, 적법하다. 정의의 무의존성·독자성은 법의 실정성positivität의 본질적인 표지이다.

법의 '진실'은 말이 될 수 없다. 왜냐하면 법은, 또한 정의로운 법도 규범이고 —규범으로서— 진실도 거짓일 수도 없다. 진실은 하나의 진술의 속성이고 하나의 진술은 하나의 사고행위의 의미이다. 정의는 하나의 규범의 속성이고 규범은 하나의 의지적 행위의 의미이다. 사고함과 원함은 두 개의 전적으로 상위한 정신적인 기능들이다. 하지만 신에게서, 즉 모든 인간적인 경험의 저편에 있는, 따라서 인간의 논리(학)의 저편에 놓여 있는 공간에서는, 하나의 그러한 공간의 존재를 믿는 자만이, 신화에서 인식의 나무가 언급되는 것과 같이, 사고와 원함은 서로 같다(동시에 일어난다)는 것을 받아들일 수 있을 것이다. 신은 무엇이 선하고 악한 것인지를 **앎으로**써 선한 것이 존재해야만 하고 악한 것은 존재하지 않아야만 한다고 **원하**는 것이다. 신에게서 진실과 정의는 하나이다. 만약 죙엔이 "신의 진실은 그의 활동하는 정의이다."(42쪽)라고 말한다면, 그는 합리적인, 논리학의 원칙들에 따르는 논의는 불가능하게 하는 무언가를 주장하는 것이다. 하지만 만약 그가 "인간의 정의는 우리의 활동하는 진실이다."라고 덧붙인다면, 그는 당치도 않은 것을 말하는 것이다.

113) 논리학은 하나의 규범적 성격을 가지고 있다는 —이미 언급된— 관점은 물론 광범위하게 퍼져 있다. 이러한 맥락에서 전형적으로 위버벡(Friedrich Überweg, *System der Logik und Geschichte der logischen Lehren*, Bonn 1857, S. 1)은 "논리학은 ⋯ 인간 인식의 ⋯ 규범적 법칙들의 학문이다."라고 말하고, 6쪽에서, "미학Kunstlehre은 ⋯ 그것(Normalgesetze)에 대한 과학(학문)적 인식이 그의 실천적 관찰에서 신뢰를 강화함으로써, 그 일반법칙들(Normalgesetze) 자체의 창

설을 통해서 이미 본질적으로 … 논리학이다."라고 한다. 그리고 지크바르트 (*Logik*, 5. Aufl., 1924, I, S. 22)는 논리학은 '물리학'이려고 하는 것이 아니고, 사고의 윤리학이고자 하는 것이라고 하며, 이러한 의미에서 하나의 '규범적 성격'을 가진다고 말한다. 논리학은 또한, 지크바르트에 따르면, '사고의 미학' Kunstlehre des Denkens이다. 그와 마찬가지로 메써(August Messer, *Einführung in die Erkenntnistheorie*, 3. Aufl., Leipzig 1927, 163쪽)는 윤리학과 논리학을 '규범-학' Norm-Wissenschaften으로 표현했고, 그것들에 의해 규범들이 창설되는 것(학문)으로 이해했다. 또한 란트(Rose Rand, "Logik der Forderungssätze", *Revue International de la Théorie du Droit*, Nouvelle Serie, vol. I, 1939, S. 308)는 논리학을 규범적인 것으로, 즉 규범-창설적인 것으로 보았다. 그녀는, "논리학은 개념들에 관한, '개념', '문장', '결론'에 관한 규범들을 설정해야만 한다. …"라고 했다.

114) 논리학이 하나의 규범적인 분과학인지 혹은 이론적인 분과학인지에 대한 논쟁적 문제에 관해서는 후썰(Husserl, *Logische Untersuchungen*, 5. Aufl., Tübingen 1968, 1. Bd., S. 7ff.)을 비교하라. 후썰 스스로도 논리학을 '규범적인 분과학'으로 보았다. 그는 "우리가 지금까지 설명한 것에 따를 때 논리학은 —하나의 과학이론이라는 여기서 문제되는 의미에서— **규범적인 분과학**이 된다."(같은 책, 26쪽)라고 했다. 하나의 과학·학문의 존재는 과학·학문이론을, 즉 바로 하나의 논리학을 필요하게 만든다(16쪽). 왜냐하면 하나의 학문들의 원칙들(문장들)의 진실은 반드시 '근거 지워진'begrüdet 것이어야만 하기 때문이다. 이러한 근거 지움은 학문이론으로서 논리학이 수행한다. "우리는 근거 지움들을 필요로 한다는 것 … 그것은 학문들을 가능하고 필수적인 것으로 만들 뿐만 아니라, 학문들과 함께 또한 하나의 **학문이론**, 하나의 **논리학**을 가능하고 필수적인 것으로 만들기 때문이다. 모든 학문들이 방법론적으로 진실을 추종하여 진행한다면, 그 모든 학문들은 그렇지 않으면 숨겨진 채 있을 진실 혹은 개연성을 깨닫기 위해 많건 적건 인공·기교적인 보조수단을 사용

한다. …" 이제 "[진실을 추구하는 학문들의] 그러한 진행방법을 위해 일반적인 규범들을 설정하고 그와 동시에 상이한 사례의 유형에 따라 그것을 발견하는 구조들에 대한 규칙들도 설정"(17쪽) 할 필요가 있다. 그것은 —우리는 앞에서 다룬 것들로부터 반드시 그렇게 받아들여야만 한다— 후썰에 따르면 과학(학문)이론으로서 논리학의 기능이고, 이러한 기능은 규범들과 규칙들을 세우는(설정하는) 것에 있다. 나중(26쪽)에는, 논리학은 … 우리가 경험적으로 존재하는 학문들이 그의 이념에 부합하는지를, 혹은 어느 정도까지 학문들이 그 이념에 다가섰는지, 그리고 어디에서 그것과 충돌하는지를 측정할 수 있기 위해서 … "그것(논리학)이 무엇이 학문의 이념을 형성하는 것인지를 연구하려고 함으로써 '규범적인 학문으로' 나타난다."라고 한다. 이러한 학문의 이념은 —후썰이 앞에서 말한 것에 따를 때— 단지 진실일 수 있다. 즉 후썰이 '규범적인 학문의 본질'로 표현한 것은, "학문들이, 그곳(일반적인 원칙들)에서 규범화하는(규범적인) 기본측정값·근본척도$^{normierendes\ Grundmaß}$ —예를 들면 이념 혹은 하나의 최고의 목적— 와 관련하여 특정한 표지들이 주어지는 {—그 표지들을 가지고 있으면 그 척도에 상응(적정)하는 것$^{Angemessenheit\ an\ das\ Maß}$을 보증하거나 반대로 이러한 적정성을 위한 불가결한 조건들을 만드는 표지들이 주어지는—} 일반적인 원칙들^{Sätze}을 근거 지운다는 것이다." (근본)척도에 걸맞다는 것을 후썰은 "근본규범^{Grundnorm}에 상응하기 위해서 하나의 객체는 일반적으로 어떻게 형성되어야만 하는가." (27쪽)라는 것으로 이해했고, 이에 대해 나중에는, 그것(근본규범)은 '[하나의 규범적 분과의] 모든 규범적인 문장들에 규범화의 사고를 집어넣은 것'(48쪽)이라고 했다. 내가 후썰을 바르게 이해했다면, 규범학으로서의 윤리학은 만약 한 인간이 그의 원수를 사랑한다면 그의 행위는 "인간들은 그의 원수를 사랑해야만 한다."라는 규범에 상응(적정)하다라는 일반적인 문장(명제·원칙)을 근거 지운다. 이러한 표지를 갖고 있다는 것은 한 인간의 행위가 그 규범에 부합한다는 것을 보증하는 것이다. 학문으로서 윤리학이 '근거 지우는' 일반적 문장은 하나의 사실상의 행위가 유효한 것으로 전제된 하나의 규범에 대해 가지는 관

계에 관한 하나의 진술이다. 이러한 진술은 하나의 가치-판단이다. 이러한
─가치판단을 기술하는─ 일반적인 원칙(문장)을 "근거 지우는" 것은 "인간들
은 그의 원수를 사랑해야만 한다."라는 규범이다.

규범적 학문으로서 윤리학은, 그것이 '어떻게 우리가 진실의 방법론적 기교
에서 (일을) 처리해야만 하는지에 대한 규칙들을' 설정하는 과제를 스스로에게
부여함으로써 '미학'(기교학)으로 '확장된다'. '미학'으로서 논리학은 '규범적인
학문이론으로서' 논리학을 '전적으로 그 안에' 포함하고 있다. 따라서 논리학
을 '미학'Kunstlehre으로 정의하는 것이 적정할 것이라고 한다(28쪽).

후썰은 '미학'을 '기술(학)'Technologie으로 이해한 것처럼 보인다. 38쪽에서 그
는, "이론적이고 추상적인 자연과학들에는 기술들이, 물리학에는 물리학적인
기술들이, 화학에는 화학적인 기술들이 연결되어 있는 것을 고려하면, (요구된)
순수한 논리학의 고유한 의미는, 하나의 추상적인 이론적 분과학이라는 것, 즉
앞에서 표현된 경우와 유사한 식으로 하나의 기술을 근거 지우는, 바로 일반
적인, 실천적인 의미에서의 논리학이라는 추정이 가능하다."라고 말한다. 환언
하면 마치 '미학에 있어서 일반적인 것과 같이' 하나의 이론적인 분과학이 [실
용적인 분과학의, 기술의] 그들의 규범들의 도출을 위한 하부기재를 제공하는 것
과 같이, 하나의 순수한 이론적 논리학은 '기술학'으로서 실천(실용)적인 논리
학을 근거 지운다는 추정이 가능하다. 47쪽에서는 "미학은 [하나의 규범적 분과
학의 모든 규범적인 문장들에 규범화(규격화)의 사고를 집어넣는] 근본규범이 일반적
인 실용적인 목적의 달성에 있는, 규범적 분과학의 특수한 부분을 기술하는
것이다. 주지하다시피 저마다의 미학은 그렇게 하나의 규범적이지만, 그 자체
는 실용적인 분과학이 아닌 것(분과학)을 완전히 포함하는 것이다. 왜냐하면 그
것의 과제는, 모든 실천적인 달성에 관계된 것을 차치하고, (그 규범에 따를 때)
실현될 목적의 일반적인 개념에 부합성(과), 관련된 가치의 유형들을 특징 지
우는 표지들의 소유에 대한 부합성이 판단될 수 있는 규범들을 우선 확고하게
하는, 보다 좁은 것(과제)의 해결을 전제하기 때문이다. 반대로, 기본적인 가치

체계가 하나의 상응한 목적설정으로 변환하는, 저마다의 규범적 분과학은 미학으로 발전한다."라고 한다.

'미학'으로서 윤리학 혹은 논리학의 기능은, 즉 그것을 통해 도덕과 논리학에 의해 당위된 것으로 설정된 것이 목적으로 실현되는 수단을 제시하는 것이고, 여기서 이것이 주어지는 그 문장들은 당위문들로, 규범들로 등장하는 것이다. 왜냐하면 27쪽에서 후썰은 명확하게, 규범적인 분과학으로부터 [규범적인 분과학으로서] 학문이론이, 어떻게 우리가 진실의 방법론적 기교에서 (일을) 처리해야만 하는지에 대한 규칙들을 설정하는 추가적인 과제를, 스스로 설정함으로써, 규범적인 분과학에서 "그들의 과제의 확장을 통해 미학으로 나타난다."고 말했기 때문이다. 여기서는 이미 언급된 착오, 즉 실제로는 당위가 아니라, 하나의 필연이 문제되고 있음에도, 수단-목적-관계에서 하나의 당위적-관계를, 규범적인 관계를 보는 착오가 존재한다. 하나의 기술(학)은 어떠한 규범적인 성격도 가지지 않는다. 그것은 "만약 네가 A를 원한다면 너는 B를 해야만 한다."가 아니라, "네가 A를 효과로 원한다면, 너는 반드시 B를 수단으로 실현해야만 한다."라고 말하는 것이다.

만약 실용적 논리학이 하나의 당위, 즉 규범들을 규정한다면, ―후썰이 받아들인 것과 같이― 그것은 기술(학)일 수 없다. 후썰은 사실 학문이론으로서 논리학의 규범적인 성격을 주장하지만, 그는 이러한 규범적 논리학에는, '(주장된) **순수한** 논리학의 고유한 의미인', 하나의 이론적 분과학이 기초하고 있다고 주장했다(38쪽). 그는 40쪽에서 "저마다의 규범적, 그리고 이와 같은 저마다의 실용적인 분과학은, 그들의 규칙들이 반드시 규범화(당위)의 사고와 구분가능한 이론적인 형상을 가져야만 하는 한(이것의 학문적인 연구도 마찬가지로, 저 이론적인 분과학의 책임이다), 하나의 혹은 다수의 이론적 분과학들에 근거하고 있다."라고 말했고, 47쪽에서는 "이제, 저마다의 규범적, 그리고 **하물며(a fortiori)** 각각의 실용적인 분과학은, 말하자면 모든 규범화로부터 해소될 수 있는 이론적인 형상·내용을 반드시 가져야만 한다는 의미에서 (그 형상이란 그 자체 무언가에, 즉 그것이 이미 한계 지워진 학문이건 혹은 아직은 구성될 이론적인 학문이건, 그 무언가에 그의 자연스런 위치를 가진다) 하나의 혹은 다수의 이론적인 분과학들을 그 기초로 전제한다는 것은 쉽게 통찰할 수 있다."라고 했다.

저마다의 규범적 분과학이 하나의 이론적인 분과학을 '전제한다'는 것 혹은 '기초로' 가진다는 것을 후썰은, 그가 하나의 규범적 분과학의 규범들은 하나의 고유한 내용, 이론적인 것과는 상위한 내용(Gehalt)을 가지고 있다는 것을 보여주려고 시도하는 방법으로 증명했다. "그래서 예를 들면 'A는 B이어야만 한다.'라는 형태의 각각의 규범문은, 'B인 A만이, C라는 속성을 가진다.'라는 이론적인 문장을 포함하며, 여기서 우리는 C를 통해 기준이 되는 술어 '좋은'(gut)의 구성적인 내용을 암시하는 것이다."(48쪽) 이것은 옳지 않다는 것에 대해서는 미주 49를 보라. 후썰은 구체적인 예로 이미 41쪽에서 "(한) 전사는 용감해야만 한다."라는 규범을 제시했고; 이러한 규범이 포함하는 이론적인 문장으로서, "단지 한 용감한 전사만이 하나의 좋은(훌륭한) 전사이다."라는 문장을 제시했다. 이 문장은 하나의 가치판단이고, 후썰은 그 문장을 또한 명백하게 "이러한 가치판단이 타당하기 때문에, 이제 누구나 한 전사에게 용감할 것을 요구하는 것은 옳은 것이다."라고 표현하고 있다. 이런 주장으로 후썰은 "(한) 전사는 용감해야만 한다."는 요구 혹은 규범은 "단지 한 용감한 전사만이 하나의 좋은 전사이다."라는 가치판단인 이론적인 문장(명제)을 통해 기초 지워진다는 것을 명확하게 표현한다. 이론적인 문장, 가치판단은, 후썰이 주장했듯이, 그 규범에 포함되어 있다면, 그 문장은 그 규범의 토대를 세울 수 있는 것이 아니다. 왜냐하면 그 문장은 규범으로 주어지는 것이기 때문이다. "한 전사는 용감해야만 한다."라는 규범은 또한 "단지 한 용감한 전사만이 좋은 전사이다."라는 가치판단을 전혀 전제하지 않으며, 바로 그 반대이다: "단지 한 용감한 전사는 한 좋은 전사이다."라는 가치판단은 (한) 전사는 용감해야만 한다는 규범의 효력을 전제한다. 왜냐하면 하나의 행위를 '좋은·선한·훌륭한'(gut)으로 평가하는 가치판단은 그것이 유효한 것으로 전제된 하나의 규

176

범에 부합한다는 것 이상을 말하는 것이 아니다. 그 가치판단은 규범화에 대한 것은 아무것도 '함유하고' 있지 않지만, 본질적으로 하나의 규범화^{Normierung}와 연관된 것이다. "(한) 전사는 용감해야만 한다."라는 규범의 전제 없이, "단지 한 용감한 전사만이 훌륭한 전사이다."라는 가치판단은 가능하지 않다. 만약 그 규범과 그 가치판단 사이의 관계와 관련하여 도대체 '토대·기초'^{Fundierung}라고 말을 할 수 있다면, 그것은 가치판단을 기초 지우는 규범인 것이다. 우리가 가치판단들은 하나의 고유한 이론적 학문 혹은 학문들을 형성한다고 받아들인다면, 규범적인 학문의 기초로서 이론적인 학문들이 아니라 그와 반대이다: 규범적인 학문들은 사실 아니지만, (그것들의 문장들은 가치판단들인) 가치판단들과 분과학들의 기초를 형성하는 도덕 혹은 법과 같은 규범의 체계들, 규범적 질서들을 형성하는 것이다.

115) 칸트가 논리학의 원칙들을 규범들로, 사고를 위한 규정(지시)으로 혹은 이론적인 진술들로 고려했는지 여부에 대한 물음, 즉 다른 말로 하자면, 그가 논리학을 소위 '실용적인' 분과학으로 보았는지 혹은 하나의 이론적인 분과학으로 보았는지는 전혀 대답되지 않았다. 그의 문헌에는 양 입장들에 대한 지지의 증거들이 보인다.

칸트의 위임에 따라 예셰(Jäsche)에 의해 출간된 그의 *Logik, Kants Werke*, Akademieausgabe, Band IX에서 칸트는 논리학을 '오성과 이성 일반의 필수적인 법칙들에 대한 학문'으로 정의했다(13쪽). 앞에서의 설명에 따를 때, 칸트는 이러한 '법칙들'^{Gesetze}을 '규칙들'^{Regeln}로 이해했다는 결론이 나온다. '논리학'은 (다음과 같은) 말로 시작한다: "자연에 있는 모든 것들은, 무생물의 세계에서는 물론, 생명이 있는 세계에서도 (우리가 동시에 이러한 규칙들을 항상 알고 있지 않다는 것과 무관하게) 규칙들에 따라 일어난다. —그리고 물은 중력의 법칙에 따라 떨어지고, 동물들에 있어서는 걸어가는 움직임 또한 규칙에 따라 일어난다. 물속에 있는 고기, 공중에 있는 새는 규칙에 따라 움직인다. 전체 자연은 무릇 본질적으로 규칙에 따른 발현(생기)^{Erscheinung}의 결합^{Zusammenhang}과 다름 없다. 그리고 도처에 이러한 규칙이 없는 것은 없다. 만약 우리가 하나의 그러한 것(규칙 없는 짓)을 찾을 생각이라면, 우리는 이러한 사례에선 단지 '우리에게 그 규칙들이 알려져 있지 않다.'라고만 말할 수 있는 것이다." 칸트가 여기서 말한 이 '규칙들'은 주지하다시피 자연법칙이고, 이에 따라 모든 사건들은 생겨나고, 반드시 생겨나야만 하고, 그에 반해서는 아무것도 생겨날 수 없으며, 하나의 행위가 그에 부합해야만 하는 그런 규칙들이 아니며, 따라서 (행위가) 상응할 수도 있고, 혹은 상응하지 않을 수도 있는 것이다. 만약 칸트가 나중에 "그런데 모든 우리의 힘들 전체와 같이, 특히 오성도 그 행위를 함에 있어서, 우리가 연구할 수 있는 규칙들에 구속된다."(11쪽)라고 말한다면, 여기서는 우리가 연구할 수 있는 이러한 규칙들, 물론 당연히 우리의 오성이 연구할 수 있는 규칙은 존재-규칙$^{Seins-Regeln}$으로, 달리 말해 오성이 이에 따라 사실상 기능하는 규칙으로 이해되어야만 하고, 환언하면, 오성이 생각하는 규칙으로 이해되어야만 하고, 오성이 반드시 그에 따라 기능해야만 하고, 달리 기능할 수는 없는 것이지, 그 오성이 그에 따라 기능해야만 하는 규칙들이 아니고, 오성이 그에 부합하거나 부합하지 않을 수 있는 사고의 규범들이 아니다. 칸트가 계속해서, "물론 오성은 규칙일반을 무릇 생각하는 원천으로, 그리고 능력으로 간주되어야 한다. … 오성은 따라서 규칙들을 찾기 위해 열망하고, 만약 그 규칙들을 찾으면 만족한다."라고 말한 것도 이에 부합한다. 오성이 이러한 규칙들을 '생각한다는 것', 오성이 이러한 규칙들을 '모색한다는 것', 그리고 '발견한다는 것'은 단지 이러한 규칙들이, 마치 자연의 사실이 생각하는 오성에 대상으로 주어진 것과 같이, 생각하는 오성에 주어진 대상이라는 것을 의미하며, 생각하는 오성에 의해 창조된 것이 아니라는 의미이다. 칸트가 '자연적인'(고유한) 논리학 혹은 '통속적인' 논리학, 그리고 '인공의·기교적 논리학 혹은 학문적 논리학'을 구별한 곳(17쪽)에서 그는 "따라서 인공적인 혹은 학문적인 논리학만이, 자연적인 오성과 이성의 사용과는 무관하게 **구체적으로 선험적**

(in concrete a priori)으로 인식될 수 있고, 반드시 인식되어야만 하는, 사고의 필수적이고 일반적인 규칙들의 학문으로 (그 규범들이 동시에 단지 저 자연스런 사용의 관찰을 통해서만 비로소 발견될 수 있는 것이든 아니든 간에) 이름을 받을 가치가 있는 것이다."라고 말했다. 하지만 칸트가 오성에 대해서, 그것은 사고의 규칙들을 '모색(찾고)하고' '발견한다'고 말한 바로 다음에 그는 "물론 오성은 그 규칙들의 원천^Quelle이기 때문에, 그 오성 자체는 어떤 규칙에 따라 거동하는가라는 문제가 제기된다."(12쪽)라고 말한다. 오성은 그 규칙들의 '출처'라는 것은 오성이 이 규칙들 자체를 창조한다는 것을 의미하고, 그것을 무언가 그의 밖에 주어진 것으로 '찾거나', '발견하는' 것이 아니라는 것을 뜻한다. 칸트의 서술로부터 사고의 법칙들을 인식하는 이성은 이러한 법칙들 자체를 준다는 것이 된다. 즉 도덕적인 권위로 행위에 관련된 것일 뿐만 아니라, 학문적인 권위로서의 사고에 관해서도, 즉 입법자적으로, 실천적인 이성으로 기능한다는 것이다. 따라서 칸트는 또한 "논리학은 따라서 오성과 이성의 자기 인식이다. … 논리학에서 문제되는 것은 단지 어떻게 오성이 스스로 인식되는가이다."(14쪽)라고 말했다.

이러한 사고인, 이성으로부터 창설되고 인식된 사고의 법칙들은 그에 따라 이성이 사실상 행동하는, 반드시 활동해야만 하는 것이고 달리 행위할 수 없는 것인, 사고법칙들이라는 것을 다음의 문장이 말하고 있다(12쪽): "왜냐하면 우리는 특정한 규칙들에 따르는 것과 달리 생각할 수 없고, 우리의 오성을 특정한 규칙에 따르는 것과 달리 사용할 수 없다는 것은 의심의 여지가 없기 때문이다." 그리고 "그것에 따라 오성이 활동하는 모든 규칙들은 필연적이거나 혹은 우연한 것이다. 전자의 것은 그것 없이는 오성의 사용은 전혀 불가능한 그런 것이고, 후자의 것은 그것 없이는 모종의 특정한 오성의 사용이 일어나지 않는 것이다." 그리고 조금 나중에 칸트는 이러한 규칙들에 대해 말하는데, 우리는 "그것들이 없이는 전혀 생각할 수 없게 될" 것이기 때문에 "바로 필수적인" 것이라고 말했다. 즉 이러한 규칙에 따르지 않고 활동하는 사고는 없다는 것이다. 이러한 의미에서 칸트는 위에서 인용된 "오성과 이성 일반의 필수적인 법칙들에 관한 학문으로 … 그것 없이는 전혀 오성과 이성의 사용이 일어나지 않는 사고의 필수적인 법칙들의 학문으로" 논리학을 정의한 것이다. 하지만 칸트는 이에 추가하여, "그것은 따라서 오성이 유일하게 그 자신과 일치할 수 있고,해**야만 하는** 조건들이다. —그것의 **올바른** 사용의 필수적인 법칙들과 조건들 …"이라고 말한다(강조는 여기서 한 것임). 이성의 '올바른' 사용은 이성의 옳지 않은 사용도 있을 수 있을 때만 있을 수 있는 것이다. '올바른'richtig은 하나의 가치판단이기 때문에, 하나의 가치는 하지만 단지 하나의 규범을 통해 구성되는 것이기 때문에, 이성의 사용이 '올바르다'는 것은 그 이성의 사용이, 그것이 규범에 부합해야만 하는 것과 같이 그렇다는 것을 의미하기 때문에, 사고의 '규칙들' 혹은 '법칙들'은 반드시 규범들이어야만 하고, 그 규범에는 사고가 일치해야만 하지만, 일치할 수도 있고, 일치하지 않을 수도 있는, 즉 올바른 사고 혹은 올바르지 않은 사고일 수도 있는 것이다. 이어서 칸트는 또 14쪽에서 "논리학에서는 … 우리가 어떻게 생각하는지가 아니라 우리는 어떻게 생각해야만 하는지가 문제이다. … 우리는 논리학에서 오성이 어떠하며, 어떻게 생각하고 지금까지 사고에서 어떻게 활동해왔는가를 알고자 하는 것이 아니고, 그 오성이 사고에서 어떻게 활동해야만 하는가를 알려고 하는 것이다. 논리학은 우리에게 올바른, 즉 그 스스로 일치하는 오성의 사용을 가르쳐주는 것이다."라고 설명한다. 그리고 16쪽에서 "논리학은 … 즉 올바른 오성의 사용과 이성의 사용 일반에 대한 학문이다. 하지만 마치 오성이 생각하듯이, 주관적인 것이 아닌, 달리 말해 경험(심리학적인)적인 원칙들에 따르는 것이 아니라, 객관적인, 즉 오성이 어떻게 생각해야만 하는가라는 선험적인 원칙에 따르는 것이다."라고 한다. 이에 따라 논리학의 원칙들은 규범들이고, 논리학은 하나의 이론적인 분과학이 결코 아니라, 경험적인 분과학이다. 그리고 110쪽에서, "논리학은 단지 실용(실천)적인 문장(명제·진술)들을 그 **형태**에 따라 논구해야만 하며, 이러한 한에서 **이론적인** 것과 구분된다. 실용적인 문장들은, 그 내용에 따를 때, 그리고 그러한 한에서 **관조적인** 것과 구별되는 것은, 도덕에 속한다."라고 그렇게 말하고 있다. 논리학은 도덕과 같이, 실용(실천)적이다. 논리학과 도덕의 차이는 전자(논리학)는 형태에 관련되어 있고, 후자(도덕)는 내용적으로 정해져 있다는 것에 있다. 하지만 16쪽에서 칸트는 논리학을 분석학^Analytik과 변증학^Dialektik으로 구분하면서 말하기를 "우리가 이것[분석학]을 실천적 기예에 대한 단순히 이론적이고 일반적인 교의^Doktrin로, 즉 하나의 오르가논(Organon, 사고의 방법)으로 사용하려 한다면, 그것은 **변증법**이 되어버릴 것이다. 분석학의 단순한 오용으로부터 나오는 **가상의 논리학**(ars sophistica, disputatoria)은 …."이라고 했다. 하지만 나중에 17쪽에서는 "이에 따라 우리는 논리학의 두 개의 부분을 가지게 될 것이다: **분석학**^Analytik, 이것은 진실의 형식적인 척도들을 보여주는 것이고, **변증법**(론)^Dialektik, 이것은 우리가 이에 따라서, 무언가가 진실의 형식적인 척도들과 부합하는 것으로 보일지라도, 그에 부합하지 않는다는 것을 인식할 수 있게 하는 표지들과 규칙들을 담고 있는 것이다. 이러한 의미의 변증론은 오성(지성)의 **정화제**^Kathartikon로서 그의 유용성이 있는 것이다."라고 하고 있다. 만약 논리학의 부분으로서 변증론이, 무언가가 진실의 형식적인 척도와 일치하지 않는다는 것을 인식할 수 있다면, 그것은 실용적인 기술^Praktishe Kunst이다. 하지만 논리학을 이론적인 논리학과 실용적인 논리학으로 구분하는 것에 대해 언급하고 있는 17쪽에서, 칸트는 이러한 "구분은 옳지 않다. … 일반논리학, 하나의 단순한 기준으로서, 모든 대상으로부터 추상화된, 그 논리학은 어떠한 실용적인 부분을 가질 수 없다. 이것은 아마도 **형용모순**(contradictio in adjecto)일 것인데, 왜냐하면 하나의 실용적 논리학은 그것이 적용되게 되는 모종의 대상들의 인식을 전제하기 때문이다."라고 했다. 하지만 자신이 '순수논리학'에 대응시킨 '응용논리학'에 대해서 칸트는 "응용논리학은 도대체 논리학이라고 해서는 안 된다. 그것은 우리가 우리의 사고에서 일어나야만 하는 것을 고찰하는 것이 아니라, 우리의 사고에서 일어나곤 하는 것을 고찰하는, 하나의 심리학이다."(18쪽)라고 했다. 여기서 도출될 수 있는 것은, 우리는 순수한 논리학에서는 우리의 사고에서 그것이 어떻게 일어나야만 하는 것인지를 고찰한다는 것이다. 하지만 이전에 말하기를 "순수한 논리학에서는 우리는 오성(지성)을 그 밖의 감정(마음)의 힘(감성)으로부터 구별하고, 그 오성이 스스로 무엇을 하는가를 관찰한다."라고 했다. 이것은 달리 말해 물론 오성이 사실상 어떻게 활동하는가이지, 그가 어떻게 활동해야만 하는가를 말하는 것이 아니다. "응용논리학은, (오성이) 그의 행위에 영향을 미치고 그에게 잘못된 방향을 제시하는 다른 감성의 힘들^{Gemütskräfte}과 섞여 있고, 그래서 그 스스로 이미 정당한 것들이라고 통찰한 그 법칙들에 따라 활동하지 않는 한 오성을 주시한다." 응용논리학이 '왜곡된·잘못된' 것인가 혹은 '올바른' 것인가에 따라 사고(생각)하는 것을 바라본다면, 응용논리학은 반드시 규범들에 따라, 즉 그것이 있어야만 하는 것과 같이 있는가 혹은 그것이 있어야만 하는 것과 같지 않게 있는가에 따라 판단되어야만 하는 것이다. 15쪽에서는 일반적인 논리학에 대해 "논리학은, 즉 단순한 비판보다는 많은 것이다; 그것은 나중에 비판을 위해 기여하는, 달리 말해 모든 오성의 사용 일반의 판단원칙으로 기여하는 하나의 척도·기준^{Kanon}이다. 비록 그의 단순한 형태만을 고려해서 그의 올바름·정당성^{Richtigkeit}(을 판단하는 것이지만) …"라고 언급하고 있다. 칸트는 "Kritik der reinen Vernunft", *Kants Werke, Akademieausgabe*, Band III, S. 517에서 '표준·척도·기준'^{Kanon}을 '특정한 인식능력 일반의 정당한 사용의 **선험적인** 법칙들의 총체'라고 표현했다. '비판'에, 즉 '판단'에 기여하는 '표준'으로서 논리학은 규범적인 성격을 필히 가져야만 한다. 칸트는 *Grundlegung zur Metaphysik der Sitten*(Band IV, 426쪽)에서, "도덕적인 판단의 규준"으로서 "우리는 우리의 행위의 하나의 척도가 하나의 일반적(보편적) 법률이 되는 것을 필히 원할 수 있어야만 한다^{müsse}."라고 했고, 즉 하나의 그런 것이 되어야만 한다^{soll}는 것, 혹은 칸트가 말했듯이 "우리는 그것이 하나의 그런 것[하나의 보편적 자연법칙]이 되어야만 한다고 원할 수 있다."라는 것이다. 그리고 *Logik* 20쪽에서 칸트는 "우리가 지금까지 논리학의 본질과 목적에 대해 말했던 것으로부터 이제 이러한 학문의 가치와 그것을 공부하는 유용성이 올바르고 특정된 척도에 따라 평가될 수 있다. 논리학은 … **인식의 비판**으로서 유용하고 폐기 불가능한 것이거나, 혹은 일반적 이성은 물론 관조적 이성을 가르치려고 하는 것이 아니라, 그것을 **옳게**^{korrekt}하고 그 스스로 일치하도록 하기 위해, 일반적 이성 및 관조적 이성$^{spekulative\ Vernunft}$을 평가하기 위해서도 유용하고 불가결한 것이다."라고 한다. 논리학, 그것의 본질과 목적이 일반적 이성 및 사변적 이성을 '옳게·바르게' 하는 것이라면, 논리학이 '가르치지' 않는다는 것은 이해하기 정말 어렵다. 하지만 일반적, 그리고 관조적·사변적 이성으로서 논리학은 단지 그것이 특정한 사고-규정들에 맞게 (사고)함으로써 사고를 '바르게' 할 수 있다는 것에 대해서는 의문의 여지가 없다. 그래서 칸트는 여기서 또, "진실의 논리적 원칙은 오성이 그 자신의 고유한 일반법칙들과의 일치함이기 때문이다."라고 했고, 이 일반(보편)법칙들은, 단지 오성이, 즉 사고가 그와 일치할 수 있거나 옳거나, 혹은 일치하지 않거나 옳지 않을 수 있는, 규범들이다.

따라서 칸트의 *Logik*으로부터는 논리학의 원칙들이 규범들인가, 아니면 이론적인 진술들인가라는 물음에 어떠한 명확한 답도 얻을 수가 없다. 적어도 논리학의 규범적 성격에 대한 입장이 우세한 것으로 보인다. 하지만 *Logik*은 칸트 자신에 의해 출간된 책이 아니고, 따라서 아마도 전적으로 원본 문서는 아닐 것이다. 따라서 우리는 논리적 원칙들의 본성에 관한 물음에 답하기 위해서 다른 칸트의 작품들을 끌어들여야 한다. 먼저 "Nachricht von der Einrichtung seiner Vorlesungen in dem Winterhalbjahre von 1765–1766", *Kants Werke, Akademieausgabe*, Band II, S. 305ff.가 고려된다. 그곳에서는 논리학에 대해 "이러한 학문에는 본래 두 개의 유형(Gattungen)들이 있다. 첫 번째의 것은 **건강한 오성의** 비판과 규정들이다. … 두 번째의 논리학의 유형은 **고유한 박식함**^{Gelehrsamkeit}의 비판과 규정들이다. …"(310쪽)라고 한다. 즉 논리학은 모든 사례들에 대한 '규정'이고, 그의 원칙들은 규범들이다. 그리고

"Handschriftlichen Nachlaß"(Band XVI, S. 36)에서는 "논리학은 그 재료에 따를 때는 물론 그 형식에 따를 때도 하나의 이성학이다. 형식과 관련해서는 그 것은 이성의 **canon**으로 소위 **선험적인 원칙**(principia a priori)이지 경험적인 것, 즉 심리학으로부터 차용된 것이 아니다. 그것은 오성의 **경험적**인 사용으로부터 **추상화된 것**이지만, **유도된** 것은 아니다. 이것은 이론적 논리학이다."라고 한다. 즉 이성의 한 '척도'^{Kanon}가 하나의 이론적인 학문이라고 하더라도, 그 바로 다음 문장에서는 [그것은] "사람들이 어떻게 생각하는가라는, 주관적인 법칙들을 [함유하는 것이] 아니라, 객관적인, 즉 사람들이 어떻게 생각해야만 하는가 라는 객관적인 법률들을 [함유하는 것이다]."라고 적혀 있다.

사람들이 논리학의 본질에 대한 상세한 연구를 기대할 수 있었을 것 같은 『순수이성비판』에서 이것은 상대적으로 부수적인 역할에 그치고 있다. 칸트는 사실 선험적 방법론의 제2장(zweite Hauptstück, Band III, S. 517)에서 "그것은 그 것의 순수한 사용에서는 아무것도 얻을 수가 없고, 그의 방종을 길들이고 그 에게로 다가오는 환영을 막기 위해서 심지어 하나의 분과학을 필요로 한다는 것은, 인간의 이성에게는 굴욕적인 것이다."라고 말했다. 이것은 단지 논리학 에 관련된 것일 수 있는데, 이에 대해서는 다음과 같이 언급되고 있다. 즉 일 반논리학은 "그것의 분석적인 부분에서 이성과 오성(지성) 일반에 대한 척도들 이지만, 단지 그 형태에 따른 것이다, 왜냐하면 그것은 그 모든 내용으로부터 추상화된 것이기 때문이다." '이성의 척도'$^{Kanon\ der\ Vernunft}$로서 논리학은 하나의 이성의 비판에서 그 첫 번째 자리를 잡아야만 하는 것이 분명하다는 것이다. 이것은 하지만 칸트의 작품에서는 그렇지 않다. 논리학의 기능이 '이성의 방종 을 길들이고 그에게 다가오는 환영을 막는 것'이라면 그것의 원칙들은 반드시 규정들^{Vorschriften}이어야만 하는 것이다. 하지만 칸트는 일반적으로 논리적 법칙 들의 본성에 대해서는 전혀 의문을 제기하지 않았다. 2판의 서문 8쪽에서 그 는, 논리학은 "예비입문학으로서, 말하자면 단지 학문의 앞뜰을 채우고 있다." 라고 말하고, 인식이 문제되는 곳에서 우리는 "그것의 판단을 위해 하나의 논리학을 전제한다."고 했다. 하지만 판단은 판단의 척도로 봉사하는 규범을 전제한다. 그러나 칸트는 이것을 말하지 않았다. 80쪽에서 그는 '우리의 인식의 모든 논리적 판단의 원칙들'에 대해 말했고, 그가 '분석학'이라고 명명한 논리학의 한 부분에 대해 말했고, 그것은 적어도 "우리가 반드시 가장 먼저 모든 인식들을 그 형태에 따라 이러한 규칙들에 맞추어 심사하고 평가해야만 함으로써, … 하나의 소극적인 진실의 시금석이라고 했다."라고 했는데, 그것은 단지 이러한 규칙들이 규범들이라면 가능한 것이다. 하지만 이러한 맥락에서도 이러한 '규칙들'의 본성이 무엇인가에 대한 물음은 등장하지 않는다. 또한 '논리학 일반'을 다루고 있는 편장에서도 이에 대해서는 언급이 없다(74쪽 이하). 여기서 칸트는 일반적인 오성 사용의 논리학과 특별한 오성 사용의 논리학을 구분한다. "전자는 단지 그것이 없이는 전혀 오성의 사용이 일어나지 않는 사고의 필수적인 규칙들만을 함유하고 있고, 그것이 향해질 대상들의 상이성에 대해서는 고려하지 않는다. 특별한 오성의 사용의 논리학은 하나의 특정한 유형의 대상들에 대해 올바르게 생각하는 규칙들을 함유하고 있다."라고 한다. 그것은 '올바르게' 사고하는 규칙들이라는 것을 칸트는 여기서 적어도 명시적으로는 단지 특별한 오성의 사용의 논리학이 함유하고 있는 것으로 말했다. 그가 일반적인 오성의 사용에 관한 규칙들에 대해 말한 것은 —자구대로 볼 때— 존재규칙들이라는 것, 그에 따를 때 오성의 사용이, 즉 사고가 사실상으로 일어난다는 것을 의미하고 있으며, 오성이 어떻게 사용되어야만 하는가라는 것을 규정하는 것을 의미하는 것은 아니라는 것이다. 나중에 76쪽에서 그는 '일반적인 논리학' 내에서 하나의 '순수한' 논리학과 '응용논리학'을 구분했고, 순수한 일반논리학에 대해서는, 그것은 순수한 **선험적**인 원칙들과 관계를 갖고 있고, **오성과 이성의 척도**'라고 했다. '경험적인 원칙들'을 가지고 있는 응용논리학에 대해서 그는, 그것은 "오성 일반의 척도도 아니고, 특별한 학문의 사고방식^{Organon}도 아니고, 단순히 일반적인 오성의 정화제"라고 했다. 우리가 —칸트(517쪽)가 말했듯이— '척도·규준'을 '모종의 인식능력 일반의 올바른 사용'의 원칙들로 이해한다면, 우리는 올바른 사용의 원칙들은 규정들이라고 받아들이거나, 혹은 하여간 규정을 전제한다는 것을 받아들이는 것이고, 그렇다면 순수한 일반논리학은 규범적 성격을 가지는 것이지, 응용 일반논리학이 규범적 성격을 가지는 것은 아니다. 왜냐하면 응용 일반논리학은 '오성일반의 규준'이 결코 아니기 때문이다. 하지만 만약 이것이 하나의 '정화제'라면, 즉 보통의 오성의 순화원칙이라면, 그것은 반드시 사고의 규정들을 함유해야만 하거나, 혹은 전제하고 적용해야만 하는 것이다. 하지만 또한 이것도 우리는 단지 추정할 수 있는 것이지 칸트의 학설로서 주장할 수 있는 것이 아니다. 칸트가 순수한 일반적 논리학과 응용 일반논리학 간의 관계를(77쪽), 단순히 '자유로운 의지 일반의 필수적인 도덕법칙들을 함유하고 있는 순수한 도덕'과 이러한 법칙들을 감정, 경향, 열정 등, 인간이 다소간 종속되는 그러한 장애들하에서 이러한 법칙들을 고려하는 …, 고유한 덕(성)론Tugendlehre의 관계에 대비한 것은 이러한 추정에 힘을 실어준다. 왜냐하면 순수한 도덕은 덕성론과 같이 규범적인 성격들이고, 규범들을 함유하고 규범들을 적용하기 때문이다. 칸트가 "하나의 논리학은, 그것이 오성의 일반적이고 필수적인 규칙들을 제시하는 한, 바로 이러한 규칙들에서 반드시 진실의 척도들을 제시해야만 할 것이다. 왜냐하면, 오성은 그때에 자신의 사고의 일반적인 규칙을 자기 스스로 충돌하는 것이기 때문에, 이에 위반하는 것은 틀린 것falsch이기 때문이다."(80쪽)라고 설명한 것도 일반적인 논리학의 규범적인 성격을 긍정하는 것으로 보이는 것이다. 조금 뒤에 칸트는 그가 '분석학'이라고 명명한 일반논리학의 한 부분에 대해 말하는데, 그것은 '우리의 인식의 모든 논리적 판단의 원칙들을 기술'하며, '사람들이 반드시 가장 먼저 모든 인식들을 그것의 형태에 따라 이러한 규칙에 비추어 심사하고 평가해야만 함으로써 … 적어도 진실의 부정적인 시금석'이라고 했다. 하지만 이것은 단지 그 규칙들이 올바른 사고의 규범들인 경우에만 가능하다. 유일하게 규칙들의 본성이 언급된 자리인 「선험적 판단력비판 일반에 대하여(Von der transcendentalen Urteilskraft überhaupt)」라는 편장에서 칸트는

"일반논리학은 판단력을 위한 어떠한 규정도 함유하고 있지 않고 그것을 또한 함유할 수도 없다."라고 했다. 하지만 그는 132쪽에서는 "그러나 일반논리학이 판단력에 어떠한 규정도 줄 수 없을지언정, 그럼에도 선험적인 것에서는 그 사정이 전적으로 다르고, 심지어 선험적인 것은, 순수 이성의 사용에 있어서 판단력을 특정한 규칙들을 통해 바로잡고 확실하게 하는 것을 그들의 고유한 업무로 하는 것으로 보인다."고 했다.

물론 이로써 도출되는 것은 또한 『순수이성비판』도 논리학의 원칙들이 규범들인지, 아니면 이론적인 진술들인지 여부에 대한 물음에 대해 어떠한 명백한 답을 제공하지 않았다는 것이다.

116) 진실을 가치로서, 특히 실천적인 가치, 도덕적인 가치와 구별하여, 이론적인, 그리고 논리적인 가치로 해석하는 하나의 전형적인 예는 바우흐(Bruno Bauch)의 문헌 *Wahrheit, Wert und Wirklichkeit*, Leipzig 1923이다. 바우흐는 가치의 개념을 '과제'^{Aufgabe}의 개념의 도움을 받아 정의했다. 그는 469쪽에서 "사실적인 것, 현실적인 것, 존재하는 것(소여)에 대한 차이점과 동시에 자신의 적극적인 고유한 의미에서 가치는, 소여에 반해, 그리고 동시에 소여와 관계에서 부과된 것의 고유한 의미, 그 과제의 고유한 의미를 통해서 보다 더 잘, 그리고 더 명확하게 특징 지워지기 어려운 것으로 보인다."라고 했다. 그리고 471쪽에서 가치는 "하나의 주체가 그에 따를 수 있고, 따라야만 하는 것인 한 과제이다. …"라고 한다. 바우흐는 '과제'라는 말로 무언가가 존재해야만 한다 혹은 일어나야만 한다는 것을 표현했다. 그는 470쪽에서 "'과제'는 '실천(용)적인 영역에서' 언급되는 것이며, 저마다의 인간은 의무들, 혹은 도덕적 요구들, 도덕적 과제들을 입에 올린다. … 여기서 우리 모두는 하나의 당위를 말하는 것에 익숙해 있다. … '너는 해야만 한다.'는 것, 그 의무는, 날마다 그리고 매시간마다 우리들의 구체적인 삶에서 우리에게 우리의 의지^{Wollen}에게 말한다."라고 했다. 무언가가 하나의 '과제'라는 것은, 즉 무언가가 요구되었다

는 것을 의미하며, 무언가 존재해야만 한다거나 일어나야만 한다는 것을 규정하는 하나의 규범이 유효하다는 것을 의미한다. 바우흐는 과제의 '주체관련성'Subjektbezogenheit을 강조한다: "각 과제는 … 그럼에도 항상 하나의 주체에게 부과되었다는 의미를, 그 과제는 하나의 주체에 대한 과제라는 의미를 가진다." (210쪽) 하지만 만약 '과제'가 하나의 '요구'라면, 그 과제는 그것이 한 주체에게 주어졌다는 의미에서 주체에 관련된 것만이 아니라, 그것은 한 주체에 **의해** 주어졌다는 의미에서도 주체에 관련된 것이다. 그렇지 않다면 요구하는 자 없는 요구가 존재하는 것이고, 규범을 설정하는 권위자 없이 하나의 규범이 존재하는 것이다. '과제'는 하나의 의지에 향해진 것일 뿐만 아니라, 하나의 의지로부터 나오는, 그 과제가 주어지는 행위, 의지적 행위의 의미이다. 이러한 의지적 행위의 의미는 과제의 '당위'이다. 하지만 바우흐는 과제의 '주체관련성'의 이러한 측면을 무시했다. '과제'가 하나의 요구라면, (즉) 하나의 규범이라면, 가치는 과제가 아니라, 단지 이 과제에 대한 현실의 관련성, 즉 하나의 규범에 대한 현실의 관련성일 수 있다. 하나의 현실적인 것이 가치 충만한 것이라거나 혹은 가치위반이라는 것은, 가치를 가진다 혹은 무가치하다는 것은, 단지 그 과제에 부합한다 혹은 부합하지 않는다는 것, 혹은 ―그것과 동일한 의미로― 하나의 규범에 부합한다 혹은 부합하지 않는다를 의미할 수 있을 뿐이다. 가치는 과제가 아니고 과제를 통해 만들어지는 것이다.

바우흐는 가치를 과제로 잘못 규정했기 때문에, 즉 가치를 그것을 구성하는 규범과 동일시했기 때문에, 그는 또한 그가 그 진실을 '과제'로 정의하는 식으로, 진실을 가치로 규정할 수 있다고 믿었다. 그는 "진실은 학문에 대해, 즉 그 목적이 물론 근거 지워진 지식인 한에서, 학문에 대해 과제로서 대응한다. 물론 그것은 앎(지식)에 향해진 저마다의 모든 사고의 과제이다. 그런 한에서 과제의 성격은 바로 진실의 가치적 성격을 분명하게 해줄 수 있다."(472쪽)라고 했다. 이에 대해 가장 먼저 지적해야 할 것은, 바우흐가 앞에서 얘기한 것에 따를 때, 하나의 과제는 하나의 원함·의지Wollen에 향해지는 것이지 하나의 사고에 향해지는 것은 아니라는 것이다. 사람들은 단지 진실되게 생각하기를 원하는 과제만을 말할 수 있는 것일 거다. 하지만 누구에게, 누구에 의해서 이러한 과제가 설정되는가? 바우흐는 이러한 물음에 대해 아무런 답도 제시하지 않았다. 그는 "하지만 우리에게 진실의 과제적 성격은 학문(Wissenschaft; science)에서 가장 분명해진다: 진정한, 그리고 엄정한 학문은 진실을 인식하려 할 것이고 진실 외에는 아무것도 인식하려 하지 않을 것이다."(475쪽)라고 한다. 하지만 이 학문은 아무것도 '의욕하지 않고', 학문은 인식이지 의지가 아니며, 진실은 인식의 대상이 아니라, 인식의 하나의 속성이고, 만약 인식이 그 대상과 일치하는 경우라면 그 인식이 가지는 하나의 속성인 것이다. '과제'는 없다, 달리 말해 진술이 진실이어야만 한다는 것을 규정하는 규범은 없다. 하나의 학문도, 학문으로서 논리학도 그러한 규범을 전제하지 않으며, 그러한 하나의 과제를 설정하지도 않는다. 하지만 인간들은 단지 참된 진술만을 해야 한다, 그들을 속여서는 안 된다는 것을 규정하는 규범들은 있다. 이것은 도덕의 규범이다. 이러한 규범이 구성하는 가치는 하지만 진실^{Wahrheit}이 아니라 **진실(부합)성^{Wahrhaftigkeit}**이다. 진실은 하나의 진술의 속성, 즉 하나의 사고행위의 **의미**의 속성이고, 그 진술이 그것이 관련하는 대상에 부합한다는 것에 있고, 그 진술이 말하는 것과 같이 **있다(존재한다)**는 것에 있다. 하나의 진술의 진실은 그 진술이, 그 진술을 하는 인간에게, 그의 의지에게 향해진, 무언가 하나의 **규범** 또는 과제에 일치한다는 것에 있는 것이 **아니다**. 진술의 진실은 이러한 진술을 하는 인간의 의지와는 무관하다. 하지만 진실(부합)성은 한 인간의 행위의 속성, 그 의미가 참인 진술인 인간의 **행위**의 속성이고, 진실성은 이러한 행위가 인간의 의지에 향해진 하나의 도덕규범에 부합한다는 것에 있다. 진실성은 물론 진술하는 인간의 의지에 좌우된다. 바우흐는 —매우 자주 그런 것처럼— 진실을, 물론 하나의 가치, 하나의 도덕규범에 부합하는 하나의 행위의 가치인, 진실성과 혼동했다.

바우흐는 칸트의 실천이성의 우위^{Primat}를 '진리값(가치)'에 대한 윤리적인 가치의 우선'으로 해석했다(478쪽 이하). "그곳에서 윤리적인 가치가 표현되는, '순수한 실천이성의 기본법칙은' 반드시 단순히, 그리고 일반적으로 행위 ^{Handeln}에 연관되어야만 하고, 모든 특별한, 그리고 특정한 행위의 척도일 수 있기 위해서, 하나의 특별한 행위를 정하여 제시하는 것이 아니다. … 특히 윤리적인 가치는, 그것이 저마다의 행위에 연관될 수 있기 때문에, 또한 다른 가치들도 그 안에 포함할 수 있어야만 하고 그 가치들 안에 스스로를 산입할 수 있어야만 한다." 바우흐는 '실천적인 가치의 일반적인 포괄성의 의미에서 실천이성의 우위'가 이해되어야 한다고 받아들였고, '그것의 종^{Species}은 다른 가치들, 즉 이론적 가치[진실]'라고 받아들였다(480쪽). 바우흐는 "진실(부합)성은 모든 저마다의 행위에서 표현될 수 있는 것이 아니고, 단지 우리가 이론적이라고 표현하는 저 행위에서만, 즉 사고함에서 혹은 보다 정확히는 인식함에서만 표현될 수 있는 것이다. 그렇기에 이론적인 가치영역은 윤리적인 가치영역보다 더 좁은 것이다."(479쪽)라고 말했다. 하지만 윤리적 가치는 이론적인 가치를 **그 안에 포함하기** 때문에, 윤리적인 가치는 모든 가치들, 즉 이론적인 가치도 그 종으로 **포괄하는** 것이기 때문에, 당연히 이론적인 가치는 (즉) 그 속에 윤리적인 가치가 포함되어 있는 소위 진실가치는 또한 하나의 **윤리적인 가치**임이 분명한 것이다. 하지만 이것은, 가치로서 진실은 실천적 이성으로 표현되는 의지로부터, 도덕적인 입법자로부터 요구된 것이지, 순수한 인식이고 어떠한 의지도 아닌 이론적 이성에 의해 요구된 것은 아니라는 말이다. 따라서 이러한 실천적 이성의 요구는, 하나의 도덕적인 요구인데, 왜냐하면 칸트에 따르면 실천적 이성은 하나의 **도덕적** 입법자이기 때문이다. 하나의 도덕적 요구를 통해 구성되는 가치는 단지 하나의 도덕적 가치일 수 있을 뿐이다. 이러한 가치는, 실천이성에 의해서 단지 행위가 요구되었기 때문에, 단지 행위들의 속성, 인간의 행위의 가치, 사고행위의 가치일 수 있지만, 이러한 사고행위의 의미의 속성, 생각된 것의, 하나의 사고행위의 의미로서 진술의 속성일 수는 없다. 하지만 단지 이러한 진술만이 **참**일 수 있고, 그 의미가 그 진술인 **행위**가 참인 것은 아니다.

단지 이러한 행위는 진실(부합)성이라는 도덕적 요구에 부합할 수 있는 것이다.

바우흐는 "진실가치(진리값)는, 즉 확실히 윤리적 가치는 아니다."(479쪽)라고 말했다. 이것은 단지 진실가치가 윤리적 가치와 동일하지 않은 한, 그것이 단지 윤리적 가치의 특수한 경우인 한, 바우어의 실천적 이성의 우위의 해석과 조화되는 것이다. 실천적 이성의 우위는 진실가치가 ―즉 바우흐가 진실가치로 표시한 것이― 하나의 윤리적 가치라는 피할 수 없는 결론을 갖고 있다. 나아가 바우어는 "진실의 추구는 도덕적이어야 할 필요가 없다. 하지만 그 자체가 하나의 행위Tun인 한, 그것은 그럼에도 도덕적일 수 있는 것이다."(479쪽)라고 한다. 하지만 그것이 도덕적인 입법자로부터 요구된 것이라면, 어떻게 진리의 추구가 도덕적이지 않을 수 있는가? 그 의미가 진술들인 행위들에서 표현되는 인간의 사실상의 행위는, 만약 그 인간이 의도적으로 비진실인 진술을 한다면, 만약 그의 의지가 그 의미가 거짓인 진술행위에 향해진 경우라면, 만약 그가 **진실성**의 도덕적 요구를 충족하지 않았다면, 만약 그가 속였다면, 도덕적이지 않은 것이다. 진실을 가치로 해석하는 것은 진실과 진실성을 혼동한 것에 연유한다. '이론적 가치'는 그 자체가 하나의 모순이다.

117) 단지 진실일 수 있는 진술만이 증명될 수 있다는 것에 관하여는 에이어(Alfred Jules Ayer)의 *Language, Truth and Logic*, London 1949, S. 9를 비교하라. 에이어는 '그 용어의 강한 의미에서의 입증할 수 있는'과 '약한 의미에서의 입증할 수 있는', 두 종류의 입증을 구분했다. "하나의 명제는 만약, 그리고 단지 그것의 진실이 확정적으로 경험에서 규명되는 경우에만 그 용어의 강한 의미에서 증명 가능한 것으로 말할 수 있고, 만약 그것이 경험에 대해서 그것을 개연적으로 만드는 것이 가능한 경우에는 약한 의미에서의 증명 가능한 것이다." 즉 단지 진실일 수 있는 문장들만이 증명 가능한verifizierbar 것이다.

요르겐센(Jörgen Jörgensen, "Imperatives and Logic", *Erkenntnis*, 7 Bd., 1937/38, S. 292)은, "어떻게 '그것과 그것은 그렇고 그래야만 한다.'라는 형태의 문장이

증명될 수 있는가?"(How is a sentence of the form 'such and such is to be so and so' to be verified?)라는 물음을 제기한다. 달리 말해 어떻게 "이것 혹은 이것은 그렇고 그래야만 한다라는 진술이 증명될 수 있는가?"라는 것이다. 그의 대답은 "'그러한 하나의 행위는 수행되어야만 한다.'는 것은 '그러한 행위가 수행되어야만 한다고 명령하는 한 사람이 그곳에 있다.'라는 형태의 한 문장의 축약으로 고려될 수 있다. 그리고 이러한 형태의 문장들은 당연히 증명되거나 허위로 밝혀질 수 있고, 결과적으로 하나의 의미를 가질 수 있다."는 것이다. 하지만 이것은 옳지 않다. "누군가 특정 방식으로 행위해야만 한다."라는 문장은 "누군가 다른 한 사람이 특정한 방식으로 행위해야만 한다는 것을 명령한다."라는 문장과는 다른 의미를 가진다. 만약 첫 번째 문장이 입증 가능하다면 그것은 하나의 규범의 기술이고, 두 번째 문장은 그 의미가 그 규범인 행위의 기술이다. 하지만 첫 번째 문장은 단지 두 번째 문장이 증명된다는 식으로, 즉 단지 간접적으로만 증명될 수 있는 것이다.

118) 말하자면 하나의 규범을 통해 하나의 가치가 만들어지는 한, 우리는 하나의 규범의 존재라고 말하는 것과 같이, 하나의 가치의 실존, 존재를 말할 수 있다. 리케르트(Rickert, "Vom Begriff der Philosophie", *Logos*, Bd. I, 1910, S. 12)는 "··· 가치가 가치로서 고려되면, 그것의 존재에 관한 물음은 무의미하다. 그렇다면 우리는 단지 그것이 '유효'한 것인가 아닌가만을 물을 수 있고, 이 물음은 어떠한 상황하에서도 가치의 존재에 대한 물음과는 같지 않다."라고 주장했다. 하나의 가치가, 즉 그 가치를 구성하는 규범이 유효한지 여부의 물음은, 사람들이 '평가함'Werten이라고 이해하는 것, 그 **평가함**의 존재에 관한 물음과 같지 않다는 것은 옳다. 하지만 하나의 가치의 존재에 대해 말하는 것은, 만약 이러한 하나의 가치의 존재가 하나의 가치평가**행위**Wertungs-Akte의 존재와는 하나의 다른 유형의 존재로 이해된다면, 무의미한 것이 아니다. 절대적인 가치 혹은 단지 상대적인 가치가 "있는가?"라는 물음은 무의미하지 않다.

119) 자체 모순투성이인 실천이성의 개념은 규범과 진술(판단), 특히 규범과 하나의 규범에 관한 진술을 구별하지 않는다는 데 기인한다. 본(Fred Bon, *Über das Sollen und das Gute. Eine Begriffsanalytische Untersuchung*, Leipzig 1898, S. 56)은 "그렇게 당위를 하나의 현실적인 요구(명령)들로부터 도출하려고 하는 대신에 이성으로부터 —그것이 하나의 '이론적 이성'이건 '실천적 이성'이건—, '이성적인 고려로부터' 혹은 '논리적인 정합성' 등등으로부터 도출하려고 한 모든 시도들은 명령(요구)들과 판단들을 혼동하고, 따라서 애당초 잘못된 시도들이었다는 것이 드러난다."라고 설명하고 있다. 본은 26쪽에서 '자율성'이라는 표현은 하나의 '형용모순'(contradictio in adjecto)이라고 말한다. ἔτ ἑϱου νόμος(other law)가 아닌 νόμος(law)는 모순(불합리)^{Unding}이라는 것이다." (27쪽) "칸트에 있어서 이러한 오류는 물론 경우에 따라서는 용서될 수도 있을 것이다. 왜냐하면 그에게 인간개체^{das Individuum}는 —이것을 Dividuum으로 언급하는 것이 더 나은 것은 아닌가?— 사실상 —경험적인 인간과 관념적인 인간— 두 종류로 분류되었기 때문이다. …" 사람들이 명령과 판단을 구별하지 않는다는 것에 있는 오류를, 본은 "**관념적·지적으로** 현실의 모사에 향해진 과정의 결과들이 명령(요구)에 있어서 실제로 일어나게 되는 **의지적 과정**의 결과와 보다 정확히 일치하면 할수록, 판단의 자구^{Wortlaut}들은 명령의 자구들과 더욱 완전하게 일치한다는 것으로 설명할 수 있다."고 믿었다(56쪽). 이것은 옳지 않다. "나는 무엇을 해야만 하는가?"라는 물음에 대한 답인 당위문은 그 의미가 명령인, 규범인, 의지적 행위의 기술이 아니고, 그 행위의 의미인 규범의, 명령의 서술인 것이다. 명령의 표현인, 규범의 표현인 당위문과 그 명령에 관한, 그 규범에 관한 진술의 표현인 당위문은 동일한 자구를 가진다. 본은 하나의 존재인 의지적 행위와 그것의 의미와의 하나의 당위인 규범과의 차이점을 보지 않았다. 따라서 그는 윤리학을 올바르게 '규범들의 학문'이라고, 'Normik'으로 표현했으나(S. 34), 자신의 1896년 출간된 저술 *Grundzüge der wissenschaftlichen und technischen Ethik*에서는 윤리학을 **존재하는 것**

의 학문으로 표시하는 모순에 빠졌는데, 그 이유는 윤리학은 '존재하는 것으로서 도덕적인 것'을 파악하려고 하기 때문에, 따라서 학문적인 윤리학을 심리학으로 파악하기 때문이다. 그는 이러한 '학문적'인 윤리학과 '기술적인' 윤리학을 구분하면서, 양자 사이에는 마치 자연과학과 기술 사이의 관계와 동일한 관계가 존재한다고 주장한다. 기술은 수단-목적-관계들의 기술에서 존재의 관련성으로 인과적 관련성에 대한 인식을 적용하는 것이다. 하지만 2년 뒤에 출간된 문헌 *Über das Sollen und das Gute. Eine begriffsanalytische Untersuchung*, Leipzig 1898에서 본은, 수단-목적-관계는 어떠한 규범적인 성격도 가지지 않는다고 고백한다; 여기서 윤리학은 존재하는 것에 관한 학문의 적용이라는 의미에서는 어떠한 기술[Technik]일 수 없다는 것이 도출된다.

120) 따라서 만약 헤어(R. M. Hare, *The Language of Morals*, Oxford 1964, S. 79)가 "나는 무엇을 해야만 하는가?"라는 형태의 물음들에 대해, "그 답은 하나의 규정(지시, prescription)이다."라고 한다면 옳지 않다.

기치(P. T. Geach, "Imperatives and Deontic Logic", *Analysis*, vol. 18, 1958, S. 49ff.)는 "나는 P를 하여야만 하는가?"라는 물음에 대해서는, 단지 "P를 하라."와 "P를 하지 마라."라는 두 가지의 답, 즉 두 가지의 명령이 있을 수 있을 것이라고 말한다. 본(Bon, *Über das Sollen und das Gute. Eine begriffsanalytische Untersuchung*, Leipzug 1898, S. 26)은 "나는 무엇을 해야만 하는가?"라는 물음에 대한 답은 "너는 너에게 다른 사람이 요구한 것을 해야만 한다."이고(S. 24), 이러한 문장은 '하나의 … 설명하는 판단'과 다를 바 없다고 확언했다.

121) 카르납(Rudolph Carnap, *Philosophy and Logical Syntax*, London 1935, S. 24f.)은 "하지만 사실상 하나의 가치(판단)문(a value statement)은 잘못된 형태의 명령과 다를 바 없다. … 그것은 진실도 거짓도 아니다."라고 말한다. 그것은 순수하게 인식에 맞게 하나의 행위의 이러한 행위에 관련된 규범에 대한 긍정

적 혹은 부정적 관계가 표현되는 가치**판단들**에는 맞는 말이 아니다. 이것은 단지 하나의 행위에 대한 감정적인 승인 혹은 불승인을 표현하는 가치평가들에는 맞는 말이다. 에이어(Alfred Jules Ayer, *Language, Truth and Logic*, London 1949, S. 107)는 "만약 내가 누군가에게 '너는 그 돈을 훔침에 있어서 잘못 행동한 것이다.'라고 말했다면, 나는 내가 단순히 '너는 그 돈을 훔쳤다.'라고 말한 것과 다를 바가 전혀 없다. '이 행위는 잘못된 것이다.'를 추가하면서 나는 그에 대해 어떤 추가적인 진술도 한 것이 아니다. 나는 단순히 그것에 대한 나의 도덕적 불승인을 분명히 밝힌 것이다."라고 한다. 이것도 옳지 않다. "너는 그 돈을 훔침에 있어서 잘못 행동한 것이다."라는 문장은 이 돈을 훔치는 것은 '사람은 절도해서는 안 된다는 규범에 반하는 것이다.'를 뜻하는 것일 수 있고, 또한 전제된 규범에 대한 절취함의 관계를 표현하는 것일 수도 있다. 그리고 만약 그 문장이 단순히 나의 불승인의 표현을 의미한다면 그 문장은 '너는 이 돈을 훔쳤다.'라는 진술과는 무언가 다른 것을 의미하는 것이다. 에이어는 "만약 … 내가 … '돈을 훔치는 것은 나쁜 것이다.'라고 말한다면, 나는 실제 의미가 없는 한 문장을 만든 것이다. ―즉 진실일 수도 있고, 거짓일 수도 있는 명제(proposition)를 표현한 것이 아니다. 그것은 내가 '돈을 훔침!!'이라고 적은 것과 같다. ―이곳에서는 느낌표의 형태와 두께가, 적정한 관습에 의해, 특수한 유형의 도덕적 불승인이 표현되고 있는 감정이라는 것을 보여준다. 여기서는 아무것도 진실이거나 거짓일 수 있는 것은 표현되지 않았다는 것은 분명하다. … 하나의 특정 유형의 행위는 옳다 혹은 그르다고 말함으로써, 나는 어떠한 사실적 진술을 하고 있는 것이 아니고, 심지어 나 자신의 마음 상태에 관한 진술을 하고 있는 것도 아니다. 나는 단순히 특정한 도덕적 감정(정서, sentiment)을 표현하고 있는 것이다."라고 했다. 하지만 "돈을 훔치는 것은 나쁘다."라는 문장은 ―이미 언급했듯이― 또한 돈을 훔치는 것은 "사람들은 훔쳐서는 안 된다."라는 유효한 규범에 반하는 것임을 의미할 수 있고, 적어도 (그것을) 의미하는 것이다. 그렇다면 하나의 그런 규범이 유효하다면 그 문장(진술·명제)은 참이다. 그 문장은 하나의 규범에 대한 하나의 사실상의 행위의 관계를 말하는 것이다. 그러한 하나의 진술은 하나의 가치판단이고, 하나의 규범에 대한 행위의 관계에 대한 진술인 가치판단들은 진실 혹은 거짓일 수 있다. 만약 그 진술이, 하나의 유효한 규범에 부합하는 하나의 행위를 '선한·좋은' 것으로 표현한다면, 참이다. 만약 유효한 규범에 부합하지만 그 행위를 나쁜 것으로 표시한다면 거짓이다. 혹은 만약 이러한 행위를 명령하거나 금지하는 어떠한 규범도 없는데, 그 행위를 선한 것으로 혹은 악한 것으로 표현하는 경우도 거짓이다.

실제의 사실에 관한 진술들만이 아니라, 그 효력에 관한 진술들도, 달리 말해 규범들의 관념적인 존재에 관한 진술과 인간의 행위의 그 규범들에 관한 관계에 대한 진술도, 즉 객관적인 가치판단도 진실 혹은 거짓일 수 있다.

122) 스티븐슨(Charles L. Stevenson, *Ethics and Language*, New Haven, Yale University Press 1947, 20ff.)은 "그것은 좋다."라는 '윤리적 판단'은 "나는 승인한다."라는 기술적인 진술과 "너는 그렇게 행위해라."라고 하는 명령문의 결합이라고 주장했다. 기술하는 진술은 화자의 정신상태에 관한 하나의 진술이라는 것이다. "It makes an assertion about the speaker's state of mind."(26쪽) 이러한 진술은 하나의 윤리적인 성격도, 도덕적인 성격도 가지지 않는다. 윤리학자는 자신의 정신적 상태에 대해 어떠한 진술도 하지 않으며, 유효한 도덕규범들에 대해서만 진술한다. 누군가 다른 한 사람에게 그 자신에게, (즉) 그 화자에게, 하나의 특정한 감정적인 반응이 일어난다는 것을 알려주었다면, 그것은 하나의 심리(학)적인 표현을 한 것이지, 어떠한 윤리적인, 그리고 도덕적인 표현을 한 것이 아니다. 단지 '그것은 좋다.'라는 단어들이 하나의 승인의 직접적인 표현일 때만, 그리고 이 승인이 하나의 유효한 도덕규범의 적용에서 이뤄진 것일 때만 그것은 하나의 도덕적인 (윤리적인이 아니라) 성격을 가지는 것이다. 우리는 또한 아주 고도의 비도덕적인 행위를 승인할 수도 있다. 만

약 "그것은 좋다."라는 단어들이 하나의 도덕적인 승인을 의미하는 경우도 그 단어들은 하나의 도덕적인 명령과 동일하고, 하나의 개별적인 도덕규범과 동일한 것이며, 그것은 하나의 의지행위의 의미를 표현하는 것이고, 명령을 표현하는 것이며, "너는 그렇게 행위해라." 혹은 "너는 네가 사실상 행위한 것처럼 그렇게 행위했어야 했다."라는 개별규범을 표현하는 것이다. 그리고 한 사람의 행위를 "그것은 나쁘다."라는 단어들로 불승인하는 사람은, "너는 그렇게 행위하지 마라." 혹은 "너는 네가 사실상 행위한 것처럼 그렇게 행위해서는 안 된다."라는 하나의 의지행위의 의미를, 표현하는 것이다. 다른 사람을 익사로부터 구하기 위해 물속에 뛰어든 사람의 행위를 "그것은 선하다."는 단어로 승인하는 자는, 마치 법관이 "절도범 슐체는 교도소에 구금되어야만 한다."라는 개별 법규범을 설정할 때, 즉 판결할 때, "절도범은 교도소에 구금되어야만 한다."라는 일반규범을 적용하는 것과 매한가지로, "위험에 처한 너의 이웃들을 도와라."라고 하는 일반적인 도덕규범을 그렇게 적용하는 것이다.

스티븐슨은 윤리적인 판단은 참 혹은 거짓일 수 있다는 견해를 주장했다 (267쪽). 맞는 말이다. 하지만 그가 주장했듯이, 그 윤리적인 판단이 하나의 명령과 화자의 정신상태에 관한 진술로 구성된 것이라면 그렇지 않다. 명령이 아니라, 단지 이러한 진술이 참 혹은 거짓일 수 있는 것이다. 따라서 "그것은 좋다."는 문장은 동시에 둘 다일 수는 없다. 그것은 단지 그중 하나 혹은 다른 하나일 수 있다. 누군가가 "그것은 좋다."라는 단어들로 두 개의 의미를 결합한다면, 하나의 문장이 있는 것이 아니라, 두 개의 문장이 존재하는 것이고, 그중에 하나는 —심리적인 진술— 진실이거나 거짓일 수 있으나, 다른 하나는 —명령(문)— 그렇지 않다.

에빙(A. C. Ewing, *The Definition of Good*, New York 1947, S. 135)은, 우리가 독일어의 '적합한'geeignet에 부합하는 영어단어 'fitting'을 '하나의 목적에 적합한'이라는 의미에만 사용할 수 있는 것은 아니라는 생각이었다. 그는 적합함 (fittingness)을 '특정한 목적을 위한 경우'와 '전체로서의 상황에 관한 적합함'으로 구분했고, 이 마지막 적합성의 개념을 ―그리고 의무의 개념이 아니라, 그리고 또한 '좋은' '당위'와 같은 다중적의 의미의 개념이 아니라― 윤리학의 근본개념으로 만들었다. 그는 "나는 적합함을 도덕적 의무보다 윤리학의 근본적인 개념으로 만든다."(185쪽)라고 했다. 무언가가 하나의 '상황'이라는 관점에서, 즉 하나의 특정 사실관계의 관점에서 '적합하다'(fitting)^{geeignet}는 것은 단지 이러한 사실관계에 관련된 규범에 부합하거나, 아니면 이러한 사실관계와 관련하여 전제된 목적에 부합한다는 것만을 의미할 수 있다. 만약 우리가 "만약 사람들이 비가 오는데 나가면, 우산을 사용하는 것이 적합하다."라고 말한다면, 이것은 비가 올 때는 우산을 사용하는 것이 합목적적^{zweckmäßig}이라는 것을 의미하는 것과 다르지 않다. 이 사례에서 '합목적적'이라는 것은, 만약 우리가 비에 젖는 것을 원치 않는다면, 우리는 **반드시** 우산을 사용**해야만 한다**는 것이다. 이것은 인과적인 관계를 표현하는 것이지, 어떠한 **규범적**인 관계도 표현하는 것이 아니다.

우리는 도덕-규범들 혹은 도덕-규범들에 관한 윤리적 진술들을 수단-목적-진술로 표현하지 않을 수 있다. 하지만 우리는 도덕-규범들 혹은 도덕적 규범들에 관한 윤리적 진술들에 그러한 진술들을 옆에 놓을 수는 있다. 도덕-규범들 혹은 도덕규범들에 관한 진술 "너는 속여서는 안 된다."에 우리는 "만약 우리가 도덕적으로, 즉 '선하게' 행위하기를 원한다면, 우리는 반드시 속이는 것을 부작위(속이지 말아야)해야만 한다."라는 문장을 병치할 수 있다. 하지만 이 문장은 도덕규범 혹은 "너는 속여서는 안 된다."라는 도덕규범에 관한 윤리적 진술과는 전적으로 상위하다. 왜냐하면 이 도덕-규범은 본질적으로 하나의 **명령**이고 윤리적 문장은 하나의 **명령에 관한 진술**이기 때문이다. 하지만 수단-목적-문장은 거짓말하지 마라는 명령도 아니고 이러한 명령에 대한 진술도 아니다. 전적으로 "만약 우리가 하나의 금속물질을 확장하기 원한다면, 우리는 그것을 반드시 가열해야만 한다."라는 문장과 같이 하나의 금속물체를 가열하라는 **명령이 아니고** 혹은 그러한 명령에 대한 진술도 아니다. 언어관용에서 'gut'이라는 단어는 하나의 행위가 하나의 유효한 규범에 부합하는 것을 표현하기 위하여 혹은 그러한 바람을 표현하기 위해 상용될 뿐만 아니라, 또한 하나의 목적에 대한 하나의 수단의 관계를 표현하기 위해서도 이용된다는 것은 옳다. 사람들은 "이것은 '좋은' 칼이다."라고 말하고, 이로써 그것은 대상들을 **잘게 자르**기 위한 혹은 대상들에서 무엇을 **잘라**내려는 목적에 **적합한** 하나의 수단이라는 것을 뜻한다. 하지만 여기에는 '좋은'(gut)이라는 단어의 도덕적인 것과는 전적으로 다른 의미가 있는 것이다.

무어(George Edward Moore, *Principia Ethica*, Cambridge, The University Press, 1948)는 '좋은'(gut)이라는 개념은 정의할 수 없는 것이라고 주장했다. 그는 "만약 내가 '어떻게 good이 정의되어야만 하는가?'라는 질문을 받게 된다면, 나의 답은 그것은 정의될 수 없고, 그것은 내가 그에 대해 말해야만 하는 모든 것이다. … 나의 요지는 'good'은, 마치 'yellow'가 단순한 개념인 것과 같이, 단순한 개념이라는 것이다; 마치 네가, 아무리 해도, 그것을 이미 알고 있지 않는 사람에게 무엇이 노랑인지를 설명할 수 없는 것과 같이, 너는 무엇이 good인지를 설명할 수 없다."(6쪽)라고 했다. 이것은 옳지 않다. 사람들은 무언가가 '좋다'라는 판단은 그것이 하나의 바람^{Wünschen}에 혹은 도덕의, 습속의 혹은 법의 하나의 유효한 규범에 부합한다는 것을 의미한다고 주장할 수 있다. 첫 번째의 경우에 그 판단은, 만약 그 판단이 '좋은'으로 표시된 그 대상이 판단하는 주체의 바람에 부합하는 것을 말하는 경우라면 하나의 주관적 가치판단이다. 다른 모든 사례들에서는, 만약 그것이 하나의 집단의 대부분의 구성원들의 바람에 혹은 하나의 유효한 규범에 일치한다는 것을 말한다면, 그것은 하나의 객관적 가치판단이다. 따라서 만약 무어가 "그것이 무엇이건 간에 우리가 good을 대신할 수 있는 것은 아무런 것도 없다는 것, 그리고 내가 good은 정의할 수 없는 것이라고 말할 때, 내가 의미한 것이 바로 그것이다."(8쪽)라고 한다면 이것 또한 맞는 말이 아니다. 정의 가능성^{Definierbarkeit}과 관련해서 보면 'gut'이라는 개념은 '당위'^{Sollen}라는 개념과 구분되며, 후자는 사실상 정의 가능한 것이 아니다. 본문 [2]쪽을 보라.

무어는 21쪽 이하에서 "하나의 수단으로 좋은"(good as a means, gut als Mittel)과 "그 자체 좋은"(good in itself, gut an sich)을, (하나의 목적을 위한) **수단**으로 좋은 것과, (그 자체에서) 그 자체 좋은 것을 구별했다. 그는 22쪽에서 "우리가 그것은 '수단으로 좋은' 것이라고 판단할 때는 언제나, 그것의 인과적 관련성에 관해 하나의 판단을 하고 있는 것이다: 우리는 그것은 특수한 유형의 효과를 가질 것이다**와** 그 효과 그 자체가 좋을 것이다**라는 양자**를 판단한다."라고 주장한다. 이것은 단지 **주관적** 가치판단에만 옳은 말이다. 예를 들어, 만약 네가 너의 부인이 A와 성관계를 가지는 것을 방지하기를 원한다면, 이것을 달성할 수 있는 적합한 수단은 A 또는 너의 부인 혹은 둘을 모두 죽이는 것이다. 이 사례에서 목적은 —왜냐하면 **소망되었기** 때문에— 하나의 **주관적인** 의미에서 '좋은'(gut) 것이다. 하지만 그것은 **객관적인** 의미에서는 그런 것이 아니다. 왜냐하면 언급된 사람들을 살해하는 것은 도덕규범에, 법의 규범에 혹은 습속의 규범에 부합하지 않고, 오히려 이 규범들을 침해하는 것이기 때문이다. '**그 자체 좋은(선한)' 것은 없다.** 좋은 것은 단지 무언가가 하나의 **바람**과 혹은 하나의 **유효한 규범과 관련해서**이다. 하나의 유효한 규범이 하나의 **의지적** 행위의 의미인 한에서, 우리는 객관적인 가치판단도 **주관적인** 것이라고 이의를 제기할 수 있을 것이다. 왜냐하면 그것은 —마지막 줄에— 이러한 의지에 대한 관계를 표현하기 때문이다. 이에 반해 지적할 수 있는 것은, 규범을 설정하는 권위자의 의지는 하나의 객관적인, 가치판단을 하는 주체의 바람과는 **상이한 · 구별되는** 사실이라는 것이다. "무언가가 좋다."라는 가치판단은 단지, 이로써 그 '좋은'으로 판단된 객체가 **그 판단하는 자의 바람에 부합한다는 것**이 표현되는 한에서만 **주관적인** 것이다.

123) 월피스(Wallis-Walfiscz, "Les énoncés des appréciations et des normes", *Studia Philosophica*, vol. II, 1937, S. 421f.)는 우리가 단지 그 자체, 즉 그것

의 내부에서 하는 판단(appréciations)과 우리가 다른 것에 대해 하는 판단(appréciations)을 구별했다. "우리가 구성한 이러한 판단의 몇몇은, 말하자면 단지 우리 내부에서이다. 우리가 알고서 다른 사람들에게 참여하는(다른 사람에게 의사소통하는) 다른 것들도 있다." 혹은 "평가(판단) … 단지 사고들, 이것들은 사고되고 표현되는 것이다." 그는 'appréciations'을 판단으로 이해했다. 그는 421쪽에서 "판단·가치평가(appréciations)를 통해 나는 하나의 대상이 적극적인 가치 혹은 부정적인 가치를 가졌다 혹은 가지지 않았다고 하는 판단을 의미한다. 즉 하나의 대상에 대해 적극적인 혹은 소극적인 가치를 부여하거나 혹은 거부하는 판단을, 간략히 말하면, 하나의 대상의 긍정적이거나 부정적인 가치에 관한 판단을 말한다."라고 했다. 하지만 윌피스는 appréciations으로, 즉 판단으로, 감정적인 평가 행위도 포함시켰다. 그는 422쪽에서 "만약 누군가가 콘서트 동안에 아주 크게 하품을 한다면 그 하품은 공연되고 있는 작품에 대한 하나의 부정적인 평가의 표현으로 여겨질 수 있는 것이다." 그리고 "만약 우리가 극장의 공연에 대해 휘파람을 불거나 박수를 친다면, 그 갈채와 휘파람은 우리가 그 공연에 대해 긍정적인 혹은 부정적인 판단을 표현하는 전통적인 표현방법(Signes conventionnels)인 것이다."라고 적고 있다. '하품하는 것', '박수갈채를 보내는 것', 그리고 '휘파람을 부는 것'은 지루함, 마음에 듦, 혹은 불쾌함의 감정의 직접적인 표현들이며, 순수한 **감정적인** 성격을 가지고 있고, 평가들이지만 —사고행위의 의미로서— 어떤 합리적인 성격을 가지는 **가치평가들**은 아니다. 하지만 윌피스는 '판단'이라는 그 단어를 논리적 판단의 의미로 사용한 것은 아니다. 왜냐하면 그는 나중에 언어적으로 표현된 제안(주장)이 아닌 것('qui ne sont pas des propositions')에서의 appréciations, 문장에서 표현된 제안('en propositions')과 문장에서 표현되지 않은 제안을 구분하였다(22쪽). "양자는 판단을 표현한다; 하지만 제안이 아닌 판단들은 참-거짓의 택일 밖에 머무는 것이고, 제안들은 참 혹은 거짓이다."(422쪽) 여기서 우리는 —비록 그가 그것을 그렇게 명확하게 말하지는 않았지만— 하품, 갈채, 휘파람과 같은 표현들도 윌피스에 따르면 진실도 비진실도 아닌 것이라는 결론이 도출된다. 진실 혹은 비진실인 표현, "판단(appréciations)을 표현하는 제안(명제, 주장, proposition)을 우리는 가치명제(제안, 주장)라고 부른다." 이로써 윌피스는 가치(Wertung)와 가치판단(Wert-Urteil)들을 구별한다. 하지만 그의 용어는 극도로 의심스러운데, 왜냐하면 그는 'judgements', 즉 판단^{Urteile}을 참도 거짓도 아닌 것으로 받아들였고, 그것은 전통적인 논리학의 용어에서 아주 심각하게 벗어난 것이기 때문이다.

윌피스는 425쪽에서 단어의 고유한 의미에서 가치판단인, '가치 명제'(propositions de valeur)와 '서술 명제'(propositions descriptives)를 구분하고 '가치명제와 판단하지 않는 명제, 즉 서술명제의 구분기준을 확립하는 것의 어려움'(difficulté d'établir une ligne de démarcation entre les propositions de valeur et celles aui n'évaluent pas, ou les propositons descriptives)에 대해 말했다. 하지만 진정한 가치-판단들은 하나의 기술적인, 즉 서술적인 판단들이다. 왜냐하면 그것들은 하나의 객체와 유효한 것으로 전제된 규범 사이의 관계(객관적인 가치판단)를 기술하거나, 혹은 하나의 대상과 하나의 특수한 정신·심리적인^{seelisch} 반응(주관적 가치판단) 간의 관계를 기술하기 때문이다. 기술하는 문장들에 반대는 규정하는 문장들이고, 규정(지시)하는 문장들은 규범들이며, 어떠한 가치판단들도 아니다.

페를망과 올브레히츠-티테카(Ch. Perelman -L. Olbrechts-Tyteca, *Traité de l'Argumentation. La nouvelle rhétorique*, Bruxelles 1970, S. 103)는 '추상적인' 가치와 '구체적인' 가치를 구분한다('valeurs abstraites et valeurs concrètes'). '추상적'인 가치의 예로서 그들은 '정의'(la justice), '진실함'(la véracite)을 들었다. '구체적인 가치'의 예로 그들은 '프랑스'(la France), '교회'(l'Eglise)를 들었다. '프랑스'와 '교회'는 어떠한 가치도 아니다. 프랑스는 한 국가이고, 교회는 하나의 종교적 조직이다. 그것은 가능한 가치판단의 대상들이다. 그것은 하나의 가치를 가질 수 있지만, 어떠한 가치도 아니다. 저자들은, "구체(실제)적 가치는 살아 있는 존재에게, 특정의 그룹에게 혹은 특정한 대상에게 (그것들의 특이한 실체가 고려될 때) 부여되는 것이다. 구체적인 것에 부여되는 가치와 그 특이한 대상·실체 사이에는 아주 밀접한 관련성이 있다: 무언가의 특이한 점을 보여주는 것, 그것은 가치를 부여하는 것과 동일하다."라고 말했다. 만약 우리가 반드시 'valeur accordée'를 말해야만 한다면, 우리는 우리가 하나의 대상에 부여하는 가치와, 그 가치가 부여되는 대상 사이를 구분하는 것이다. 즉 대상은 가치일 수 없다. '구체적인' 가치의 예로서 저자들은 특히 인간을 제시한다: '인간, 그 우월함(이라는) 구체적 가치'(la personne humaine, valeur concrète par excellence). 개별인간은 그 자체로는 어떠한 가치도 아니다. 하지만 만약 우리가 '개별인간들이 있어야만 한다.'라는 그 규범을 유효한 것으로 전제하면, 우리는 그에게 가치를 부여할 수 있다. 그렇게 되면 모든 개별인간은 자신의 존재로(실존으로서) 그 규범에 부합하는 것이고, 가치를 가지는 것이다. 하지만 이러한 규범은 단지 세상의 창조 이후에 인간을 만든, 신에 의해 설정된 하나의 규범으로서만 타당한 것이고, 이로써 인간들이 있어야만 한다는 그의 의지를 표현한 것이다. 그 밖에도 평가의 대상, 가치판단의 대상은 ―객관적 가치가 문제되는 한― 인간이 아니고, 그의 행동^{Verhalten}이다. 단지 전승되어온 의미에서 우리는, 규범에 합치되게 행위하는 인간에 대해, 그의 행위가 이러한 의미에서 '좋은'(gut) 인간에 대해, 그는 '좋은' 사람이라고 말할 수 있는 것이다(본문 [47]쪽 이하를 비교하라).

124) 뢰빙어(Lee Loevinger, "An Introduction to Legal Logic", *Indiana Law Journal*, vol. 27, 1952, S. 471)는: "논리학, 혹은 이성(reason)은 적어도 아리스토텔레스 시기 이후부터 철학자들에 의해서 법의 특수한 소유물로 법의 원칙적인 기초로 주장되어왔다."고 하고, "… 스콜라 철학자들의 전체 학파는 법은 실제로 사회에 적용되는 것이고 ―혹은 되어야만 하는 것이고― 그 자체 이성의 작동을 통해 인간에 의해 발견되는 특정 불변의 '자연적' 원칙들로부터 논

리적으로 연역되는 규칙들로 구성되어 있다."는 입장을 취했다.

영국의 법사학자 마이틀랜드(F. S. Maitland)는 자신의 *Yearbooks of Edward II*, vol. I, The Publications of the Seldon Society, vol. 17, 1903의 도입부 (Introduction, S. LXXXI)에서 '법률가들'을 '삶과 논리 사이의 거대한 중계인' ^{mediator}으로 언급했다.

125) 에를리히(Eugen Ehrlich, *Die juristische Logik*, Tübingen 1918)는 서문에 서 "대부분의 비전문가와 많은 법률가들에게 오늘날은 법관의 법발견의 과제 는 본질적으로 법률들의 규정으로부터 논리적으로 개별사례의 판단을 도출해 내는 것이라는 것이 자명하다."라고 말한다. 하지만 에를리히는 하나의 그러 한 논리적 도출은 불가능하다는 입장에 반대하지 않았다. 그는 단지 **법률로부 터**, 즉 하나의 실정법에 포함되어 있는 일반적인 법규범으로부터 논리적인 추 론의 방식으로 법관의 판결을 달성하는 것은 **항상** 가능한 것이 **아니**라고 주장 했다. 그는 명시적으로 형법에 대해서는, '법관의 판결은 법률로부터의 논리 적인 추론의 결과'라는 입장이 옳다고 인정했다. 그는 220쪽에서 "형사법관 은 단지 형법이 형식(적) 논리학에 따라 주어진 사례에 들어맞을 때 유죄판결 을 할 수 있다. 따라서 정당한 형사판결은 적어도 가벌성의 문제와 관련하여 사실상, 베카리아가 요구했듯이, 하나의 논리적 추론(완전한 삼단논법^{ein syllogismo perfetto})이고, 그것에는 법률이 대전제, 범죄행위가 소전제, 판결이 그 결과를 구 성하는 것이다."라고 말했다. 하지만 사실상 "법관은 의식적으로 형법 없이 유 죄판단을 하고, 단지 그 형태만을 유지하기 위해서, 그 사례에는 전혀 맞지 않 는 복잡한 조문만을 끌어들이는 것"이 나타난다는 것이다(221쪽). 에를리히는 149쪽에서 "[법률에 함유된] 하나의 법원칙으로부터 판결을 도출할 법관의 의무 는, 만약 법관의 인식이 사실상 베카리아가 요구했듯이, [법률에서 함유된] 법원 칙이 대전제를, 구성요건이 소전제를, 그리고 판결이 결론을 구성하는 하나의 논리적인 추론이라면, 진실일 것이다. 하지만 법관의 인식의 대전제는 아주 자

주 [즉 항상 그런 것은 아니라] 법관으로부터 판결 시에 비로소 만들어지고, (그렇게) 구성된 법원칙은 하나의 법원칙의 허구인 것이다."라고 말했다. 그가 의미한 것은, 법관에 의해 비로소 구성되는 이 법원칙이 법률에 포함되어 있다는 것은 허구라는 것이다. 말하자면, 에를리히의 입장에 따르면 법관의 판결은, 만약 대전제가 법관에 의해 구성되는 법원칙이라면 **법률로부터**의 도출이 아니라는 것이다. 하지만 에를리히는 법관의 판결은 이러한 사안에서 법관이 구성한, 일반적 법규범으로부터의 논리적인 도출이라는 것은 부정하지 않았다. 에를리히는 우리가 법관으로부터 하나의 **정당한**·공정한gerechte 판결을 기대한다는 것을 전제한다(301쪽). 그는 "우리는 논쟁에 빠진 이해관계를 올바르게 평가하는 그러한 판결을 정당한 법관의 판결이라고 부른다: 공동체의 보호를 받을 가치가 있는 이익을 조장하고 다른 중요한 이익들을 가능한 한 적게 손상을 주는 …."이라고 말한다(309쪽). 따라서 에를리히는 만약 법에서 구체적 사례에 맞는 법규범을 함유하고 있지 않는 경우라면, '법관의 판결은 법관의 독자적인 법인식에, 독자적인 이익형량'에 근거해야만 한다고 요구한다(289쪽). 그의 'Juristische Logik'에 관한 그의 문헌에서 본질적으로 의도한 것은, 이미 존재하는 유효한 제정법 혹은 관습법에 대한 법관의 엄격한 구속성에 반대하려고 하는 소위 **자유로운 법발견**이라고 하는 법정책적 요구였다. 이러한 요구는 사실상 법관은 그가 이미 유효한 법률을 이러한 사례에 적용하는 것이 정의롭지 않다고 생각하는 경우에 그 구체적인 사례를 자신의 재량에 따라 판단하도록 권한을 부여받아야만 한다는 것을 의미한다. 만약 이 요구를 —에를리히에서와 같이— 이미 유효한 법이 결정될 사례에 관련된 어떠한 법규범도 함유하고 있지 않기 때문에, 즉 소위 '법에서의 흠결'이 존재하기 때문에, 법률Gesetz이 —정확히는 이미 유효한 법Recht이— 그 구체적인 사례에는 **적용될 수 없는** 사례에만 제한된다면, 이것은 자기기만이다. 왜냐하면 —앞에서 언급된 바와 같이— 만약 법관에게 자신의 판단에서 항상 **단지** 이미 유효한 법률만을 적용할 의무를 지고 있다면 이미 유효한 법률은 적용 가능한 것이기 때문이다. 이미 유효한 법률이 적용 가능하지 않다는 의미에서 '법에서의 흠결'은 존재하지 않는다. 만약 실정법이 피고에게 혹은 피고인에게, 그가 원고 혹은 기소자의 주장에 따를 때 침해하였다는 의무를 부과하는 어떠한 규범도 함유하고 있지 않다면, 법관은 **유효한(실정의) 법을 적용하여** 소를 기각하거나 혹은 피고인에 대해 무죄선고를 하여야만 한다. 법에서의 '흠결'은 단지 현행(유효한) 법의 적용이 구체적인 사례에 이를 적용해야 하는 기관에게 이 사례에서 부정의하거나 혹은 어떻게든 소망스럽지 못한 것으로 보인다는 의미에서만 있을 수 있는 것이다. 이것은 **어떤 경우에도 가능하기** 때문에 자유로운 법발견의 요구는 법적용기관, 특히 법관을 입법자에 동일하게 놓는 결과가 된다.

126) 하나의 실정법의 일반규범들과 일반적인 도덕-정책(정치)적 원칙들 사이에는 모종의 관계가 존재한다는 것, 특히 입법자는 자신의 법창설기능에서 그러한 원칙들에 의해 영향을 받게 된다는 것은 다소간 맞는 말일 수 있다. 하지만 그것은 실정법의 일반규범들의 효력이 이러한 원칙들로부터 나온다는 것을 의미하는 것은 아니다. 이것이 그러한 경우인지 여부는 법관의 판결이라는 개별규범의 효력이 법관으로부터 적용될 일반규범으로부터 논리적인 추론의 방법으로 달성될 수 있는가라는 문제에 대한 대답에서 나온다. 논리적 문제는 동일한 것이다.

127) 브로블레브스키(Jerzy Wroblewski, "Semantic Basis of the Theory of Legal Interpretation", *Logique et Analyse*, Nouvelle Série, 6ᵉ Année, 1963, S. 397부터 S. 417)는 "주어진(유효한) 규범이 즉각적으로 문제되는 사례의 상황에 적합한 것인지와 같은 의심이 드는 사례들은 상대적으로 드문 경우이다."라고 말한다. 현존하는(주어진) 법규범이 직접적으로 주어진 구성요건에 적용 가능한 것으로 보이는 경우라면 어떠한 해석도 필요하지 않다. 브로블레브스키는 406쪽에서 "… 법적 해석의 필요는 … 무언가가 법의 영역에서 잘못되었다는 표시의 하나

이다."라고 지적한다. 그는 413쪽에서 "해석은 명백한(분명한) 곳에서 멈춘다." (interpretatio cessat in claris)라는 말을 인용한다. 410쪽에서 그는 "… 규범의 의미는 그 사건의 맥락에서 그것의 분석을 통해 모색되어야만 한다."라고 한다. 그는 세 가지 유형의 맥락을 구분한다: "우리는 세 가지 유형의 법규범의 맥락을 구분할 수 있다: 언어적, 체계적, 그리고 기능적 유형이다." 이에 상응하게 그는 세 가지 유형의 해석을 구별한다(413쪽): "이제 우리는 언어적, 체계적, 그리고 기능적인 일련의 해석의 지침(directives)을 가지며, 이들을 문제되는 법규범의 의미를 확정하기 위해 적용한다. … 해석자는 두 가지 문제를 결정해야만 한다: (a) 언제 우리는 각각의 일련의 해석의 지침을 사용해야만 하는가와 (b) 만약 그 규범이 사용된 다양한 해석의 지침에 따를 때 다양한 의미를 가진다면 어떻게 해야만 하는가이다." 이것은 적절한 말일 수 있다. 하지만 판단·결정(판결)은 하나의 법정책적 문제이지 법이론적 문제가 아니다. 해석될 법규범의 적용에 권한을 가진 기관은, 만약 실정법과 관습법이 하나의 특정한 해석방법을 규정하지 않는다면, 자신의 재량에 따라 결정해야만 한다. 만약 상위한 일반 원칙들에서 시작한다면, 단일하고 동일한 사례가 상이하게 판단될 수 있다는 사실에 대해서는 올리펀트(H. Oliphant)와 휴이트(A. Hewitt)의 "Introduction to Rueff. From the Physical to the Social Sciences", in: Jerome Hall, *Readings in Jurisprudence*, Indianapolis 1938, S. 355ff.에서 지적되었다.

128) 브로블레브스키는, 같은 책, 415쪽에서, 하나의 법규범의 의미변화와 관련하여 두 가지 이론들을 구별했다. "법적 해석의 규범적 이론 중 한 그룹은 해석된 규범의 의미는 그것이 규범창설기관의 적당한 행동에 의해 명백하게 변화되지 않는 한 지속되는 것이라고 주장한다." 이러한 이론을 그는 '정적 이론들'(static theories)이라고 했다. "법적 해석의 규범적 이론의 두 번째 그룹은, 우리는 '동적 이론들'이라고 부를 것을 제안하는데, 왜냐하면 그들에 따르

면 하나의 법규범의 의미는 입법자로부터의 어떠한 개입도 없이 변화하는 것이기 때문이다. 공포된 그 법규범은 그 스스로의 삶을 살며 그 자신을 그의 기능이라는 맥락에서 변화하는 상황에 적응시킨다." 단지 첫 번째 이론이 실증주의의 관점에서 주장될 수 있다. 두 번째의 이론은, 나의 입장에 따르면, 하나의 허구이다. 왜냐하면 법관은 반드시 자신의 판결을 현행의 일반규범으로 근거 지워야만 하기 때문에 (하지만 그의 판단은 적용될 규범의 의미에 부합하지 않으므로) 그는 하는 수 없이 이 규범은 그 의미를 변화된 상황들에 맞게 바꾸었다라고 주장해야만 한다. 또한 하나의 그런 판결은 기판력이 생길 수 있기 때문에, 자신의 판결을 현행의 법규범으로 근거 지워야 하는 법관의 의무는, 그 판결이 폐기되지 않는다면, 기판력의 원칙을 통해 본질적으로 제한된다. 하지만 이것은 법관의 판결의 적법성의 원칙이 폐기되었음을 뜻하는 것이 아니다. 왜냐하면 기판력의 원칙은 실정법을 통해 규정된 하나의 원칙이기 때문이다; 그리고 단지 기판력의 원칙을 근거로 유효한 것으로 간주되는 법관의 판결도, 마치 법관의 하나의 판결이, 이미 유효하게 내용적으로 정해진 일반규범에 부합하기 때문에, 바로 그 이유로 '합법적'rechtsmäßig인 것으로 간주되는 것과 마찬가지로, '합법적'인 것이다. 이로써 또한 **법실증주의**의 원칙과 **자연법론에의 반대**는 유지되는데, 왜냐하면 이에 따르면 한 법관의 판결은 그것이 방금 언급된 의미에서 합법적이기 때문에 효력이 있는 것으로 간주되는 것이 아니라, 그것이 자연법의 원칙에 부합하기 때문에 효력이 있는 것으로 간주되기 때문이다.

최종심급의 법원은 실정법을 통해서, 그 내용이 하나의 관습법의 방법으로 혹은 입법으로 생겨난 일반규범을 통해 미리 정해져 있는 하나의 개별적인 규범을 창설하는 권한이 있거나 혹은 그의 내용이 그렇게 미리 정해지지 않은 하나의 개별규범을 창설하는 권한이 있다는 것을 확인하는 기판력의 원칙이 법학을 통한 실정 법질서의 기술에 대해 가지는 결론들에 대해 나는 나의 *Reine Rechtslehre*, 2. Aufl., 1960, S. 273에서 제시했다. 이에 대해서 미에지아나고라(J. Miedzianagora)는 자신의 논문 "Droit Positif, Logique et Rationalité",

Logique et Analyse, Nouvelle Série, 6e Année, 1963, S. 369ff.에서의 나의 이론에 대한 그의 비판에서 전혀 고려하지 않았다.

홈즈(Oliver Wendell Holmes)는 자신의 *The Common Law*, Boston 1948에서 하나의 선례에서 전제된 일반 법규범이 처할 수 있는 의미의 변화에 대해 언급했다. 그는 "공식적 이론은 각각의 새로운 판결이 존재하는 선례들로부터 삼단논법적(연역적)으로 추론된다는 것이다."(35쪽)라고 말하고, 이에 반대해 그는 "그것들이 한때 봉사한 그 사용 이후 오랫동안 법에서 살아남은 선례들은 종국에 다다르고, 그 선례들의 이유는 잊힌다. 그것들을 따르는 결과는 종종 단순히 법의 논리적 관점에서는 실패이며 혼란임이 분명하다."라고 강조했다. 그러고 나서 36쪽에서 "그리고 법은 **삼단논법에 상식을 희생하기에는** 너무나 많은 것을 아는 능력 있고 경험 있는 사람에 의해 운영되기 때문에, 언제 고대의 규칙들이 그것들이 있었던 것처럼 그 자신을 유지하는지가 발견될 것이고, 새로운 이유들이 보다 더 그들이 발견된 시점에 부합한다는 것, 그리고 그것들은 점점 새로운 내용을 받아들이고 종국에는 그들이 옮겨 심긴 토양으로부터 새로운 형태를 받아들인다는 것을 이 책이 보여줄 것이다."(강조는 내가 한 것임)라고 말했다. 아주 많이 인용되는 "법의 생명은 논리학이 아니었다. 그것은 경험이었다."(The life of the law has not been logic: it has been experience.)(같은 책, 1쪽)라는 **홈즈**의 주장은 논리학의 원칙들은 법에 적용되지 않는다는 입장을 표현하는 것으로 보인다. 하지만 하나의 다른 변화가 그 반대를 말하는 것처럼 보인다. 홈즈는 자신의 논문 "The Path of the Law", *Collected Legal Papers*, New York 1921, S. 167ff.에서 "내가 지적하는 오류는 법의 발전에서 작동하는 유일한 힘은 논리학이라는 입장이다. 가장 광의의 의미에서, 그 입장은 참으로 옳다. 우리가 우주에 대해 생각하는 그 공준·가정(postulate)은 그곳에는 모든 현상과 그의 전제와 결론 사이에 정해진^{fixed} 양적인 관계가 있다는 것이다. 만약 그곳에 이러한 확고한 양적 관계들 없이 그러한 현상과 같은 것이 있다면, 그것은 기적이다. 그것은 원인과 결과(효과)의 법칙 밖에 있는 것이고, 우리의 사고력을 초월하는 그런 것이거나 혹은 적어도 우리가 그에 대해 혹은 그로부터 추리(reason)할 수 없는 것이다. 우주에 대한 우리의 사고의 조건은 그것이 합리적으로 그에 대해 사고될 가능성이 있다는 것이거나 혹은 다른 말로 하면, 그것의 모든 부분이, (이러한 부분들이) 우리 대부분이 익숙한 것과 같은 그러한 동일한 의미에서, 원인과 효과라는 것이다. 그래서 가장 넓은 의미에서 법은, 모든 다른 것과 같이 논리적인 발전이라는 것은 옳다."라고 했다(같은 글, 180쪽). 자연(적인)의 효과에 대한 우리의 인식은 인과성의 원칙에 따라 이루어진다는 것으로부터 법은 하나의 '논리적 발전'(logical development)이라는 것이 도출되지는 않는다. 인과성의 법칙은 논리적 법칙이 아니고, 자연의 실제(효능)에 대한 우리의 인식의 원칙이지 법의 원칙이 아니다. 나중에 홈즈는 "법적 판단(판결)의 언어는 주로 논리학의 언어이다. 그리고 논리학의 방법과 형태는 확실성에 대한 갈망과 모든 인간의 마음에 있는 휴식에 대한 갈망을 실제보다 돋보이게 한다. 하지만 확실성은 일반적으로 환영이고, 휴식은 인간의 운명이 아니다. 논리적 형태 뒤에는 경쟁하는 입법의 이유의 상대적인 가치와 중요성에 대한 하나의 판단이 놓여 있고, 종종 표현되지 않고 인식되지 않는 판단이고, 이것은 참이고, 여전히 전체의 소송절차의 바로 그 뿌리이며 신경이다."라고 말했다. 이 문장들은 홈즈가 법관의 판결은 어떠한 논리적 추론일 수 없다는 것을 받아들였다는 것을 지지하는 것은 아니다; 특히 그는 "너는 어떠한 결론에도 하나의 논리적인 형태로 부여할 수 있다."(181쪽)라고 첨언했다. 그 외에도 홈즈는 여기서 **사고에** 대해 말했다는 것에 주목해야 하겠고, 따라서 그는 어떠한 **사고**작용도 아니고 의지작용인 법에 대해서가 아니라, 단지 법학에 대해서만, 그것은 하나의 '논리적 발전'이라고 말할 수 있었을 것임도 지적되어야 하겠다. 뢰빙어(Loevinger)는 "An Introduction to Legal Logic", *Indiana Law Journal*, vol. 27, 1952, S. 472에서, 홈즈의 '법은 경험의 일이지 논리학의 일이 아니다.'라고 한 주장과 관련하여 "홈즈는 법에 있어서 합리적인 **사고**(thinking)의 중요성을 감소시키려 의도한 것은 아니었다. …"

라고 지적했다(강조는 내가 한 것임). 하지만 법은 사고의 작용이 아니고, 의지의 작용이다. 경험이냐 아니면 논리(학)이냐의 선택과 관련해서 뢰빙어는 적정하게도 "폐기되어야 할 첫 번째의 오해는 논리학을 한편으로 경험을 다른 한편으로, 하는 이분법이 있다고 하는 가정이다. 그 선택은 논리학과 경험 사이에; 혹은 그 점에 있어서, 논리학과 전통 혹은 실용적 결과의 사회적 가치 사이에 선택이 놓여 있는 것도 아니다. 논리학에 대한 택일 안(대안)은 단순히 직관(Intuition)에 의존하거나, 아니면 무언가 다른 불합리한 방법에 의존하는 것이다. 이것이 논리학은 경험의 제시 없이는 실질적인 문제들을 결정하는 데 도움이 안 된다는 현대과학의 교훈인 것이다: 그리고 그 경험은 거대한 논리학의 해석적인 도움 없이는 지적인 중요성을 결여하게 된다는 것이다."(30쪽)라고 지적했다.

129) 하나의 실정적 법질서는, 그것이 구체적인 사안에 그에 관련된 일반적인 규범의 결여로 인해 (그 구체적인 사안에) 적용될 수 없다는 의미에서의 어떤 '흠결'도 가지지 않는다는 생각은 실정법의 '폐쇄성'^{Geschlossenheit} 혹은 '완결성' ^{vollständigkeit}으로 표현된다. 그렇게는 아모스(Maurice Sheldon Amos, K.B.E., "Some Reflections on the Philosophy of Law", *The Cambridge Law Journal*, vol. III, 1929, S. 31부터 S. 41)가 "이러한 공리는 하나의 해당 사례를 판단하기 위해서 해결책이 요구되는 법의 모든 문제에 대해, 답은 그곳에 있다고 말한다."라며 '완벽성의 공리'(Axiom of Completeness)에 대해 말했다. "프랑스 법에서는 이러한 공리의 대응짝이 민법 제4조에 표현되어 있다: 법률의 침묵, 모호함이나 불충분함을 들어 재판을 거부하는 법관은 재판의 거부죄로 소추될 수 있다."(Le juge qui refusera de juger, sous prétexte du silence, de l'obscurité ou de l'insuffisance de la loi, pourra être poursuivi comme coupable de déni de justice) 아모스는, "하지만 이러한 법의 완벽성의 원칙은 결코 일반적으로 필수적인 것은(necessary of universal) 아니다."라고 적고 있다. 하지만 하나의 실정법 질서는 항상 하나의

구체적인 사례에 적용될 수 있다는 원칙으로서 완벽성의 원칙은, 저마다의 (모든) 실정법 질서에 해당하는 말이다. 그것은 법**정책적**으로는 나쁜 것으로, 바람직하지 않은 것으로 판단될 수 있고, 따라서 실정법은 법관에게 특정한 전제조건하에서 이미 존재하는 실정법을 하나의 구체적인 사례에 적용하지 않고, 이 사례를 자신의 재량에 따라 판단할 권한을 부여해야만 한다는 법정책적인 요구가 등장할 수 있다. 역설적으로도 법관은 만약 이런 식으로 실정법으로부터 권한을 위임받으면 또한 그가 이러한 수권을 근거로 자신의 재량에 따라 판결하는 경우에도, 그 실정법을 적용하는 것이다. 스위스 민법 제1조는 그러한 수권을 포함하고 있다: "적용할 법규정이 결여된 경우에는 법관은 관습법을 적용하고, 관습법이 결여된 경우에는, 만일 그가 입법자라면 입법했을 규정에 따라 판결을 내려야 한다."(A défaut d'une disposition légale applicable, le juge prononce selon le droit coutumier, et à défaut d'une coutume, selon les régles qu'il établirait s'il avait à faire acte delégislateur) 물론 스위스 민법 제1조는, 하나의 구체적 사례를 그가 입법자로서 그것을 결정했을 것이라고 보이는 식으로 결정하는 것을 법관에게 위임하는 것을 정당화하기 위해서, 현행의 실정법이 하나의 구체적 사례에 적용되지 않을 수 있는 경우가 가능하다고 하는, 법이론적으로 잘못된 가정에서 출발하고 있다. 그러한 상황은 없기 때문에, 그 규정(제1조)은 다음과 같은 전제조건, 즉 그(법관)에게 부여된 권한은 그 법관이 유효하게 창설된 혹은 관습적으로 생겨난 법이 하나의 구체적인 사례에서 적용 가능하지 않다고 생각한다는 전제조건하에서 존재한다는 식으로 해석되지 않는다면, (제1조는) 전적으로 적용 불가능한 것이 될 것이다. 올바르게 표현한다면: '만약 법관이 실정법의 적용을 부정의한 것으로 혹은 엄청나게 바람직하지 못한 것이라고 생각한다면', 입법자는 ―그가 그것을 인식했었던 한― 그것(적용)은 너무 멀리 가게 되는 것이기 때문에, 즉 법관을 사실상 입법자의 자리에 놓게 되는 것이기 때문에, 아마도 부작위했을 것이다. 이론적으로 잘못된 표현은 법관에게 입법자로부터 단지 매우 제한된 수권만을 받았다는 인상을 주는 실제로 좋은 효과를 가진다. 사실상 스위스 민법 제1조는 단지 매우 제한된 경우에만 활용된다.

130) 노스롭(F. C. S. Northrop)의 "The Epistemology of Legal Judgments", *Northwestern University Law Review*, vol. 58, 1963-1964, S. 736f.을 비교하라. 노스롭은 "···우리 인간의 인식방법을 관찰하는 것은, 어떻게 단어들이 그들의 다양한 종류의 의미를 획득하는지를 특별히 참작하여, ··· 아마도 우리가 ··· 단어들 그들 각각의 이해를 포함하여, 그리고 그것을 법적 분쟁의 해소에 결부시키는 ··· 법적 판단에서 다냐 아니냐의 원칙(all-or-none principle)을 이해하고 평가하는 데 도움이 될 것이다."(742쪽)라고 말했다. 그의 핵심문제는, 법적 분쟁들을 종결할 적합한 수단들이 법관의 판결인가, 혹은 중재(mediation)인가였다. "법관이-선언할 수 있는 분쟁해결의 법이 의미 있고 보증 가능한 것인가?"라는 물음에 대한 그의 대답은 "(1) 그러한 것은 단지 (a) 사례의 사실들과 (b) 판결의 보편적으로 의무적(강제적)인 규범들이 논리적으로 실제적인 언어들에서 표현되고, 그리고 법관에 의해서, 급진적으로, 경험적으로, 혹은 직관적인 현실적으로 해석되는 것이 아니라, 논리적으로 현실성 있게 해석된 법의 그런 부분들에 대해서만 그렇다. (2) 법의 모든 다른 부분에 대해서는, 중재는, 엄격히 말할 때, 유일하게 의미 있고 혹은 보증할 수 있는 방법이다."(746쪽)라는 것이었다.

131) 그렇게 말한 것은 로이드(Dennis Lloyd, "Reason and Logic in Common Law", *The Law Quarterly Review*, vol. 64, 1948, S. 474f.)를 들 수 있다: "··· 법에서는, 실제 삶에서와 같이, 항상 선택의 요소가 있다. 논리학자가 '모든 인간은 죽는다.'라는 명제의 함의들(implications)을 판단할 때에는, 그는 각각의 단어는 꽤 비유동적인, 확실하게 제한된 영역을 가진다는 것에서 출발한다. 다른 한편, 법관이 그의 앞에 놓인 사실에 '그 자신의 목적을 위해서 그의 땅에

그것이 빠져나가면 나쁜 짓을 할 것 같은 무언가를 가져와 모으고 유지한 때에는, 그 사람은 위험한 경우에 그것이 밖으로 빠져나가지 못하도록 해야만 한다.'라는 법의 규칙을 적용하려고 한다면, 거기에는 이러한 포괄적인 일반화로 인해서, 나중의 분쟁당사자가 발견했을 때 무한한 개량(refinement)과 단서(qualification)를 달 수 있는 가능성이 없는 단어라고는 없다. 따라서 법률가는 결코 논리적인 강요와 같은 어떤 것을 만나지 않는다는 것, 법적 판단을 삼단논법의 형태나 혹은 기타의 다른 고도의 추상적인 형태로 표현하는 시도는 판단착오이며 오해를 유발하는 것이라는 점에 반박하기 어렵다. 특정한 하나의 판결이 이루어지게 되면 그것은 항상 이러한 형태로 표현된다는 것에 의심의 여지가 없으나, 그렇게 하는 것은 물론 다음의 두 가지 이유로 매우 오해의 소지가 있는 것이다: (a) 그것은 그 판결이 사실상 필연적인 논리적 결과(implications)로 이루어졌다고 잘못 추정하게 한다; (b) 그것은 추가적인 결론들이 논리(학)적으로 연역될 수 있다는 것을 암시하고, 그러한 연역들은 또한 법적으로도 그런 결과가 나온다는 것을 암시하는 경향이 있다."라고 말했다.

그리고 레비(Edward H. Levi, *An Introduction to Legal Reasoning*, Chicago 1948, S. 1)는 "하나의 중요한 의미에서 법적 규칙들(법규들)은 결코 명확하지가 않고, 만약 하나의 규칙이 그것이 부과되기 전에 분명해야만 한다면, 사회는 아마 불가능할 것이다."라고 말했다. 레비는 이것을 하나의 법률에 포함된 법규범들에 연관 지웠고, 법률에서 규정되는 식으로 생산된 규범들에 관련 지웠다. 그는 "하나의 법규가 만약 분명하게 쓰였다면 전적으로 명확하며, 의도한 것과 같이 하나의 특수한 사례에 적용될 것이라고 생각하는 것은 단지 민속(전통문화)일 뿐이다."(6쪽)라고 했다. 일반 법규범들은 결코 명확하지 않고 늘상 그렇게 다의적이라는 것, 그것들은 확실성을 가지고 하나의 구체적인 사례에 적용되는 것이 아니고, 따라서 하나의 삼단논법의 전제들일 수 없다는 것은 명백하게 지나친 과장이다. "만약 한 인간이 의도적으로 자신의 행위를 통해 다른 사람의 죽음을 야기했다면 그는 교수형을 통해 사형에 처해져야만 한다."

라는 문장(원칙·명제)은 "만약 한 존재가 인간이라면 반드시 죽어야만 한다."라는 문장보다 다의적이지 않다. 법규범들은 현실이 기술되는 문장들과 같이 그렇게 명확하게 표현될 수 있는 것이다. 그것(법규범들)이 종종 그렇게 표현되지 않는다는 것은 맞다. 하지만 여기서 다루어진 논리적 원칙들의 규범들에의 적용 가능성의 문제는 명확하게 표현된 법규범들을 전제하는 것이다. 라이트 경(Lord Wright of Durley, *Legal Essays and Addresses*, Cambridge 1939, S. 343)은 "법의 중요한 규칙들이 불확정한 경우는 상대적으로 적다. 보다 더 자주 불명확한 것은 무엇이 적용할 옳은(바른) 규칙(right rule)인가이다."라고 적절히 지적했다. 길모어(Grant Gilmore, "Law, Logic and Experience", *Howard Law Journal*, vol III, 1957, S. 39)는 사실 "속이려는 경향이 있는 자에 의해 회피될 수 없는 법규정은 만들어질 수 없다. 사실상 법규를 뒤집어지거나 회피될 수 없도록 그러한 정확함과 세부적인 것으로 규정하려는 시도는 자멸적인 것이다; 사기의 전문가는 예방적인 도구를 아주 쉽게 죄악의 엔진으로 바꾸는 방법을 발견한다. …"라고 말했다. 하지만 만약 하나의 법규범이 명확하게 표현되었다면 —이미 말했듯이, 가능한 것인데— 평범한 지성을 가진 한 법관의 의지가 있다면 그것을 피해가는 것은 불가능하다.

132) 헤어(R. M. Hare)는 자신의 글 "Imperative Sentences", *Mind*, vol. 58, 1949, S. 21부터 S. 39까지, 그리고 자신의 저서 *The Language of Morals*, 2. Aufl., Oxford 1964에서 논리적 원칙들의 명령(문)에의 적용 가능성의 문제를 다루었다. 헤어는 논리학은 참 혹은 거짓인 진술뿐만 아니라, 명령들Befehel에 혹은 —그가 그것을 표현한 것같이— 명령Imperativ에 적용 가능하다는 것을 보여주려 했다. 그는 위에서 인용된 논문 21쪽 이하에서 "내가 공격하고 있는 관점의 예들로서, 다음과 같은 문장이 인용될 수 있을 것이다: —'언어의 과학(학문)적 사용에서 … 서로 간의 언급(참조)의 연결과 관계들은 우리가 논리적이라고 부르는 그런 유형이어야만 한다. … 하지만 감정적인 목적을 위해, 논리

적 배열은 필수적인 것은 아니다'(Richards, *Principles of Literary Criticism*, p. 268)
—'단어들의 상징적 사용은 **진술**(Statement)이다; 기록, 증거, 참조의 구성과 의
사소통. 단어의 정서적 사용은 … 감정 또는 태도를 표현하거나 흥분시키기
위한 단어들의 사용이다. … 우리의 단어들의 사용이 본질적으로 상징적인가
아니면 감정적인가를 심사하는 가장 좋은 것은 "이것은 통상의 학문(과학)적
인 의미에서 참인가 아니면 거짓인가"라고 물어보는 것이다. 만약 이 물음이
중요하다면, 그렇다면 그 사용은 상징적이고, 만약 그것이 명확하게 중요하
지 않다면, 그렇다면 우리는 감정적인 말을 하는 것이다(Ogden and Richards,
Meaning of Meaning, pp. 149f.). "만약 언어가 단순히 지시되는 것을 지시하기
위해 사용되었다면, 그 사용은 **과학(학문)적**인 것이다. 만약 그것이 감정적인 태
도를 청자에게서 불러일으키기 위해서 사용되었다면, 그에게 정보를 주는 것
보다는 어쨌든 다르게 그에게 영향을 미치기 위해 사용되었다면, 그 사용은 **감
정적**(감정을 자극하는)인 것이다. … 논리적 연결(connexion)이라고 불리는 것은,
과학적인 언어에서는 성공의 조건인 반면에, 언어의 감정적 사용에 대해서는
그리 중요하지 않다."(Stebbing, *Modern Introduction to Logic*, pp. 17f.) —"'의미'
라는 단어는, 예를 들면 감정적인 혹은 동기(유발)적 의미와 같은 다른 의미 요
소들과 구분되는 것으로, 여기서는 항상 '지시적인 의미'(designative meaning)라
는 뜻으로 이해되고, 때때로는 '인지적인', '이론적인', '지시하는' 혹은 '정보적
인'으로 불린다. 그러므로 여기서 우리는 단지 지시적인 문장들 및 그것의 부
분들과 관계가 있다."(Carnap, *Meaning and Necessity*, p. 6) … 내가 공격하는 기
준(criterion)은 이제, 지시(직설)문은 논리학이 다루기를 요청받은 유일한 문장
이라고 말한다. 내가 그것을 공격할 방법은 다음과 같다. 나는 일련의 문장들
을 택한다, 소위 명령문, 그것은 명확하게 무언가가 그렇다고 진술하는 것을
목적으로 하지 않는 문장이다[마치 직설문, 즉 참 혹은 거짓일 수 있는 진술과 같이],
그리고 나는 그들의 논리적인 작용(behaviour)이 많은 관점에서 직설문의 논리
적인 작용과 같다는 것을 보여줄 것이다."라고 하고 있다. 헤어는 배중률과 추

론의 논리적 법칙들은 명령에, 그리고 따라서 명령에서 표현될 수 있는 규범들에 적용 가능하다는 입장을 주장한 것이다.

헤어는 자신의 저서 *The Language of Morals*, 2. Aufl., Oxford 1964, S. 4ff.에서 '명령문'을 '직설문'으로 환원하려는 다양한 시도들을 거부했다. 그는 5쪽에서 "하나의 직설문은 누군가에게 무언가가 사실이라는 것을 말하기 위해 사용된다; 하나의 명령문은 그렇지 않다. ―그것은 누군가에게 그것을 사실로 만들라고 말하기 위해 사용되는 것이다."라고 말한다. 이것은 맞는 것이기는 하지만 그럼에도 **본질적인** 것das wesentliche Moment: **존재**와 **당위** 간의 차이가 문제되고 있다는 것을 표현하고 있지 않다. 헤어는 6쪽에서 "'문을 닫아라.'는 '나는 네가 문을 닫기를 원한다.'"를 의미한다는 주장에 관해 말한다: "… '문을 닫아라.'는 문장은 문을 닫는 것에 관한 것처럼 보인다. 그리고 화자의 마음의 상태를 표현하는 것으로 보이지는 않는다. 그것은 마치 오믈렛을 만들기 위한 지시들이 (계란 네 개를 준비하고 등등) 계란에 관한 지시들이고, 비턴 부인(Isabella Mary Beeton, 1836~1865, 요리책의 대명사로 알려져 있음―옮긴이 주)의 심리의 자기성찰적인 분석이 아닌 것과 같다." 맞는 말이다. 하지만 헤어는 또한 "'나는 네가 문을 닫기를 원한다.'라는 것은 나의 마음에 관한 진술이 아니고 '문을 닫아라.'라는 명령을 말하는 공손한 방법의 하나이다."라고 한다. 이것은 틀린 말임은 분명하다. 만약 내가 B에게 "나는 네가 그 문을 닫기를 원한다."라고 말한다면, 나는 내 속에서 일어나는 감정의 과정(마음에서 일어난 일)에 관한 진술을 하는 것이다. 내가 이러한 진술을 함으로써, 내가 B에게 향해진, "그 문을 닫아라."라는 명령문으로 달성하려고 했던 것과 동일한 효과를 달성하려고 한다는 사실은, 논리적으로 하나의 진술인 것으로부터는 만들어질 수 없고, 그것은 논리적으로 하나의 명령이라는 것은, 하나의 진술(참 혹은 거짓인)은 하나의 명령(참도 거짓도 아닌)이 아니라고 하는 것의 피할 수 없는 결론인 것이다.

만약 헤어가 15쪽 이하에서 "누군가에게 무엇을 하라고 말하는 것, 혹은 무언가가 사실이라고 말하는 것은 '나는 무엇을 해야만 하는가?'라는 혹은 '무엇이 사실인가?'라는 물음에 답하는 것이다."라고 말하고, 그리고 "진술들과 같이 … 명령 등은, 본질적으로 합리적인 사람에 의해 제기된 질문에 답하기 위한 의도인 것이다. …"라고 말한다면 옳지 않다. A는 B에게 "너는 혼인 외 출생자(서자)야."라고 말할 수 있다. 왜냐하면 그는 자신이 적자임을 의심해본 적이 없고, 진실을 알려고 하지 않는다고 의심했었다면, 비록 B가 A에게 그것에 대해 묻지 않았다고 하더라도 말이다.

중요한 것은 헤어가 "진술과 같이 … 명령들도 … 진술들과 마찬가지로 논리적인 규칙들의 지배를 받는다. 그리고 이것은 도덕적 판단들은 역시 그렇게 (논리적 규칙에 의해) 지배를 받을 수 있다는 것을 의미한다."(15쪽 이하)라고 말했다는 것이다.

133) 코시오(Carlos Cossio)는 그에 의해 소위 'Egologischen Theorie' (egological theory)라 명명된 이론에서 법관의 판결의 본질을 규정하려는 가장 모순에 가득 찬 시도를 했다.(그의 에세이 "Phenomenology of the Decision", *Latin-American Legal Philosophy, 20th Century Legal Philosophy Series*, vol. III, Cambridge, Massachusetts 1948, 343쪽부터 400쪽까지를 비교해보라.) 코시오는 법인식의 대상은, 즉 법은, 규범들이 아니고, 특정 관점에서 보았을 때는, 인간의 행위라는 가정에서 출발하고 있다(348쪽). "… 에고론적 이론은 법률가에 의해 알려진 것(대상)은 규칙들이 아니고, 하나의 특정한 관점에서 고찰된 인간의 행위라고 생각한다." 이에 대해서는, 인간의 행위가 고찰될 수 있는 관점은 두 가지, 즉 설명적인 현실학의 관점(단어의 가장 광의의 의미에서 자연과학)과 인간의 행위가 규범의 내용으로서, 그리고 따라서 규범-창설적인, 규범-부합하는, 규범에 부합하지 않는 것으로 고려되는, 윤리학과 법학의 관점, 이 두 가지가 있다는 것을 지적해야겠다. 코시오가, 그것을 문화적-대상(cultural object)으로 표시하고 이러한 대상에 대해, "그것들은 존재를 가지고, 그것들은 경험

에 있으며, 그것들은 시간에 있으나, 하지만 그것들은 긍정적이고 혹은 부정적인 표지들; 정의로운 혹은 공정하지 못한, 보기 좋은 혹은 추한, 유용한 혹은 쓸모없는 … 의 표지로서 풍부해진다."고 말했을 때, 그가 법을 인간의 행위로서 고찰한 관점은 주지하다시피 두 번째의 관점이다. 환언하면, 그것들은 긍정적인 혹은 부정적인 가치를 가진다. 만약 그것이 객관적인 가치이고, 다양한 사람의 관점에서 동일한 객체에 대해 고도로 상위할 수 있는, 주관적인 가치가 아니라면, 그것은 하나의 대상이 가치를 가진다는 의미이고, 하나의 유효한 규범에 부합하거나 부합하지 않는다는 의미인 것이다. 코시오는 또한 355쪽에서 "… 문화적 대상들은 가치들을 가진다. … 문화 대상들은, 그것들이 실체가 아니기 때문에, 가치들이 아니다."라고 말했다. 코시오는 이러한 가치가 대상들에 내재한다는 잘못된 생각을 가지고 있다. "그 가치는 그것들(goods) 안에 질로서 존재하거나 나타난다. 밀로의 비너스는, 예를 들면, 미(美)가 아니다. 그것은 단지 이러한 가치를 가진다, 그리고 우리는 그것이 아름답다고 말한다, 그것은 마치 우리가 그것(흰 것)이 그 대리석이 색깔이기 때문에 그것을 희다(white)고 하지 순백(whiteness)이라고 말하지 않는 것과 매한가지이다." 하지만 대리석상의 아름다움(美)은, 하얀 색깔이 그 대리석의 속성인 것과 같이, 그것의 속성이 아니다. 대리석이 하얀색이라는 것은 우리의 직접적인 지각의 결과이고, 이러한 판단은 더 이상 근거 지워질 수 없다. 하지만 그 상이 아름답다는 판단은 그 객체가 확실히 미학적인 요구에 부합하고 있다는 것으로 근거 지워질 수 있고, 반드시 근거 지워져야만 한다. 코시오는 "밀로의 비너스 상은 아름답다."는 판단에 "법은 정의롭다."라는 판단을 비교한다. "만약 그것이 하나의 상(statue)이라면, 그것은 아름답거나 추할 것이다. … 만약 그것이 법이라면, 그것은 공정하거나 공정하지 않을 것이다." 그리고 358쪽에서 "… 우리는 밀로의 비너스에 단지 그것이 아름답기 때문에 진가를 인정하는 것이 아니고, 그것이 아름다운 바로 그 시점에 동시에 **그 자체**이기 때문에, 우리는 그것의 진가를 인정하는 것이다. 판결과 그것의 정의(로움)에 대해서도 동일하다."라고 한다. 따라서 코시오가 '판단(결정)의 현상학'으로 표시한 문제는 여기서는 하나의 법관의 판결이 정의로운가 혹은 정의롭지 못한가의 문제로 보이고, 이것은 전혀 판결의 현상학에 속하는 문제가 아니다. 이러한 물음에 대해서는 '하나의 법관의 판결은 만약 그것이 유효한 것으로 전제된 정의의 원칙에 부합하거나 혹은 부합하지 않는다면, 정의롭거나 혹은 정의롭지 못한 것으로 판단된다는 대답과 다른 대답은 없다. 여기서는 하나의 법관의 판결이 정의롭다 혹은 정의롭지 않다는 판단은 단지 우리가 법과 정의를 동일시하지 않고, 두 개의 상위한 규범적 체계들로 파악하는 경우에만 의미가 있는 것이다. 하지만 코시오는 "법은 법 그 자체가 이미 실정적인 정의이기 때문에 정의를 모색하거나 정의를 실현하려고 하지 않는다."(375쪽 이하)라고 말한다. 그는, 즉 법^{Recht}과 정의^{Gerechtigkeit}를 동일시했고, 이로써 대리석상의 아름다움과 법의 정의 사이의 병렬(유사성)을 파괴해버렸다. 코시오는 368쪽에서 "판결의 창조자로서, 법관은 질서 **안에** 있는 것이지, 질서 밖에 있는 것이 아니다; 그리고 그 구조의 부분으로서 그 구조 **안에 있는** 것이다. … "라고 강조했다. 그는 ―순수법론에 따라― 법관의 판결을 하나의 개별규범으로 표시했고, 이것은 이러한 개별규범은 법관의 행위가 기술하는 '인간행위'의 의미라는 것과 다를 바 없다. 이것은 법관의 판결행위가 법**생산** 절차의 한 부분이라는 것, 이러한 행위의 의미는 **규정(지시)**이라는 것을 의미한다. 하지만 코시오의 법관 판결의 현상학은 아주 놀라운 결과에 이른다(396쪽): "법적인 경험의 일부의 개념적인 표현으로서 … 그 판결: 그것은 구체적으로 하나의 행위를 당위의 형태에서 **기술**한다. 그 판결은 하나의 개별적 규범이고, 에고론적 이론에 따를 때 그것이고 그것일 뿐이다."(강조는 내가 한 것임) 어떻게 법관의 판결이 무언가가 존재 **해야만 한다**는 것을 규정하는 하나의 규범일 수 있는지, 즉 하나의 특정 행위의 **규정**(지시)일 수 있는지, 그리고 동시에 하나의 관찰될 행위의 **기술**일 수 있는지 수수께끼이고, 그 해결은 에고론의 비밀로 남아 있다.

134) 생프리(Felix Berriat Saint-Prix, *Manuel de Logique Juridique*, Troisième Edition, Paris, 연도 없음)는 자신의 논문을 "논리학은 한 명제의 진실을 예증하는 기술이다."(La logique est l'art de démontrer la verité d'une proposition)라는 논리학에 대한 정의로 시작한다. 그의 서술에 따르면 논리학은 법학에서만이 아니고, 법 자체에도 적용되는, 즉 법규범들의 생성과 적용에 있어서 적용되는 것이다. 8쪽(§ 9)에서 그는 "법적 논리학은 **법**의 문제에 있어서 확신을 얻으려고 하는 모든 사람에게 유용한 것이다."(La logique juridique est utile à tous ceux qui veulent se faire une conviction sur une question de **droit**)라고 했다. '법의 문제'는 단지 법적 절차에서, 즉 법규범들의 생성과 적용의 절차에서 결정되는 것이지, 법학에 의해서 결정될 수 있는 것이 아니다. 베리아(Berriat)는 위에서 인용된 문장을 계속한다: "그것은 내가 절대적 법논리의 광적 지지자라고 부르는 이들에게 충분한 것이다." 하지만 베리아 자신도 '법적 진실'(verité juridique)을 받아들인다. 그는 동시에 13쪽, § 18에서 울피안(Ulpian)의 법칙(rule of law), 즉 법적으로 판단된 것은 진실로 취급된다("De regulis juris", 207: "Res indicata pro veritate accipitur")는 법칙을 끌어들인다. 베리아는 주지하다시피 하나의 법규범의 효력을 그것의 진실과 동일시한다. 삼단논법이 법학과 법에서 수행하는 역할에 대한 그의 설명과 연결하여 베리아는 16쪽, § 25에서, "삼단논법형식은 그 기초가 되는 대전제의 참을 결코 보장하지 못한다. 그러나 실정법에서 이러한 불충분은 다른 윤리학에서처럼 그렇게 문젯거리가 되는 것은 아니다."라고 말했다. 즉 실정법은 베리아에 따르면 상이한 도덕-학들 중의 하나이다. 계속해서 "사실 대부분 그것의 출발점은 그 존재와 구속력이 논쟁의 여지가 없는 법률이었다; 모든 논증의 대전제는 일반적인 법규범이라는 것은 확실하다."라고 한다. 베리아는, 즉 그의 대전제가 하나의 법률에 포함된 일반적인 법규범인 하나의 삼단논법을 받아들인다. 동시에 그는 삼단논법의 요소들은 '명제들(진술들)'이라는 것(14쪽, §§ 21, 22)과 그 삼단논법의 기능은 추론의 **진실**을 근거 지우는 것이라고 강조했다. 그는 추론의 결론에 대해, 즉 삼단논법에 제3의

요소에 대해, 그의 입장에 따를 때 법적 절차에서 적용되는 것에 대해 "결론은 우리가 진실을 보여주려고 원한다는 것이다."(la conclusion c'est-à-dire dont on veut démontrer la verité)라고 말했다. 베리아는 다음과 같은 규범적 삼단논법을 생각했다(18쪽, § 28): "사업주가 경영자의 비용으로 이익을 보았다; 따라서 그 사업주는 경영자에게 배상해야만(갚아야만) 한다. ㅡ다른 사람의 비용(손해)으로 이익을 보아서는 안 된다는 원칙이 여기 포함되어 있다." 이로써 그가 의미한 바는, 개별적인 규범, 즉 그 규범에 따르면 자신의 경영자의 비용으로 이익을 챙긴 특정 사업주는 그에게 손해를 배상해야만 한다는 개별적인 규범은, 하나의 논리적 삼단논법의 방법으로 도출될 수 있고, 이러한 삼단논법으로 그 개별규범을 기술하는 결론문의 진실이 근거 지워지는 것이다.

지미티스(Spiros Simitis, "Zum Problem einer juristischer Logik", *Ratio* 1960, Bd. I)는 사실, "법적 추론의 이론은 이로써 응용된 일반논리학의 일부가 아니라는 것이 밝혀졌다. 논리학과 법적 추론은 기껏해야 단지 그 이름을 공동으로 할 뿐이다. 법적 추론을 활용하는 논증은 하나의 사이비 논증이다."(75쪽)라고 했지만, 그 문장은 다음과 같은 단어들로 마무리된다: "법적 논리학은 법적 추론 이론의 사이비논리학이 멈추는 바로 그곳에서 시작한다." 그리고 80쪽에서는 "법은 합리적이다. 추리(이성)는 법적 사고의 기초이다."라고 했다. 하지만 그 다음 문장에서는 "법학은 따라서 논리학을 폐기할 수 없다."라고 한다.

게스트(A. G. Guest, "Logik in the Law", in *Oxford Essays in Jurisprudence*, edited by A. G. Guest, Oxford 1961)는 논리적 원칙들의, 특히 추론의 규칙들을 규범들에 적용하는 가능성을 받아들였다. 하지만 그는 176쪽에서 "법적 추론(논증)의 하나의 도구로서 논리학은 후에 인기를 잃어버렸다. … 법에서의 논리학에 대한 가장 중요한 반론은 통상 논리적 사고 과정은 엄격하고 비탄력적이지만, 법적 추론(논증)은 경험적이고, 재량적이라는 형태로 표현된다."라고 했다. 그리고 177쪽에서 "처음 보기에는 이러한 논쟁에는 대단한 진실이 있다고 인정되어야만 할 것이다. 존재하는 원칙들로부터의 단순한 연역 외에 매우 많은 다른 판결의 원천(sources)들이 있다는 것은 분명하고, 결과적으로 그러한 연역들이 필연적으로 법의 것으로 따라오는 것은 아니다. 일련의 법규들이 선존한다는 것이, 법관이 그것들에 적용하건 아니하건, 법관에 있어서의 재량을 없애지는 못하며, 자신의 판단에 도달함에 있어서, 그는 항상 다른 법의 원천 —공동체의 윤리적 강령, 사회적 정의, 역사 등— 에 그의 시각을 둘 수 있는 권한을 부여받은 것이다."라고 했다. 게스트가 주목한 것은, 법관은 자신의 판결에 이르기 위해, 그것을 필수적으로 선존하는 일반 법규범으로부터 논리적인 추론의 방법으로 해야만 하는 것이 아니고, 종종 전혀 하지를 않는다는 사실, 어떤 경우는 심지어 하나의 법정책적인 관점에서 볼 때 다수의 사례들에서 그가 그렇게 하지 않는 것이 바람직할 수 있다는 사실이다. 하지만 게스트는 하나의 법관의 판결의 효력이 논리적으로 하나의 일반적 규범의 효력으로부터 도출될 수 있다는 가능성을 부인하지는 않았다.

135) 뢰링호프(Bruno Baron von Freytag gen. Löringhoff), *Logik. Ihr System und ihr Verhältnis zur Logistik*, 3. Aufl., Stuttgart 1961, S. 190ff.을 볼 것.

유클리드 기하학의 극복은 법학에 중요한 (반동)영향을 미쳤음이 분명하다는 입장은 특히 프랭크(Jerome Frank)의 논문 "Mr. Justice Holmes and Non-Euclidian Legal Thinking", *Cornell Law Quarterly*, vol. XVII, 1931-1932, S. 568ff.에서 주장되었다. 그러면 프랭크에 따를 때 무엇이 유클리드 기하학의 극복의 본질적인 결과인가? 어떠한 '자명한 진실'(self-evident truths; selbstverständliche Wahrheiten)은 없다는 통찰, "어떠한 공리들의 외관상 자명해 보이는 특성도 더 이상 그것에 유리하게 충분한 논거로서 (평판을) 인정받을 수 없다."(573쪽)는 것이다. "공리·자명한 이치는 세속화되었다. 그것들은 이제 단순히 추정들로 간주되고, 어떠한 추정도 신성불가침으로 생각되지 않는다." (576쪽) 이러한 통찰이 법적 사고에 미친 반작용은, 우리가 수학과 물리학이 작업하는 그 일반적인 원칙들을 입법과 관습을 통해 생성되는 일반적인 법규범들에 유추할 수 있다는 것을 전제한다. 하지만 하나의 그런 유추(유사점)는 존재하지 않는다. 일반 법규범들은 수학과 물리학의 일반 원칙들과는 전적으로 상위한 성격을 갖고 있다. 그것들은 가정^{Annahme}들이 아니고, 즉 진술, ―수학과 물리학의 가정들과 같이― 진실이라는 주장으로 등장하는 진술들이다. 비록 그것들의 진실이 자명한 것이 아니고, ―규범들로서― 진실이지도 거짓이지도 않은 것이라고 하더라도 말이다. 이 규범들을 자명한 진실로 보지 말라는 요구는 무의미하다. 이러한 규범들은 마치 물리학의 일반 원칙들과 같이, 자연적인 실제의 사실을 해명하는 데 기여하는 것이 아니라, 인간을 특정한 하나의 행위로 유인하는 데 기여하는 것이다. 인간에 의해 만들어진 일반 법규범들이 변경 가능하다는 것은 전혀 문제가 되지 않았다. 단지 신에 의해 설정된 규범들만이, 인간들이 ―종교에서― 그 효력을 믿는 한, 변경 불가능한 것으로 간주되는 것이다. 하지만 법학에서는 그러한 규범들이 고려되지 않는다. 수학과 물리학이 그것으로 작업하는 그 원칙들은, 만약 그것들이 옳지 않은 것으로 밝혀지면, 이러한 학문에 의해서 창설된 것과 마찬가지로, 이러한 학문으로부터 변경됨에 반해, 법규범들은 **법학**에 의해서 창설될 수도 변경될 수도 없다. 이것은 법적 **권위**의 기능이다. 유클리드 기하학의 극복이 법학에 가져다준 효과는, 따라서 고려의 대상이 아니다.

또한 쿡(Walter W. Cook, "Scientific Method and the Law", *American Bar Association Journal*, vol. XIII, 1927, S. 303ff.)은 근대의 자연과학에서 유클리드 기하학의 단순히 상대적인 성격에 대한 통찰로 인해 야기된 근본적인 혁명으로부터, 법학에서 적용될 방법론에 대한 결론을 도출해보려고 시도했다. 그와 마찬가지로 루니(Miriam Theresa Rooney)도 그의 논문 "Law and the New Logic", *The American Catholic Philosophical Association*, vol. XVI, 1940, S. 192ff.에서 이를 시도했다. 이러한 시도에 대해서는 프랭크가 그에 대해 언급한 것이 타당하다: 유클리드 외에 비-유클리드 기하학도 있을 수 있다는 것은 법 인식을 위해 무의미하다.

136) Christoph Sigwart, *Logik*, 5. Aufl., 1924, Bd. I, S. 1 und 9f. 지크바르트는 "그 필연성을 확실히 하고 보편 타당하게 되려는" 목적을 추구하는 모든 사고는, "**문장들**sätze로서 내적인 혹은 외적으로 표현되는, **판단들**Urteile에서 완성된다. … 판단은 나아가 단지 그것이 문장에서 표현되는 한 학문적인 연구의 대상이 될 수 있다; 단지 문장을 통해서 그것은 고찰의 공동의 대상이 될 수 있고, 단지 문장으로서 그것은 보편타당하게 되기를 원할 수 있다."라고 미리 말했다. (하지만 Bd. II, 5. Aufl., 1924, S. 765에서 지크바르트는, '일반적인 규범이 표현되는' 문장과 관련하여: "무엇이 실제로 생각되었는가와 의지의 대상으로 상정되었는가, 그리고 의지로부터 긍정되었는가에 대해서 문제되는 것이 아니고, 무엇이 특정한 전제조건으로부터, 그리고 논리적인 규칙들에 따라 상정되고 긍정되**어야만 했는가**가 문제되는 것이다."라고 한다.) 논리학은 **사고**의 이론이고 사고는 **판단**들에서 완성된다는 것으로부터, 논리학의 원칙들, 특히 모순율과 추론의 규칙이 규범들에 적용 가능하지 않다는 것이 도출될 것인데, 왜냐하면 이것들은 사고행위의 의미가 아니고, 의지행위들의 의미이고, 참이거나 혹은 거짓이 아닌 판단들이 아니고, 지크바르트가 18쪽에서 '원함의 상관개념'이라고 말한 것과 같이, 하나의 당위를 규정하는 것이기 때문이다. 회플러(Alois Höfler)가 *Logik*, 2. Aufl., Wien-Leipzig 1922에서 강조한 것과 같이, 단지 판단들만이 참이거나 거짓이다. 그는 "'참' 혹은 '거짓'이라는 속성은 직접적인 의미에서 전적으로 판단들에 인정된다."(58쪽)라고 한다. 모순원칙에 대해 Sigwart, Bd. I, 5. Aufl., 1924, S. 188에서, 그 원칙은 "긍정적인 판단의 그 부정에 대한 관계에 연관되고, 'A는 B이다.'라는 판단과 'A는 B가 아니다.'라는 판단은 동시에 참일 수 없다는 것을 말함으로써, 부정의 본질과 의미를 표현하는 것이다."라고 말했다. 그는 여기서 모순원칙의 적용을 참이거나 거짓인 판단들에 제한했고, Bd. I, S. 433에서는 '**심리적인** 의미에서의 추론 혹은 결론도출'에 대해 말하면서, 그것은 "우리가 하나의 판단의 진실에 대한 믿음에 대해, 직접적으로 그에 결합된 주체와 술어의 표상을 통해서가 아니라, 하나의 혹은 다수의 다른 판단들의 진실

에 대한 믿음을 통해서 결정하는 곳이라면 어디에서나 일어나는 것이다."라고 하고, "저마다의 추론은, 하나 혹은 다수의 다른 판단들이 … 진실이기 때문에, 하나의 판단(결론 혹은 결론문)이 진실이라는 믿음을 함유하고 있기 때문에, '논리적인 이론'은 (그 결론은 전제들을 통해 근거 지워진 것이라는) '이러한 믿음의 논리적 필연성'을 연구해야만 한다."고 했다. 그는 여기서도 추론의 규칙의 적용을 참이거나 거짓인 판단들에 국한했다. 하지만 자신의 *Logik* Bd. II에서 지크바르트는(S. 627) "당연히 명확하고 필연적으로 … 법관의 판결은 법률의 조항들로부터, 그리고 그에 속하는 구성요건들로부터 도출되며, 의사결정 ^{Willensentscheidung}은 습속의 근본원칙들로부터 도출된다."라고 하고, "이러한 필연성은 하나의 논리적인 것이지 심리적인 것이 아니다."라고 덧붙였다. '법률의 조항들' 및 '습속의 원칙들'은 규범들이고, 의지행위의 의미이며, 사고행위의 의미인 판결(판단)들이 아니다. Band II, S. 768에서는 물론 지크바르트는 "모순의 원칙이 … **만약** 하나의 문장(진술)이 긍정**되면**, 그 문장은 동시에 부정될 수 없다고 … 말하는 것과 같이, 그것이 … **만약** 하나가 의욕이 **된다면**, 다른 것은 의욕되어야만 하고, 제3의 것은 의욕될 수가 없다는 것을 말하는 … 최고의 윤리적인 법칙을 생각할 수 있다."라고 말한다. 만약 이것이 모순율과 추론의 규칙의 규범들에의 확장으로서 해석될 수 있다면, 지크바르트는 이 원칙을 논리학의 원칙으로서가 아니라, **윤리학**의 원칙으로서 표시하는 것이고, 그는 이러한 원칙이 타당하다는 것을 주장하는 것이 아니라, 단지 그것이 사고될 수 있다는 것만을 주장하는 것임을 확인할 수 있다.

또한 논리적 원칙을 규범에 적용 가능한가의 문제에 대한 다른 선도적인 논리학자들의 기술도 만족스럽지 못하다.

그렇게는 위버벡(Friedrich Überweg, *System der Logik und Geschichte der logischen Lehren*, Bonn, 1857, S. 4)이 논리학을 '인간의 이론적인 이성활동(성)에서 진실이라는 이념의 실현이 그것의 준수에 근거하는 규범적 법칙들에 관한 이론(Lehre von den normativen Gesetzen)'으로 논리학을 표현했고, 8쪽에서 "논

리학"은 "논리적 법칙들의 의식적인 적용을 … 가능하게 한다."고 했다. 그는 '의지활동'이 아니라 '사고활동'이라고 했다. 이로부터 논리적 원칙들은, 사고활동의 산물이 아니라 **의지**의 활동의 산물인, 그리고 참도 거짓도 아닌 규범들에는 적용 가능하지 **않다는** 결론이 도출될 것이다. 하지만 309쪽에서 위버벡은 "개별적인 사례들에 문법적인 법칙(원칙)들의 적용은 삼단논법적 사고과정이다. … 제정법(법적 법률)^Rechtsgesetz의 적용에도 동일하다."라고 말한다. 제정법을 개별사례들에 적용하는 것은 **사고**과정이 아니라 **의지**과정이고, 그 과정에는, 만약 논리학이 위버벡이 표현했던 특성을 가진다면, 즉 **이론적인 이성의 활동에서 진실의 이념의 실현이** 그것의 준수에 근거하는 법칙들의 이론이고 논리학은 하나의 의식적인 사고활동을 가능하게 하는 것이지, 의지의 활동을 가능하게 하는 것은 아니라면, **논리적인** 과정으로서 삼단논법이 일어나지 않는다. 그리고 에르트만(Benno Erdmann, *Logik*, Berlin und Leipzig 1923, S. V)은 "… 논리적 규범화^Normierungen의 본질적인 대상"은 "표현된, 상위한 언어의 형태에서 실현된 **사고**"라고 말하고, 1쪽에서 이에 대해 '세 가지의 형태들'을 구분한다: 주장들^Behauptungen, 명명들^Benennungen, 그리고 문제들^Probleme이다. 그는 이러한 세 가지 형태들에 대해서, 그것들은 "문장들의 형태로 등장한다."고 하고 "언어적으로 표현(구성)된 것이다."라고 한다. 이러한 이유로 그는 이러한 "우리의 사고의 세 가지 형태의 구성부분을" **"진술들 혹은 표현된 판단들"**로 표시한다. 8쪽에서 그는 "우리의 사회적 삶의 모든 규범들은 첫째로 그것은 무엇인가가 아니라 무엇이어야만 하는가에 대한 주장들이다. 그 밖에 모든 이러한 규범들은, 예를 들어 법률, 습속 혹은 도덕성의 규범들은 학문적인 사고의 대상이 된다. …"라고 주장했다. 141쪽에서 에르트만은 '우리가 무엇인가를 생각하지 않고, 무엇이어야만 하는가를 … 생각하는 모든 유형의 규범들'에 대해 말했다. 규범들은 '주장들'이고 그 자체로 '사고의 형태들'이거나 혹은 심지어 '판단들'이라고 하는 것은 옳지 않고, 그것들은 "무엇이 있어야만 하는가"라는 주장이 아니고, —**사고**행위의 의미로서가 아니라, **의지**행위의 의미로서 — 무언가 존재해야만 한다는 것을 **규정한**statuieren 것이다. 무언가가 존재해야만 한다는 '주장'은 하나의 규범에 관한 **진술**이지, 규범이 아니다. 366쪽에서 에르트만은 "규범적인 논리적인 규정들과 같이, 무엇이어야만 하는가라는 모든 그 밖의 규정들은 **주장들로**서 확실성과 사고필연성의 표지들에 종속되고, 또한 그것이 객관적으로 타당하다면, 진실에 종속된다."라고 주장한다. 무엇이어야만 하는가의 규정으로서 규범들이 진실의 표지들에 종속된 것이라는 것으로부터, 논리학의 원칙들, 특히 모순율의 원칙과 추론의 법칙은 그 규범들에 ―판결들에와 같이― 적용 가능하다는 결론이 도출되게 될 것이다. 하지만 에르트만은 직접적으로 "그것들sie[즉 실천적인 규범들]이 그들의 뿌리를 신세지고(기원하고) 있는 지적인, 그리고 감성적인 작동들은 논리적 규범화에 종속되지 않는다."고 말한다. 왜냐하면 이 문장에서 'sie'라는 단어는, 문장의 자구에 상응한 것과 같이, '감정적인 요소들'emotionelle Momente에 관련될 수 없기 때문에, 이것은 무의미한 것일 것이기에, 반드시 '실천적인 규범들'에 관련되어야만 한다. 그것이 그렇다면, 이제 또한 도덕의 규범이고 법의 규범들인 이러한 지적인, 그리고 감정적인 조작들에 그 뿌리를 두고 있는 실천적 규범들도 논리적 규준화에 종속하지 않는다는 것으로부터, 논리학의 법칙들은 그것들에 적용 가능하지 않다는 결론이 도출된다.

　이러한 맥락에서 베르크만(Julius Bergmann, *Allgemeine Logik, Erster Teil: Reine Logik*, Berlin 1879)을 언급해야 한다. 그는 1쪽에서 논리학을 '사고의 기예론'으로 표현했고, 사람들은 사고를 '판단'과 동일하게 놓을 수 있다고 생각했기 때문에, 논리학을 또한 '미학'(기예학)으로 정의했다. 여기서 그는 "모든 사고들은 진실이거나 혹은 거짓이다."(4쪽)는 것을 수용하고, '하나의 판단은 … 진실이거나 거짓이다.'라고 언급(명명)하는 것은 적정하다(230쪽)는 것을 수용했다. 베르크만은 "부탁, 명령, 물음, 그리고 감탄 등"을 지적하면서(2쪽), 이러한 표현들은 "판단에 아주 유사하지 않은 것"이라고 사고의 기교론(미학)을 판결의 그것과 동일시하는 것에 반대하는 것을 받아들이지 않았다. 그는, 이러한 비유사성^{Unähnlichkeit}은 단지 하나의 외관일 뿐이라고 생각했다. "부탁과 명령은, 그 사람의 공동작용이 그 실현을 위해 필요한 것으로 보이는 그 사람에게 하나의 원함 혹은 의지를 알리려는 것들이다; 그것들은 달리 말해 판단들이고, 그것의 가장 근접한 대상은 판단하는 나$^{das\ Ich\ des\ Urteilenden}$이다. 부탁하는 자는 자기 스스로 그가 원한다는 등을 말하는 것이다." 5쪽에서 그는 "우리가 그것[부탁, 명령, 물음, 감탄 등]을 판단으로 인정하는 순간 우리는 그것들이 진실 혹은 거짓이라는 것을 알아챈다. 그것들은 만약 그것을 말하는 자가 그 자신의 바람 혹은 의지로 표현한 것이 실제로 원하는 것이고 바라는 것인 경우에 혹은 그가 느낀 것으로 표현한 것이 실제로 느낀 것이라면 참이고, 그 반대의 경우, 즉 그것이 일반적으로 의식적인 거짓인 경우에, 그리고 따라서 현실적이지 않고, 단지 가상으로 생각된 것이면 거짓이다."라고 말했다. 이에 따르면 명령들로서 규범은 판단들이고 그 자체는 진실 혹은 거짓이라는 결과가 될 것이다. 하지만 이것은 분명한 착오이다. 하나의 명령은 생각된 것이 —또한 '소위'(가상으로도)— 아니고, —또한 혹 단지 가상으로라도— **의지된 것**이다. 그 명령이 **실제로** 의지되었다는 것을 통해서 그것이 진실이 될 수는 없다. 만약 전쟁에서 한 중대장이 한 부하에게 전쟁포로를 사살하라고 명령하고 이로써 연대장으로부터 그에게 주어진 명령을 따랐고, 그렇지만 그의 명령이 국제법 위반이라는 것을 알았고, 따라서 자신이 명령한 것을 실제로 원한 것이 아니고, 가상으로만(허위로) '원했다'고 하면, 그의 명령은 거짓이 아니다. 왜냐하면 만약 중대장이 그 명령의 수신자가 전쟁포로를 사살할 것을 실제로 원했던 경우도 그것은 참이 아닐 것이기 때문이다. 누군가 나에게 그것은 실제의 명령이 아니고 단지 하나의 명령의 외관, 즉 단지 자구이지, 의도된 의미에 따를 때 명령이 아니라고 말할 수 있을 것이다. 하나의 명령이 진실 혹은 거짓일 수 있는 판단이라는 착각은, 따라서 하나의 명령이 단지 명령문의 언어형태뿐만 아니라 하나의 진술의 언어형태에서도 있을 수 있다는 것에 지탱하고 있다. 그래서 만약, 우리의 사례에서, 중대장이 자신의 부하에게, 나는 너에게, 전쟁포로를 사살할 것을 명령한다고 말한다면, 그것은 사실상 **언어적**으로 진술이고, 사실상 그것이 행해짐으로써, 참인 것이다. 하지만 중대장으로부터 표현된 단어들은 그 **의미**에 따를 때 **어떠한** 진술도 **아니고** 명령이며, 명령문의 형태에서 행해진 표현 "전쟁포로를 사살하라!"와 구별되지 않는다. 아마도 명령들과, 따라서 명령들인 **규범들**은 진실 혹은 거짓인 **판단들**이고, 따라서 모순율과 추론의 원칙의 **논리적 원칙들**은 그에 **적용 가능하다**는 잘못된 가정이 시도될 수 있을 것이고, 따라서 명령은 명령문적인 언어형태뿐만 아니라 **진술**의 언어형태에서도 이루어질 수 있다는 것에 소급할 수 있는 것이다.

에르트만의 *Logik*, 3. Aufl., 1923에 따르면 규범들 ―**모든** 규범들― 은 "사실 무엇이라는 주장은 아니지만 무엇이어야만 한다는 주장이다."(8쪽); "주장들"은 명명과 문제들[이것은 스스로 질문으로 기술된다] 외에 "우리의 사고의 형식(형태)들이다."(1쪽) 그것들은 '언어적으로 표현되고', 에르트만에 의해 '진술' 혹은 '표현된 판단들'로 표시되었다(1쪽). 11쪽에서 에르트만은 '무엇인가를 확정하는 것이 아니고, 무엇이어야만 하는가를 규정'하는 '모든 유형의 판단들'에 대해 언급한다. 그는 그것들을 '가치판단들'로 표현하고 이러한 '규정(지시)하는' 판단들에 '윤리적', 그리고 '법적'인, 즉 도덕규범과 법규범들을 배속시킨다. 이러한 '규정(지시)하는 판단들'로 도덕 혹은 법-규범들을 의미하는 것은 또한 에르트만이 우리가 무엇인가를 생각하는 것이 아니고 무엇이어야만 하는 것을 생각하는 '모든 유형의 규범들'을 언급하고 있다는 것에서 나타난다(141쪽). 무언가를 규정하는 규범들에서는 우리는 무엇을 **생각하는** 것이 아니고, 우리는 무엇을 **원(의욕)하는** 것이다. 또한 규범들은 어떠한 가치**판단**들도 아니다. 도덕적인, 그리고 법적인 가치**판단**들은 인간의 행위의 도덕 혹은 법의 전제된 규범들에 대한 관계에 관한 진술이다. 무언가를 주장하는 판단들인 규범에 대해 에르트만은 그것들은 진실일 수 있다고 받아들인다. 왜냐하면 366쪽에서 그는, "규범적이고 논리적인 규정들(Bestimmungen)과 같이, 무엇이어야만 하는가의 모든 그 밖의 규정들^{Bestimmung}은, **주장들**로서, 확실성과 사고필연성의 표지에 종속되고, 또한 그것이 객관적으로 유효한 경우, 진실에 종속된다."라고 했기 때문이다. 무엇이어야만 하는가의 규정들은 우선적으로 규범들이다. 그에 따라 에르트만의 입장에 따르면 규범들은 참이거나 거짓인 판단들이다. 에르트만이 24쪽에서 주장했듯이, 논리학은 '어떠한 조건들하에서 사고의 대상들에 관해 주장된 진술들이 보편타당한 것인지'를 확정해야만 하고, '일반적 효력(보편타당성)'^{allgemeine Gültigkeit}은 에르트만에 의해서 여기서는 '진실'과 동일한 의미로 주장되었기 때문에 —그는 "주장된 판단들의 통상의 **일반적인 효력(타당성)의 이상 혹은 진실의 이상**"이라고 말했다—, 논리학의 원칙들은, 진실 혹은 거짓일 수 있는 진술에 적용될 수 있는 것과 같이, 주장된 판단들에서처럼 규범들에도 적용 가능한 것이다. 하지만 그는 317쪽 이하에서, "판단의 문장형태에 대한 무의존성은 또한 물음에서, 소망(바람)문, 명령문, 감탄문들, 그리고 이와 유사한 것에서도 증명된다. 그것들에서는 통상적으로 그들의 대상의 형태에 따를 때 어떠한 타당성 주장도 하지 않는 것이고, 하물며 보편성의 주장은 생각지도 못하는 판단들이 표현되는 것이다."라고 했다. 이것은 위에서 인용된, 모든 규범적인 규정들^{Bestimmungen}은, 그것이 객관적으로 타당하다면, 진실이라는 표지에 종속된다고 한 에르트만의 주장에 직접적으로 배치된다. 명령문들, 즉 명령을 규정하는 규범들은 **어떠한 진실주장도 가지지 않는다**는 전제에 기초하여 에르트만은 "하지만 거기에서 우리가 실천적인 규범을 이해하거나 표현하여 진술하는 판단들, 더구나 그들을 통해 우리가 그러한 규범을 근거로 하여 주어진 것을 평가하는 판단들은 **통합하는 구성요소들로서 감정적인 요소들**을 포함하고 있다. … 이러한 요소들은 전적으로 의지적인(의지에서 나오는) 것이 아니고, 이것은 이것들이 그 기원을 가지는 지적이고 감정적인 조작들이 **논리적인 규준화에 종속하지 않기** 때문에, 단지 '논리학을 위한 하나의 마지막의 것'^{ein Letztes für die Logik}이다."(366쪽)라고 말한다(강조는 내가 한 것임). 이 문장의 자구에 따르면 규범들에 포함되어 있는 '감정적인 요소들'^{emotionelle Elemente}은 논리적인 규준(규범)화에 종속되지 않는다. 하지만 논리적 규준화에 종속되지 않는 것은 '지적이고 감정적인 조작들'에 그 기원을 두고 있기 때문에, '감정적인 요소들'일 수 없다. 왜냐하면 이러한 요소들은 '감정적인 조작들'이기 때문이다. 그것은 '감정적인 요소들'을, 즉 의지적 행위들을 그 기원으로 하는, 단지 실천적 규범들일 수 있다. 이것이 인용된 문장의 의미라면, 에르트만에 따르면, 실정도덕과 실정법들의 규범들인 실천적 규범들은 논리적인 규범(규준)화에 종속하지 않는다. 그렇다면 모순율의 원칙도 추론의 원칙도 규범들에 적용 가능하지 않다. 에르트만은 이것을 오해의 여지없이 명확하게 표현하지는 않았다. 그는 단지 493쪽에서 '저마다의 유형의 사회적 규범'들을 말했다: "그들의 모순적인 판단들은, 구속적인 것으로 생각했을 때, 우리의 유효한 사고의 조건들에 반하는 어떠한 모순도 만들지 않는다." (그렇다면) 또한 상호간에 어떠한 모순도 만들지 않는다는 것인가? 그리고 537쪽에서 에르트만은 실천적 규범에 대해 다음과 같이 말한다(그는 360쪽과 537쪽에서 이것을 이론적인, 즉 논리적인 규범들과 구분한다): "그들에게 모순되는 규정들은 결코 하나의 논리적 부조리를 보이지 않는다. 그것들이 우리에게 그렇게 불합리하게 보일 수는 있지만." '부조리'는 논리적 모순을 의미하는 것인가? 이러한 문장들은 두 개의 서로 충돌하는 규범들은 어떠한 논리적인 **모순**도 보이는 것이 아니라는 것을 말하는 것은 아닌지 어떤지는 (따라서) 확실하게 받아들일 수는 없다. 추론의 규칙이 규범들 간의 관계에 적용 가능한 것인가라는 물음에 대해서는 단지 493쪽에 있는 한 문장이 문제된다: "법적인 혹은 기타의 사회적인 규범은커녕 단지 윤리적인 규범들을 우리들의 유효한 사고의 근본원칙으로부터의 결과문들로 도출하려고 하는 것은 희망 없는 시도이다." '우리의 유효한 사고들의 근본원칙들'은 논리학의 규범들이다. 하지만 문제는 하나의 **사회적** 규범의 효력이 (이것은 공동체에서 살고 있는 사람들의 **상호 행위**를 규율하는 규범인데) 다른 사회적 규범의 효력으로부터 도출될 수 있는가 어떤가 하는 것이다. 에르트만은 이러한 물음에 부정한 것이 아니라, 긍정했다는 근거로 360쪽에 있는 한 문장을 지적할 수 있을 것이다: "종교적인, 윤리적인, 그리고 미학적인 (그리고 이러한 것들로부터 도출 가능한 다른 사회적인) 규정들은 동일하게 규범적인 성격을 가지고 있다." 이 문장에는 하나의 사회적인 규범의 효력은 다른 규범의 효력으로부터 도출될 수 있다는, 즉 논리적으로 추리될 수 있다는 가정이 함축되어 있다. 에르트만의 '논리학'은 논리학의 원칙들의 도덕과 법의 규범에의 적용 가능성의 문제에 어떠한 확실한 답도 주지 않고 있다.

137) 호네커(Marin Honecker, *Logik*, 2. Aufl., Berlin und Bonn 1942)는 그가 양자를 학문(과학)-이론의 분과로 표현한 논리학과 인식이론 간의 차이를 강조했다. 그는 "양자는 의심할 바 없이 무언가 하나의 방법으로 **사고와** 관계를 맺고 있다."(14쪽)라고 말했다. 그는 '논리학의 영역으로부터, 지적이지 **않은** 행동을 표현하는'(108쪽), '모든 의미'[즉 Bedeutungen, Notions]들을 배제했다. "문제 있는, 그리고 자명한 판단들의 언어형태는 원함과 의지의 모종의 실천적인 행위를 표현할 수 있다. … 자명·확실한 형태는 하나의 의지의 표현을 나타낸다. '시민들은 반드시 조세를 납부해야만 한다.'라고 말하는 입법자는, 이러한 의지를 따르는 것은 강제될 수 있다(순수한 의지의 표현은 'soll'임)는 암시적인 생각을 가지고 말한다. 우리는 이 맥락에서 그러한 의미를 무시하고, 그 예들에서 '감정적인' 사고의 그러한 사례들이 우리에게 슬며시 밀고 들어오지 않는다는 것을 반드시 주의 깊게 보아야만 한다."(108쪽 이하) 만약 논리학으로부터 비-지능적인 행위를 표현하는 모든 의미들이 배제된다면, 하나의 그런 논리학의 원칙들은 의지행위의 의미인 규범들에 적용될 수가 없다.

138) 요르겐센(Jörgensen)이 명령(문)은 하나의 직설적인 요소를 함유하고 있다고 받아들인 것과 같이, '명령(문)'이라는 단어의 자리에 'directive'라는 단어를 사용한, 웰먼(C. Wellman, *The Language of Ethics*, Cambridge-Massachusetts 1961, 230쪽)은 "거의 모든 명령문은 약간의 직설(서술)적인 술어들을 함유하고 있다. … 전적으로 비진술적인 명령문은 당연히 드물다. 따라서 나는 나의 논

의의 남은 부분에서 모든 명령문은 약간의 직설(서술)적인 요소를 함유하고 있는 것처럼 말할 것이다.”라고 했다. 즉 웰먼은 **모든 규정**(지시)들은 하나의 **기술**(서술)을 담고 있다는 주장을 내세운 것이다. 하나의 진술(서술)(함)은 참이거나 거짓이지만, 규정(함)은 참도 거짓도 아니기 때문에 —웰먼은 분명하게, “사건의 상상할 수 있는 어떤 상태에 의해서도 참 혹은 거짓일 수 있는 명령(문)의 부분은 없다.”(231쪽)고 말했다— ‘기술적인 요소를’ 함유하고 있는 ‘명령(문)들’은 참도 거짓도 아닌 동시에 참 혹은 거짓이다. 하지만 이것은 불가능하다. 웰먼은 이러한 모순을 제거하려 했다. “요구된 행위는, 바르게 기술했을 때 무언가 존재하는 것으로서가 아니지만, 존재로 될 수 있거나 혹은 없을 수도 있는 가능성으로 생각된 것이다. 따라서 명령문의 기술적인 요소는 말하자면 유예(보류)된 상태인 것이다.” 하지만 이것은 무용한 시도이다. 나아가 계속해서 “기술하는 것이라고 주장할 수도 있는 행위는 상상된 것이지만, 기술하는 것이라는 주장은 현실적으로 이루어진 것이 아니다.”라고 한다. 그렇다면 어떻게 하나의 ‘명령문’이 하나의 ‘기술적인 요소’를 가질 수 있는가? 웰먼의 명제가 함축하고 있는 모순으로부터 벗어날 길은 없다.

만약 명령문들과 서술문들이 ‘직설(지시, 서술)적인’ 표지들을 공통으로 가진다면, 그것들은 그렇게 ‘근본적으로 차이가’ 날 수 없다. 웰먼은 그렇다면 직설문(indication)을 무엇이라고 이해하는가? 그가 저마다의 **기술하는** 문장(기술·직설문)은 세 가지의 표지(160쪽), 즉 지시(indication), 유사-비교(quasi-comparison), 그리고 주장의 거부(assertion-denial)를 가진다고 확정한 다음, 그는 “지시는 문장에 의해 서술된 어떤 대상 혹은 대상들을 지적(reference)하는 것이다. 모든 기술은 무엇에 **관한** 것이고, 지시는 이러한 무엇에 관함(aboutness)이다.”(161쪽)라고 말했다. 웰먼은 즉 ‘기술(서술)’과 ‘지시’를 구분한다. ‘지시’는 ‘기술’과 동일한 것이 아니다. 그것은 기술의 세 가지 표지(특색) 중 단지 하나이다. 그리고 나서 “직설문의 첫 번째 특징은 우리의 오랜 친구인 지시(표시)이다(our old friend indication).”(229쪽)라고 하고 있다. ‘명령문에서 지시적인 요소'는 웰먼에 따르면 세 가지 요소들을 함유하고 있다: "(1) 행위하도록 요구된 사람 혹은 사람들; (2) 시간 지시; 그리고 (3) 어떤 행위를 그가 또는 사람들이 하도록 지시되었는가이다."(230쪽) "지시가 **무엇**인지가 특정되지 않으면 특정한 지시는 없는 것이다. 이런 이유로 거의 모든 명령문은 약간의 기술적인 술어들을 함유하고 있다." 웰먼(235쪽)이 '명령문들'과 '서술(직설·지시)문들'을 구별하고(229쪽 이하), '기술'(description)과 '지시'(indication) 사이를 구별했음에도 불구하고, 그럼에도 그는 '명령문들'(directive sentences)에 있는 '지시적인 요소'(indicative element)를 '기술적인 술어들'(descriptive predicates)이라고 표현했다(230쪽). 이것은 그리 일관성이 있는 것이 아니고, 요르겐센의 명령문은 하나의 지시적인 요소를 함유하고 있다는 명제와 동일한 내용에 이르는 것이다. 또한 그 밖에도 웰먼의 서술은 극도로 모순적이다. 그는 "기술-금지 차원(prescription-prohibition dimension)은 주장-금지 차원(assertion-denial dimension)과 사뭇 다르다."(238쪽)고 그렇게 말하지만, "명령문은 하나의 행위 혹은 그 행위에 대한 화자의 바람을 기술하는 것보다 더 많은 것을 한다."라고 덧붙인다. 즉 하나의 지시·규정인 하나의 '명령문'은 ―단지 기술만이 아니라― **또한** 하나의 기술이다. 하지만 그렇다면 규정(지시)적인 차원은 **긍정하고 부정하는** 차원으로서 기술적인 차원과 '완전 다른 것'일 수는 없다; 그리고 ―웰먼(168쪽)이 강조한 것과 같이― "모든 서술은 … 이러한 주장금지 차원에 따르는 어느 곳엔가 속하는 것이다."

또한 모리츠(Manfred Moritz, "Gebot und Pflicht. Eine Untersuchung zur imperativen Ethik", *Theoria*, vol VII, 1941, S. 225f.)에 따르면 하나의 '고지·알려줌'Mitteilung과 따라서 하나의 '판단'은 명령에 속한다. 모리츠는, 정확히 말하자면, 판결을 명령으로 해석하는 것을 거부했지만, 그는 "명령문에는 물론 하나의 그러한 고지가 들어 있고, 그것은 이러한 이론들로부터, 우리는 판단과 관계를 가지고 있다고 하는 입장에 유리하게 이용되었다. 명령이 주어진 주체[즉 명령의 수신자]는 당연히 사람들이 그에게 무엇을 기대하는지를 알아야만 하고

… 판단과 같이 명령문에서 언급된 것이 파악될 수 있으나, 이 순간[명령에 함유된 판단의 순간에]에 비로소 명령적 요소가 추가된다. 그것은 동시에 그에 겹쳐지게 된다." '명령에서 말해진 것'은 판단이 아니다; 그것은 화법(양식)상 차이나지 않는 기체이고, 명령문에서, 당위의 양식(화법)에서 등장하는 것이다. 이를 통해서, 그리고 단지 이를 통해서만 명령의 수신자는 그에게 무엇이 기대되는 것인지를 알게 된다.

엥기슈(Karl Engisch, *Logische Studien zur Gesetzanwendung*, Heidelberg 1943)는 사실 법기관이 '자신의 권위의 힘으로' 설정하는 '명령문'과 개인이 표현하는 법적인 '당위판단'Sollurteil을 구별한다(3쪽 이하). 전자는 정의와 합목적성에 대한 요구를 제기할 수 있는 반면에, 후자는 진실주장을 가지는 진정한 판단이라는 것이다. 하지만 그는 법기관으로부터 설정된 규범, 예를 들면 법관의 판결의 개별적 규범 혹은 하나의 법률의 일반적 규범은, 명령적 요소 외에, 우리가 법관의 판결 혹은 법률에서 '끄집어내는' 논리적인 의미에 하나의 당위판단을 함유하고 있다고 믿고 있다(13쪽). 다른 한편 그는, 법률의 명령은 그것이 근거 지움에 기여할 수 있기 위해서는, 반드시 '당위판단으로 변경되어야'만 한다(6쪽)고 말한다.

에이어(Alfred Jules Ayer, *Language, Truth and Logic*, London 1949, S. 21)는 "대단히 많은 윤리적 진술들은, 하나의 사실적 요소로서, 행위의 일정한 서술을 함유하거나, 문제되는 윤리적 용어가 적용되게 되는 상황에 대한 서술을 담고 있다. … 이러한 윤리적 용어가 그 자체 기술적으로 이해되는 그러한 다수의 사례들이 있을 것이다. …"라고 한다.

또한 헤어(R. M. Hare, "Imperative Sentences", *Mind*, vol. 58, 1949, S. 21 bis 39)는 명령문에 하나의 '기술적인 기능'을 인정한다. 동시에 그는 화법(양식)과 화법(양식)상 차이나지 않는 기체 간(의 구별)에 매우 유사한 구별을 한다. 그는 "메리, 프렌데어가스트 부인에게 그녀의 방을 보여줄래."(Mary, please show Mrs. Prendergast her room)라는 명령에 "메리는 당신에게 당신의 방을 보여줄

겁니다, 프렌데어가스트 부인."이라는 진술(서술)문을 대비시키고, 양 문장들이 동일하게 가지는 것은 "t라는 시간에 메리에 의해서 프렌데어가스트 부인에게 그녀의 방을 보여줌."(Showing of her room to Mrs. Prendergast by Mary at time t.)(27쪽)이라는 단어들에서 표현된다는 것을 확정했다. 이러한 —화법상 차이 없는 기체를 보여주는— 단어들을 헤어는 '기술어(구)'(서술어구; descriptor)라고 표시했다. 그것이 그 두 개의 문장들: 명령문과 서술문을 구별하는 것이었고, —그 화법(Modus)을— 헤어는 '어법·화법'(dictor)이라고 표시했다. "두 개의 문장은 동일한 기술어를 갖지만 상위한 화법들(dictors)을 가진다."(29쪽) '기술어'라는 표현으로 헤어는 이러한 명령문과 서술문에 공동의 요소는 기술의 기능을 가진다는 것, 즉 진술만이 아니고, 명령문도 무언가를 기술한다는 것을 표현한 것이다. 그는 사실 '기술어'를 서술하는 단어에 대해서, "이러한 단어들은 하나의 문장이 아니다."라고 말했지만, 이에 "그것들은 일련의 복잡한 사건의 기술이다."(27쪽)라고 첨언했다. 35쪽에서 그는 "… 추론과 모순은 … 진술에서와 마찬가지로 명령에서 학습될 수 있다. … 왜냐하면 이 과정들은 문장의 기술적인 부분에서 발견될 수 있고, 그것은 양 화법에 공통된 것이기 때문이다."라고 말한다. 하지만 "파울, 그 문들을 닫아라."라는 명령문과 "파울이 그 문들을 닫는다."와 같은 서술문에 공통된 것은 화법상 차이가 없는 기체인 "파울이 그 문들을 닫는다."이고, 그 화법상 차이가 없는 기체는 '양 화법에서 공통인 기술적인 부분'이 아니다. 단지 "파울이 그 문들을 닫는다."라는 **진술(서술)문**에서 화법상 차이 없는 기체가 하나의 기술적인 (서술적인) 화법(양식)으로 등장하는 것이다. 그의 나중에 출간된 책(*The Language of Morals*, 2. Aufl., Oxford 1964)에서 헤어는 하나의 다른 용어를 제안했다. 그는 명령문에, 그리고 서술문에 공통된 요소를 'the phrastic'이라고 명명했는데, 그 요소를 통해 'the neustic'과 구별된다(18쪽). 그는 이 용어들을 설명한다: "'Phrastic'은 '지적하다 혹은 지시하다'를 의미하는 그리스의 단어로부터 나온 것이고, 'neustic'은 '고개를 끄떡여 동의를 표시함'을 의미하는 단어에서 가져온 것이다." 'phrastic'이라고 표시한 요소와 관련하여 그는 "화자가 무엇이 그가 사실이라고 진술하려는 것인지를 지적 혹은 지시한다 혹은 무엇이 사실이 되어야 할 것인지를 명령하는 것인지를 지적 혹은 지시한다."라고 말한다. 이로부터, 헤어에 따르면 명령문은 지시적인 요소를 함유하고 있다는 것이 된다. 그는 "명령들은 진술들과 아주 많이 다를 수 있지만, 이 점에서, 그것들과 같고, 그것들은 누군가에게 무엇을 말하는 것에 있다. … 예를 들어 내가 보여주듯이, 명령들은, 진술들과 같이 그것이 본질적으로 합리적인 사람에 의해 제기된 질문에 답하는 것을 의도하는 것이기 때문에, 진술들이 그러한 것과 같이 논리적인 규칙들에 의해 지배되는 것이기 때문이다."(15쪽 이하)라고 한다. 이러한, 헤어가 '지시자'(즉 descriptor 혹은 the phrastic)로 명명한 요소는 어떠한 '서술'(description)도 아니고, 즉 기술(Beschreibung)일 수도 없고, 어떠한 지시(indication 혹은 Anzeige)일 수도 없다. 왜냐하면 이 요소는 화법상 차이가 나지 않는 것이고, 기술 혹은 지시는 단지 ―실제이건 이념적이건― 존재의 화법에서만, 지시적인 화법(양식)에서만 등장할 수 있는 것이기 때문이다. 여기서 요르겐센의 명령문의 지시적 요소에 관한 이론에 반대하여 제시된 논거들은 또한 헤어에 의해 '기술자'(descriptor 혹은 the phrastic)로 표현된 명령문의 요소에도 그대로 맞아떨어지는 것이다.

모저(Shia Moser, "Some Remarks about Imperatives", *Philosophy and Phenomenological Research*, vol. XVII, 1956, S. 187)는, "'B야, X를 해라!'라는 형태의 하나의 명령문 I는 'B는 X를 할 것이다.'라는 서술문(declarative) D의 의미를 알고 있지 않는 사람에 의해 이해될 수 없다. 따라서 D의 의미는 I의 의미에서 시사되고 있는 것이다."라고 했다. 하지만 그는 "여기서 명령문에서 암시된 것으로 고려된 서술문의 의미는 주장의 요소를 함유하고 있지 않다는 것은 명백하다."라고 덧붙인다. 190쪽에서 그는 "우리는 … '무엇이 I[명령문]와 Dc[명령된 행위를 기술하는 서술문] 간의 관계인가?'라는 질문에 대해 하나의 답을 찾았다. Dc의 의미는 I의 의미에서 암시된다."라고 말한다. 즉 모저는 '서술적인 의미'와 '주장'을 구분한다. 만약 하나의 '주장'의 본질이 '서술적인 의미'

에 존재한다면 어떻게 그것이 가능한가?

홀(Everett W. Hall, "Further Words on 'Ought'", *Philosophical Studies*, vol. 7, 1956, S. 74 bis S. 78)은 사실 적절하게도 "… 우리는 하나의 규범(문)은 두 개의 요소들 —요구(당위)와 요구된 것의 예증— 을 가진다고 말하는 실수는 반드시 피해야만 한다."라고 강조했다.

하지만 그는, "… 규범적인 진술들은 그것들을 주장하지 않고, 그에 상응하는 서술(문)에 대한 지시(reference)를 품고 있다."고 받아들인다. "… 명령문들 그 자체는 사건의 상태를 주장하지 않고, 사실의 상태에 대한, 즉 각 사례에서 명령된 것, 즉 명령에 복종하는 행위를 기술하는 서술문에 의해 표현(stated)될 수 있는 것의 상태에 대한, 이러한 특수한 지시를 체화하고 있다."(76쪽) 이에 반해서 지적되어야 할 것은, 하나의 규범이 이제 언어적으로 명령문으로 표현되었건 혹은 당위문으로 표현되었건 간에, 그 규범은 두 개의 요소들, 즉 당위와 당위된 것을 포함한다는 것이다. 두 번째의 요소는 하나의 화법상 구별되지 않는 기체이다. 그것은 규범의 준수를 기술하는 진술에 대한 어떠한 관계도 표현하지 않는다. 그것이 이제 언어적으로 명령으로 혹은 당위문으로 표현되건 간에 하나의 규범은, 따라서 그에 부합하는 하나의 규범에 상응한 행위에 관한 진술에 대한 어떠한 관계도 함유하지 않는다. 규범과 그 규범에 부합하는 행위에 관한 진술 간에는 보다 정확히는 하나의 관계, 즉 규범의 준수에 관한 진술에서와 매한가지로 규범에서 등장하는 화법상 차이 없는 기체의 동일함^{Gleichheit}의 관계가 존재한다. 하지만 이러한 관계가 존재한다는 진술은 그 규범과는 전적으로 상위한 무엇이다. 그 외에도 하나의 규범에 부합하는 행위에 관한 진술은 마치 그 규범에 부합하지 않는 행위, 규범의 준수가 아니라 규범의 침해인 행위에 관한 진술이 그 규범에 대해 가지는 관계와 같이 그 규범에 그와 동일한 관계에 있다.

앞에서 인용된 저자들에서와 비슷한 방법으로 헬러(Theodor Heller, "Logik und Axiologie der analogen Rechtsanwendung", *Neue Kölner rechtswissenschaftliche*

Abbandlungen, Heft 16, Berlin 1961)는 법규범에서 조건과 결과의 관계는 하나의 당위의 관계일 뿐만 아니라 하나의 존재의 관계라는 —잘못된— 주장을 함으로써, 법규범을 동시에 명령으로, 그리고 진술로 해석하려(같은 글, 56쪽 이하)하였다. 그는 "법효과는 무릇 단지 구성요건의 효과일 뿐만 아니라, 동시에 또한 **하나의 당위된 것**이다."라고 받아들였다. 하지만 법효과는 그것을 규정하는 법규범에서 단지 하나의 당위된 것이지, 또한 존재하는 것은 아니다. 법규범의 의미는 그에 의해 규정된 결과가 그에 의해 규정된 조건들하에서 발생하거나 발생하게 **된다**는 것이 아니고, 그것이 발생**해야만 한다**는 것이다. 설령 그것이 사실상 개별사례에서 발생하지 **않아도** 말이다. 헬러는 아마도 종종 하나의 법규범을 존재진술의 형태에서 표현하는, 예를 들면 "모살은 모살범의 사형으로 처벌된다."라는 문장에서와 같이, 입법자의 언어관용에 의해 속아 넘어간 것일 수 있다. 헬러 자신은 이러한 법규범을 "그 모살범은 사형으로 처벌된다."라는 문장에서 표현했다(같은 글, 57쪽). 하지만 이 문장이 하나의 법규범을 기술하는 한, 그것의 의미는 한 모살범이 처벌된다는 것에 관한 진술이 아니라, 모살범은 처벌되어야만 한다는 규정(지시)인 것이다. 헬러는 "우리가 법원칙[법**규범**을 의미한 것임]을 단순한 명령(문)으로 받아들인다면, 물론 그것이 마치 주장문들[논리적인 진술들]과 같이 동일한 의미에서 논리적으로 진실 혹은 거짓일 수 있는지 여부는 의심스럽게 보일 수 있다. 하지만 이 문제제기는 만약 우리가 각각의 전체 법질서에 대한 개별 법규범들의 논리적 관계를 고찰한다면 변하게 된다. 여기서는, 법원칙(법규범) A가 법질서 X에 대해서는 '참'이고 법질서 X에 대해서는 이에 반해 '거짓'이라고 말하는 것은 전적으로 의미 있는 것이다. '모살자는 사형으로 처벌된다.'는 법문은 예를 들어 현행 독일 법에서는 '거짓'이지만, 사형이 폐지되기 전까지의 이전의 독일법에 있어서는 '참'이었다." 이것은 옳지 않다. 우리가 저마다의 전체 법질서에 대한 개별 법규범의 관계를 고려한다고 하더라도, 규범으로부터는 어떠한 진술도 나오지 않는다. "모살자는 사형으로 처벌된다."는 규범은 —정확하게 표현한다면, "모살범은 사형으로

처벌되**어야만 한다**."가 되는데— 오늘날 유효한 법에 있어 거짓인 것이 아니라, 오늘날 독일의 법 내에서는 **효력이 없는 것**이다. 그리고 그것은 이전의 독일 법에 있어서 참이 아니라, 이전의 독일 법에서 **효력이 있었던(유효했던)** 것이다. 하지만 하나의 규범의 효력은 하나의 진술의 진실과는 모종의 전적으로 다른 무엇이다.

헬러는 다음과 같은 방식으로 법규범은 '논리적 진술로 해석 가능한' 것이라는 것을 근거 지우려고 했다: "법적용을 위해서 구성요건과 결과의 관계는 단지 하나의 명령문적인 결합만은 아니다. 연결(접사)은 오히려 전적으로 논리적인 특색을 갖는다. 특히 법문(Rechtssatz)은 마치 '너는 살해해서는 안 된다.'와 같은 명령에서 표현되는 것과 같이, 하나의 순수한 명령의 형태를 지니는 것이 아니다." "너는 살해해서는 안 된다."는 물론 언어적으로 명령이 아니고, 하나의 당위문이다. 하나의 명령문은, "살해하지 마라!"이다. 당위문은 하지만 명령문과 동일한 의미를 가진다. 왜 법규범에서 구성요건과 법효과의 관련성은 "단지 하나의 명령문적인 결합만으로 나타나는 것은 아닌" 것인가? 헬러의 대답은 "법효과의 규정(함) 안에 들어 있는 명령문은 이 결합이 그의 논리적 의미라는 관점에서 탐구될 수 있다는 식으로 일련의 사실상의 전제조건들에 결합된다."(58쪽)는 것이다. 즉 법규범은 어떠한 정언적인 명령을 기술하는 것이 아니고 가정적인 명령문을 기술한다. 즉 법효과의 규정(함) 안에 있는 명령문은, 즉 하나의 조건적인 명령이지, 무조건적인 명령문이 아니고, 조건적인 당위이지, "살해하지 마라!" 혹은 "너는 살해해서는 안 된다."와 같이 무조건적인 당위는 아니다. 이것은 법규범의 명령문적 성격에 대해서는 아무것도 바꾸지 않는다. 이것은 법규범을 참이거나 거짓인 진술로 만들지 않는다. 헬러가 의도한 것은 다음의 설명에서 비로소 분명해진다. "개별적인 법문(원칙)들은 쪼깨어져서, 결국 명령문은 법효과의 영역에서 나타날 수 있게 되고, 그리고 나서 법효과의 특성으로서 명령문의 성격 혹은 법효과에 관한 진술의 내용으로서 명령문의 성격을 암묵적으로 동시에 생각하기로 (개별사례에서 하나의 특수한 언급을 필요로 함이 없이) 합의될 수 있는 것이다." —조건적— 명령이 전적으로 법효과 영역에서 나타난다는 것은 불가능하다. 우리가 모살에 해당하는 규범을 '만약 그 사람이 모살을 범했다면, 그 사람을 사형으로 처벌하라.'라는 명령문으로 표현한다면, 이제 그 명령문은 전적으로 법효과 영역에서만 나타나는 것이 아니다. 명령문은 도대체 법효과의 영역에서 나타나는 것이 아니고, 오히려 법효과가 명령문에서 나타나고, 이 명령문은 하나의 조건적 명령문이다. 명령문의 특성은 —조건적— 법효과의 특성이 아니고 전체 문장의, 즉 거기에 사형(형벌)이 하나의 특정한 조건하에서 규정되어 있는 전체 문장의 특성인 것이다. '법효과에 관한 하나의 진술의 내용으로서' 명령문의 성격을 '암묵적으로 함께 생각하기'는 합의될 수 없는 것이다. 즉 참이거나 거짓인 하나의 진술의 내용으로 명령문의 성격을 함께 생각하는 것은 합의될 수 없는 것인데, 왜냐하면 만약 그 법규범이 참도 거짓도 아닌 하나의 규정(지시)이라면, 그 법규범은 동시에 진실 혹은 거짓인 진술일 수 없기 때문이다. 만약 헬러가 법규범은 하나의 명령문과 진술로 '나눌' 수 있다고 믿었다면, 그는 단지 요르겐센이 명령문적 요소와 지시적 요소를 구별하려고 시도한 것을 다른 단어들로 반복한 것이다. 그리고 헬러의 '나눔'은 논리적으로 마치 요르겐센의 구별과 같이 불가능하다. 왜냐하면 그것은 논리적인 모순을 보여주는 것, 즉 그것은 —규범으로서— 참도 거짓도 아니고, 동시에 —진술로서— 참이거나 거짓이라는, 즉 규정(지시)이자 기술이라는 것을, 단일하고 동일한 어순(語順)으로 주장하는 것이기 때문이다.

최근에는 슈라이버(Rupert Schreiber)도 그의 *Logik des Rechts*, Berlin-Göttingen-Heidelberg 1962에서, 법규범은 하나의 '기술'Beschreibung을 함유하고 있다고 주장한다. 그는 법규범들을, 그가 '지시(직설)문들'과 구분한 '규범적 문장들'로 표현한다. 그는 15쪽에서 "직설문들은 진술(서술)문들이다; 그것은 현실에 관해 무언가를 말하는 문장들이다. 그것은 사실 있는 대로 사실관계를 확정한다. 이에 반해서 규범적인 문장들은 누군가에 의해서 얻으려고 애

써지는 세상의 하나의 상태를 기술한다. 이러한 의지를 가지는 자는 법문들의 경우에는 국가권력이다."라고 한다. 25쪽에서 슈라이버는 "후버는 뮐러에게 1000 DM을 지불한다."라는 진술에, 슈라이버(24쪽)에 따르면 하나의 규범문인, 법원의 판결 "후버는 뮐러에게 1000 DM을 지불하라고 판결을 받았다."를 대비시킨다. 여기서 슈라이버는 "후버는 뮐러에게 1000DM을 지불해야만 한다."라는 법관 판결의 개별적 법규범을 안중에 두고 있었다. 슈라이버는, 양 문장들은 '동일한 구성부분'을 가진다고 말한다. 76쪽에서 그는 "마이어가 후버에게 20 DM를 지불하는 것이 정당하다."라는 규범적 개별문에 (이것은 "마이어는 후버에게 20 DM을 지불해야만 한다는 개별 법규범이다) "마이어는 후버에게 20 DM을 지불한다."라는 개별적인 직설문을 대비시키고, "우리는 '마이어는 후버에게 20DM을 지불한다.'라는 [규범적인 개별문의] 문장의 핵을 이미 직설문으로서의 해석을 통해 이해할 수 있다. 문장의 핵심을 통해 하나의 상태의 서술이 이루어진다. 단지 그 화법은 직설문과 규범문에서 상이하다."라고 주장한다. '동일한 구성부분' 혹은 '문장의 핵(심)'은 하지만 '기술'이 아니고, 화법상 구별이 되지 않는 기체인 것이다. 슈라이버는 물론 스스로, 양식(화법)은 직설문과 규범문에 있어서, 즉 진술과 규범에 있어서, 상위하다고 말했다. 문장의 핵심은, 슈라이버가 표현한 것처럼, "마이어는 후버에게 20 DM을 지불한다."(Maier zahlt an Huber 20,−DM)가 아니고, 왜냐하면 그것은 존재의 화법에서의 문장의 핵심이기 때문이고, "마이어의 후버에게 20 DM을 지불함"(Maier an Huber 20,−DM zahlen)이 문장의 핵심이다. 그것은 그 자체로 지시적이지도 규범적이지도 않다. 26쪽에서 슈라이버는 "법적 판결[즉 개별적인 법규범 '피고는 원고에게 급부 l을 하는 것이 정의롭다.', 이것은 개별적인 법규범 '피고는 원고에게 급부 l을 해야만 한다.'이다]은 그 핵심으로 직설문 R(a, b, l)을 함유하고 있다."라고 주장한다. R(a, b, l)이라는 공식은 "피고는 원고에게 급부 l을 이행한다."라는 문장을 표현한 것이다. 이 직설문은 참일 수도 있고 거짓일 수도 있다. 이것을 슈라이버는 확실하게, "이 직설문은 완전하게 쓰인다면 W[R(a,b,l)]이 된다. 왜냐하면 통상 R(a, b, l)의 형태로 쓰이는 직설문은 문장 R(a, g, l)은 참이라는 것을 의미하는 것이기 때문이다. 만약 우리가 '진실'이라는 속성을 'W'로 축약한다면, 완전한 직설문은 W[R(a, b, l)]이 된다."라고 주장했다. 이로부터 슈라이버에 따르면 법적 판결, 즉 개별적인 법규범 "피고는 원고에게 급부 l을 이행해야만 한다."라는 진실 혹은 거짓일 수 있는 하나의 문장을 '함유한다'는 것이 도출된다. 하지만 그 규범, 즉 슈라이버의 용어에서는 하나의 규범문^{Normativsatz}은 또한 슈라이버에 따를 때도 진실도 거짓도 아니며 —슈라이버가 주장한 대로— '정당한' 것이거나 '정당하지 않은' 것이며, 달리 말해 '유효하거나' '유효하지 않은' 것이다. 참도 거짓도 아닌 하나의 규범문이 참 또는 거짓인 하나의 직설문을 함유한다는 것은 논리적으로 불가능하다. 여기에 화법상 구별되지 않는 기체를 하나의 진술로 취급하는 오류가 있다.

직설의 개별문장들과 규범적 개별문장 간에는 '동형'^{Isomorphie}이 존재한다고 하는 슈라이버의 주장(26쪽)은 이러한 오류에 근거하고 있다. 그리고 그는 바로 이 동형에 "법적 판단[즉 법원의 판결을 기술하는 개별 법규범]은, 마치 개별적인 직설문들이 직설적인 전칭문들[즉 일반적인 진술들]에 편입되는 것과 동일한 식으로 법규범들[슈라이버는 이것으로 일반 법규범을 의미했음]에 귀속(정서)될 수 있다."라는 자신의 가정을 근거 짓고 있다. 슈라이버에 의해 기술된 법에 대한 전체의 논리학은, 달리 말해 논리적인 원칙들을 법규범들에 적용하는 것은, 규범들은 직설문들을, 즉 기술들을 함유하고 있다는 것에 근거하고 있는 것이다. 26쪽에서 슈라이버는 "만약 법적인 판결들[이것은 개별적인 법규범들임]을 위해서도 논리학의 동일한 인식들이 타당하다면, 직설적인 개별문장들에서와 같이, 법적인 판결들에도, 개별적인 상수들이 변수를 통해 대체됨으로써 만들어지는 전칭(보편·일반)문들[즉 일반적인 문장들]이 반드시 존재해야만 한다. 이로부터 논리학의 규칙들이 그들에게도 동일하게 적용 가능하다고 표현될 수 있는 법규범들[슈라이버는 일반적인 법규범들이라고 한다]이 있을 수 있다는 결론을 도출할 수 있다."라고 한다.

139) 라트브루흐(Gustav Radbruch, *Der Handlungsbegriff in seiner Bedeutung für das Strafrechtssystem*, Darmstadt 1967)는 법규범들은 명령문들이고 어떠한 판단들도 아니라고(29쪽) 받아들였고, "명령문이 아니라, 단지 판단들만이 그것들로부터의 추론을 허용한다."라고 분명히 밝혔다(14쪽). 논리적인 원칙들, 특히 추론의 규칙들을 규범들에 적용할 수 있기 위해서는 우리는 명령문을 반드시 ―라트브루흐가 그렇게 말했는데― "판결형태로 … 변화시켜야만 하고, 그것에 장애가 되는 것은 없다: 명령문은 우리가 그것을 [하나의 법률의] 서문('나, 입법자는 규정한다.')에 그 대상으로 들어가게 함으로써 판결이 되는 것이다."(14쪽) 하나의 법률의 문장들은 ―그것이 언어적으로 진술문의 형태로 등장한다고 하더라도― 단지 명령일 뿐만 아니라, 권한부여를 의미하는 것이기도 하다. 하지만 이제 그것이 그중에 무엇을(명령 혹은 권한부여) 의미하든 간에, 참도 거짓도 아닌 **규범들**로써, 그 규범들은 진실 혹은 거짓인 **판결들**로 변경될 수 없으며, 특히 규범이 하나의 명령의 성격을 가지는 경우는 전적으로 그렇다. 라트브루흐는, "명령문은 우리가 그것을 '나, 입법자는 규정한다.'라는 서문에 대상·목적어^{Objekt}로 넣음으로써 판결이 된다."(14쪽)고 말한다. 말하자면 이것은 특정 조건하에서 하나의 특정한 불법효과를 **당위된 것**으로 설정하는 법규범에는 하나의 의지적 행위의 실존, 존재를 **말하는** 문장이, 그 의미가 법규범인, **당위**인 한 문장이 그 옆에 들어가게(나란히 놓아야) 된다는 것과 다름 없다. 법**규범**과 이러한 **진술**문은 하지만 두 개의 상호 전적으로 다른 언어형상이고, 두 개의 상이한 의미내용(형상)을 가진다. 논리학의 원칙들이, 특히 추론의 규칙들이 의지적 행위의 존재에 관한 진술들에 적용 가능하다는 것으로부터 그것이 또한 이러한 의지적 행위의 의미인 규범들에도 적용 가능하다는 것이 도출되지는 않는다.

명령(명령하는 규범들)은 '진술들'로 번역 가능하다는 입장은 보너트(Herbert Gaylord Bohnert, "The Semiotic Status of Commands", *Philosophy of Science*, vol. XII, 1945, S. 302 bis 315)도 주장했다. 그는 302쪽 이하에서, "'이 차량이 적절하

게 기름칠이 되도록 해라.'라는 명령은 … 실질적으로 '이 차량이 적절하게 기름칠이 되어 있거나 아니면 그것은 달리지 못할 거다.'라는 서술문으로 번역 가능한 것으로 보인다."라고 말했고, 314쪽에서 "'너는 살해해서는 안 된다!' (Thou shalt not kill!)는 아마도 '사회의 살아 있는 가치가 … 줄어들거나 혹은 너는 (비공식적으로) 살해하지 않았다.'로 번역될 수 있거나 혹은 '너는 살해하지 말거나 혹은 너는 죽은 자, 유족, 등등과의 … 감정적인 연민을 통해 혹은 사회의 반작용을 통해서 고통받게 될 것이다.'로 변경될 수 있을 것이다."라고 한다. 즉 보너트는 하나의 명령 혹은 하나의 특정 행위를 명령하는 규범은, 만약 그 명령된 행위가 수행되지 않는다면 그 명령의 수신자 혹은 그 규범의 수신자에게 편치 않은 결과가 발생하게 된다는 것이 표현되는, 하나의 문장으로 '번역(변형)될' 수 있다는 것을, 혹은 보너트가 표현했듯이, 하나의 명령은, 명령된 행위가 수행되거나 아니면 불쾌한 상황(situation of unpleasant character)이 발생할 것이라고 표현되는 하나의 '동기유발적인 논리합'(motivierende Disjunktion; motivating disjunction, 304쪽)으로 변형될 수 있다는 것을 받아들였다. 명령수신자의 측에서 이러한 진술을 인식함$^{Zur-Kenntnis-Nehmen}$은 명령에 부합하는 행위를 동기화한다. 불쾌한 상황을, 보너트는, '처벌'(penalty)로 표현했다(306쪽). 그의 명령이 준수되기를 바라는 명령자는, 적법하게 혹은 불법하게, 명령의 수신자는 '내가 명령을 따르지 않으면 나에게 하나의 불쾌한 상황이 일어날 것'이라고 생각할 것이기 때문에, 그 명령을 따르게 될 것임을 기대한다는 것은 맞는 말일 수 있다. 하지만 명령하는 자에 의해 명백하게 표현된 혹은 단지 사고된 진술은 이러한 명령의 '변형'이 아니고, 명령과는 전적으로 상위한 의미이다. 명령의 **변형**(번역)이 존재하는 것이 아니라, 명령 불준수의 불리한 결과가 예고된 하나의 진술을 통한 명령의 **대체**가 있는 것이다. 논리학의 원칙들이 하나의 그러한 진술에 적용 가능하다는 것으로부터, 그 원칙들이 명령에도 적용 가능하다는 것은 도출될 수 없다. 보다 더 설득력이 떨어지는 것은, 보너트가 말한 것이다(306쪽): "'명령문적 요소'는 단순히 표현되지 않은 형벌인 것으로 보이고, 명령자의 감정과는 전혀 필수적인 관련성을 가지지 않는 것으로 보인다." 그리고 "… 행동에 관한 의미에서 명령들은, 마치 서술문장들인 것처럼 그렇게 기능한다; 명령적 요소는 또한 말의 파생(derivation)에서 역할을 할 수 있다; 그러한 파생들은 (단순히 사이비-논리적인 것이 아니라) 진정한 파생들이다."(303쪽)라고 하고, "… 명령들은 … 행동에 관한 … 서술문장들이다."(306쪽)라고 했다.

140) 홀(Everett W. Hall, *What is Value?*, New York 1952, S. 161)은, "우리는 서술문을 규범문에 상응한 것으로 말할 수 있다. 이 관계는 무엇이 사실이라고 말하는 문장과 그것이 사실이어야만 한다고 주장하는 문장 간의 그것이다."라고 한다. 홀은 특정한 진술들은 특정한 규범들에 상응한다는 입장을 규범들에 특정한 진술들이 포함되어 있다는 입장과 조화시키려 했다. 그는 "규범문들은 … 사실의 서술문과 관계가 있고, 다소 모호한 의도적 형태에서 사실의 서술에 상응하는 문장을 포함한다."(249쪽)라고 한다.

141) 두비슬라브(Dubislav)가 요구문들을 주장문들로 변경함으로써 하나의 논리적인 원칙을 요구문, 즉 규범들에 적용하는 것이 가능하다고 믿었던 것처럼, 클룩(Ulrich Klug)은 이것을 진술(명제)연산^Aussagenkalkül을 규범연산^Normenkalkül으로 '변경'함으로써 달성한다고 믿었다. 그의 논문 "Bemerkungen zur logischen Analyse einiger rechtstheoretischer Begriff und Behauptungen", *Logik und Logik-Kalkül*, Herausgeber: Max Käsebauer und Franz v. Kutschera, Freiburg-München 1962, S. 125에서, 그는 규범의 논리학(Logik der Normen)의 가능성과 관련 지워, "법이론적인 분석들을 위해서는 특히 두 개의 진리값^Wahrheitswerte을 가지는 전통적인 명제(진술)연산을 두 개의 효력값^Geltungswerte을 가지는 하나의 동형의 규범연산으로 변경하는 것이 유용한 것으로 보인다."라고 말했다. 하지만 그러한 변경은 단지 두 개의 진리값을 가지

는 진술연산과 두 개의 효력값을 가지는 규범연산이 '동형'(isomorph)인 경우에만 가능한 것이다; 그것은 하나의 진술의 진실과 하나의 규범의 효력 사이에는 하나의 병렬 혹은 유사성이 존재한다는 것이 전제된 것이다. 하지만 이것은 —이미 언급되었듯이— 그런 경우가 아니다: 무엇보다 진실과 비진실은 하나의 진술의 속성들이고, 하나의 규범의 효력과 비효력은 하나의 규범의 속성이 아니고, 하나의 규범의 실존 혹은 비실존이라는 바로 그 이유 때문이다. 하지만 클룩은 "우리는 당위, 허용, 그리고 금지됨을 속성들"로 해석할 수 있다고 가정한다. "그렇다면 우리는 통상의 술어연산^{Prädikatenkalkül}을 논리적 구조의 서술에 사용할 수 있다."(122쪽) 만약 우리가 '당위'를 속성으로 해석할 수 있다면, 물론 "사람들은 다른 사람을 살해해서는 안 된다."라는 규범과 "사람들은 전쟁에서 다른 사람을 살해해야만 한다."라는 규범 간에는, 마치 "모든 사람들은 죽는다."라는 진술과 "모든 사람들이 죽는 것은 아니다."라는 진술 간에 존재하는 것과 동일한 논리적 모순이 존재하게 될 것이다; 그리고 그렇다면 마치 "모든 인간은 죽는다."라는 진술의 진실로부터, "인간 소크라테스는 죽는다."라는 진술의 진실이 논리적으로 도출되는 것과 마찬가지로, "다른 사람을 죽여서는 안 된다."라는 일반규범으로부터, "카인은 아벨을 죽여서는 안 된다."라는 개별규범의 효력이 도출되는 것이다. 하지만 '당위'^{Sollen}, '허용'^{Dürfen}, '금지됨'^{Verbotensein}은 속성으로 해석될 수 없다. 사람들이 특정한 방식으로 행위해**야만 한다**는 것 혹은 그렇게 행위**해서는 안 된다**는 것 혹은 사람들은 특정한 식으로 행위**해도 된다**(허가되어 있다) 혹은 **해도 되는 것이 아니다**(허가되어 있지 않다)는 것은 규범들이다. 그리고 하나의 규범의 효력은 규범에 따를 때 실현되어야만 하는 혹은 부작위되어야만 하는 행위의 속성도 아니고, 규범에 따를 때 실현되어도 되는 혹은 되지 않는 행위의 속성도 아니며, 그 규범이 그렇게 행위해야만 하는 혹은 해도 되는 혹은 그렇게 행위해서는 안 되는 혹은 그렇게 행위하는 것이 허용되지 않은 사람의 속성인 것도 아니다. 하나의 행위의 속성은 이러한 행위가 하나의 규범에 상응하거나 상응하지 않는다는 것일 수 있지만, 행위가 그에 부합하는 혹은 부합하지 않는(다는 것이) 규범(의 속성)은 아니다. 그리고 이러한 부합(상응)함과 부합하지 않음은 행위의 속성이지, 그렇게 행위하는 혹은 그렇게 행위하지 않는 사람의 속성은 아니다. 그의 행위가 지속적으로 하나의 특정 규범에 부합하거나 부합하지 않는 경우만 그 사람의 속성이 언급될 수 있는 것이다. 그의 행위가 지속적으로 "사람은 진실을 말해야만 한다."라는 규범에 부합할 때, '진실을 사랑함'이라는 속성(특성)을 가지고, 그의 행위가 지속적으로 이러한 규범에 부합하지 않는다면, '거짓말쟁이'라는 속성을 가지는 것이다. 그리고 이제 여하튼 "사람은 진실을 말해야만 한다."라는 규범은 그의 속성은 아니다. 그의 속성은 진실을 사랑하는 (사람임)이지, 진실을 사랑하는 (사람이)**어야만 함**이 아니다. 왜냐하면 하나의 행위의 속성 혹은 무자비한, 즐거운, 흰색 피부를 갖고 있는 같은 한 사람의 속성은 단지 무언가 사실상 **존재하는 것**일 수 있지, 무언가 존재(있어야)**해야만** 하는 것은 아니고, 사실상 존재하지 않는 것도 가능한 것이기 때문이다. 또한 특정한 식으로 행위하는 사람은 처벌**되어야만 한다**고 규정하고 있는 **규범**은 행위의 혹은 인간의 특성으로 해석될 수가 없다. 사람은 처벌되었다, 달리 말해 전과가 **있음**을 속성으로 가질 수 있지만 처벌되**어야만 한다**가 속성일 수는 없다.

그것은, 만약 형법적 규범의 적용이 아니라, 민법규범의 적용이 문제되는 경우라면, 한 사람이 하나의 특정한 행위로 인해 처벌되는 것이 아니라, 그의 재산에 대한 하나의 강제집행이 이루어져야만 하는, 경우라면, 명백해진다. 예를 들어 "만약 채무자가 자신의 채권자에게 채무진 금액을 지급하지 않는다면 채권자의 요구에 따라 채무자에게 재산가치가 강제적으로 박탈되고 그것을 처분한 것으로 채권자는 만족하게 된다."라는 일반적 규범이 유효하다고 하자. "슐체에게, 그에게 채무진 총 500의 금전을 지급하지 않은 마이어에게 그의 자동차를 강제로 몰수하여 처분하고 그 대가에서 500을 (슐체에게) 넘겨주어야만 한다."라는 한 법원의 판결이 나왔다. 마이어에게서 그의 자동차가 강제적으로 몰수되어, 처분되고 그 대가로부터 슐체에게 500이 지급되어야만 한다는 것, 이러한 **개별적인** 규범은 주지하다시피 마이어의 혹은 그의 재산의 속성이 아니다.

클룩은 123쪽에서 "진리표·진실값표^{Wahrheitswerttafel}의 자리에 효력(값)표 Geltungswerttafel가 들어선다. 진술의 부정으로부터 규범의 부정이 (도출)된다. 만약 규범 p가 유효하다면, >p는 효력이 없다가 도출된다. 그리고 p가 효력이 없다면, >p는 유효하다."라고 말했다. 이러한 재해석에 따르면 "간통은 처벌되어야만 한다―간통은 처벌되어서는 안 된다."와 같이 상호 모순관계에 있는 규범들 사이에, 그리고 "인간은 죽는다―인간은 죽지 않는다."와 같이 상호 모순관계에 있는 진술들 사이에 완전한 병렬 혹은 유사점이 존재한다. 하지만 이것은, 우리가 앞으로 보게 되듯이, 옳지 않다. 왜냐하면 두 개의 상호 충돌하는 규범들은 양자가 다 유효할 수 있기 때문이다. 그래서 규범충돌은 존재하는 것이고, 규범들의 충돌이 존재한다는 것은, 마치 하나의 지점에 두 개의 상호 대립하는 방향에서 작용하는 힘들의 존재가 부정될 수 없듯이, 부정될 수 없고, 어떤 논리적 모순 없이 기술될 수 있는 것이다. 클룩은 "하나의 주어진 연산이 하나의 규범논리학의 기술을 위해서 적합한 것인가라는 물음이 필히 제기되어야만 한다; 물론 하나의 연산을 진술연산 혹은 술어연산으로 해석하는 것은 당연히 그러한 적합함을 전제하는 것이다."라고 인정했다(125쪽). 하지만 하나의 연산을 '규범연산'으로 해석하는 것은 어떠한 그런 '적합함' Geeignetsein도 전제할 수 없다.

또한 슈라이버도 법규범들에 논리학적 원칙들이 적용 가능하다는 것을, 규범들의 효력을 그것들의 특성으로 해석하는 방식으로 정당화하려고 시도했다. 그는 *Logik des Rechts*, Berlin-Göttingen-Heidelberg, 1962, S. 38에서 "우리는, 문장들^{Sätze}이 상호간에 도출될 수 있다, 즉 문장들의 효력은 다른 문장들의 효력으로부터 추론될 수 있다는 것을 출발점으로 한다."라고 말했다. 여기서 그는 하나의 규범의 효력은, 마치 진실이 하나의 진술의 속성인 것처럼, 그 규범의 속성이라는 것을 전제하고, '진실'과 '효력'을 하나의 상위개념에 포섭하려 한다. 그는 63쪽 이하에서, 법규범들은 '법(적)효력(유효성)'Rechtsgültigkeit 이라는 속성을 가진다고 말했다. 이러한 속성을 그는 '합법적인·정당한'rechtens 이라는 단어로 표현한다. 'rechtens'라는 단어는 '진실한'이라는 병렬적인 가치에 부합한다고 한다. "법언어의 하나의 임의적인 문장에 '정당한' 혹은 '진실한'이라는 가치가 귀속된다는 것을 표현하기 위하여 우리는 그 문장이 유효하다고 말하게 된다. 유효하다는 것은 이에 따른 '정당한'과 '진실한(참인)'의 상위개념이다." 하지만 진술들의 진실과 규범들의 효력은 하나의 공통의 상위개념하에 들어갈 수 없고, 특히 '유효성'Gültigkeit이라고 하는 개념하에 들어갈 수 없다. 왜냐하면 하나의 규범의 '유효성'은 바로 그 속성이 아니고, 그의 존재이기 때문이다. 만약 우리가 하나의 진술의 진실뿐만 아니라, 하나의 규범의 효력도 '유효성'으로 표현한다면, 우리는 단일하고 동일한 단어를 두 개의 전적으로 상위한 의미들로 사용하는 것이다. 논리적인 원칙들이 진술의 '유효성'에 적용 가능하다는 것으로부터 그것들이 규범들의 '유효성'에 적용될 수 있다는 것이 연역되지는 않는다.

슈라이버는 같은 책 27쪽에서, 법적 규범들을 논리학의 규칙들 아래로 종속시키는 것이 법질서 자체에서 규정되어 있다는 가능성을 암시하고 있다("우리의 법질서가 논리학의 규칙들 아래로 이렇게 승복시키는 것을 이미 법률의 의지로 요구하고 있는 것은 아닌지"). 헌법의 입법자는 물론 입법자에게, 입법자는 법적용기관에게 구속적인 규범들에서, 논리학의 법칙들을 법규범들 사이의 관계에 적용할 것을 지시(규정)할 수 있다. 하지만 이러한 법규범들을 통해 구성된 법적 의무는, 만약 이 적용이 논리적으로 가능하지 않다면, 충족 가능하지 않다.

클룩은 앞의 글 124쪽에서, "우리가 규범적인 체계들의 논리적인 구조의 기술을 위해서 두 개의 효력값으로는 잘 해나갈 수 없다고 믿는다면, 또한 규범논리학으로서 다가치의 연산들이 암시(제시)될 수 있을 것이다. 세 개의 가치값을 가진 규범연산을 위해서는, 보켄스키-메네(Bochenski-Menne)가 고찰했듯이, 하나의 규범 p가 완전 타당할 수 있고, 부분적으로 타당할 수 있고 혹은 효력이 없을 수 있다는 것이 확정될 수 있을 것이다."라고 말했다. 하지만 보켄스키-메네(Bochenski-Menne, *Grundriß der Logistik*, Paderborn 1954, § 25 S. 92)는 "하나의 진술에 두 개 가치 이상의 가치를 가지는 한 영역으로부터 하나의 가치를 귀속하는 것은, 효력값함수^{Geltungswertfunktor} = df 원자함수^{Valenzfunktor}"라고 정의하였다. 그것들은 또한 하나의 3가(치)의 논리학을 진술에도 연관 짓는 것으로 보인다. 94쪽에서는 "3가치의 연산의 3가치들은 '진실한', '가능한' 혹은 '불특정의(정해지지 않은)', '거짓의'로 해석된다."고 하고 있고, 95쪽에서는 "우리는 상이하게 표시된 가치들을 그 크기에 따라 주장 가능성의 정도로 해석할 수 있다. …"라고 한다. 즉 세 가지 가치의 논리학은 반드시 주장들에, 달리 말해 진술들에 연결되어야만 한다. 하지만 규범들은 어떠한 진술들이 아니다. 또한 "세 개의 효력가치의 가능한 해석들은 예를 들자면, '증명 가능한', '알려지지 않은', '오류 가능한', '전적으로 타당한'일 수 있을 것이다."(94쪽)라는 문장은 규범들에 연관될 수 없다. 왜냐하면 규범들은 증명 가능한 것이 아니고 하나의 규범은 효력이 있거나 효력이 없을 뿐이기 때문이다. 왜냐하면 하나의 규범의 효력은 그것의 속성이 아니고, 그것의 실존이기 때문이고, 존재하거나 존재하지 않는 것이지, 부분적으로 존재하는 것일 수 없기 때문이다.

142) 하나의 진술은, 단지 그것이 의미 있는 것일 때, 진실 혹은 비진실일 수 있다. 예를 들자면, "칠흑같이 어두웠고 탑 하나가 그 옆에 서 있었다." 혹은 "Abracadabra(허튼 소리, 주문)의 공식은 파란색이다."와 같은 의미 없는 진술들은 논리학에서는 고려되지 않는다. 왜냐하면 논리학은 단지 의미 있는 진술에 ―보다 정확히는 의미내용^{Sinngehalte}에― 관련된 것이기 때문이다. 때때로, 예를 들어 "나는 오늘부터 2주간 미국을 떠나 유럽으로 여행을 가게 된다."와 같은 미래에 관련된 진술들은 그것이 이루어진 시점에는 참도 거짓도 아니고, 단지 가능한 것이라는 의견들이 주장된다. 따라서 '진실', 그리고 '허위' 외에 아직 반드시 제3의 논리적 가치가 있어야만 한다는 것이다. 1이 '진실'이라

는 가치, 0이 '비진실'이라는 가치라면, 1/2은 '가능한'이라는 가치여야만 한다는 것이다(Lukasiewicz, "Philosophische Bemerkungen zu mehrwertigen Systemen des Aussagenkalküls", in: *Comptes Rendues des Séances de la Société des Sciences et des Lettres de Varsovie*, Classe III, vol. XXIII, 1930, Fascicule 1에서 3, pp. 51에서 77을 비교하라. Charles A. Baylis, "Are Some Propositions Neither True nor False?" *Philosophy of Science*, vol. III, 1936, 150f.에서 인용되었음. 인용된 부분은 베일리스(Baylis)의 독일어 번역에서는 다음과 같다: "나는, 내년 특정 시점에, 예를 들어, 12월 21일 정오에 나의 바르샤바 체류를 오늘에는 긍정적인 의미에서도 부정적인 의미에서도 결정되지 않는다는 것을 모순 없이 받아들일 수 있다. 하지만 내가 언급한 시점에 바르샤바에 있게 될 것이라는 것은 가능한 것이지만, 필수적인 것은 아니다. 이러한 조건하에서 '나는 내년 12월 21일 바르샤바에 있게 될 것이다.'라는 진술은 오늘에는 진실도 거짓일 수도 없다. 왜냐하면 만약 그 진술이 지금 참이라면 장래 나의 바르샤바 체류는 반드시 필연적이어야 할 것이고, 그것은 전제에 모순되는 것이다; 그리고 그것이 오늘 거짓이라면 나의 장래의 바르샤바 체류는 불가능한 것일 것이고, 이것도 마찬가지로 전제에 모순되는 것이다. 고찰된 문장은 따라서 오늘 참도 거짓도 아니며, '0' 혹은 거짓 및 '1' 또는 참과는 상위한 제3의 가치를 반드시 가져야만 한다. 이런 가치를 우리는 '1/2'로 표시할 수 있다; 이것이 바로 '거짓인 것'과 '참인 것' 옆의 자리에 들어설 수 있는 제3의 가치로 '가능한 것'이다. 진술연산의 3가(치)체계는 그 탄생을 이러한 사고진행에 신세 지고 있다.") 이에 (반)대해서 지적되어야 할 것은 모순율, 배중률, 그리고 추론의 논리적 원칙들의 진술에의 적용을 위해서는, 그 진술이 미래에 관련된 것인가 혹은 과거에 관련된 것인가는 전혀 차이가 없다는 것이다. 왜냐하면 이러한 원칙들은 단지, 만약 "A는 B이다."는 진술이 참이라면, 다른 하나의 진술은 참 또는 참이 아니라는 것만을 말하기 때문이다. 그 진술 "A이면 B이다."가 진실인가 혹은 진실이 아닌가 여부는 논리학으로부터 확정되는 것이 아니며, 따라서 논리학의 관점에서는 **언제** 이것이 확정되는가는 무관심한 일이다. 두 진술 1) "나는 오늘부터 2주간 미국에서 유럽으로 여행을 갈 것이다."와 2) "나는 오늘부터

2주간 미국에서 유럽으로 여행을 가지 않을 것이다."는 두 진술은, 마치 1) "나는 2주 전에 미국에서 유럽으로 여행을 갔다."와 2) "나는 2주 전에 미국에서 유럽으로 여행을 가지 않았다."라는 문장 사이에서와 전적으로 동일하게 하나의 논리적 모순을 보이고 있다. 세 개의 진술, 즉

1) 오늘부터 1주간, X라는 지역에 살고 있는 모든 사람들은 지진 때문에 사망하게 될 것이다.

2) A는 2주 동안 X에 살게 된다.

3) A는 2주 안에 죽게 될 것이다.

는 세 문장은

1) 3주 전에 X에 지진이 일어났고 그곳에 사는 모든 사람들은 사망했다.

2) A는 3주 전에 X에서 살았다.

3) A는 3주 전에 사망했다.

는 세 진술들에서와 같이, 동일한 삼단논법을 기술하고 있다.

미래의 것에 관한 진술들은 예견들이고, 예견들은 진술과 마찬가지로 참 혹은 거짓일 수 있다. 천문학자 X가 1950년에 1961년 3월에 지구는 행성과 충돌하게 될 것이라고 예견하였고, 사람들이 1961년 4월 이러한 충돌이 일어나지 않았다는 것을 확인했다면, 우리는 정당하게, 천문학자 X는 하나의 비진실의, 허위의 예견을 하였다고, 그의 예견은 비진실, 허위였다고 말하는 것이다. 그 예견은 만약 그 진실이 나중에야 비로소 확정될 수 있었던 경우라도, 이미 그것이 만들어진 시점에 비진실 혹은 거짓이었다. 만약 한 천문학자 X가 1960년에 어느 해의 한 특정한 날에, 즉 1962년 5월 15일에, 일식이 일어나게 될 것이라고 예견했고, 우리는 1962년 5월 16일에, 실제로 1962년 5월 15일에 일식이 일어났다는 것을 확인했다면, 우리는 정당하게, 그 천문학자 X는 하나의 진실한 예견을 했다고, 그의 예견은 진실이었다고 말하는 것이고, 그것도 이미 그것이 만들어진 시점에서 진실이었다고 말하는 것이다. 하나의 예견의 진실 혹은 비진실의 확정은 소급적이다. 그것은 그 예견이 이루어진 그 시점에 관련

한다. 이러한 점에서는 과거에 관한 진술들과 예견, 즉 미래의 것에 대한 진술들 간에는 어떠한 본질적인 차이도 없다. 왜냐하면 과거에 관련된 진술의 진실 혹은 비진실도 해당하는 진술과 동시에 확정될 수 있는 것이 아니고 나중에야 비로소, 때로는 오랜 시간 뒤에야 비로소 확정될 수 있기 때문이다. 그리고 하나의 진술이 진실 혹은 비진실이라는 것은 항상 하나의 그러한 사후 확정의 결과이다. 하지만 과거에 연관된 진술의 진실 혹은 비진실이 확정되면 이러한 확정은 또한 소급적(그 진술을 참이었다는 식으로)으로 효력을 가진다. 하지만 우리가 논리학의 법칙들은 진술하는 행위가 아니라 그것의 의미에, 즉 의미내용과 연관되어 있다는 것을 고려한다면, 만약 특정한 한 시점에, 일식 하나가 일어난다는 것은, 이것이, 이전에, 미래의 언어형태에서, 혹은 이후에, 과거의 언어형태에서 행해졌는지, 물론 심지어 그러한 진술-행위가 도대체 있었는지 여부와 무관하게, 이것은 참이고, 항상 참이었고, 항상 참이 될 것이다. 하나의 진술-행위가 행해진 시점은 논리학의 관점에서는 무의미한데, 왜냐하면 논리학은 전혀 행위에 관계하는 것이 아니고, 그 의미에 관련된 것이기 때문이고 그 시간요소는 단지 그것이 의미내용의 한 요소일 때에만 고려되는 것이기 때문이다.

진술 행위가 있고 난 그 시점 이후에 발생하는 사건들에 관한 진술인 예견들은, 따라서 결코 3가치의 진술논리학을 필요로 하지 않는다. 숄츠(Heinrich Scholz, *Geschichte der Logik*, Berlin 1931, S. 76f.)는 장래의 소여들에 대한 진술들은 진실도 거짓도 아니라는 입장에 대해, 여기는 분명히 "착오가 존재하는" 것이 틀림없다. "… 저마다의 문장에는 진실 혹은 거짓이 시간을 초월한 속성으로 반드시 주어져야만 한다."라고 지적했다. 그는 "'사건 E가 이러이러한 날에 발생한다.'라는 진술은 ―즉 또한 지금도 이미― 참이거나 거짓이다."라고 설명하고, 적절하게(각주 5/5), 장래의 소여 E에 대한 진술은 "만약 그 E의 발생 혹은 불발생이 주장된 시점에 표시된 장소에서 명확하게 일어날 수 있는 단지 그런 경우에만 **참** 혹은 **거짓**이라고 해야만 한다."라고 말했다.

143) 클룩(Ulrich Klug, "Bemerkungen zur logischen Analyse einiger rechtstheoretischer Begriffe und Behauptungen", *Logik und Logik-Kalkül*, Herausgeber: Max Käsebauer und Franz v. Kutschera, Freiburg-München 1962, S. 117)은, "법규범들을 당위문들로 해석할 필요는 없다. 당위는 법이론의 근본개념일 필요가 없다. 우리는 규범적인 기본화법(양식)의 선택에서 자유롭다. 하나의 법규범체계의 서술을 위해 당위문장의 언어[S-Sprache]는 전체적으로 허용문장[Dürfenssätze]들의 언어[D-Sprache]를 통해 혹은 또한 금지문장의 언어[V-Sprache]를 통해서 대체될 수 있다."고 했다. 이것은 옳지 않다. 우선 '금지하다'는 명령하다와 동일한 기능, 즉 하나의 특정한 행위를 규정(지시)하는 것이라는 바로 그 점때문이다; 금지함과 요구함의 차이는 단지 금지는 부작위의 명령이라는 것에 있다. 하지만 하나의 명령-(혹은 금지)행위의 의미는 단지 하나의 **당위**문에서만 표현될 수 있다. "너의 이웃을 사랑하라!"라는 명령의 의미는, "너는 너의 이웃을 사랑**해야만 한다.**"이지, "너는 너의 이웃을 사랑해도 된다."는 아니다. 그의 채무를 갚으라는 명령의 의미는, "사람들은 자신의 채무를 변제**해야만 한다.**"는 것이지, "사람들은 자신의 채무를 변제해도 된다."가 아니다. 사람은 특정한 방식으로 행위**해도 된다**(하는 것이 허용되어 있다)는 것은 한 사람에게 이러한 행위가 **허용되어 있다**는 것을 의미한다. "너는 너의 이웃을 사랑해도 된다."는 규범 혹은 "사람들은 자신의 채무를 변제해도 된다."라는 규범은, 만약 우리가 이러한 허용을 사용하지 않아도, 침해될 수가 없다. 단지 "너는 너의 이웃을 사랑해야만 한다.", "사람들은 자신의 채무를 변제**해야만 한다.**"라는 규범만이 침해될 수 있고, 그리고 이러한 침해-될 수-있음[Verletzt-Werden-Können]이 하나의 특정 행위를 규정하는 도덕과 법규범들의 본질적 요소인 것이다. 우리는 『구약성서』에 따라, 신에 의해 창설된 규범들을 '십계명'이라고 일컫고, 이러한 규범들이 —"아버지와 어머니를 공경하라.", "너는 살해해서는 안 된다."— 명령문, 그리고 당위문장에서 표현되어 있다는 것은 결코 우연이 아니다. 언어관용에서는 물론 금지되었음도 '비-허용됨'으로 표현되고, "사람들은 절취해서는

안 된다."는 규범은 또한 "사람들(에게)은 절도하는 것이 **허용된** 것이 아니다." (Man darf nicht stehlen; 절취해서는 안 된다로 옮길 수도 있고, 그렇다면 국어 표현상으로도 구분되지 않는다—옮긴이 주)라는 문장에서 표현된다. 하지만 이것은 오해를 불러일으키는 언어관용이다. 왜냐하면 그것은 당위와 허용의 본질적인 차이를 흐릿하게 해버리기 때문이다.

이에 대해서는 조금 더 언급해야겠다: 도덕의 권위(자) 혹은 법적 권위(자)로부터의 '허용'^{Erlauben}은, 권위에 종속된 주체들의 해도 됨·허가^{Dürfen}가 이에 상응한 것인데, (이 허용은) 명령의 1차적인 기능을 **전제하는** 2차적인 기능이다. 도덕적 권위와 법적 권위는, 하나의 특정한 행위를 부작위하라는 명령을 특정한 개인들에게 제한함으로써, 하나의 특정한 행위를 '허용한다'. 만약 기독교적 도덕에 따라 성교는 단지 부부간에만 '허용된'다면, 단지 부부 상호간의 성적인 관계를 가져'도 된다'면, 이것은 성교는 (『창세기』 2) 금지되고 이 금지는 단지 부부에 관련해서는 제한된다는 것을 전제한다. 만약 입법자가 단지 약사들에게 독극물을 처방하는 것을 '허용'하였다면, 단지 약사만이 독극물을 처방해도 된다면, 그것은 바로 다른 사람에게는 그것이 금지되어 있기 때문인 것이다. 하나의 행위가 '허용'되었다는 것, 그리고 우리는 그렇게 행위'해도 된다'는 것은 또한 이 행위가 금지된 것도 명령된 것도 아니라는 것과 다를 바 없다. 그리고 만약 하나의 행위를 '허용한다'는 것이 이러한 행위를 '금지하는 것'도 '명령하는 것도' 아니라는 의미라면, 우리는 '금지'된 행위에 대해서 그것은 '허용된 것이 아니라고' 말할 수 있고, 사람들은 그렇게 행위하는 것이 '허락되지' **않았다**고 말할 수 있는 것이다. 하나의 실정적인 도덕질서 혹은 법질서는 금지되지 않은 것은 허용된 것이라는 근본원칙에 따라 해석될 수 있다; 그러나 허용되지 않은 것은 금지된 것이라는 근본원칙에 따르는 것은 아니다. 왜냐하면 저마다의 가능한 행위를 금지하는 것은 가능하지 않고, 단지 행위의 특정한 유형에 대해서만 이러한 금지에 대한 하나의 예외를 만드는 것, 즉 그것을 허용하는 것이 가능하기 때문이다.

그리고 마지막이지만 앞에서 얘기한 것만큼 중요한 것은, 규범들은 다른 사람의 행위에 향해진 의지적 행위의 의미라는 것이다. —그것이 명령들인 한에서— 이러한 행위의 의미는, 하나의 명령을 통해서 혹은 그와 동일한 의미인 당위-문을 통해서 표현되는 것과 다를 수 없다. 당위는 법이론의 근본개념으로서 반드시 승인되어야만 한다!

144) 지크바르트(Christoph Sigwart, "Der Begriff des Wollens und sein Verhältnis zum Begriff der Ursache", *Kleine Schriften*, Zweite Reihe, 2. Aufl., Freiburg i. B. und Tübingen 1889)는 원함(의지)이 일어나는 과정에 대한 그의 기술에서, 다수의 '단계들'Stadien을 구별했다(S. 120-122). "첫 번째의 동인은, 우리에게 외부에서, 예를 들면 다른 사람의 요구에 의해서 혹은 우리의 표상의 내적인 작용에 의해서 일깨워지고, 내가 나의 원함을 그것에 맞출 것인지 아닌지라는 물음을 나에게 제기하는 그 자체 **하나의 의지의 가능한 대상**으로 나타나는, 장래의 상태에 대한 표상(생각)이다." 정신적인 과정들의 보다 추가적인 진행에서 비로소, 그것을 통해 내가 장래의 상태를 나의 목적으로 설정하는, 나의 의지의 대상으로 의식을 가지고 긍정하는, 나의 행위를 통해 실현되어야만 하는 것으로서 계획을 나에게 주는 (혹은 그것에 관심이 없거나 혹은 그것은 악이기 때문에 나에게 그것이 목적이라는 것을 거부하는) 고유한 '의사결정'이 일어난다. **의지함(원함)에 선행하는** 하나의 장래의 상태에 대한 **표상**은 그와 **상위한 심리적 기능**으로서 이러한 원함(의지함)과는 반드시 구별되어야만 한다.

145) 논리적 법칙들, 특히 추론의 규칙들이 일반적으로 규범들에, 그리고 특수한 경우로 법규범들에 적용 가능한 것인가의 문제는 법관이 만약 **추상적인** 일반적 규범에서 그와 마찬가지로 **추상적으로** 당위된 것으로 설정된 행위의 조건으로 정해진 하나의 구성요건이 **구체적으로** 존재한다고 확정한 경우, 그는 법적으로 효력 있는 일반 법규범을 하나의 구체적 사례에서 적용하는 것

에 법적으로 구속되는가라는 문제와 혼동되어서는 안 된다. 실정-법적으로 법관은 그 일반규범을 특정한 상황들하에서는 적용하지 않는 권한을 가지고 있을 수 있고, 법관에게 이러한 가능성을 주는 것은 법정책적으로 바람직할 수 있다. 게스트(A. G. Guest, "Logic in the Law", in *Oxford Essays in Jurisprudence*, Oxford 1961, S. 176)는 "… 법적 추론(논증)의 하나의 도구로서 논리학은 근래에는 인기를 잃어갔다. … 법에서의 논리학에 대한 주요한 반론은, 법적 논증은 경험적이고 재량적임에 반해, 통상적으로 논리학적 사고 과정들은 엄격하고 비탄력적이라는 형태로 표현된다."라고 설명한다. 그는 177쪽에서 "언뜻 보기에는 이러한 주장에는 상당한 진실이 있다고 인정되어야만 할 것이다. 존재하는 원칙들로부터의 단순한 연역 외에 매우 많은 다른 판결의 원천(sources)들이 있다는 것은 분명하고, 결과적으로 그러한 연역들이 필연적으로 법적인 것으로 수반되는 것은 아니다. 일련의 법규들이 선존한다는 것은, 법관이 그것들에 적용하는가 하지 않는가에 대한 법관의 재량을 없애지 못하고, 자신의 판단에 도달함에 있어서, 그는 항상 다른 법의 원천 —공동체의 윤리적 강령, 사회적 정의, 역사 등— 에 그의 시각을 둘 수 있는 권한을 부여받은 것이다."라고 자인했다. 즉 '법에서 논리학'에 대한 반론은 —게스트에 따를 때— 추론의 논리적 법칙은 법규범들에 적용 가능하지 않다는 것이 아니고(게스트는, 그것이 적용 가능하다는 것을 '존재하는 원칙들로부터의 단순한 연역들 외에'라는 단어들로 인정한 것이다), 사실상 늘 적용되는 것은 아니라거나, 혹은 법 정책적으로 그것을 적용하는 것이 바람직하지 않다는 것이다. 추론의 논리적 법칙이 규범들에 적용 가능한가의 문제는, 그것(일반규범들)의 효력으로부터 그에 부합하는 하나의 개별규범이 논리적으로 도출될 수 있는 일반규범들이, 하나의 추론을 가능하게 할 정도로 분명하고 명백한가라는 문제와 혼동되어서는 안 된다. 게스트는 '판례법'(case law)를 지적했고, "사례들은 부탁만 하면 그들의 원칙을 내보이는 것이 아니다."라는 카르도조(Cardozo)의 확언을 인용하고(177쪽), '법규들'과 관련해서는 "하나의 법규가 문제되는 경우 그 법률들의 조항들 역시 종종 모호하다."라고 적고 있다. 추론의 논리적 법칙이 법규범들에 적용 가능한 것인가의 문제는, 하나의 분명하고 명백하게 표현된 일반 법규범이 유효하다는 것을 전제한다. 그리고 그러한 것이 있으면 혹은 있을 수 있으면, 그와 마찬가지로 명확하고 분명하게 표현된 진술들도 있고, 있을 수 있는 것이다.

146) 진실과 비진실은 ―의지 행위의 의미로서― 규범의 속성이 아니라, ―사고행위의 의미로서― 하나의 진술의 속성이라는 것과 하나의 진술의 진실과 하나의 규범의 효력 간에는 어떠한 유사성도 존재하지 않는다는 것으로부터, 하나의 진술과 그 대상(진술이 이와 일치하거나 혹은 일치하지 않고, 그에 따라서 진실 혹은 비진실인 대상) 사이의 관계와 하나의 하위규범과 그 하위규범이 이에 부합하거나 부합하지 않는, 상위규범 간의 관계는 완전히 다른 것이라는 결과가 도출되고, 따라서 우리는 이러한 부합Entsprechung 혹은 불부합Nicht-Entsprechung을 '진실' 혹은 '비진실'로 표현할 수 없다는 결과가 도출된다. 따라서 만약 카우프만-뷜러(Werner Kaufmann-Bühler, "Logische und begriffliche Probleme bei der näheren Regelung des Grundrechts der Kriegsdienstverweigerung gemäß Art. 4 Abs. 3 Satz 2 GG", Inaugural-Dissertation zur Erlangung der Doktorwürde an der Juristischen Fakultät der Ruprecht-Karl-Universität, Heidelberg 1960, S. 82)가 헌법의 한 규정이 보다 상세하게 규정된 하나의 법률이 헌법을 침해하였는가 혹은 침해하지 않았는가의 문제는 "논리적인 의미에서 진실에 관한 물음"이라고 주장한다면, 그것은 옳지 않은 말이다. "왜냐하면, 만약 우리가 인식이론적인 어려움을 차치하고 본다면, 입법자가 그의 법률제정권을 넘어서버린 것인지 아닌지는 분명하고 명확하게 논리적으로 결정될 수 있기 때문이다."(라고 한다) 하지만 그 인식이론적인 난점은, 하나의 제정법이, 즉 법-규범들이, 진실도 거짓도 아니라는 것, 바로 거기에 있다. 우리가 문제되는 법률이 헌법에 합치하는지 혹은 헌법위반인지를 결정할 수 있다는 것으로부터는, 우리가 그것을 '진실한' 것으로 혹은 '비진실'인 것으로 평가할 수 있다는 것이 도출되지 않는다.

진실 혹은 비진실은, 하나의 사고행위의 의미가 하나의 진술에서 표현된 이러한 의미가 관련된 대상과 일치(부합)함 혹은 불-일치함Nicht-Übereinstimmung이다. 그것은 하나의 의지적 행위의 의미로서 하나의 하위규범이 다른 하나의 의지적 행위의 의미로서 보다 상위규범에 대해 가지는 상응Entsprechung 혹은 비-상응Nicht-Entsprechung과는 무언가 전적으로 상위한 것이다.

147) 메이네츠(Eduardo García Máynez, "Some Consideration on the Problem of Antinomies in the Law", *Archiv für Rechts- und Sozialphilosophie*, Bd. XLIX, 1963, S. 1ff.)는 규범 간의 충돌들은 하나의 논리적 모순이라는 것, 하지만 그러한 충돌들은 단지 단일하고 동일한 규범적 질서의 규범들 사이에만 가능하다는 입장을 주장했다. 그는 이것을, 하나의 도덕규범과 하나의 법규범 사이와 같이, 상위한 규범적 질서들의 규범들 간의 충돌인 '체계 간의 충돌'(intersystematic conflicts)과 구별하여, 단일하고 동일한 법질서의 규범들 사이에 혹은 단일하고 동일한 도덕질서의 규범들 사이의 충돌과 같은 것을 '체계 내적인' 충돌들(intrasystematic conflicts)이라고 명명했다. 메이네츠는 —나 스스로 이미 이전에 받아들인 것과 같이— 체계 간의 규범충돌은 가능하지 않다고 받아들였다. 왜냐하면 그 하나의 규범적 질서의 관점에서는 다른 규범적 질서가 효력이 없는 것으로 간주될 수 있기 때문이거나, 다른 규범의 효력이 무시되어야만 하기 때문이다. 아래에서 설명되었듯이(169쪽 이하), 이것은 틀린 말이다. 그럼에도 물론, 그가 10쪽에서 규범충돌들의 해결은 단지 하나의 실정 규범을 통해서만 이루어질 수 있다는 것을 강조했을 때는 ("언급된 모든 사례[즉 이것은 법규범들 사이의 체계 내적인 충돌들의 사례이다]에서 그 해결책은 실정법에서 발견되어야만 하며, 모순을 해결하는 규범은 모순을 만드는 규범들과는 항상 구별된다.") 전적으로 그에게 동의해야만 한다.

148) 드류스(Arthur Drews), *Lehrbuch der Logik*, Berlin 1928, S. 229f.를 비

교하라: "개념은 상호 모순widersprechen되지 않는다, 단지 대립im Gegensatze관계에 있을 뿐이다. 원과 원이 아닌 것은 상호 배척관계이나, 그중 하나의 개념이 결코 다른 하나의 개념을 불가능하게 만들지는 않는다. 이것은 단지, 그중 하나는 다른 하나의 반대를 주장하는 두 개의 판단을 하는 것이다. 모순원칙은, 즉 두 개의 판단 사이의 관계를 표현하는 것이다. … 두 개의 판단들, 그중 하나는 긍정하는 것을 다른 하나는 부인하는 판단들 중에서 하나는 반드시 거짓임에 틀림없다." 또한 Alois Höfler, *Logik*, 2. Aufl., Wien-Leipzig 1922, S. 555도 볼 것.

페를망과 올브레히츠-티테카(Ch. Perelman -L. Olbrechts-Tyteca, *Traité de l'Argumentation. La nouvelle rhéthroque*, 2. Aufl., Bruxelles 1970, S. 226ff.)는 '모순과 비양립성'(contradiction et incompatibilité)을 구분하였고, 보다 정확히는, 그들이 단지 '반-논리적인'(quasi-logique) 것으로, 즉 단어의 엄격한 의미에서 논리적인 절차로서 표현하지 않은 '논증'의 개념과 관련한 것이었다(같은 책, 259쪽 이하). 저자들은, ―진정한 논리적 '모순'(contradiction)과 구별하기 위해서― 유사(반)-논리적인 '비양립성'의 사례로, 273쪽에서 다음과 같은 사례를 제시했다: "몇몇 기준·규범들은 그중 일부가 다른 규범이 배제하는 상황을 규정하는 사실로 인해 비양립적일 수 있다."(Certaines normes peuvent être incompatibles par le fait que l'une d'elles réglemente une situation que l'autre exclut.) 이에 따르면 규범충돌은 어떠한 논리적 모순이 아니고, 하나의 '비양립성'(incompatibilité)이고, 항상 두 개의 충돌하는 규범들 중에 하나만이 준수되거나 적용될 수 있다는 의미에서의 불일치Unvereinbarkeit인 것이다. 두 개의 충돌하는 규범은 ―충돌에도 불구하고― 둘 다 효력이 있을 수 있고, 그중 하나는 다른 규범의 효력을 폐기할 수 없기 때문에, 하나의 규범충돌과 하나의 논리적 모순 사이의 차이점은 아주 중요해서 전자의 경우에서 단지 하나의 '유사'-논리적 관계라고 말하는 것은, 오해를 유발하는 용어이기 때문에, 매우 부적절한 것이다.

149) 툴민(Stephen Edelston Toulmin, *An Examination of the Place of Reason in Ethics*, Cambridge 1960, S. 146ff.)은 '의무들의 충돌' 사례로, 내가 존에게 책 한 권을 특정한 한 시점에 돌려주기로 약속했는데, 그 시점에 나의 할머니가 병이 들었고, 나는 그녀를 집에 혼자 둘 수 없었다는 사례를 제시했다. 그리고 그는 이 충돌을 —윤리학의 저자로서— 다음과 같은 방식으로 풀었다: "존에 대한 나의 약속을 어기는 것에 들어 있는 위험들이 바로 나의 할머니가 혼자 있을 때 나의 할머니에게 존재하는 위험보다 더 크다는 증거가 나오지 않는다면, 나는 할머니와 함께 있는 것이 나의 의무라고 결론을 내려야 한다. —두 개의 충돌하는 주장을 고려할 때, 말하자면, 우리가 할 수 있는 만큼, 그중 하나를 무시함에 함유된 위험들을 생각해야만 하고, 그리고 두 개의 악(evil) 중에 보다 적은 것을 선택해야만 한다." 할머니 곁에 머무는 것이 나의 의무라는 것은 이 사례에서 이미 전제되었다. 이것을 알기 위해 위험에 대한 어떠한 형량도 필요하지 않다. 툴민은 계속해서 "따라서 행위의 옳음(정당함)에 대한 기본적인 심사이긴 하지만, 하나의 단일한 현재의 원칙에 대한 호소는 하나의 보편적 심사에 의존할 수는 없다: 이것이 실패하는 곳에서 우리는 상당한(개연적인) 결과에 대한 우리의 추산으로 돌아가게 된다."라고 한다.

단지 유효한 도덕의 하나의 실정 규범이 나에게 이에 대해 권한을 부여한 경우에만, 그러한 하나의 충돌에서 보다 작은 악을 선택하는 것에 대해 나는 **도덕적으**로 정당하다. 만약 하나의 그런 규범이 존재하지 않는다면, 그중 하나의 규범의 준수(혹은 그것을 통해 구성된 의무의 이행)는 필연적으로 다른 하나의 규범의 침해와 결합된다. 이것은 달리 말해 실정법의 영역에서는 이러한 충돌의 해소방법이 없다는 것이다. 그 뒤에 148쪽에서 "그래서 많은 경우에, 우리는 그것의 추산된 결론을 지적함으로써 개인의 행위를 정당화할 수 있는 일이 생기는 것이다."라고 적고 있다. 이에 반해서 특히 중점을 두고 강조해야 할 것은 이러한 상황에서의 정당화는 단지 도덕적인 정당화일 수 있다는 것이고, 이것은 단지 나에게 나의 행위를 수권하는 하나의 실정적 도덕규범을 들이

댐으로써만 가능하다는 것이다. 툴민은 "그러한 [추산된 결론에 대한] 지시는 원칙이 문제되는 곳에서는 하나의 원칙의 대체물이 아니다."라고 언급한다. 만약 위험의 평가가 하나의 실정 도덕규범을 통한 수권을 위한 어떠한 대체물도 아니라면, 나의 사실상의, 위험의 평가에 근거한 행위의 정당성은 불가능하다. 끝으로 툴민은 "도덕적 논증은, 그러한 다양한 유형의 상황들을 포함해야만 하고, 모든 사례에 맞아떨어지기를 기대할 수 있는 어떠한 논리적 심사('수용된 원칙에 대한 호소'와 같은)는 없을 정도로 복잡하다."고 말했다. '도덕적 논증'이 '복잡하다'는 것은, 도덕규범이 아닌 것을 통하여 수권된 행위에 대한 어떠한 도덕적 정당화도 될 수 없다는 것이다.

150) 지크바르트(Christoph Sigwart, "Der Begriff des Wollens und sein Verhältnis zum Begriff der Ursache", *Kleine Schriften*, Zweite Reihe, 2. Aufl., Freiburg i. B. und Tübingen 1889, S. 188)는, "나는 동시에 반대되는 것을 원할 수 없다." 하지만 이에 추가하여 "단지 승리하거나 아니면 죽어서 돌아올 것을 약속한 자는, 당연히 반대되는 것을 원하는 것이라며 (이에) 반대하기를 원하는 사람은, 여기서는 실제의 '동시에'가 문제되는 것이 아니라는 점을 간과하는 것이다; 그는 우선 승리를 원하고, 그것이 달성되지 않으면, 죽음을 원한다. 그리고 그는 양 선택지에서 동일한 것을, 즉 모든 기타 사례들을 제외하고 이 두 사례들을 그 자체 내포하고 있는, 명예를 원하는 것이다. 하지만 그는 동시에 승리와 패배를 원할 수 있는 것이 아니다."라고 했다. 하지만 또한 우리는, 입법자는 단일하고 동일한 법률안에 반대되는 것을 규정할 수 있다는 것, 그리고, 따라서 만약 그 법률이 입법자의 의지를 표현한다면, 이러한 사례에서는 (입법자가) 반대되는 것을 원했다는 것도 반드시 추가해야만 한다. 심리(학)적으로는 물론 입법절차는 시간 안에서 이루어진다; 그리고 심리학적으로 그 사실관계는, 입법자가 우선 a와, 그리고 non-a를 원한다는 것, 그리고 규정한다는 것, 즉 규범으로 설정한다는 것이다. 하지만 non-a는 입법자에 의해서 의욕된 것이고, 따

라서 당위된 것이다. (a를 입법자로부터 의욕된 것으로, 그리고, 따라서 당위된 것으로 (보는 것이) 중단된 것으로 하지 않고도 말이다.)

151) 헤어(R. M. Hare, *The Language of Morals*, Oxford 1964, S. 22)는 모순율 (der Satz vom ausgeschlossenen Widerspruch)의 원칙 혹은, 우리가 말하듯이, '자기모순(self-contradiction)은' '직설문'에 적용 가능한 것과 마찬가지로 '명령문'에도 적용 가능하다는 입장을 주장한다: "그 용어[자기-모순]는 동일하게 명령문에도 적용 가능하다." 그는 "명령문들에서 주목을 끄는 특징은 보통 모순이라고 불리는 것의 특징과 동일하다." 그는 다음과 같이 그 예를 제공한다(23쪽): "그들의 기함인 순항함의 해군제독과 선장이 거의 동시에 충돌을 피하기 위해 조타수에게 고함을 질렀는데, 한 명은 '좌현으로 바짝 틀어!', 다른 한 명은 '우현으로 바짝 돌려!'라고 했다. … 두 개의 명령들은, 그 둘을 동시에 충족시키는 것은 자체-모순적이라는 의미에서, 상호 모순된다는 것이 된다. 그들 사이의 관계는 두 개의 예견들, 즉 '너는 좌현으로 바짝 틀게 될 것이다.'와 '너는 우현으로 바짝 틀게 될 것이다.'라는 예견 사이의 관계와 동일하다. 어떤 명령들은, 물론 반대됨이 없이 모순될 수 있다; '문을 닫아라.'의 단순한 모순은 '문을 닫지 말라.'이다." 그리고 24쪽에서 헤어는 "명령들은 서로 모순될 수 있다. …"라고 한다. 이러한 입장에 반박해서 언급되어야 할 것은 모순율의 논리적 원칙은, 만약 두 개의 진술이, 예를 들어 "이 목초지는 녹색이다.", 그리고 "이 목초지는 녹색이 **아니다.**"와 같이, 서로 모순되면, 만약 그중 하나가 참이면, 다른 하나는 참이 아닐 수 있는 것이 아니라, **반드시 거짓임에 틀림없다**는 것이다. 예를 들어 "그 문들을 닫아라."와 "그 문들을 닫지 마라."라는 것과 같은 명령(문)^{Imperative, Befehle}은 참일 수도 거짓일 수도 없다. 양 진술 사이에 존재하는 것과 같은 의미의 모순은, 달리 말해 양 명령들 사이에는 존재할 수 없다. 단지 하나의 **유비적(유사한)** 의미에서만 '모순'을 말할 수 있을 것이다. 만약 그러한 하나의 유사성이 도대체 존재한다면, 단지 하나의 진술의 **진실**과 하나의

명령(하나의 규범)의 **효력** 간의 유사성일 수 있을 것이다; 예를 들어 아버지가 아들에게 "그 문들을 닫아라."라고 명령하고, 엄마는 아들에게, "그 문을 닫지 **말라.**"고 명령한다. 양자는 그 아들에게 명령할 권한을 가지고 있기 때문에, 두 명령은 **유효**하다. 하나의 **명령-충돌**이 있는 것이다. 이것은 또한 헤어가 제시한 첫 번째 사례에 대해서도 맞는 말이다. 조타수는 두 개의 **유효한** 명령에 직면한 것이다. 논리학은, 만약 그 하나의 명령이 유효하면, 다른 명령은 유효하지 않을 수 있다고, 말할 수 없다. 왜냐하면 **양자가 다 효력이 있기** 때문이다. 명령의 수신자는 양 명령을 통해서 하나의 **충돌**에 빠지게 된 것이고 그것은 하나의 **논리적인 모순**과는 다른 것이다.

그렇다면 이제 그것은 제3의 가능성 배제의 원칙(tertium non datur)과는 어떠한 관계에 있는가? 그는, 두 개의 모순적으로 반대되는(대립하는) 진술들 중 하나는 필수적으로 진실이고, 다른 하나는 거짓이기 때문에, 그 경우 외에 양자가 모두 거짓일 제3의 가능성은 있을 수 없다(Sigwart, *Logik*, I. Bd., 5. Aufl., 1924, S. 202를 보라)고 했다. 논리학은, 명령에 응용하면 서로 충돌하는 명령들 중 그 하나는 필연적으로 유효하고, 다른 하나는 필연적으로 유효하지 않기 때문에, 그 경우 외에 **양자**가 모두 유효하지 않을 수 있는 제3의 명령은 있을 수 없다고 주장할 수 있을 것이 분명하다고 할 수도 있을 것이다. 하지만 논리학은 이것을 주장하지 않는다. 왜냐하면 상호 충돌관계에 있는 명령들은 양자 모두 유효할 수 있기 때문이다. 하지만 논리학은, 양자 모두 유효할 수 있는 두 개의 상호 충돌하는 명령들 외에, 그 양자 모두 무효인 제3의 명령은 있을 수 없다고, 주장할 수 있다. 헤어는 23쪽에서 "배제된 제3자의 원칙(배중률)은 명령들에는 적용되지 않는다고 여겨질 수도 있다. 하지만 이것은, 만약 그것이 명령들은 이러한 관점에서 특이한 것임을 암시하는 것으로 이해된다면 하나의 실수이다."라고 말했다.

152) 타멜로(Tammelo)는 자신의 논문, "Law, Logic and Human

Communication", *Archiv für Rechts- und Sozialphilosophie*, Bd. L, 1964, S. 331ff.에서 "국제적인 법적 논의에서, 특히 국제법원에서 나온 발언에서, 국제적 법적 논의의 한 도구로서 논리학의 중요성은 의문의 여지가 없었던 것으로 보인다. 이것은 지역(국가) 차원에서의 그에 부합하는 논의와 발언에 비교되는데, 그곳에서는 법의 영역에서 응용(적용)된 것으로 논리학에 반대하는 감정의 폭발이 학자와 법관들 양자 모두에게서 분출하고 있다."고 적고 있다. 하지만 그는 또한, "지역(국가) 차원의 법적 사고의 단계에서도, 무수한 뛰어난 법 사상가들은 논리적인 엄정성은 법의 미덕이라는 관점을 취하고 있고, 법적 사고에 대한 논리학의 중요성은 의심할 바 없다."라고 말한다. 그는 그 증명으로, F. W. Maitland, "Introduction to Y." B 1 & 2, Ed. II (S. S. I) XVIII; Owen Dixon, "Concerning Judicial Method", 1956, 29 *Australian Law Journal* 468f.; A. Tredelenburg, *Naturrecht auf dem Grunde der Ethik*, 2nd ed. 1868, S. 178; Julius Stone, *The Province and Function of Law*, 1946, S. 145을 인용하고, 패턴(George W. Paton, *A Text-Book of Jurisprudence*, 1946, S. 154)을 인용하는데, 그는 "최선의 법은 논리학의 적정한 사용 없이 달성될 수 있다는 것을 암시하는 것은 단순히 난센스이다."라고 말했으나, (또한 그가 인용한) 콘스탬(E. M. Konstam, "Acceptance of Rent after Notice to Quit", 1944, 60 *Law Quarterly Review* 232, at 232)은 —타멜로의 서술에서— "우리 영국에서는 논리적 추론에 대한 깊은 불신을 가지고 있고, 그것은 대부분 잘 근거 지워져 있다. 다행히도 우리의 법관이 만든 법은 그 길로 거의 벗어나지 않았다; 하지만 그렇게 된 몇몇 드문 경우들에서 그 결과는 비참했다."라고 말했다. 나아가 빈더(Julius Binder, *Philosophie des Rechts*, 1925, S. 884)는 "법의 영역에서는 논리학은 쓰일 곳이 없다."라는 자신의 표현으로, 그리고 홈즈(Oliver Wendell Holmes)의 유명한 말, "법의 생명은 논리학이 아니었다. 그것은 경험이었다." (*The Common Law* 1881/1) (라고 했다). 타멜로는 334쪽에서 "문제되는 사안에서는 기본적인 두 개의 대립하는 관점들이 있다. 따라서 모든 이러한 관점들을,

서로 조화로운 하나로 만들 수 있는 하나의 만족스러운 공식을 고안하여, 화해시키는 것은 불가능해 보인다."라고 확언했다. 하지만 그는 또 335쪽에서 "진정으로 법에서의 논리학의 중요성을 부인하는 자들이 한목소리로 주장하는 것은 법은 논리학이 **적정하게** 사용될 수 없는 영역이라는 것이다."라고 말한다. "영국에는 법적 논증에 대한 '아주 잘 근거 지워진' 깊은 불신이 있다."라는 콘스탬 법관의 입장에 관해 그는, "이러한 주장은 심술스런 과장으로 일축될 수도 있다."라고 말하고, '영국의 사상가들이 (논리학의 원칙들과 방법론의 엄격한 적용을 추정케 하는) 논리학의 발전과 물리학에 끼친 거대한 기여들'을 강조한다. 그는 335쪽에서 능력 있는 법 사상가들이 '논리학은 도대체 법에 대해 무언가 하나의 의미를 가지는 것인가.'라는 문제를 제기하였다(논쟁에 개입되었다)는 (거의 믿기 어려운 사실은) 것은 논쟁의 당사자들이 동일한 대상을 바라보고 있지 않다는 가정에서 그 답을 찾을 수 있다고 믿는다. "그들 각각은 마음속에 논리학의 다른 개념들을 가지고 있는 것 같고, 심지어 법에 대한 다른 개념들을 가지고 있는 것 같다." 두 단어, '논리학'과 '법'이라는 단어는 이중적인 의미가 있다고 하고, 심지어 그 학문적인 사용에서도 그렇다는 것이다. 타멜로는 337쪽에서 "논리학에 대한 몇몇 법률가들의 적대성은 방향을 그르친 비판에 불과하다."는 주장으로까지 나아갔다.

　자신의 논문 말미에 타멜로는 법률가들에게 이러한 전통적인 논리학이 가지는 의미를 부정하는 견해를 거부한다(363쪽). 그는 "이러한 논리학, 만약 적절하게 이해된다면, 재해석된다면, 그리고 아마 재구성된다면, 고전적 고대(로마) 이래로 그래왔던 것처럼, 법률가들에게도 우리의 문명의 지주가 될 수 있다."라고 말했다. 하지만 그는 "전통적인 논리학이 전적으로 법적 사고의 현대의 요구에 적정한 것인지에 대해서 생각해보는 것"을 배제하지는 않았다. 이것은 "그것의 현재의 상태에서 논리학이 법률가에게 가치 있는 서비스를 하기에 맞지 않다."는 것을 의미하는 것이 아니다. "그것은 단지 대부분의 현대 논리학이, 추가적인 개량에 의해, 보다 나은 적응과, 보다 사려 깊은 사용에 의해 여전히 그것의 목적에 더욱 부합하게 만들어질 수 있는 사고의 도구라는 것을 의미한다."

153) 캐리트(E. F. Carritt, *Ethical and Political Thinking*, Oxford 1947)는 규범 충돌은 가능하다는 것을 인정했다. 그는 물론 단지 '의무의 충돌들'만을 얘기했다. 하지만 하나의 의무는 단지 하나의 규범을 통해서만 구성될 수 있다. 그는 "그러한 의무는 사실 어떤 다른 … 와 충돌할 수 있다."(3쪽)라고 했다. 그는 이러한 충돌의 해소를 그중 하나의 의무가 다른 하나의 의무보다 더 강하다는 판단에 있는 것으로 보았다: "우리는 이제 무엇이 더 강한 것인지를 판단해야만 한다; 의무를 구성하는 것은 단지 가장 강한 현재의 의무이고 다른 당사자의 권리가, 주장(청구권)과는 구별되는 것으로, 그에 상응하는 것이기 때문이다." 강한, 그리고 약한 의무들을 구별하는 것, 그리고 그에 근거하여 정당한 것·권리(rights)와 단순한 청구권·주장(claims)을 구별하는 것은 유지될 수 없다. 하나의 특정 행위는 의무이거나 의무가 아니다; 의무에는 정도가 없다. 캐리트는 (자기가 한) 약속을 지키는 의무로부터 출발하면서, 이 의무를 구성하는 일반적인 규범에는 연결 짓지 않았다. 그는 "내가 유쾌하지 못한 일에 대해 대가(임금)를 지불하기로 한 사람에게 약속했고, 그리고 그것을 한 사람이 약속된 지불에 대해 청구권을 가진다는 것보다 더 확실할 수 있는 것이 무엇인가? 이것은 수학의 공리, 보편적 인과성의 법칙 혹은 논리학의 원칙 … 만큼 자명한 것이다."(2쪽 이하)라고 말했다. 만약 (자기가) 한 약속을 지키는 의무가 그렇게 자명하다면, 보다 강한 '의무'는 있을 수 없고, 그 행한 노력에 대해 대가를 지불하는 의무에는, 단순한 '청구권'만이 아니라, 하나의 '권리'가 부합하는 것이 당연한 것이다. 하지만 캐리트는 나중에 24쪽에서 "나는 사실상 한 남자에게 화요일에 얼마의 돈을 지불하기로 약속했다. 만약 내가 그를 화요일 저녁에 만났다면, 내가 내 주머니에 돈을 갖고 있고, 내가 마비된 것이 아니라면, 나는 내가 하려고 한다면 그렇게 할 수 있기 때문에, 나는 지금 그에게 지

급을 해야 할 어느 정도의 객관적인 의무를 갖고 있다. 하지만 … 내가 지금 그에게 지불하려고 원치 않는다면, 그리고 나는 이번 화요일에 그에게 지불하기를 약속했다는 것을 믿고 있음에도, 즉 내가 그 돈을 달리 사용할 보다 강하고 양립할 수 없는 의무를 갖고 있다고 믿는다면 … 나는 그에게 지금 지불하려고 시도할 수 없는 것이다. …"라고 했다. 내가 나의 채권자에게 화요일에 지불하겠다는 나의 의무를 충족하지 않았다는 것은 캐리트의 이러한 이론에 따를 때는 정당화된 것이다. 그에게 이번 화요일에 지불할 의무는 '보다 강한' 의무를 통해 폐기된다. 의무의 충돌은 —적어도 화요일에는— 해소된 것이다. 하지만 그에게 이번 화요일에 지불할 의무가 2×2=4인 것과 같이 그렇게 자명하다면, 어떻게 그것이 화요일에는 내 채권자에게 지불하는 것이 내 의무가 아닐 수 있는가? 캐리트가 사실상 의도하고자 했던 것은, 다음에서 나타난다: 그는 14쪽에서: "일반적인 의문은 우리의 의무들^{obligations}, 그리고 결과적으로 우리의 의무들^{duties}이, 그것에 영향을 미칠 수 있는 우리의 능력 및 우리가 즉시 할 수 있는 것의 결과를 포함하여, 우리의 현실적인 사정에 의존하는 것인가 혹은 그 상황에 대한 우리의 믿음에, 혹은 가정된 상황이 무엇을 요구하는가에 대한 우리의 도덕적 추산에 의존하는 것인가이다. … 그것(의무)들은 추정된 상황에 의해 도덕적으로 요구된 것에 대한 우리의 추산에 의존한다는 세 번째의 관점을 나는 위험을 무릅쓰고 추정적 관점^{putitive view}이라 부른다."라고 말한다. 그리고 17쪽에서 그는 "그것은 단지 그 사람이 확실하게 알 수 있는 추정적 의무이다. 그것은 단지 이러한 [추정적] 의무를 하거나 혹은 무시할 때 그가 도덕적으로 책임질 수 있는 것이다."라고 했다. 우리가 하나의 사실상의 사실관계는 —하나의 '상황'(situation)은— (한 특정 사실관계가 하나의 특정 **규범**이 하나의 특정한 행위를 요구하는 조건인 상황에서) 하나의 특정한 행위를 요구한다 (demand)는 유지될 수 없는 관점을 무시한다면, 캐리트의 이론은 하나의 특정 행위를 할 의무는 단지 그 개인이 자신의 의무라고 여기는 것이라는 결과가 된다. 이것은 본문에서 기술된 **승인이론**^{Anerkennungstheorie}이고, 이에 따르면 하나의 규범은 단지, 그의 효력이 그 규범 질서에 종속된 주체들에 의하여 승인되는 경우에만 유효한 것이다. 여기서 물론 캐리트는, 도덕규범들의 경우, 한 개인은, 다른 개인들이 (문제되는) 규범의 효력을 승인하여, 그 개인(전자)의 규범에 적합한 행위를 승인하고 규범위반적인 행위를 불승인한다면, 자신에 의해 승인되지 않은 규범에서 규정된 행위에 대해서 의무를 진다는 것을 간과한 것이다; 그리고 법규범의 경우 한 개인은, 하나의 법규범에서 제재로서 하나의 강제행위가 결합되어 있는 행위에 반대되는 행위에, 그 개인이 이러한 법규범의 효력을 승인하지 않은 경우에도 또한 법적으로 의무를 지는 것임을 (즉 이러한 법규범의 효력은 이러한 개인 측에서의 승인과는 무관한 것이다) 간과한 것이다.

154) —마치 내가 스스로 그리 한 것처럼(나의 논문, "Naturrecht und positives Recht", *International Zeitschrift für Theorie des Rechts*, II. Bd. 1927/1928, S. 76)— 사람들은 법에 향해진 인식의 관점에서 도덕의 효력을, 도덕에 향해진 인식의 관점으로부터는 법의 효력을 승인할 수 없다는 것, 우리는 단지 그 양 질서들 중 하나의 효력 **혹은** 다른 하나의 효력을 승인할 수 있다는 것을 우리가 받아들임으로써, 하나의 도덕질서와 하나의 법질서 간에 존재하는 충돌을 이 세상에서 몰아낼 수는 없다. 왜냐하면 양 규범의 동시의 효력 혹은 양 규범의 동시의 효력에 관한 진술은 하나의 모순이고, 그러한 모순은 인식(론)적으로 배제되었기 때문이다. 이러한 논증은 규범 간의 충돌은 어떠한 논리적 모순도 아니라는 것과, 따라서 두 개의 상호 충돌하는 규범들의 효력에 관한 진술들도 어떠한 논리적 모순을 보이는 것이 아니라는 것에서 좌초한다. 양 규범적 질서들이 한 개인에게 의무들을 부과하는 한, 소위 의무의 충돌이 발생하며, 그것은 단지, 도덕의 규범이 법의 규범에 대해 갖는 충돌의 주관적인 측면이다. 이러한 충돌은 당위의 영역에서 있는 것이고, 내가 앞의 문헌 75쪽에서 말한 것과 같이, 존재의 영역에 있는 것이 아니다. 후자는 단지 하나의 의무의 충돌이 존재한다는 **인식**Bewußtsein에 해당하는 것이다.

효력 있는 하나의 도덕질서와 효력 있는 하나의 법질서 간에 어떠한 충돌도 **없다**고 하더라도, 우리는 법에 향해진 인식의 관점에서 도덕규범의 비효력·효력 없음^{Nichtgeltung}을 전제할 수 **없고**, 도덕에 향해진 인식의 관점으로부터 법질서의 효력 없음을 전제할 수 **없다**. 단일하고 동일한 효력범위에 대해 반드시 **하나**의 규범적 질서만이 단지 유효한 것으로 고려되어야만 하는 것은 아니다. 그 반대의, 내가 같은 책 76쪽에서 주장한 견해는, 동일한 범위에 유효한 두 개의 규범적 질서들 사이에 논리적인 모순으로 해석되는 충돌의 가능성이 있다는 가정에 근거한다. 하나의 규범충돌은 어떠한 논리적 모순도 아니라는 통찰로, ("그것의 소극적인 표지는 논리적인 모순의 불가능성인") **단일성** 원칙의 결론으로서, 하나의 특정한 영역에 대해 효력이 있는 규범 질서의 **유일성**이라는 나의 주장은 막을 내린다.

155) 칼리노브스키(George Kalinowski, "Interprétation Juridique et Logique des Propositions Normatives", *Logique et Analyse*, Nouvelle Série, 2ᵉ Année, 1959)는 법의 충돌은 해석으로 해소될 수 있다는 이론의 전형이다. 그는 128쪽 이하에서, "한 사회에서 유효한 법적 규범의 체계(le système des normes juridiques)는 … 모든 행위에 대해 긍정적인 혹은 부정적인 법적 성격을 부여하는 법규범들에 의해 구성되어 있다는 의미에서 하나의 완전한 시스템이다. 그리고 또한 동일한 장소, 시간, 그리고 동일한 관점에서 동일한 사람의 행위를 명령하고 금지하는 두 개의 규범들을 함유하지 않고, 허용하고 허용하지 않는 두 개의 규범들을 함유하지 않는다는 의미에서 모순적이지 않다(non-contradictoire)."라고 설명한다. 하지만 그 다음 문장에서 그는 "그렇지만 법규범(기준)들은 … 때때로 모호하고 심지어 모순적이기도 하다, 심지어 고려대상이 되는 사람들에 관해서조차 그러하다. 이 점에서 ―듣거나 읽음으로써 법을 발견하는 것 외에― 법이 이해되고 적용될 수 있기 위해서는 모호함을 명확하게 하고, 모순을 제거하고, 그 간극을 충전하는 것이 필수적이다. 법적 해석은 이러한 행위 안에

있고, 그에 대한 규칙들은 법적 해석의 규칙들이라고 부른다. 그것들이 **명확하게**(expressis verbis) 표현·구성되어 있는지 혹은 단순히 암묵적인지와 무관하게 ―어떤 경우에 그것들은 법학에 의해서 혹은 법실무가들에 의해서 명시적으로 구성될 수 있다― 그것들이 그 체계 안에서 하나의 특수한 그룹을 형성한다고 하더라도, (그것들은) 법적 규범들의 체계의 부분(partie du système)이다."라고 말했다.

해석원칙(규칙)들이 법학으로부터 구성·표현되는 한, 그것은 법규범일 수 없다. 왜냐하면 법학은 단지 법규범을 인식하고 기술할 수 있을 뿐이지, 만들어낼 수는 없기 때문이다. 만약 칼리노브스키가 '법실무가'(juristes-praticiens)를 법을 적용하는 기관들로 이해했다면, 만약 그 기관들이 규범충돌의 경우에 둘 중 하나를 적용한다면, 그들이 한 것은, 해석이라는 **핑계**Prätext아래, 충돌하는 양 일반규범의 하나에는 부합하지만, 다른 하나에는 부합하지 않는 하나의 개별규범을 설정한 것이다. 법질서가, 법적용기관에게 그것에 대한 권한을 부여하는, 하나의 일반규범을 함유하는 것은 가능하다. 하지만 그것을 통해, 법적용기관의 규범창설적 기능이, 입법자 스스로 그에 대한 전통적인 법학에 의해 오도되어 이러한 표현을 사용한다고 하더라도, '해석'이 되는 것은 아니다. 칼리노브스키가 올바르게 확인한 것처럼, 하나의 실정 법질서가, '이러한 방향에서 하나의 완벽한 체계'(un système complet dans ce sens)라면, 그것이 '모든 행위에 대해 긍정적인 혹은 부정적인 법적 성격을 부여하는 법규범들에 의해 구성되어 있다면', 해석의 방법으로 충족되어야 할 어떠한 법에서의 흠결도 없는 것이다. 또한 나는 이전의 나의 글에서(*Reine Rechtslehre*, 2. Aufl., 1960, S. 209ff.를 비교하라) 규범충돌은 해석을 통해서 해소될 수 있고 반드시 해소되어야만 한다는 입장을 주장했다(같은 책, 210쪽). 나는 보다 정확히는 하나의 규범의 충돌을 논리적인 모순으로 보는 것을 거부했는데, 왜냐하면 논리적인 원칙들과 특히 모순율은 단지 참이거나 거짓일 수 있는 진술(명제)들에만 적용 가능하기 때문이고, 규범들은 참도 거짓도 아니고, 유효하거나 유효하지 않기 때문이다. 하지만 나는 논리적 원칙들과 특히 모순율은, 그것들은 진실 혹은 거짓일 수 있는 규범들의 효력에 관한 진술에 적용 가능한 것이기 때문에, **간접적으로** 또한 규범들에, 그리고 특히 법규범들에 적용 가능한 것이라고 받아들였었다. 이 입장을 나는 더 이상 유지할 수 없다.

156) 슈타믈러(Rudolf Stammler, *Theorie der Rechtswissenschaft*, Halle, a. d. S. 1911)는 '법의 실무'라는 표제 아래 기술된 제8장에서(653쪽 이하), '법적 추론'을 다루었다. 그의 서술에서는 이러한 법적 추론이 법**학**의 하나의 기능인지 혹은 법을 **생산하는** 혹은 법을 **적용**하는 기관의 기능인지 불명확하다. 왜냐하면 슈타믈러는 지속적으로 '법'과 '법학'을 함께 섞고 있기 때문이다. 그렇게 그는 그 편장의 시작부분에서, "법학은 **실천적인** 학문에 속한다. 즉 그의 문장(원칙·명제)들과 이론·학설들은 특히 경험에서 일어나는 사례들에 적용될 수 있는 실용적인 특징을 가지고 있다는 것이다."라고 말한다. 환언하면, 법-학의 명제들은 구체적인 사례에 적용되는 것으로, 달리 말해 하나의 삼단논법의 대전제로 기능한다는 것이다. 하지만 슈타믈러는 계속해서, "이것은 법전의 조항들과 모든 그 밖의 한정된 법규범들에만 그런 것이 아니라, 도출된 법적 개념들과 이론(원칙)들, 그리고 법의 사고 그 자체에까지 그렇다. … 우리는 역사적인 체험의 주어진 사례들에 적용 **가능성**을 함께 고려하지 않고는 법에 대해 어떠한 생각도 할 수가 없다. 따라서 실천적인 **적용 가능성의** 사고는, 법학의 본질에서 근거 지워져 있다."라고 했다. 이러한 설명은 슈타믈러가 법의 규범들을 ─법규범들에 관한 진술인─ 법학의 문장(원칙)들과 혼동했다는 것을 명확하게 보여주는 것이다.

그는 653쪽 이하에서 '하나의 법적 판단을 일반적으로 주어진 전제조건들로부터 도출하는 것'을 '법적 추론'으로 표현한다. "그 과제는 일반적인 법원칙(법칙)으로부터의 제약하에서 하나의 특별한 것을 통찰하는 것에 있다. … 우리는 이러한 활동을 또한 **법적 포섭**이라고도 한다." 이러한 '포섭'은 '하나의 법적 규칙의 특별한 의지'가 들어간다는 것에 있다는 것이다(S. 654). '일반적인 것을 통한 특별한 것의 피제약성을 통찰(파악)하는 것'이 관건이라는 것이고, "··· **포섭**에 있어서 이러한 일반적인 것은 ··· 하나의 제약된 법규(조건문)들(이고), 하나의 일반적인 규칙으로서 그것에 따라, 이제 하나의 특별한 법적 의지가 결정된다."는 것이 중요하다는 것이다. 656쪽에서 슈타믈러는 '법적 추론'을 '하나의 개별적 의지를 하나의 법원칙의 규칙하에 포섭하는 것'이라고 표현한다. 여기서 슈타믈러는 법원칙·법규^{Rechtssatz}를 하나의 의지의 표현으로 이해하고(같은 책, 312, 313, 314를 비교하라), 575쪽에서 "모든 법원칙·법규^{Rechtssätze}들은 ··· 법사례들^{Rechtsfälle}의 판단들이다."라고 한다. '법원칙들'은 따라서 그에게는 '법규범'^{Rechtsnorm}과 동일한 것이고(Wirtschaft und Recht, 5. Aufl., 1924를 비교하라. 그곳 520쪽에서는, 사람들은 특별한 관계들로부터 '**법적 규범**으로서 사회적 규칙들'이 만들어진다라고 그렇게 단순히 말할 수는 없고, '피할 수 없는 필연성에서 사회적 규정을 창설하는 자가 이러한 명령을 **법규**들로 창설하도록 정해진 것'이라고 주장해야만 한다고 적혀 있다), 이것은 물론 '법규(법원칙)들에 관한 이론'(311쪽 이하)의 편장에서 주장된 테제, 즉 "법규는 하나의 판단이다."라는 주장과 조화되기 어려운 것이다. 왜냐하면 하나의 판단은 하나의 사고행위의 의미이고, 의지행위의 의미가 아니기 때문이다. 법적 추론은, 즉 하나의 의지적 행위의 의미인, 하나의 일반 법규범을, 하나의 판결에서, 하나의 구체적인 사례에 적용함에서 수행되는 것이고, 하나의 사고행위의 의미인 **법학의 원칙(문장)들의 적용에서 이루어지는 것이 아니다.** 하지만 슈타믈러는 법원칙(Rechtssatz)으로서 대전제는 "하나의 조건 지워진 판단(조건판단)의 논리적인 형태를 보여준다."(656쪽)라고 주장한다. 논리적 의미에서의 하나의 판단은 하나의 **진술**이지 규범이 아니며, **기술**이지 **규정**(지시)함이 아니고, **사고**행위의 의미이지 **의지적** 행위의 의미가 아니다. 바로 마지막 것을 **슈타믈러**는 강조한 것이다. 그는 예를 들어 "법적 추론에서 대전제에 기여해야 하는 법적 의사(의지)의 내용은 ···."이라고 말했다(659쪽). 슈타믈러에 따르면 또한 소전제도 하나의 '법적 의사(의지)내용'을 기술한다(663쪽). 또한 이러한 소전제에 대해 슈타믈러는 그것은 판단이라고 말한다. 664쪽에서는 "이와 함께 법적 소전제가 그것으로 나타나는 이러한 판단들에서, 이제 그 주체는 바로, 추론의 방법에서 그 규정이 문제되는(결정되어야 하는), 그 특수성인 것이다. 이에 반해 술어는 반드시 대전제의 전제조건들과 일치되어야만 한다."라고 말한다. 즉 도식은 다음과 같다: "만약 V라면, 그렇다면 F이다(그는 만약 V이면, 그렇다면 F가 타당(유효)하다를 뜻한 것이다). A는 하나의 V이다. A에 대해서는 F가 타당하다." "A는 하나의 V이다."라는 소전제는 이 도식에서 하나의 진정한 **진술**이고, 논리적인 의미에서 하나의 판단이며, **사고행위**의 의미이다. 슈타믈러가 '법적 판단'이라고 명명한 '결론문'은 대전제와 동일한 유형, 즉 규범이고, 그 의미는 의지적 행위이다. 슈타믈러는 전통적인 법학에 따라, 이러한 개별규범은 전제들로부터 **도출 가능한** 것이라고 받아들였다. 법적 추론은, 이미 인용되었듯이, '일반적으로 주어진 전제조건들로부터 하나의 법적 판단을 도출하는 것'이다. 662쪽에서는 "받아들여진 추론으로서 배타적인 결과의 도출이 완성되는 것이다. 그렇지 않으면 이러한 법적 추론에서는 그것이 **법적으로** 효력을 가진다는 말이 될 수가 없는 것이다."라고 한다. 법관의 판결의 개별적 규범의 효력은, 마치 "소크라테스는 죽는다."라는 개별적 진술의 진실이, "모든 인간은 죽는다."라는 일반 진술의 진실과 "소크라테스는 인간이다."라는 진술의 진실로부터 '도출되는' 것과 마찬가지로, 일반규범의 효력과 법관으로부터 확정된 구체적인 구성요건이 일반규범에서 추상적으로 규정된 구성요건에 포섭 가능하다는 진술의 진실로부터 도출된다. 물론 슈타믈러는 앞서 인용된 문장들과 연결하여, "왜냐하면 하나의 특정한 생각을 단지 법적인 사상으로서 그 형식적인 속성에서 통찰하는 과제가 관건이 아니고, 저것[법적 추론]으로, 주어진 의지가 지금의 결과를 지시한다는 것, 그리고 이 마지막의 것(지금의 결과)이 하나의 제한된 (조건적인) 법적 의지내용에 일치한다는 것이 표현된다는 것이 중요하기 때문이다. 하지만 이를 위해, 법적인 대전제로 생각되는, 하나의 법적 규칙(Regel)이 필요하다."라고 말했다. 이것은, **만약** 지금의 결과를 지시하는 하나의 의지가 **주어져 있다면** 이러한 **지시**^{Anordnung}는 —만약 구체적인 사례에서 법원에 의해 확정된 구성요건이 일반규범에서 일반적으로 정해진 구성요건에, 그리고 구체적인 사례에서 지시된 불법의 효과가 일반규범에서 일반적으로 정해진 불법효과에 포섭될 수 있다면— 일반규범에 **부합한다**는 것을 의미할 수 있을 것이다. 하지만 이것은 지시(명령)가 전제들로부터 삼단논법(추론)적으로 **도출된다**는 것과는 **무언가 다른** 것을 의미하는 것이다.

157) 그렇게는 예를 들어 코헨(Morris R. Cohen, *Law and the Social Order*, New York 1933, S. 231f.)이 "새로운 사례는 오래전에 확립된 원칙에 의해 결정될 수 없다."라는 공준을 정당화하기 위해 말했다. "모든 사례를 위해서 미리 존재하는 (실체적인) 규칙이 있다고 가정하는 것은 잘못이고 단지 지적인 혼란을 낳을 수 있는 소용없는 허세이다. 왜냐하면 그것은 옛 언어들을 늘려 그것들이 모호하고 무의미하도록 이끄는 것이기 때문이다. … 우리는 법관의 판결은 종종 부적절한, 존재하는 규칙들에 기초하는 것이 아니고, 그 사례에서의 실제의 요소들의 민감한 인식에 기초하고, 삶의 다양한 요구들에 부합하게 되는 **공정한** (just) 해법들을 발견하는 데에 있어, 정신의 창의성에 기초하는 것이고 기초해야만 한다고 하는 사실을 인정할 필요가 있다. 그러한 해법들을 체화하고 있는 판결들은 새로운 규칙들을 법에 가져다주고, 따라서 성장하고 변화하는 조건에 법이 적절하게 부합하는 것을 가능하게 해준다."(강조는 내가 한 것임) 하나의 구체적인 사례에서 권한 있는 법관의 관점에 따를 때 '공정한'(just), 그리고 '적정한'(adequate) (것이면 되지), 하지만 필연적으로 다른 법관의 관점에 따를 때 혹은 심지어 당해 당사자들의 관점에 따를 때도 필연적으로 그런 것은 아니다. 하나의 '새로운' 사례는 법관이, 어떠한 선존하는 실질적으로 정해진 (하나의 추상적으로 규정된 불법효과를 하나의 추상적으로 정해진 구성요건에 결합하는) 일반적 법규범도 연관되지 않은, 하나의 구체적인 구성요건을 확정한 그런 사례이다. 만약 그것이 하나의 '새로운' 사례라면, 하나의 일반 법규범이 하나의 불

법효과를 결합하고 있는 어떠한 구성요건도 존재하지 않기 때문에, 법관이 소제기를 기각하거나 피고인을 무죄선고해야만 하는 저마다의 (모든) 사례는 하나의 '새로운' 사례이다. 하지만 하나의 그러한 용어는 의미가 없다. 하나의 '새로운' 사례가 존재한다는 가정은 분명히, 만약 입법자가 존재하는 구성요건을 그 특수성에서(그 구성요건의 특수성을) 예견했었다면, 그 입법자는 그러한 유형의 구성요건들에 하나의 불법효과를(혹은 어떠한 불법효과도) 결합했었을(하지 않았을) 하나의 일반규범을 설정했었을 것이라는 가정에서 출발하고 있다. 입법자가 예견했었다면, 규정**했었을 것**이라는 것은 하나의 허구이다. 왜냐하면 저마다의 구성요건들은 어떻게든, 일반 법규범에 포함된 하나의 구성요건의 개념에 포함되는 다른 구성요건들과는 상위하기 때문에, 이러한 허구는, 만약 법관이 유효한 일반 법규범을 이 사례에 적용하는 것이 어떠한 하나의 이유로 바람직하지 못하다고 여기는 경우라면, 저마다의 구체적인 사례에서 적용될 수 있기 때문이다.

158) 법관의 판결과 그에 적용될 일반 법-규범 사이의 논리적 관계에 대한 여기서 상설된 문제에 대한 답은: 이러한 관계는 법관이 그에게 주어진 사례를 판결하는 것이 단지 수권된 권한인지, 아니면 의무진 것인지와는 무관하다는 것이다. 후자가 일반적인 경우이고 이러한 의무는 무수히 인용된 나폴레옹법전(Code Napoléon) 제4조에 표현되어 있다: "법률이 침묵하고 있다, 모호하다, 혹은 부적절(불충분)하다는 등을 핑계로 판결하기를 거부하는 법관은 정의(사법)의 거부^{Rechtsverweigerung}로 책임을 지게 될 것이다."(Le juge qui refusera de juger, sous prétexte du silence, de l'obscurité ou de l'insuffisance de la loi, pourra être poursuivi comme coupable de déni de justice.) 가장 먼저, 'loi'라는 단어를 자구대로 번역한 'Gesetz'는, 단어의 좁은 의미에서 하나의 특정한 '법률'을 의미하는 것이 아니고, 입법 혹은 관습을 통해 생성되는 유효한 일반 법규범들을 의미한다는 것이 반드시 지적되어야만 한다. 법관은, 만약 하나의 법률에 따

라서가 아니면 하나의 다른 법률에 따라 혹은 만약 그것이 명시적으로 배제되어 있는 경우가 아니라면 관습법에 따라, 항상 판결을 할 의무를 지고 있다. 법관이, 그가 이러한 판결에 권한이 없기 때문에, 예를 들어 그 사례가 자신의 법원관할에서 일어난 것이 아니기 때문에, 하나의 구체적의 사례를 판단하는 것을 거부하는 것은 전적으로 제4조와 조화된다. 법률의 '침묵'은 현행 법률이 법관의 견해에 따를 때 **추상적**으로 정해진 하나의 불법효과를, 법관으로부터 **구체적**으로 확정된 구성요건이 포섭되는, 하나의 **추상적**으로 정해진 구성요건에 결합하는 일반규범을 함유하고 있지 않다는 것을 의미한다. 하나의 그런 사례에서 법관은, 만약 현행(유효한) 법률을 통해 주어진 사례를 위해 새로운 법을 창설한 권한을 수권받고 있지 못하다면, 소를 기각하거나 피고인에 대해 무죄선고를 할, 즉 —앞에서 말했듯이— 그 사례를 현행의 법률을 **적용하여** 판단할 의무를 지는 것이다. 하지만 프랑스 민법전(code civil français) 제4조의 자구를 법관은 하나의 그런 사례에서 구체적인 사례를 위해 새로운 법을 만들 권한을 갖고 있다는 식으로 해석하는 것도 배제되지 않는다. 여기서는 무엇이 프랑스 입법자의 의도였는지는 논외로 한다. 법률의 '모호함·불명확함'^{Dunkelheit}은 법관에게 현행 법률의 실체적으로 규정된 일반규범이 구체적인 사례에 적용 가능한 것인가 여부가 의심스럽다는 것을 의미한다. 법관은 현행 법률의 해석에 권한이 있고 단지 이러한 법을 **그가** 해석한 대로 적용할 의무를 지고 있기 때문에, 법관은 자신의 의심을 어떠한 실질적으로 규정된 일반 법률도 문제되는 사례에 적용 가능하지 않다는 식으로 결정하거나, 혹은 하나의 실체적으로 규정된 현행 법규범을 그 법관이 그것을 적용 가능한 것으로 간주할 수 있도록 해석하는 식으로 결정할 의무를 지는 것이다. 이것은 법관이 제4조의 형식을 통해 해석이라는 핑계로 구체적인 사례를 위해 새로운 법을 창조할 권한을 부여받았다는 것을 의미할 수 있다. 법의 '부적절·불충분'^{Unzulänglichkeit}은 법관이 유효한 법률을 그에게 주어진 사안에 적용하는 것이 바람직스럽지 못하다, 합목적적이지 않다, 부정의하다고 생각한다는 것을 의미한다. 그렇다면

제4조의 문구는 법관이 유효한(현행) 법을 그럼에도 적용해야만 한다는 것으로 해석될 수 있고, 혹은 법관은 구체적인 사례를 위해 새로운, 자신의 관점에 따라 확실·충분한 법을 만드는 권한을 갖고 있다고 해석될 수도 있다. 그 공식은 ―이미 얘기했듯이― 법관에게 주어진 법적 권한과 관련하여 명확히 규정되어 있지 않다.

페를망(Ch. Perelman, *The Idea of Justice and the Problem of Argument*, New York 1963, S. 90)은 나폴레옹 법전 제4조에 대해, "이것은, 사건에 있어서 그의 권한이 법에 의해 설정된 법관이, 그 본질이 무엇인지와 무관하게, 법이 그 사례에 적용 가능한 것인지 아닌지에 대해 답할 수 있어야만 한다는 것을 전제하고 있다."라고 말한다. 하지만 이 말은 옳지 않다. 제4조는 유효한 법률은 **항상** 적용 가능하다는 것을 전제한다. 물론 페를망은 또한 첨언한다: "그 [법관]는, 더 나아가 조리 있는 판결을 해야만 한다, 즉 그는 어떻게 자신의 판결을 그가 행한 입법과 연결시켰는지를 보여주어야만 한다." 말하자면, 법관은 반드시 자신의 판결을 현행의 법으로 근거 지워야만 한다. 즉 반드시 실정법은 구체적인 사례에 적용 가능해야만 하는 것이다. 유효한(현행의) 법질서는 법원에 놓인 모든 사례들에 적용 가능하다는 것은 이 법질서가 하나의 폐쇄된 질서라는 것을, 'un ordre fermé'라는 것을 의미하는 것이고, 이 입장은, 페를망이 자신의 *Traite de l'Argumentation. La nouvelle rhétorique*, Bruxelles 1970, S. 176에서 그에게 주어진 모든 사례를 판결해야만 하는 관할 법관의 의무를 환기시키면서 거부했던 입장이었다. "… 법관은 형식논리학자와 같이 그의 체계의 적용영역을 최종적으로 한계 지울 수는 없다. 그는 실정 법률의 침묵, 모호함, 불충분이라는 핑계로 판결을 거부하면 사법의 거부죄로 처벌될 수 있다(art. 4 du Code Napoléon)." 하지만 바로 이 제4조는 현행의 법률이 '폐쇄된 질서·규범'(ordre fermé)이라는 것을 전제한다. 그의 논문 "La spécificité de la preuve juridique", *Journal des Tribunaux*, 74e Année, 1959, S. 661에서 페를망은 나폴레옹 법전 제4조와 관련하여 말한다: "… 법률 시스템은 당사자에 의해 제시되는 모든 주장들이 법에 부합하는 것으로 혹은 법에 반하는 것(conforme ou contraire au droit)으로 판단될 수 있어야만 하나의 완전한 체계로 간주된다." 만약 법질서가 '하나의 완벽한 체계'(un système complet)라면 그것은 하나의 '폐쇄된 체계'(système fermé)이다. *The idea of justice and the problem of argument*, New York 1963에서 페를망은: "이러한 이중의 의무에 의해서 입법자는 미리 법관을 위해서 사법체계는 일관되고 절대적인 것으로 간주된다고 결정했고, 법적 기술은 그 자체를 이러한 이중의 요구에 적응시켜야만 한다."(90쪽)라고 했다. 제4조(Art. 4)는 실정·유효한 법률이 '모호하거나' '부적절한' 것을 배제하지 않는다. 즉 제4조는 법관이 그것을 일관된 것으로, 그리고 절대적인 것으로, 고려할 것을 요구하지 않는다. 65쪽에서 페를망은 "법이 불완전하고, 모호하고 혹은 불충분해도, 법관은 판결을 내놓아야만 한다(나폴레옹 법전 제4조)."라고 한다. 그는 여기에 "법관의 공정성은 법률을 보충해야만 한다. 그러나 그의 판결은 단순히 형식적인 근거들로는 더 이상 공정할 수는 없는 것이다; 적용된 규칙 그 자체가 반드시 공정해야만 한다."라고 덧붙인다. 단지 유효한 실정의 법을 통한 수권에 근거해서만 법관은 구체적 사안에 대한 자신의 판결에 있어서 공평의 원칙das Prinzip der Billigkeit을 적용할 수 있는 것이다. 하지만 그때 그는 현행의 법률을 '보충'하는 것이 아니라, 그것을 적용하는 것이다. 따라서 제4조는 법관은, 비록 그가 실정법을 통해 권한을 수여받고, 공평의 원칙을 적용하더라도, **항상** 실정의 법률을 적용해야만 한다는 식으로 해석될 수 있는 것이다. 제4조는 법관은, 그가 유효한 법률의 실질적으로 규정된 규범들을 '일관되고 단정적인 것'으로 판단하지 않는다고 하더라도 그에게 주어진 사례를 판결해야만 한다는 것을 요구하고 있다. 페를망은 "그[법관]의 업무는 가능한 한 법률의 규정들과 정합될 수 있도록 판결을 도출하는 것이고, 그러한 정합성은 형식 논리학의 표지 그것만으로는 정해질 수 없다."(90쪽)고 지적했다. 하나의 법관 판결의 근거 지움의 논리적인 특성과 관련해서는 미주 162를 참고하라.

코헨(Morris R. Cohen, *Law and the Social Order*, New York 1933, S. 232)은, 그가 "존재하는 어떤 규정들도 모든 시간에 적절할 수 없고, 법관과 법률가는 반드시 창의적이어야만 한다는 것, 그것은 나에게 타당하게 들릴 뿐 아니라, 너무나 중요한 것으로 보인다. 하지만 그것으로부터 반-논리적인 결론들을 끄집어내는 것은 나에게는 유감스러운 혼란을 내재하고 있는 것으로 보인다. 논리학의 영역을 이미 확립되거나 혹은 인정된 규칙들로부터 연역하는 것에 제한하는 것을 정당화하는 것은 아무것도 없다."라고 말했을 때, 실정법이 부합할 수 있지만, 반드시 부합해야만 하는 것은 아닌, 하나의 법정책(정치)적인 공준(요구)을 제시한 것이다. 그리고 233쪽에서, "법적인 공준["모든 사례에 대해 하나의 법원칙이 있다는"(231쪽)]은 모든 사례의 규칙들이 알려져 있고 그 사례가 발생하기 전에 이해되었다는 것을 … 주장하는 것이 아니고, 모든 사례의 판결은 논리적으로 (판결 이후에는 생각되지 않을 수도 있는, 그리고 사실상 전혀 생각되지 않을 수도 있는) 일반 법규범 아래로 포섭된다는 것을 주장하는 것이다. 이것보다 많은 것을 주장하지 않는 하나의 공준은 부인될 수 없다."고 했다. 법원의 판결의 하나의 일반 법규범에의 포섭과 관련해서는 본문 [196]쪽 이하를 비교하라.

159) 이예링(Rudolf Ihering, *Geist des römischen Rechts*, Dritter Teil, Basel 1954, S. 318)은 '법적 논리학의 법에서의 지분'을 상론했고 법에서의 논리적 요소들의 과대평가를 경고했다. 그는 "실정적인 것(Positive)에 **논리적인 것**Logische이라는 명망을 주려(암시하)는 것은, 우리의 판단 앞에 존재하는 것을 이성적인 것으로 정당화하려 함으로써, **역사적인, 실용적인 혹은 윤리적인** 정당화 혹은 동일한 것의 필수불가결성을 증명하는 **길을** 걷지 않고, 이러한 목적을 위해서 비로소 발견된 관점들의 도움으로 그 논리적인 필연성을 밝히려고 하는, 법적 변증법(론)의 환상이다."라고 표현하고 있다. 하지만 이예링은 그때 하나의 일반 법규범이, 그 일반 법규범을 적용하는 법관의 판결에서의 그에 상응하는 개별 법

규범에 대해 가지는 관계를 주시하지 않고, 일반 원칙들 혹은 일반 개념들로부터 실정적인 일반 법규범들을 논리적으로 연역하는 것에 주목했다. '법에서의 법적 논리학의 지분'에 관한 그의 설명에 다음과 같은 문장들이 앞에 적혀있다: "로마법이 우리의 실정 법률가들을 그렇게 쉽게 농락했던 정신적인 매력은, (우리들 실정 법률가들이) 로마 법률가들이 한때 하나의 절대적인 진실을 부여하는 데 익숙했던 개념들(예를 들면 로마의 소유권의 개념)을 검사도 없이 전적으로 통용되는 경화로 받아들임으로써, 그 영향력을 또한 그것[즉 법철학]에도 미쳤다."{여기서 그는 Trendelenburg를 인용하고 있는데, 그는 Naturrecht, 2. Aufl.,에 관한 자신의 글에서 "소유권의 개념으로부터 소유물인 물건에 대한, 그것이 누구의 손에 있건 간에, 제한 없는 청구권이 나온다."(S. 211)라고 말하고 있다.} "이러한 마력을 깨는 것, 역사적인 것, 로마적인 것, 합목적성의 고려들을 통해 혹은 다른 영향들을 통해 결정된 것을 이러한 개념들에서 증명하는 것, 그리고 이로써 그들의 가치를 위한 하나의 척도를 획득하는 것이, 아래의 연구들의 주요 과제들의 하나이다." 이예링의 반론은 본질적으로 소위 개념법학에 향해진 것이다.

또한 논리적인 원칙들의 법규범들에의 적용 가능성을 받아들인 메이니얼 (E. Meynial, "Du rôle de la logique dans la formation scientifique do droit", *Revue de Métaphysique et de Morale*, 16ᵉ Année, 1908, S. 164ff.)은, 논리학의 '과잉'(excès)에 대해 경고해야만 한다고 믿었다. 그는 "이성과 감성이 조화되는 것; 법률가들은 항상 일반 공중의 마음과 지속적인 접촉을 멈추지 않아야 된다는 것; 그들의 관심은 절대로 상식bon sens을 (혹은 당신이 선호한다면, 공중의 생각sens commun을) 넘어서는, 엄격한 추론에 의해서 자신들 스스로 휩쓸리게 해서는 안 된다는 것"(188쪽)을 요구했다.

160) 랑에(Lange)는 자신의 저서 *Logische Studien. Ein Beitrag zur Neubegründung der formalen Logik und Erkenntnistheorie*, Iserlohn 1877에서 이론적인, 그리고 실천(실용)적인 혹은 규범적인 삼단논법을 구별하

지 않는 —충분하게 구별하지 않는— (실수를) 저지르고 있다. 그는 96쪽에서 "이에 반해 다음과 같은 결론은 정당하지 않을 것이다: '절취한 자는, 교화소형으로 처벌된다. N은 절취하였다는 것이 증명되었다. 따라서 또한 그가 교화소형으로 처벌된다는 것이 증명되었다.' 대전제는 여기서 법규로서 예외 없는 효력을 주장할 수 있다; 하지만 사실의 표현으로서는 아니다. 행위자는 그가 처벌되기 전에, 예를 들어 도주하거나 죽을 수 있다. 그 증명은 따라서 대전제의 영역을 넘어서까지는 미치지 못한다. 만약 결론문에서 동일한 유형의 정확성으로 표현하려고 한다면, 우리는 물론 심각한 충돌 없이 '따라서 N은 교화소형으로 처벌된다.'라고 말할 수 있다. 이것은 특히 객관적 증명이 처벌을 위해 충분하다는 것이 결정된 사실일 때는 유효하다. 이때 적어도 진실의 일부는 사라지고, 결론문은 완전하게 표현한다면, '따라서 N은 하나의 증명을 근거로 교화소형에 처해진다.'가 된다."라고 한다. 랑에는 대전제를 예외 없이 효력을 주장할 수 있는 '법규'로 표현했기 때문에, 그에 의해 **진술**로 표현된 문장들은 하나의 일반 법**규범**의 형태를 보인다. 특징적인 것은 그가 이러한 규범을 논리적으로 하나의 진술과 동렬에 놓았다는 것이다. 랑에는 다시 결론문을 진술로 표현한다: "따라서 N은 하나의 증명을 이유로 교화소형으로 처벌된다." 이러한 문장이 실제로 하나의 사실에 관한 진술을 표현한다면 그것은 어떠한 결론(도출)일 수 없다. 왜냐하면 절도는 처벌되**어야만 한다**는 것으로부터 한 특별한 절도가 —하나의 객관적인 증명이 있다고 하더라도— 사실상 처벌된다는 것이 논리적으로 도출되는 것은 아니기 때문이다. 행위자는 —랑에 스스로 확정한 바와 같이— 그가 절도했다는 것이 증명되었음에도 불구하고, 처벌되기 전에, 도주하거나 혹은 사망할 수 있다; 혹은 법관이 무언가 하나의 이유로, 입증된 절도범을 처벌하는 것을 거부할 수 있다. 랑에로부터 결론문으로 표현된 문장이 하나의 **규범**을 표현한다면, 즉 법관에 의해 설정된 개별규범: "N은 처벌되어야**만**(즉 교도소에 수감되어야만) **한다**."를 표현한다면, 또한 이러한 개별**규범**의 효력은 랑에로부터 표현된, "절취한 자는 교화소형으로 처벌된다."라는 일반규범과 "N이 절취했다는 것이 증명되었다."라는 진술의 전제들로부터 도출되는 것이 아니다. 랑에는 분명히 법적 언어관용에서 흔한, **규범들을 진술문장들로** 표현하는 것에 의해 오도된 것이다.

자신의 책 *La raison et les normes*, Paris 1963(미주 66을 보라)에서 추론은 본질적으로 규범적 성격을 갖고 있다는 견해를 주장한 랄랑드(André Lalande)는, 따라서 또한 전통 논리학이 하나의 이론적 삼단논법으로 기술한 것에 하나의 규범적인 성격을 부여한다. 그는 같은 책 158쪽에서, "추론의 개념(La définition du raisonnement)은, 우리가 그것을 규범적인 의미sens normatif에서 받아들이지 않는다면, 불가능해진다. 만약 우리가 엄정한 추론 혹은 연역(le raisonnement rigoureux ou déduction)을 우리가 주어진 전제들로부터 그로부터 **필연적으로**(necessairement) 따라오는 하나의 명제로 옮겨가는 하나의 조작(opération)으로 정의한다면, 말 그대로 잘못된 연역(déduction fausse)과 같은 것은 있을 수가 없는 것이다. 왜냐하면 만약 그곳에 실수가 있다면 그 결론은 **필연적으로**(necessairement) 그 전제들로부터 도출될 수 없기 때문이고, 그것은 연역이 아니기 때문이다. 이러한 유형의 개념정의를 사용하는 자들은 암묵적으로 '**만약 그것이 타당하다면**(quand elle est correcte), 하나의 연역은 … 이다.'라는 것을 뜻한다는 것은 자명하다. 우리는 또한 (산술의 특정 형태들이 덧셈과 곱셈을 정의하는 방식으로) '연역은 **그 목적이**(qui a pour but) 주어진 전제들로부터 그것들로부터 필수적으로 따라오는 그런 하나의 명제를 도출하는 조작이라고 말할 수 있다. 이러저러한 어떠한 경우라도 외관상 불합리성은 단지 의도적이고 규범적인 특성을 명확하게 복원하는 것에 의해서만 해소될 수 있다."고 말했다. 이에 따르면, 그 결론문이 "소크라테스는 죽는다."라는 진술인 삼단논법은, "만약 우리가 모든 사람들이 죽는다는 것, 그리고 소크라테스는 한 인간이라는 것을 참이라고 여긴다면, 우리는 소크라테스는 죽는다는 것을 참으로 간주**해야만 한다**."로 표현해야 할 것이다; 왜냐하면 사실상 우리는 —착오라고 하더라도— 소크라테스는 죽지 않는다는 것을 참으로 여길 수 있기 때문이다. 올바른 사고조작에 있어서는 그 전제들은 특정한 내용의 사고행위에 관한 진술들이고 결론은 특정한 내용의 하나의 사고행위를 당위된 것으로 설정하는 하나의 규범이다. 전제들로서 두 개의 진술로부터 하나의 규범이 논리적으로 도출된다는 것은 가능하지 않다. 하나의 존재에 관한 진술들로부터는 어떠한 당위도 나오지 않는다. 하지만 이를 전적으로 무시하더라도, 추론의 논리적 규칙은 사고**행위**에 연관된 것이 아니다. "모든 인간은 죽는다." 그리고 "소크라테스는 한 인간이다."를 생각하는 사람은 "하지만 소크라테스는 죽지 않는다."라고 당연히 생각할 수 있다. 하지만 논리학은 이러한 사고**행위**에 연관된 것이 아니고, 그 의미내용에 관련된 것이다. 논리학은 단지, 모든 인간이 죽는다는 것, 그리고 소크라테스는 한 인간이라는 것이 진실이라면 소크라테스는 죽는다는 것이 필연적으로 참이라는 것을 말하는 것이다. **필연적으로** 도출되는 것은 하나의 의미형상의 진실이지, 그 의미가 진실인 사고행위가 아니다. 랄랑드의 논증은 행위와 행위의 의미 간의 비구별^{Nicht-Unterscheidung}에 근거하고 있다.

161) 헤어(R. M. Hare, *The Language of Morals*, Oxford 1964, S. 24ff.)는 추론의 규칙들이 명령문들^{imperativsätze}에 적용 가능하다는 것을 다음과 같은 식으로 근거 지우려고 시도했다: 만약 누군가 "모든 인간은 죽는다."—"소크라테스는 한 인간이다."라는 전제들로부터, "소크라테스는 죽지 않는다."라고 추리하게 된다고 가정하면, 이것은 그가 이러한 문장 중의 하나 혹은 다른 하나를 오해했다고 충분한 근거를 가지고 주장할 수 있을 것이라는 것이다. 이것은 틀린 말이다. 그는 여기서 고려된 문장들을 이해했을 수 있고 하나의 논리적으로 잘못된 추리를 했을 수도 있다. 논리학의 입장에서는 누군가 하나의 삼단논법을 형성하는 문장들을 이해했는가 혹은 오해했는가는 중요하지 않다. 논리학의 원칙들은 사고-행위에 관련된 것이 아니고, 그것의 의미에 연관된 것이다. 헤어는 25쪽에서 '모든'이라는 단어는 진술뿐만 아니라 또한 명령^{Imperativen,}

^{Befehlen}에서도 적용된다는 것으로부터, "명령 간에는 함의-관계(entailment-relations)가 있는 것이 분명하다; 왜냐하면 만약 그렇지 않다면 그 명령들에서 사용된 이러한 단어들에 어떠한 의미도 부여하는 것이 불가능하게 될 것이기 때문이다. 만약 우리가 누군가가 "역에 있는 모든 박스를 가져가라."는 문장에서 '모든'(all)이라는 단어의 의미를 알았는지 여부를 찾아내야만 한다면, 우리는 이러한 명령에 동의한 자, 그리고 즉 '이것이 박스들 중 하나이다.'라는 진술에 동의하고, '이것을 역에 가져가라.'는 명령에 동의할 것을 거부한 자는, 단지 그가 이러한 세 가지 문장 중의 하나를 오해한 경우에만 그렇게 할 수 있을 것이라는 것을 그 사람이 깨달았는지 여부를 찾아내야만 한다. 만약 이런 유형의 심사가 적용 불가능하다면, '모두'(all)라는 단어는 (직설문에서와 같이 명령문에서도) 전적으로 무의미할 것이다."라는 것이 추론된다는 것이다. 누군가가 문장들 중의 하나를 오해하였다는 심리(학)적인 사실로부터는 '모든'이라는 단어가 무의미하다는 결론이 도출되지는 않는다. 그 밖에도 누군가가 "이 모든 가방을 역으로 가져가라."라는 일반적인 명령과 "이것은 이러한 가방 중의 하나이다."라는 진술에 동의했음에도 불구하고, 예를 들면 그가 일반적인 명령에, 그리고 진술에 동의한 다음에 자신이 들기에는 이 가방이 너무 무겁다는 것을 확인했기 때문에, "이 가방을 역으로 가져가라."라는 개별적인 명령에 동의하지 않는다는 것은 전적으로 가능한 것이며, 하지만 그때 (그는) 당연히 세 문장들 모두를 이해했었던 것이다. 하지만 이것은 그런 경우가 아니라고 하더라도, 그가 일반적인 명령에 동의한다는 것, 즉 자신 스스로에게 "모든 이 가방을 역으로 가져가라."라는 (명령은) 향하게 하였지만, 특정한 가방 하나를 역으로 가져가지 않고, "이 가방을 역으로 가져가라."라는 개별명령에 동의하지 않고, 그 스스로에게 "이 가방을 역으로 가져가라."라는 (명령은) 향하게 하지 않는 것은 전적으로 가능한 것이다. 왜냐하면 그 자신 스스로에게 향하게 한 일반적인 명령으로부터는, 그 자신 스스로에게 향하게 한 의지적 행위의 의미일 수 있는, 그 자신 스스로에게 향하게 한 개별 명령은 논리적으로 도출

되지 않기 때문이고, 이러한 의지적 행위는 하나의 논리적인 조작의 방법에서 달성될 수는 없기 때문이다. 하지만 무엇보다, 헤어가 제시한 사례는 결코 추론의 규칙을 규범들에 적용 가능하다는 것을 증명하는 것이 아니라는 점을 분명히 해야 한다. 달리 말해 결코 하나의 개별규범의 효력이 하나의 일반규범의 효력으로부터 논리적으로 도출될 수 있다는 것을 증명하지 못했다는 것이다. 왜냐하면 그가 제시한 사례에서는 "그것들을 역으로 가져가라."라는 개별규범은 이미 존재하는, 즉 이미 유효한 것으로 전제되어 있고, 단지 이러한 개별규범에 대한 규범수신자의 동의가 결여된 것이기 때문이다. 하지만 문제는, 이러한 개별규범이 "이 모든 박스들을 역으로 가져가라."라는 일반규범으로부터 도출되는가이다. 개별규범이 창설된다면 그의 효력은 일반적인 규범의 효력으로부터 근거 지워질 수 있지만, 그것은 결코 그것의 효력이 일반규범의 효력으로부터 논리적으로 따른다는 것을 의미하는 것은 아니다. 본문 [185]쪽 이하를 비교하라.

헤어로부터 제시된 사례에 대해, 심리학적 관점에서 또한 다음과 같은 내용이 지적되어야 할 것이다: "모든 이 가방을 역으로 가져가라—이것은 이 가방들 중 하나이다—따라서 또한 이 가방을 역으로 가져가라."라는 소위 삼단논법은, "모든 절도범은 교도소에 수감되어야만 한다—슐체는 (마이어에게서 말한 마리를 훔친 자) 도둑이다—따라서 슐체는 교도소에 수감되어야만 한다."라는 소위 삼단논법은, 대전제를 형성하는 그 일반규범이 입법자의 의지적 행위의 의미이고, 소전제와 결론문이 하나의 사고행위의 의미와 법관의 의지적 행위의 의미, 즉 입법자와는 상위한 인간의 의지적 행위의 의미인 한, 서로 구분된다. 헤어로부터 주어진 사례에서 전제들과 결론문은 동일한 인간의 의지적 행위와 사고 행위의 의미이다. 따라서 그 의미가 결론문을 구성하는 의지적 행위는 그 의미가 대전제를 구성하는 의지적 행위에 함축되어 있을 수 있는 것이다. 하지만 그 의미가 결론문인 법관의 의지적 행위는 그 의미가 대전제인 의지적 행위에는 함축되어 있을 수 없는데, 왜냐하면 이것은 다른 한 사람의 의지적 행위이기 때문이다. 우리가 하나의 규범의 효력은 규범수신자의 승인을 통해 정해진다고 가정한다면, 그 의미가 개별규범인 의지적 행위는 그 의미가 일반규범인 의지적 행위에 (함축되어 있다는) 사정은 논리적 추론의 문제에 있어서는 중요하지 않다.

턴불(Robert G. Turnbull)은 이미 인용된 그의 논문 "Imperatives, Logic and Moral Obligation", *Philosophy of Science*, vol. XXVII, 1960(미주 101을 보라)에서 "명령문의 논리학은 직설법(진술문)의 논리학과 차이가 없다."는 것을 보여주려고 시도했다(375쪽); "X를 하라."는 명령문은 턴불에 따르면 "그렇다면 너는 X를 할 것이다."를 의미한다(S. 374). 즉 턴불은 명령문의 의미를 직설문의 의미와 동일시한다. 이것은 본질적으로 이미 앞에서 고려한 요르겐센과 두 비슬라브의 시도, 즉 논리적 원칙들은 명령문에 적용 가능하다는 것을 근거 지우려는 시도와 동일한 결과가 된다. 자신의 테제를 증명하기 위하여 턴불은 헤어의 사례, "그 모든 박스들을 역으로 가져가라."라는 명령문을 (예로 든다). 그는 이 명령문은 "만약 네가 너의 직업을 유지하기를 원한다면, 그렇다면 너는 이 모든 박스를 역으로 가져갈 것이다."와 같은 의미라고 주장한다(380쪽 이하). 하지만 하나의 특정한 개인에게 행해진 무조건적 명령[Imperative](Befehl)과 이러한 개인의 장래의 행위에 관한 조건적 진술은 두 개의 전적으로 상위한 의미내용(이거나 의미내용)을 가진다. 명령은 명령자가 명령수신자에게 진술이 무엇을 말하는지를 말하려 하지 않아도 주어질 수 있는 것이다. 물론 심지어 명령하는 자가 명령 수신자에게는 그가 자신의 일자리를 유지할 것인지 혹은 아닌지는 무관심하다는 것을 아는 경우에도 그렇다. 명령은 유효할 수 있고 진술은 진실이 아닐 수 있다. 왜냐하면 명령의 수신자는 자신의 지위를 유지하기를 원할 수 있고, 그럼에도 모든 가방을 역으로 가져가지 않을 수 있기 때문이다. 따라서 명령을 진술과 동일시하는 것은 배제된다.

162) 모리츠(Manfred Moritz, "Der praktische Syllogismus und das juristische

Denken", *Theoria*, vol. XX, 19554, S. 78ff.)는 명령문들로부터 명령문이, 즉 하나의 명령문의 효력으로부터 하나의 다른 명령문의 효력이, 논리적으로 추론될 수 있다는 것을 부인했다. 이때 그는 "논리적 추론규칙은 진실 혹은 거짓인 문장들에 적용되는 것이다."라는 가정에서 출발한다. "하나의 결론이 타당해야만 한다는 것에 대한 조건은 만약 전제들이 진실이면 결론문은 진실이라는 그것(조건)이다. 하지만 이러한 조건은, 만약 그 전제들로 판결들이 아닌, 명령문들이 문제되는 경우에는, 원칙적으로 채워지지 않는다. 왜냐하면 명령문적 전제들은 진실도 거짓도 아니기 때문(에, 전혀 진실이 아니기 때문)이다. 이것은 결론문에 대해서도 동일하다. 또한 이러한 문장, 즉 '도출된' 명령문에 대해서도, 그것은 참일 수도 없고, 거짓일 수도 없다는 것은 동일하다. 논리적 추론규칙을 명령문에 적용하기 위한 전제조건은 없다."(81쪽)라는 생각에서 시작하고 있다. *Neue Forum* XV/173(Mai 1968), S. 33에서 나는 다음과 같이 상술했다: "말하자면 모리츠는, 실용적인 삼단논법은 없다고 생각한다. 모리츠는 (Jörgen Jörgensen, "Imperatives and Logic", *Erkenntnis*, Bd. 7, 4: S. 288에서부터) '너의 약속을 지켜라ㅡ이것은 너의 약속이다ㅡ따라서 너의 약속을 지켜라.'를 그 예로 제시했다. 이러한 예시에 대해 나는 82쪽에서 사람들은 '너의 이 약속을 지켜라!'라는 명령문을 '모든 너의 약속을 지켜라!'라는 명령문과 '이것은 네가 한 너의 약속이다.'라는 것으로부터 도출할 수는 없다고 말했다. 하지만 모리츠는 한 법관이 자신의 법관으로서의 (법적인) 판결을 법률을 통해 근거 지을 수 있다는 것은 논리적으로 가능한 것이라고 생각한다(83쪽). 모리츠는 자신의 문제를, "어떻게 소위 법관의 판단들이 존재하는 법률들을 통해 '근거 지워질' 수 있는가."라고 표현했다(84쪽). 87쪽에서 모리츠는 명확하게, "실천적 삼단논법은 불가능하다."고 말했고, 그는 이에 추가하여 법관의 판결은 하나의 명령문의 도움으로 '근거 지워질'motiviert 수 있다는 것을 보여주려고 한다고 했다. 주지하다시피 그는 'motiviert'를 '근거 지워진'으로 이해했고, 논리적으로 도출되는 것으로 이해한 것은 아니다. 따라서 모리츠는 앞에 놓인 문제는 법률을 통한 법관의 판결의 근거 지움, 즉 ―모리츠는 보지 못한 것으로 보이는― 법관에 의해 적용된 일반규범의 효력을 통해 법관을 통해 설정될 개별규범의 효력을 근거 짓는 것이라고 보았다. 왜냐하면 그는 108쪽에서 "또한 하나의 그러한 개별적인 명령문이 일반적인 법률로부터 도출되지 않아도 우리는 개별적인 명령하는 주체가 일반적인 명령을 **준수**했는지 혹은 하지 않았는지를 판단할 수 있다. 하나의 개별적 명령문을 통한 우회는, 앞에서 보여주었듯이, 필요하지 않고, 또한 가능하지도 않다."고 말했기 때문이다. 하지만 이러한 '우회로'는 필요불가결하고 우회가 아니다. 왜냐하면 그것은 확실히 이러한 명령문의, 즉 문제되는 개별규범의 효력의 근거 지움이기 때문이다. 이 효력은 일반규범의 효력으로부터 논리적으로 도출될 수 있는 것이 아니라는 것은 일반규범의 효력을 통해 개별적인 규범의 효력을 근거 지우는 데 방해가 되지 않는다. 이것은 바로 모리츠가 보여주려고 한 바로 그것이다. 법관에 의해 창설된 개별규범의 내용이 그에 의해 적용될 일반 명령문의 내용에 부합한다는 것을 결정함으로써 우리는 법관이 일반적인 명령을 따랐는지 따르지 않았는지를 판단할 수 있다. 모리츠 스스로도 당연히 127쪽에서 "하나의 법관의 판결은, 만약 법관이 하나의 판결을 (즉 특정한 내용의 하나의 판결을) 선고할 때, 만약 그가 법률을 따랐다고 말하는 것이 정당할 경우라면, 달리 말해 만약 이러한 법관의 행위는 그 법률을 준수한 것이라고 말하는 것이 정당하다면, 법률을 통해 근거 지워진다(motiviert, 모리츠에 따르면 'begründet')."고 말했다. 그리고 그는 ―삽입문Parenthese에서― "법관이 예를 들어 하나의 판결을 하나의 다른 내용으로 선고했다면, 그는 그에게 요구된 행위를 수행한 것이 아니다."라고 추가하였다. 즉 가장 중요한 것은 법관의 판결의 **내용**인 것이다. 이러한 **판결**의 근거 지움이 ―모리츠가 정당하게 자신의 이론 서술의 초반에 확정했던 것처럼― 물론 문젯거리인 것이다. 일반적인 명령문이 ―이것은 일반규범이다― 규정한 것은 무엇인가의 확정은 보다 정확히는 사실상 ―모리츠가 강조했듯이― 법관의 하나의 **행위**이다. 하지만 하나의 전적으로 정해진 (일반규범에서 정해진) 내용을 가지는 하나의 행위이다. 그 일반규범이 목적으로 하는 것은 일반규범에 상응하는 하나의 개별규범의 효력이다. 그리고 법률은 단지, 이러한 개별규범은 만약 그것이 법관의 하나의 행위로서 등장하는 경우에만, (즉) 법관의 하나의 의지적 행위(그 의미가 이러한 일반규범인)를 통해 창설된 경우에만, 효력이 있을 수 있기 때문에, 바로 그런 이유로 법관의 하나의 행위를 규정하는 것이다. 물론 마치 그 일반규범이 그 의미가 이러한 일반규범인 입법자의 하나의 행위를 통해 창설된 경우에만 타당한 것과 마찬가지이다. 문제는 두 **규범들** 간의, 하나의 일반규범과 하나의 개별규범 간의, 효력 간의 관계의 본질이 무엇인가이다. 중요한 것은 법관을 통해 만들어진 개별규범은 입법자를 통해 만들어진 일반규범에 부합한다는 것이다. 당연히 거기에는 후자의 효력을 통한 전자의 효력의 '근거 지음'이 들어 있는 것이다. 법관이 일반규범을 '준수했다'는 것은 부차적인 요소이다. 즉 단지 개별적인, 그(법관)로부터 창설된 규범이 일반적인, 법률에서 포함된, 규범에 부합할 수 있는 조건인 것이다. 법관의 판결은 반드시 법률을 통해 '근거 지워져야·이유가 제공되어야'^motiviert만 한다는 것은 ―모리츠가 표현했듯이― 아주 문제가 많은 용어이다. 왜냐하면 'motivieren'을 우리는, 통상적인 언어관용에 따를 때, 법관이 일반규범에 부합하는 개별적인 규범을 (바로 그가 자신이 인식한 일반규범에 부합하기를 원했기 때문에) 만든 것이라는 것으로 이해한다. 모리츠는 ―언어관용과 충돌하여― '판결은 근거 지워졌다.'는 표현을 '판결은 motivert(동기가 제공되었다, 이유가 제공되었다)'와 동일한 의미라고 보고 있는 것이다. 왜냐하면 그는 110쪽에서 "판결은 법률에서 제시된 판결이라는 개념에 들어간다면 그 법률을 통해서 근거 지워진다. 달리 표현하면, 법관의 판결은 그것이 법에서 제시된 판결의 유형에 속하는 경우라면 법률을 통해 이유가 제공된 것이다."라고 말했기 때문이다. 하지만 판결은 그에게 알려진 법률에 부합하려는 법관의 의사가 법률에 부합하는 판결에 이르게 한 때에만 법률을 통해 'motiviert'(동기가 제공된, 이유가 제공된) 것이다. 어떠한 '동기'로부터 법관이 일반규범에 상응하는 개별규범을 창설하는가는 중요하지 않다. 그는, 그가 법률을 —모리츠가 표현한 것처럼— '준수하기'를 원했기 때문이 아니라, 예를 들어 그가 설정하는 개별규범을 하나의 구체적인 사례에서 정당하다고 생각했기 때문에 개별규범을 창설했을 수 있는 것이다. 모리츠는 "법적 맥락에서는 요구된 행위가 수행되었다면 족한 것으로 보인다. 그 행위가 요구되었기 때문에, 요구(명령)된 행위를 수행한 것이 필수적인 것으로 보이지는 않는다. 일반적으로 요구된 행위와 수행된 행위의 단순한 일치(Koinzidenz, 동시성)로 족한 것으로 보인다. 즉 어떤 동기로 그것이 일어났건, 만약 일반규범에 상응하는 하나의 개별규범이 창설되고 효력이 발생했다면 족한 것으로 보인다는 것이다. 그것은 그렇게 보인 것일 뿐만 아니라 **그런 것이다.** 그리고 문제되는 동시성은 법관에 의해 적용될 일반규범과 그로부터 그 적용에서 설정될 개별규범 간에 있는 것이다."(115/116쪽)라고 말한다.

만약 우리가 법원의 판결은 구체적인 사례에 **맞아야**(정의·공정해야)만 한다는 가정에서 출발한다면, 만약 이 일반 법규범이 정의롭지 않다면, 우리는 하나의 법원의 판결은 하나의 **실정** 일반 법규범으로부터 논리적 연역의 방법으로는 달성될 수 없다는 결론에 필히 도달해야만 한다; 하지만 이로써 하나의 정의로운 일반규범으로부터 그러한 논리적 연역이 가능하다는 것이 주장된 것은 아니다. 인테마(Hessel E. Yntema)는, "The Hornbook Method and the Conflict of Laws", *Yale Law Journal*, vol. XXXVII, 1927-1928, S. 468ff.에서 '판결을 통제하는 일반규범의 중요성'에 관해 말한다(480쪽). 하지만 그가 의미한 것은 단지 **실정**법의 일반규범이, 법원의 판결들을 결정할 능력이 없다는 것뿐이다. 그는 "판결은, 원칙들과 논리학은 이차적인 부차적인 역할밖에 하지 못하는 감정적 경험 뒤에 도달되는 것이다."라고 강조했다. 481쪽에서 "법의 규칙(rule of law)들은 법이라고 말하는 것, 추상적인 규칙들을 지적함으로써 우리가 판결을 통제할 수 있고 사례들이 '정확하게' 판단되었는지를 결정할 수 있다고 말하는 것은, 결과적으로, 그것이 유용한 것인지 여부에 대해 알아내려는 시도 없이, 만약 '정확하다'(correct)고 판단된다면 판결의 사회적 실행(실용)성(이 있다고)을 주장하는 것이다."라고 했다. 이미 이전에 그는 "하지만 법은 논리학이 아니다, 그럼에도 논리학은 법의 목적들에 유용하게 기여하도록 만들어질 수 있다. 그리고 어떤 사고의 체계든 사실상의 진술과 법의 **개혁**을, 구체적인 사례와 관련하여 고려된 법적 전통과 제도들의 실천적인 목적들에 대한 주의 깊은 분석 없이, 추상적인 상징들의 조합으로부터의 법적 연역에 순전히 의존할 만큼 단편적인 사고의 체계는 단순히 반계몽주의적인 것이 아니라, 사회적으로 위험하다. 단지 관찰과 경험에 반하는 논리적인 조작들로부터 나오는 가설들의 지속적인 점검에 의해 우리는 법의 집행(사법)에 있어서 근접한 실천적 진실 혹은 **정의**를 기대할 수 있는 것이다."(477쪽)(강조는 내가 한 것임)라고 했다. 인테마가 의도한 것은, 정의로운 판결들을 얻기 위해서는, 이 판결들이 실정법의 유효한 일반규범들로부터 단순한 논리적 연역들을 통해 이루어져야만 하는 것은 아니라는 법정책적 공준이다. 만약 법적용의 목적이 '정의'라면, 법관은 반드시 하나의 구체적인 사례의 판단에서 그가 '정의로운' 것으로 생각하는 하나의 원칙을 적용해야만 하는 것이고, 따라서 실정법의 일반규범은 그가 그것이 정의롭다고 생각하는 경우에만 적용해야 하는 것이다. 왜냐하면 하나의 판결은 단지 그것이 정의의 일반원칙에 부합하는 경우에만 '정의로운' 것으로 평가될 수 있기 때문이다. 따라서 '판결을 통제하는 일반 원칙의 중요성'이라는 것은 어불성설이다. 실정법 혹은 정의의 일반규범으로부터 법관의 판결을 논리적으로 연역하는 것과 이것은 무관하다.

163) 브루진(Otto Brusiin, *Über das juristische Denken*, Helsingfors 1951, S. 106)은 법관의 판결이 하나의 삼단논법인가라는 물음에 (다음과 같이) 대답한다: "물론 여기서는 '판결'이라는 단어로 의미하는 모든 것이 문제된다. (판결이라는 말이) 하나의 언어적인 형태에서 객관화된, 그리고 그의 근거 지움을 담고 있는 하나의 정부의 행위로 이해된다면 이 모든 것은 '삼단논법'이라는 단어를 통해 남김없이 표현될 수는 없다. 하지만 우리가 단지 사고-형식적인 핵심

만을 부각시키려 한다면 이 표현은 종종 들어맞을 수도 있다." 하지만 법관의 판결의 '핵심'은 '사고-형식적인' 무엇이 아니라 하나의 의지적 행위이다. 브루진의 연구는 단지 법적인 **사고**(Denken)에만 맞춰져 있다. 그는 "법적 사고에서는 연역적인 맥락들이 출현하는가?"(104쪽)라고 묻는다. 그리고 그는 법적 권위들에 의해서 만들어진 일반규범들과 개별규범들을 법적인 사고의 산물로 고찰한다. 44쪽에서 그는 "우리는 법적 사고과정과 그의 산물, 그리고 객관화(Objektivationen)를 구별한다."라고 말하고, 49쪽에서 "법적인 사고의 객관화는 현대의 문화국가들에서는 종종 언어적인 형태로 고착되었다 … 그러한 언어적인 객관화들은 예를 들어 법문, 판결문, 문서로 만들어진 행정적 결정들, 변호인들에 의해 만들어진 문서나 기록들이다."라고 말한다. 하지만 법문, 판결문, 행정결정문서들은 의지적 행위들의 의미의 언어적인 표현이지, 법적 사고의 객관화가 아니다. 즉 사고행위의 의미는 아니다.

특히 법관의 판결에 관해서 브루진은 저마다의 판결의 핵심은 '한 인간의 행위가 위법하거나 혹은 적법한지를 확정하는 것'이라고 한다. 이것은 '판결활동의 기능적 과제'라고 한다. "법관의 법적 사고는 법을 다루는 전체구조에서 하나의 전략상의 요로라는 지위를 가진다."(29쪽 이하) 하나의 논리적인 관점에서 볼 때, 구성요건들의 '확정'은 사실상 진실 혹은 비진실일 수 있는 하나의 판단이다. 하지만 법적 관점에서 볼 때, 최종심에서는, 이러한 의미의 진실이 아니라, 확정 행위의 사실이 중요한 것이다. 판결의 기능적 과제는 하나의 판단, 즉 불법효과로서 하나의 강제행위의 집행이 명령되거나 그런 명령이 거부되는 하나의 개별규범의 설정이다. 명령 혹은 거부는 하나의 의지적 행위의 의미이다. 불법구성요건의 존재 혹은 비존재의 확정은 법관의 판결의 조건이다. 법관의 사고가 아니라 그의 의지가 법을 다루는 전체체계에서 하나의 핵심적인 지위를 차지한다. ─브루진은 형법적인 판결에 대해서는 삼단논법의 성격을 단호하게 거부한다. 그는 107쪽 이하에서 "하지만 근대 형법의 아주 의미 있는 영역에서 형벌을 내리는 판결은 삼단논법이 아니다: 항상 법관은 활동의 범위 내에서 행동의 자유를 가지고 있고, 구체적인 형사제재는 전제들로부터 사고필연적으로 도출되지 않는다. 그것(전제)들로부터는 단지 —어떤 형벌배제 사유도 존재하지 않는 한— 여기서 형사판결이 표현되어야만 한**다는 것**, 그리고 그 제재는 형법전에 기술된 범위의 한계 내에 있어야만 한다는 것만이 도출되는 것이다."라고 한다. 결코 그러한 재량범위가 항상 주어지는 것은 아니다; 예를 들어 만약 법률이 모살의 경우에 교수형을 통한 사형을 규정하고 있는 경우가 그렇다. 하지만 그러한 재량범위(Latitude)가 존재한다면, 그것은 법관의 판결을 말하는 개별규범의 효력은 일반규범의 효력과 법관을 통한 구성요건의 확정으로부터 하나의 논리적인 방법으로 달성되지 않는다는 것에 대한 이유이지, 예컨대 절도에 대해 1년 이상 5년 이하의 구금형을 규정하고 있는 일반규범에는 다양한 법관의 판결들이 부합할 수 있다는 사정은 아닌 것이다. 왜냐하면 만약 한 법관은 절도범을 1년의 구금형으로, 그리고 다른 한 법관은 절도를 3년의 징역형으로 처벌한다면 전자는 대전제로 절도는 1년의 구금형으로 처벌되어야만 한다는 실정 규범을, 후자는 대전제로 절도는 3년의 징역으로 처벌되어야만 한다는 그 실정 규범을 받아들일 수 있는 것이기 때문이다. 왜냐하면 두 규범은 절도는 1년 이상 5년 이하의 구금형에 처해져야만 한다는 그 규범에 포함되어 있기 때문이다. 하나의 삼단논법은 법관의 판결인 바로 그 개별규범이 —법관에게 형벌의 유형과 그 양(형량)과 관련하여 어떠한 재량도 허용하지 않는 사례에서도 역시— 하나의 의지적 행위의 의미이지 하나의 사고행위의 의미는 아니라는 바로 그 이유 때문이다.

스웨덴의 법철학자 룬트스테트(A. Vilhelm Lundstedt, *Legal Thinking Revised*, Stockholm 1956)는, 규범적 삼단논법을 거부했다. 하지만 그는 동시에 —또 다른 스웨덴의 법철학자, 해거스트룀(Axel Haegerstroem)을 추종하여— 법학의 대상은 규범이 아니라(23쪽), 참도 거짓일 수도 없는(45쪽) 가치판단(judgments of value)이라는 가정으로 시작하여 그에 의해 논리적으로 불가능한 것으로 간주된 추론에서 전제들과 결론문은 가치판단들이라고 받아들인다(48쪽). 이에 대해서는 그의 추종자 Karl Olivecrona, "The Legal Theories of Axel Haegerstroem and Vilhelm Lundstedt", *Scandinavian Studies in Law*, vol. 3, 1959, S. 125ff.와 Leonard Boonin, "The Logic of Legal Decisions", *Ethics, An International Journal of Social, Political, and Legal Philosophy*, vol. LXXV, 1964/65, S. 179ff.를 비교하라.

164) 아리스토텔레스 윤리학에서 예를 들어 하나의 규범적 혹은 실천적인 삼단논법 같은 것이 있는가 여부는, 적어도 매우 의심스럽다. 안도(Takatura Ando, *Aristotle's Theory of Practical Cognition*, Sakoyo-Tokyo, 1958, S. 274.)는 *Eth. Nic.* VI. 13.1144a 31에서의 불완전한 표현에서 그런 경우를 제외하고 "아리스토텔레스의 작품들에서는 '실용(실천)적 삼단논법'이라는 개념은 등장하지 않는다."고 확언한다. 그는 이에 대해: "이것은 그의 논리적인 저작들에서 그렇게 정열적으로 삼단논법의 형태들을 분석한 철학자에게는 참 신기한 일이다."라고 적고 있다. 인용된 곳은 이렇다: "행위에 원칙으로 앞서 있는 열쇠는 '왜냐하면 그것과 그것이 목적이고 최선이기 때문에 ─무엇이 그것인지는 무의미하다; 그 예로는 그 첫번째의 최선 ─그것은 …'. 하지만 이 목적은 단지 덕자(Tugendhaften)에게만 드러난다." 이로부터 많은 것을 알 수는 없다. 이에 반해, 우리가 그것으로부터 하나의 실천적인 삼단논법은 있을 수 없다는 것을 추리할 수 있는 두 곳이 있는데, 하나는 『에우데모스 윤리학(*Eudemische Ethik*)』안에 있고, 다른 하나는 『니코마코스 윤리학』안에 있다. 『에우데모스 윤리학』(II, 11) 안에 있는 곳은 "이제 덕이 목적의 창안자 혹은 그에 이르는 수단의 창안자(Urheberin)인 것인가? 우리는 단호하게 덕이 이 목적의 창안자라는 것을 받아들인다. 왜냐하면 그것을 위해 어떠한 숙고나 이성적인 고려가 필요치 않으며, 오히려 그것은 하나의 원칙과 같이 반드시 전제되어야만 하기 때문이다 … 어떠한 학문도 목적과는 무관하다. … 만약 이제 저마다의 정당함의 근거들이 이성에서 아니면 덕에서 모색되어야만 한다면, 그리고 나아가 이

성은 근거가 아니라면, 이로부터, 목적의 정당성은 덕에 근거하는 것이지, 목적에 이르게 하는 것의 정당성에 근거하는 것은 아니라는 것이 도출된다."라고 하고 있다. 기곤(Olof Gigon, Zürich 1967, VII, 9)의 번역에 따르면『니코마코스 윤리학』에서 언급되고 있는 곳은, "하지만 이제 여기서도 저기서도 원칙들은 학습 가능한 것이 아니고, 그 원칙에 관한 바른 관점의 소지가 하나의 천부의(naturgegeben) 혹은 습관을 통해 획득된 덕인 것이다."라고 적혀 있다. 덕(성)은 우리의 의지에 근거하고 있기 때문에, 인용된 아리스토텔레스의 설명은, 우리의 행위의 정당한 목적은 우리가 어떻게 행위해야만 하는가를 규정하는 규범이고, 하나의 의지적 행위의 의미이지 사고행위의 의미가 아니라는 것을 의미하고, 그러한 하나의 의지적 행위는 논리적 사고작동의 방법에서는 달성될 수 없는 것이기 때문에, 그 결론문이 하나의 개별규범인 삼단논법은 있을 수 없다는 것을 의미하는 것이다. 달리 말해서 '실천적' 삼단논법은 있을 수 없다는 것이다. 그 밖에도 우리가 아리스토텔레스에게서 실천적 삼단논법으로 해석한 것은 논리적인 의미에서 전혀 삼단논법이 아니라는 점도 있다. 그렇게 안도는 280쪽에서 (다음의 예를) '실천적 삼단논법'의 예로서 인용하고 있다: "De animalium motu" III, 11.434a 16: "이러이러한 사람은 이러이러한 일을 해야만 한다." "나는 이러이러한 사람이다." ―그리고 "이것은 이러이러한 일이다." ―"나는 이것을 해야만 한다." 그곳에서는 "하지만 이제 이해(파악하는 것)와 사고(생각하는 것)는 부분적으로는 일반적(보편적)인 것에 관련되어 있고, 부분적으로는 개별적인(특별한) 것[첫번째의 경우는 말하자면: 그 (종에) 그리고 그 종에 속하는 사람은 그 (종에) 그리고 그 종인 것을 해야만 한다는 것이고, 두 번째의 경우는: 그 (종에) 그리고 그 종에 속하는 것은 이 특정된 것이고, 그리고 나는 그(종에) 그리고 그 종에 속한다는 것을 말한다]에 관련되어 있고, 그래서 문제는 마지막 유형의 사고는 개별적인 것으로 가는 것, 움직이는 것(Bewegende)인가 아니면 일반적인 것인가이다. 물론 양자이고 특히 그럼에도 그 하나는 좀 더 많이 쉬고, 다른 것은 그렇지 않다."라고 한다. 그렇지만 우리가 이러한 아리스토텔레스의 설명으로부터 그가 이 단어의 진정한 의미에서 하나의 실천적 삼단논법을 받아들였다는 것을 추론할 수 있을지는 고도로 의심스러운 것이다. 왜냐하면 아리스토텔레스는 이전에 "본능(충동)이 의지를 누른다."는 가능성을 인정했기 때문이다. 그렇다고 한다면, 대전제로 기능한 일반규범이 유효하고 소전제로 기능한 진술이 진실이라고 하더라도, 결론문의 역할을 하는 "나는 이 특정한 것을 해야만 한다."라는 하나의 개별규범은 유효하지 않을 수 있다. 왜냐하면 바로 그의 의미가 이러한 규범인 의지가 결여되었기 때문이고, 그것 없이는 그 규범의 효력은 불가능하기 때문이다. 타이히뮐러(Teichmüller, "Die praktische Vernunft bei Aristoteles", Neue Studien zur Geschichte der Begriffe III, Gotha 1879, S. 88)는 "De animalium motu" VII에 있는 한 곳을 지적했는데, 그의 번역에 따르면 "실천적인 영역에서는 두 개의 전제들로부터 행위로서 결론문이 나온다. 예를 들면: 저마다의 인간은 … 가야**만 한다**; 그는 인간이다; 곧 그는 간다; 하지만 만약: 어떤 인간도 가야**만 하는 것은 아니다**(Kein Mensch soll gehen); 그는 인간이다; 그래서 그는 쉰다; 그리고 만약 아무것도 그를 강요하거나 막지 않는다면 그는 이 양자를 한다. 나에게는 선한 것을 하는 것이 **의무**이다; 집은 선이다, 곧 나는 집을 짓는다. 나는 하나의 보호(의복, 은폐)를 **필요로 한다**; 하나의 옷은 보호이다, 나는 하나의 옷을 필요로 한다. 내가 필요로 하는 것을 나는 만들어**야만 한다**. 나는 옷 하나를 필요로 한다, 그는 옷을 만든다. 나는 옷을 만들어야만 한다는 결론문은 이제 행위이다."라고 하고 있다. 앞의 세 가지 사례들은 어떤 삼단논법도 아니라는 것은 자명하다. 한 인간이 간다 혹은 쉰다, 혹은 집을 짓는다는 사실은, 특히 만약 우리가 첫번째의 두 개의 사례에서 도입된 "만약 아무것도 그를 방해하거나 강요하지 않는다면"이라는 제한을 고려한다면, 어떠한 추론일 수도 없다. 마지막 사례에서 등장한, "결론문: 나는 옷을 만들어야만 한다, 이것은 이제 행위이다."라는 주장은 —도대체 그렇다고 한다면— 단지 그 의미가 문장인 명령 행위 혹은 규범설정 행위의 추론으로 이해된다는 것으로 받아들여질 수 있다. 타이히뮐러는 분명하게 아리스토텔레스에 있어서 결론문은 '결정이고 행위'(der Entschluß und die Tat)라고 말했다. 그는 『니코마코스 윤리학』(VII, 3)에서 제시된 실천적 삼단논법의 예를 참고하는데(44쪽), 그 예에서는 대전제가 "모든 감미로운 것(δεῖ)을 사람들은 즐겨야만 한다.", 소전제가 "이 음식은 감미롭다."라는 이론적인 진술이다. 이 전제들로부터, "만약 그 인간이 음식을 가질 수 있고 그에 방해를 받지 않는다면, … 결단과 행위"가 따라온다는 것이다. 그래서 아리스토텔레스는, "그렇게 한 인간이 그것을 할 수 있고, 어떤 것에 의해서도 방해를 받지 않는다면, 그 인간은 즉시 일반적인 문장을 하나의 개별적인 사례에서 실천적으로 적용한다는 것(즉 단 음식을 먹는다는 것)은 필연적인 결과이다."라고 한다. 또한 여기서도 분명히 삼단논법은 없다. 왜냐하면 대전제로 작용한 규범은 효력이 있고, 소전제로 기능한 진술은 참일 수 있지만 그럼에도 하나의 특정 인간이 그 단 음식을 먹는다는 것을 규정하는 하나의 개별규범은 만약 그 의미가 이 규범인 의지적 행위가 존재하지 않는다면 효력이 없기 때문이다. 아리스토텔레스는 '만약 그 사람이 그러할 수 있고, 아무것도 이를 방해하지 않는다면'이라는 것을 포함했기 때문에, (혹은 또한 그가 단것을 싫어하는 경향이 있는 경우에) 아리스토텔레스가 당연히 예견한 가능성, 한 특정 인간이 이 단 음식을 먹지 않는다는 것은 전혀 언급이 되지 않았다. 아리스토텔레스는 이 사례를 『니코마코스 윤리학』의 '절제와 무절제'(Enthaltsamkeit und Unenthaltsamkeit)를 다루는 편장에서 제시했고, 그것은 본질적으로 심리적인 성격을 가지는 것이지, 논리적인 성격의 것은 아니다. 하지만 기술과정에서 아리스토텔레스는 "저마다의 실천적인 추론에서는 두 개의 전제문들이 고려되기 때문에, 비록 누군가 양쪽의 학문을 가지고 있다고 하더라도, 이러한 자신의 학문에 반해서 행동한다는 것, 소위 그가 일반적인 전제에서는 자신의 학문을 적용하지만, 행위가 문제되는 특별한 것에 관계된 것에서는 이를 적용하지 않는다는 것이 가능하다는 것은 아주 당연한 것이다."라고 했다. 선을 아는 사람이 필연적으로 그것을 (행)하는가의 (아리스토텔레스의) 문제가 아리스토텔레스의 상론의 출발점이다. 그리고 아리스토텔레스는 이것을 부인했다. 여기서는 심리학적인 문제가 등장하고 있는 것이고, 전혀 논리적인 문제가 아니다. 이것은 하나의 일반적인 규범이 하나의 구체적인 사례에서 준수되었는가의 문제이지, 하나의 일반규범의 효력으로부터 하나의 개별규범의 효력이 논리적으로 도출되는가의 문제가 아니다.

165) 하나의 개별 법규범의 효력이 하나의 일반 법규범의 효력으로부터 논리적인 조작의 방법으로 도출될 수 있다는 것이 지배적인 입장이다. 특히 전형적인 한 예로는 브뤼트(Lorenz Brütt, *Die Kunst der Rechtsanwendung*, Berlin 1907, S. 39)를 들 수 있다: "그 자체로 법문장(법규·법적 명제)은 조건으로서 추상적 구성요건을 함유하지만, 조건 지워진(조건에 종속되는) 요소로서는 추상적인 법효과를 함유한다; 이에 반해 구체적 구성요건은 언제, 그리고 어딘가에서의 경험에서 나타난 하나의 경험적 사건에 해당하지만 구체적인 법효과는 참여한 사람들이 준수해야만 하는 행위를 '명령'한다^anbefehlen." 즉 구체적인 법효과는, 하나의 명령이다. 그리고 또한, "즉 구체적인 법효과는 삼단논법적으로 법규(법원칙)와 구체적인 구성요건으로부터, 제1의 아리스토텔레스 공식, 즉 제1양식(Modus I)에 따라서 도출되는 한편, 추상적인 법효과 p는 대전제의 술어를, 추상적인 구성요건 M은 중간개념을, 구체적인 구성요건 S는 소전제의 주어를, 그리고 구하는 구체적인 법효과 C는 결론을 표현한다.

$$M은\ P$$
$$S는\ M$$
_____

(S는 P) = C."라고 적고 있다.

다른 예들을 들자면, 카르도조(Benjamin N. Cardozo, *The Nature of the Judicial Process*, New Haven, Yale University Press 1947, S. 49)는, "당신은 그 (법적) 절차를 당신이 좋을 대로 유추의 하나 혹은 논리학의 혹은 철학의 하나로 부를 수

있다. 여하튼 그것의 정수는 하나의 규칙으로부터 혹은 하나의 원칙 혹은, 그 자체 안에서 함축적으로 결론의 싹을 함유하는, 하나의 자료로 받아들여진, 선례로부터 결론을 도출하는 것이다. … 그 방법은 한쪽 끝에 삼단논법에서부터 다른 한쪽의 단순한 유추까지 폭이 점점 가늘어진다."라고 했다.

스톤(Julius Stone, *The Province and Function of Law. Law as Logic Justice and Social Control. A Study in Jurisprudence*, Sydney 1946, S. 139)은 "법원은 두 개의 택일적인 삼단논법을 사용할 수 있다."는 사례와 관련하여, "경쟁하는 출발점들 사이의 선택은 논리적 연역에 의해 이루어질 수 없다."라고 한다. 맞는 말이다. 하지만 그것은, 하나의 규범적 삼단논법이 가능하다는 것을 전제하는 것이다. 스톤은 나중에, "삼단논법은 선택이 이루어진 후까지 활동하지 않는다."(140쪽)라고 말했다.

파스케(Claude du Pasquier, *Introduction à la théorie générale et à la philosophie du Droit*, 3. Aufl., Neuchatel-Paris 1948, S. 126)는 "법규를 적용하는 것은 하나의 개별적인 사례로 변경하고 그 추상적 규범 속에 함유된 판결을 구체화하는 것이다. 누군가를 사기죄로 유죄판결하는 형사사건의 법관은 사기를 처벌하는 규정을 유죄인 사람에게 적용하는 것이다 … 따라서 이 적용은 추상적인 것에서부터 구체적인 것으로, 일반적인 것에서부터 특수한 것으로의 이행이고, 단순한 연역이다(bref une déduction). 그의 도구는 **삼단논법**이다(Son instrumente est le syllogieme)."라고 한다. 그리고 127쪽에서는, "법적 삼단논법(Le syllogisme juridique)은 그와 동일한 단순함(단순한 형태)으로 등장할 수 있다[이론적 삼단논법 "모든 사람들은 죽는다—Paul은 사람이다—따라서 파울은 죽는다."와 같이]. 예를 들어 스위스 민법 제457조(l'art. 457 C.C.S.)에 따르면, '(죽은 자의) 가장 가까운 상속자는 자손이다.'(les héritiers les plus proches sont les descendants)(de défunt) —폴과 존은 사자의 자손이다. —따라서 폴과 존은 상속자이다."라고 한다. 하지만 파스케가 여기서 제시한 사례는 어떠한 규범적인 삼단논법이 아니라, 이론적 삼단논법이다. 대전제와 결론문은 —그 자구에 따를 때— 진실이나 거짓인 진술문들이고, 유효한(실정) 규범들이 아니다.

프라이어(Arthur N. Prior, *Logic and the Basis of Ethics*, Oxford 1949)는 41쪽에서 하나의 규범적 삼단논법의 (다음) 사례를 제시한다. "만약 어떤 채무가 어떤 시점에 기한이 되면, 그것은 그 시간에 변제되어야만 한다, —그리고 이 채무는 지금 기한이 도래했다; —따라서 이 채무는 지금 변제되어야만 한다."

포리어(Paul Foriers, La distinction du fait es du droit devant la Cour de cassation de Belgique", in: *Le Fait et le Droit. Etudes de logique juridique*, Travaux du Centre National de Recherches de Logique, Bruxelles 1961, S. 51)는 "모든 판결, 모든 법적인 판단은 그 자체가 두 개의 전제의 결론으로 표현되고 결과적으로 삼단논법으로 해소될 수 있다: **법적 규범**(즉 객관적인 **일반규범**)은 대전제를 구성한다: 통상 그 중요성을 함유하는 하나의 발견이 수반되는 특정 방식으로 이루어지는 특정 사례에서의 사실의 **기술**은 소전제를 구성한다: 그리고 마지막으로 **판단**decision을 구성하는 **결론**conclusion은 적절하게 말한다면, 법규의 조작적인 부분을 적용하는 것이다. … 실제의 어려움은 대전제와 소전제로부터 결론을 도출함에 있는 것이 아니라, 무엇이 전제들인지를 확실성을 갖고 구성하는 것(d'établir avec certitude les prémisses)에 있다는 것이 명백하다."라고 했다.

페를망(C. Perelman)은 그의 작품 *The Idea of Justice and the Problem of Argument*, New York 1963, S. 40에서 하나의 규범적 삼단논법의 세 개의 요소('the three components of a deontic syllogism')를 다음과 같이 표현한다:

"(a) 적용되어야 할 (법)규칙, 그것은 삼단논법의 대전제·대명사(major term)를 제공함;

(b) 사람의 특성(quality)—그를 주어진 한 범주의 한 구성원으로서 간주하는 사실—삼단논법의 소전제·소명사(minor term)를 제공함;

(c) 공정한 행위, 그것은 반드시 삼단논법의 결론과 일치해야만 한다."

'삼단논법의 결론', 그것은 추론의 결과문이고, 하나의 규범이지 행위가 아니다; 법적 판결의 경우에는 —그 의미에 따르면— 하나의 행위가 그것에 부합해야만 하는 하나의 개별적인 규범이다. 하지만 페를망은 이 규범은 하나의 논리적 추론의 방법으로 달성될 수 있다는 생각이다. 41쪽 이하에서 그는 "하나의 행위는, 공정하기 위해서는 반드시, 대전제가 구체적인 정의의 한 공식에 의해 혹은 그 결론들의 하나에 의해, 그리고 소전제는 하나의 본질적인 범주에 속하는 것(a being)을 포함하는 조건(자질)에 의해서 구성되는 삼단논법의 결론에 영향을 주어야만 한다. 하나의 이론적인 법률을 구체적인 사실들에 적용하는 것은 정확하게 그와 동일한 구조를 표현한다. 대전제는 하나의 보편(일반)적인 법률에 의해 구성되고, 하나의 조건(자격)에 의한 소전제와 결론은 현실(성)에 대한 주장이 될 것이다. —이론적 삼단논법의 전통적인 예를 사용하면:

모든 인간은 죽는다.

이제 소크라테스는 (한) 인간이다.

따라서 소크라테스는 죽는다.

이러한 삼단논법의 구조는 의무론적 논리학의 구조와는 **오로지**(내가 강조한 것임) 그 대전제(대개념)와 그것의 결론은 무엇이어야만 하는가(what ought to be)를 주장하는 것이 아니고, 무엇인가(what is)를 주장한다는 사실에서만 차이가 난다."라고 한다. 환언하면 개별규범의 효력은 논리적으로 일반규범의 효력에서 도출되고, 그것은 마치 개별진술의 진실이 일반진술의 진실에서 도출되는 것과 꼭 같다. 이것이 더욱 놀라운 것은, 페를망이 다음과 같이 강조했기 때문이다. "이론적인 법률(규)들에 종속하는 모든 것은 인간의 평가의 범위 밖에 있는 것과 같이 인간의 의지의 범위의 밖에 있는 것이며, 그것은 자유로운 하나의 의지에서 행위하는 방법의 하나로 간주되어야 한다." 왜냐하면 '의무론적' 삼단논법의 결론문을 구성하는 규범은 그러한 자유로운 의사의 의미이고, 하나의 자유로운 의사의 이러한 행위는 논리적인 사고작용의 방법으로 달성될 수 없기 때문에, '의무론적 삼단논법'과 같은 것은 있을 수 없다.

코헨(Morris R. Cohen, *Reason and Law*, New York 1961, S. 142)은 "법의 목적, 즉 **정의**를 집행(관철)하는 것은, 경험주의에 의해 달성될 수 없다. 즉 법관에게

각 사례를 그 사건에 따라 판결하도록 함에 의해서 달성될 수는 없다. 그러한 하루 벌어 하루 먹고사는 생활은 통하지 않는다; 왜냐하면 사람들은 사전에 그들이 무엇을 할 수 있고, 무엇을 해서는 안 되는지 어느 정도 확실성을 가지고 알아야만 하기 때문이다. 따라서 법관 혹은 치안판사(magistrate)는, 심지어 입법이 결여된 경우에도, 가능한 한 개인적인 상황들을 제거하고 법을 통일되고, 안정되고, 확실하게 하기 위해서, (법)규칙들(rules)에 의해 구속되어야만 하는 것이다. 법은 합리적이어야만 한다, 즉 **인정받은 원칙들로부터 연역 가능한** 것이어야만 한다는 이러한 요구는 법으로 하여금 **연역적 학문**^{deductive science}의 형태를 띠도록 강제하는 것이다. 하지만 이러한 연역은 곧 그 자체가 하나의 목적이 되고 종종 **정의**의 목적과는 노골적인 반대로 추구된다.”(강조는 내가 한 것임) 물론, 이로부터 코헨이 하나의 실정적 일반 법규범으로부터 법원의 판결이 논리적으로 도출 가능하다는 것을 인정하면서도, 법원의 판결은 하나의 그러한 연역의 방법에서 도출되어서는 안 된다는 법정책적인 요청을 주장했다는 것, 그리고 그는 만약 그렇게 달성된 법관의 판결이 정의의 요구와 충돌하게 되면 그것(연역)도 사실상 그렇게 이루어지지 않는다는 것을 받아들였다는 것이 분명해진다. 코헨이, 비록 그가 앞에서는 법을 분명하게 규범적 질서로 전제했음에도 불구하고, 여기서는 법을 '학문'으로 표현했다는 것은 여기서는 더 이상 고찰하지 않는다. 중요한 것은 그가 법관의 판결은 반드시 '정의로운(공정한)' 것이어야만 한다고 받아들였다는 것이다. 여기서 그는 무엇이 '정의로운' 것인가에 대해서는 정말로 다양한 입장들이 있다는 것, 그리고 해당 당사자들의 관점과는 상당히 상위할 수 있는, 구체적인 사례를 결정하는 법관의 해당 입장만이 문제된다는 것, 그리고 실정-법적 관점에서 볼 때, 법관은 하나의 구체적 사례를 하나의 실정적, 실질적으로 규정된 일반 법규범을 적용하여 판단해야만 하는 것이 아니고, 그가 단지 그에 대해 실정법 질서로부터 수권을 받은 경우에만, 그에 의해 공정한 것으로 여겨진 일반규범에 따라 판단해야만 한다는 것을 도외시한 것이다.

젠센(O. C. Jensen, *The Nature of Legal Argument*, Oxford 1957, S. 7)은 "일반적으로 법적 전문가들에 의해서 —그리고 아마 그와 같이 공중들에 의해서도 동일하게— 법적 판결들은 입법으로부터, 선례로부터, 특히 항소법원에서 아주 길게 토론된 특정한 주요 판례들(leading cases)로부터, 그리고 법적 권위자의 필기로부터, 연역적으로 혹은 귀납적으로, 추론된다고 여겨진다. 이러한 권위(자)의 글들과 이전의 판결들은, 만약 그것이 바르게 수행된다면, 판결을 유효한 결론으로 만들어내는 하나의 논거의 전제들로서 채택된다고 여겨진다. 그리고 하나의 판결을 내놓으면서 법원 앞에서 이뤄지는 이러한 논증이 수학에서의 연역의 엄정함도 결여될 수 있고, 혹은 자연과학에서의 귀납의 체계도 결여될 수 있지만, 그럼에도 불구하고, 고삐 풀린 논리학이 정의의 목적들을 꺾어놓지 않도록 상식과 공평성의 감각으로 누그러져야만 할 법적 추론에서의 논리학은 (수학과 자연과학에서의 논리학만큼) 동일한 의미에서 논리적이라고 여긴다."라고 말한다. 젠센은 이러한 생각에 동조하지 않는다. 그는 서문(S. XIII)에서, "이 책의 목적은 법의 지연들과 불확실성들의 하나의 이유는 법적 판단을 지지하기 위해 주어지는 혹은 그들의 고객을 위하여 변호인들이 제출하는 논거들의 불확실(확정)성이라는 것을 보여주는 것이고, 이러한 불확실성은 사용되는 개념의 본질과 사고의 형태(양식, modes) 때문이라는 것을 보여주는 것이다."라고 말하고 있다. 하지만 젠센은 논리학의 원칙들이 법규범에 적용될 수 없다는 입장은 아니다. 그는 단지 법관의 판결이 단지 순수한 논리적 추론인 경우는 드물다는 것만을 주장한다. 그는 "형식적인 연역은 법적 사례에서 매우 드물게 일어난다."(25쪽)라고 말한다.

또한 쿡(Walter W. Cook)은 자신의 논문 "Scientific Method and the Law", *American Bar Association Journal*, vol. XIII, 1927, S. 303ff.에서, 판결에 기초된 사례에 관련된, 하나의 실정의 일반 법규범으로부터 법원의 판결의 논리적 연역 가능성은 부인하지 않은 것으로 보이고, 이러한 연역 가능성을 단지 하나의 '새로운' 사례가 문제되는 경우에만 부인한 것으로 보인다. 그는 307쪽에서 "한 법원이 의심스러운 사례를 결정함에 있어서 하는 모든 것은 고정된 전제들, 즉 법률 ··· 로부터 결론들을 연역하는 것이라는 것은 믿을 수 없는 것처럼 보일 수 있지만, 그럼에도 여전히 유명한 법정변호인들에게는 가능한 것이다(변호인들은 그렇게 주장할 수 있는 것이다). ···"라고 한다. 여기서 쿡은 '의심스런 사례'(doubtful cases)는 의심스런 사례^{zweifelhafte Fälle}로, '새로운 사례'(new cases)는 새로운 사례^{neue Fälle}라고 받아들인 것 같아 보인다. 왜냐하면 나중에 그는 "저명한 법학 선생들(teachers)은 여전히 우리에게 그들이 법의 논리적 균형(대칭)이라고 부르는 것을 반드시 유지해야만 한다고 말하고, 무엇보다 법은 논리적이라는 것을 말한다; 그리고 **새로운**(내가 강조한 것임) 상황에 적용될 규칙을 몇몇의 '기본적 원칙'(fundamental principle)으로부터 논리학에 의해 연역하는 것에 대해 말한다. 이런 모든 것의 배후에 ··· 삼단논법적 추론(을), 우리는 단순히 이미 선존하는 유형(pre-existing class)들의 단지 새로운 예(sample)로서 나타나는 것과 같은 새로운 사례들(new cases)을 다룸에 있어서도 이용할 수 있다 ··· 는 가정이(서 있는 것 같다) ···."라고 말했기 때문이다. 이때에 쿡은 분명히, 만약 어떠한 유효한 일반 법규범도 그에 연관되지 않는 경우의 하나의 새로운 사례가 존재한다는 것을 받아들인 것이다. 그는 "만약 이제 주어진 상황이 법원에 새로운 것으로, 즉 사색적인 사고를 요구하는 것으로 보인다면, 법률가들이 알아야만 하는 것은 (하지만 통상 그들의 비과학적인 교육 때문에 알지 못하는) 법의 이러한 규칙들과 원칙들이 그 상황을 아직까지 다루지 않았기 때문에 그의 사례가 '새로운' 것이라는 점이다."(308쪽)라고 말했다. 그럼에도 이것은 물론, 법원에 주어진 구체적인 구성요건에 관련된 어떠한 실정의 유효한 일반 법규범도 없다는 것을 의미한다. 그리고 그는, "그 사례는 가설로서 새로운 것이다. 이것은 반대 변호인에 의해 그에게 주장되는 경쟁하는 규칙들 중 어느 하나를 법관에게 적용하도록 강제하는 순수 논리학의 어떠한 강제적인 이유도 없다는 것을 의미한다."라고 말했다. 법관이 **논리적**으로 하나의 실정의 일반 법규범을 적용하도록 강제되는 그러한 사례들이 있다는 것은 논의의 여지가 없다. 그리고 "존재하는 새로운 사례에서 법관과 조우하는 논리적 상황, 그것은, 그가 그것을 원할 것인지 혹은 아닐 것인지를 입법(제정)해야만 하는 것임은 명백하다."라고 한다. 하지만 이것은 본문에서 설명된 이유들 때문에 옳지 않다. 법관은 하나의 구체적 사례를 위해서 단지 그가 실정법을 통해 이에 권한을 부여받은 경우에만 새로운 법을 만들 수 있다; 하나의 그런 판결이 기판력을 가진 사례를 제외하고는 말이다. 하지만 쿡은 기판력의 원칙에 근거하지 않고 있다.

클룩(Ulrich Klug, *Juristische Logik*, 2. Aufl., Berlin-Göttingen-Heidelberg 1958, S. 48ff.)은 '제정된 법의 일반적인 당위판단들로부터 현실의 특별한 개별사례를 위해 유효한 당위판단을 도출하는 것'은 하나의 추론이라는 논리적 형태를 가진다는 입장을 편다. 그는 "예로 다음 사례가 제시될 수 있을 것이다: 모든 영업적 장물범은 10년 이하의 교화소형에 처해져야만 한다(대전제). ―A와 그 동무들을 대상으로 한 형사절차에서의 모든 피고인은 영업적인 장물범들이다 (소전제). ―모든 A와 그 동무들을 대상으로 한 형사절차에서 모든 피고인들은 10년 이하의 교화소형으로 처벌되어야만 한다(결론문)."

위버벡(Friedrich Überweg, *System der Logik und Geschichte der logischen Lehren*, Bonn 1857, S. 368)은, "하나의 구체적 사례에 하나의 법률을 적용함에 있어서 대전제는 입법에 의해 확정되고, 소전제는, 그것이 사실적인 것이 문제되기 때문에, 검증, 자백, 증언 혹은 정황증거를 통해 발견된다. … 그리고 주어진 하나의 개별사례에 직접적으로 적용 가능한 (혹은 그렇지 않으면 이러한 적용 가능성을 직접적으로 배제하는) 규범은 결론문이다."라고 말한다.

또한 게스트(Guest)는 자신의 논문 "Logic and the Law", in *Oxford Essays in Jurisprudence*, edited by A. G. Guest, Oxford 1961에서 추론의 규칙은 법규범들에 적용 가능하다고 주장했다. 그는 182쪽에서 "연역적 추론(일반 규칙의 특수한 예에의 적용이라는 의미에서)에 몇몇 유사한 예들을 만들어내고 그것들이 논리적인 형태로 파악되는지 여부를 조사"하려 했다. 환언하면, 게스트는 법규범들의 영역에서 하나의 규범적 삼단논법의 가능성을 보여주려 했다. 그는 182쪽에서 다음과 같은 사례를 제공한다: 그는, ―"만약 국회의원 선거 혹은 지역정부의 선거에서, 그가 사기적인 방법으로 투표장에서 무기명 투표용지를 가지고 나온 경우라면.", "누구라도 하나의 공격(범죄)에 대해 유죄여야 한다." ―즉 누구나 처벌되어야만 한다고 하는 일반규범의 효력을 가정한다. 이 규범은 대전제이다. "X(피고인)는 국회의원 선거 혹은 지역정부 선거에서 투표장으로부터 무기명 투표용지를 들고 나왔다."는 확정은 소전제를 구성한다. 그리고 나서 그는 "만약 그 소전제가 진실이라면, 그 범죄는 이루어진 것이고, X는 유죄로 밝혀지게 되는 것이다."라고 말했다. 달리 말해, 법적용기관은 판결하게 된다, 즉 "X는 교도소에 수감되어야만 한다."는 개별규범을 창설하게 된다. 하지만 이것은 옳지 않은 말이다. 법관은 '연역적인 추론'의 방법으로, 즉 하나의 논리적인 사고조작의 방법으로 자신의 판결에 이른 것이 아니라, 의지작용의 방법에서 자신의 판결에 이른 것이다.

호이즐러(A. Heusler, "Die Grundlagen des Beweisrechts", *Archiv für die civilistische Praxis*, 62. Bd., 1879, S. 209ff.)는 "어떤 소송절차에서도 법관은 다른 법원칙(법규)들로부터 하나의 법규를 삼단논법적으로 연역하는 것을 면제받지 못했다. ⋯ 상품가격의 지불이 문제되는 경우에 그는 **사고에서** 연역을 수행한다: 계약적으로 인수된 의무는 반드시 이행되어야만 한다. 매매는 계약이다, 따라서 매수자는 그에게 이로부터 나온 의무를 이행해야만 한다."(222쪽 이하)(강조는 내가 한 것임) 하나의 그러한 사고과정(진행)이 일어날 수 있다. 대전제와 결론문이 지시(규정)하는 당위문들임에도 불구하고, 그것이 하나의 삼단논법을 의미하는지는, 여기서는 미해결로 남겨두기로 한다. 관건은, 단지 호이즐러가 제시한 사고-과정이 일어나는 한, 아직은 매수인에게 매매가격을, 그렇지 않으면 그의 재산에 대한 강제집행에서, 지불할 것을 **명령하는**, 어떠한 법관의 판결도 나오지 않는다는 것을 확실히 하는 것이다. 이를 위해서는, 이루어질 수 있지만, 사고과정에도 불구하고 반드시 일어나야만 하는 것은 아닌,

법관의 하나의 의지적 행위가 필수적이다. 의지적 행위와 따라서 또한 그의 의미인 법관의 판결은, 여하튼 논리적인 사고작동의 방법에서는 달성될 수 없다.

법관의 판결이 하나의 논리적 추론의 결과가 **아니라는** 것은, 카우프만 (Arthur Kaufmann, *Analogie und 'Natur der Sache'*, Juristische Studiengesellschaft Karlsruhe, Schriftenreihe Heft 65/66, Karlsruhe 1965)이 주장했다. 그는 "법발견은 하나의 … 순수한 연역적 절차라는 가정은 사실 매우 광범위하게 퍼져 있지만, 그럼에도 결코 옳은 것이 아니다."(8쪽)라고 말하고, "저마다의 법 인식은, **법의 발견은**, 소위 '포섭'은, 유추의 구조를 보여준다. 왜냐하면 '포섭한다'라고 함은, 규범과 구체적인 사실관계가 상호, '부합·상응·일치하게' 된다는 것을 의미하기 때문이다. 하지만 이것은 바로 이루어지는 것이 아니고, 하나의 단순한 삼단논법을 통해서 가능한 것도 아닌데, 왜냐하면 규범과 사실관계는 같은 것이 아니기 때문이다: 규범은 개념적으로 구성된 당위의 영역에 놓여 있고, 사실관계는 경험적인 실제·사실^{Faktizität}에 있다."(29쪽)고 한다.

166) 클룩(Klug, *Juristische Logik*, 2. Aufl., Berlin-Göttingen-Heidelberg 1958, S. 48ff.)은 하나의 일반 형법규범의 효력으로부터, 형사법관의 하나의 구체적 사례에서의 판결인 개별규범의 효력(으로)의 추론을 '처벌-되어-야만 함'을 처벌되어야 할 사람의 속성으로 번역(변경)하는 것에 근거하고 있다. 이러한 '번역' Übersetzung은 허용되지 않는다는 것은 앞에서 제시되었다. 미주 141을 보라.

또한 슈라이버(Schreiber)는 자신의 *Logik des Rechts*, Berlin-Göttingen-Heidelberg 1962, 40ff.에서 하나의 개별규범의 효력은 하나의 일반규범의 효력과 하나의 진술의 진실로부터 논리적으로 추론될 수 있다는 것을 받아들인다. 그는 (독일) 민법 제823조 제1항의 일반규범에서 출발하는데, 그 조항은 "고의로 … 타인의 … 소유권을 … 위법하게 침해한 자는 그 타인에게 그로 인해 발생한 손해를 배상할 의무를 진다."이다. 슈라이버는 이러한 법규범, 정확하게 표현하면, 반드시 "만약 누군가가 고의적으로 … 타인의 소유권을 위법하게 침해하였다면, 그는 그 타인에게 그로 인해 발생한 손해의 배상 의무를 진다."가 되어야만 한다고 한다. 다음과 같은 방식으로 하나의 개별 법규범의 효력이 생긴다: 그는 변수 '누구나'에 '마이어'를, 변수 '타인(다른)'에 '후버'를, 변수 '소유권'에 폴크스바겐(Volkswagen Fahrsestell-Nummer 100,000)'을, 변수 '침해하다'에 '창문을 (눌러) 부수다'를, '그로 인해 발생한 손해'에 '20,−DM'을 투입한다. 그렇게 우리는, 그가 말한, "만약 마이어가 고의로 위법하게 후버의 폴크스바겐의 창문을 눌러 부수었다면, 그리고 그로 인해 20,−DM의 손해가 발생했다면, 그는 후버에게 20,−DM의 배상의 책임을 진다."라는 문장을 얻게 된다. 여기서는 소위 '삽입원칙'Einsetzungsregel이 적용된다고 한다. 이것에는 아직 소위 '기본추론규칙'Grundschlußregel이 추가되어야만 한다고 한다. 우리는 "마이어는 후버에게 20,−DM의 배상 책임을 진다."라는 그 문장에 이르기 위해서, 하나의 추가적인 연역규칙을 필요로 한다는 것이다. 즉 "마이어는 후버에게 20,−DM의 손해배상을 (이행)해야 한다."는 개별규범의 효력에 이르기 위해서 말이다. "이러한 추론은 기본추론규칙의 도움으로 수행될 수 있다. 기본추론규칙은 우리가 하나의 (조건문의) 함축(내포)의 효력과 그것의 전제문(Wenn …)으로부터 결과문Nachsatz의 효력을 추론해도 된다는 것을 말한다." 즉 논리적인 추론의 방법에서 하나의 개별 법규범의 효력을 획득하는 문제인 것이다. 이러한 추론을 슈라이버는 다음과 같이 기술한다. "만약 우리가 '만약 마이어가 고의로 위법하게 후버의 폴크스바겐의 창문을 눌러 부숴놓았고 이로 인해 20,−DM의 손해가 발생했다면, 그는 후버에게 20,−DM의 손해를 배상할 의무를 진다.'라는 문장이 정당하다는 것을 확정했고, 나아가 우리가 '마이어는 고의로 위법하게 후버의 폴크스바겐의 창문의 유리창을 눌러 부숴다.'는 문장과 '이로 인해 20,−DM의 손해가 발생했다.'는 문장이 참이라는 것을 확정했을 때, 우리는 기본추론규칙의 도움으로 '마이어는 후버에게 20,−DM의 손해를 배상할 의무가 있다.'라고 추론할 수 있다." 이 문장은, 슈라이버에 따르면, 하나의 유효한 개별 법규범인 것이다.

주지하다시피 이것은 그렇지가 않다. 하나의 그러한 개별 법규범의 효력은 단지 이 규범이 권한 있는 법관의 의지적 행위를 통해서 창설된 경우에만 존재하는 것이다. '우리', 즉 누군가 한 사람은, 권한 있는 법관을 제외하고, "마이어는 후버에게 20,−DM의 손해를 배상할 의무가 있다."라고 말할 수 있지만, 이 문장은 법적으로 전혀 의미가 없으며, 어떠한 유효한 개별 법규범도 아니다. 또한 "우리"가 "마이어는 고의로 …", 그리고 "이로부터 손해가 …"라는 그 문장들이 진실이라는 것을 확정했다는 것은 법적으로 전혀 의미가 없다. 법적으로 중요한 것은 단지, 권한 있는 법관이 마이어가 고의로 위법하게 후버의 폴크스바겐의 창문을 눌러 부수었고, 그로부터 20,−DM의 손해가 발생했다는 것을 확정했다는 것이다. 그것이 참인가 혹은 참이 아닌가는 −법관의 판결이 기판력을 얻게 되면− 전적으로 무의미하다. 하지만 무엇보다, "마이어는 후버에게 20,−DM의 손해를 배상할 의무가 있다."라는 하나의 개별 법규범의 효력은, 권한 있는 법관이 이것을 판단한 경우에, 즉 그의 의미가 "마이어는 후버에게 20,−DM을 손해배상금으로 지급해야만 한다."인 하나의 의지적 행위를 한 경우에만, 나오는 것이다. 이 규범의 효력은, 본문에서 기술된 이유들로부터 나오듯이, 하나의 추론의 방식으로 달성될 수 없다.

알레망(W. Hallemans, "Le juge devant la distinction du fait et du droit", *Le Fait et le Droit. Etudes de logique juridique*. Travaux du Centre National de Recherches de Logique, Bruxelles 1961, S. 82)은 하나의 일반 법규범의 하나의 구체적인 사례에의 적용과 관련하여, "그것의 대전제가 법의 규칙(법규)이고, 소전제는 주어진 사실들이 이러한 규칙의 자료들에 부합한다는 것의 발견이고, 그것들이 두 개의 전제들의 결합으로부터 연역되는 결론에 이르게 한다는 그 유명한 삼단논법(le fameux syllogisme) 외에 무엇이 더 있는 것인가? 삼단논법은 모든 법관의 논증에서 발견된다는 것은 사실이지만 소전제는 특히 복잡하다는 것을 지적해두는 것이 중요하다. 바로 이 지점에서 사실로부터 법으로의 전환(le passage du fait au droit)이 발생한다. 이것은 법관의 작업 중 가장 흥분되는 순간이다.

이러한 변형은 단순한 논리적 추론의 문제만은 아니라고 생각하는 것은 미욱한 것인가? 반드시 법관은 항상 구체적인 사실의 차원에서 추상적인 법의 차원으로 도약해야만 한다. 이러한 법관의 처리절차에서의 걸음(단계)을 기계에 의한 두 개의 조각의 완전하고 자동적인 결합에 비교하는 것은 가능하지 않다."라고 한다.

알레망은 옳은 입장의 거의 근처까지 갔다. 하지만 그는 법관의 의지적 행위라는 본질적인 요소를 보지 않았고, 따라서 법관의 판단은 하나의 논리적인 추론의 결과라는 가능성을 배제하지 않았다. 법관이 그의 판결에 이르기 위하여 반드시 해야만 하는 '비약'(Sprung; bond)은 그것의 의미가 그의 판결인 의지적 행위이고 논리적인 사고조작의 방법으로는 달성될 수 없는 것이다.

페를망(Ch. Perelman, "La distinction du fait et du droit. Le point de vue du logicien", *Le Fait et Droit. Etudes de Logique Juridique.* Travaux du Centre Natioanal de Recherches de Logique, Bruxelles 1961)은 296쪽에서 다수의 법률가들이 주장하는 것과 같이, "'법관의 추론은 도식적으로, 그 대전제가 하나의 법규를 말하고, 그 소전제가 사실상의 요소들을 제공하고, 그리고 그 결론이 법적 판단을 구성하는 하나의 삼단논법으로 축소(환원)될 수 있다.'는 것은 옳은 것인가?"라는 문제를 던진다. 페를망은 법관의 판결이 추론의 방식에서 달성될 수 있다는 것을 부정하지 않는다. 그는 단지 그곳에 깔려 있는 어려움을 지적하고 있고, 보다 정확히는 법관으로부터 구체적으로 확정된 구성요건을 적용될 일반규범에서 추상적으로 정해진 구성요건으로, 즉 적용될 일반규범에서 규정된 조건 지우는 구성요건의 개념으로 포섭하는 것을 고려한 어려움을 환기시킨 것이다. 그는 270쪽에서 "법관의 (이성적) 추론은 다음과 같은 이론적인 요소로 축소될 수 있다:

a) 적용 가능한 규범은 특정 방식으로 정해진 사실이 포함된 것으로 밝혀진 경우에는 그와 같은 하나의 법적 결론이 따라올 것이라고 한다.

b) 적용 가능한 규범의 조건절에 따라 특징지워질 수 있는 사실이 포함되어

있다는 것이 발견되었다.

c) 그와 같은 법적 결론이 따라올 것이다."라고 말했다.

이것은 대전제가 하나의 일반규범이고, 결론문이 법관의 판결, 즉 하나의 개별규범인 삼단논법이다.

페를망은 이에 대해, "따라서 법관의 판결은 결코 가정적인 것일 수 없다. … 법적 논증의 이러한 측면은 ―기본적인 것으로― 그 추론이 삼단논법으로 환원되는 경우에는 명백하게 나타나지 않는다. 왜냐하면 삼단논법들은 소전제가 가정적인가 혹은 정언적인가에 따라서 가정적인 결론이나 정언적인 결론을 내어놓을 수 있기 때문이다."라고 적고 있다. 법관의 판결이 결코 가설적일 수, 즉 **조건적일** 수 없다는 것은 옳지 않다. 조건적인 민사판결들과 형사판결들이 있다. 그 외에도 구체적인 구성요건의 일반 대전제에 추상적으로 규정된 구성요건에의 포섭과 관련하여 그 상황은 이론적인 삼단논법의 경우와 완전히 동일하다. 법관의 판단이 하나의 의지적 행위의 의미라는 것, 그리고 **그렇기 때문에** 논리적인 사고작용의 방법에서는 달성될 수 없다는 것은 페를망에게서는 전혀 언급되지 않는다.

167) 호이즐러(A. Heusler, "Die Grundlagen des Beweisrechtes", *Archiv für die civilistische Praxis*, 62. Bd., 1879, S. 209ff.)는 Lotze, *Logik*, §§ 278ff.를 제시하며, 만약 사실들이 직접적으로 인지되지 않는다면, 그에 해당하는 진술들은 단지 개연적으로만 이루어질 수 있다고 지적한다(221쪽); 이로부터 법관의 사실확정은, ―대부분 그렇듯이― 그것이 법관 측에서의 직접적인 인지를 근거로 하지 않는 한, 단지 개연성의 성격을 가질 뿐이라는 것이 도출된다. 하지만 이것은 법적으로 중요하지 않다. 왜냐하면 불법효과를 규정하는 구성요건은 문제되는 사실이 아니라 법관을 통한 **확정**이기 때문이다. 이러한 확정이 참인가 혹은 거짓인가는, 법관의 판결이 기판력을 얻는 순간, 즉 더 이상 폐기될 수 없는 순간, 더 이상은 문제가 되지 않는다. 그 밖에 자신의 인지에 기초하여 이루어

진 하나의 사실에 관한 진술도 확실성으로 이루어질 수 없다. 왜냐하면 우리는 우리의 감각적인 인식이 외부세계에 객관적으로 존재하는 사실에 부합하는지, 심지어는 그것이 과연 현실세계에 존재하는 사실인지 여부에 대해서도 물론 확신할 수 없기 때문이다.

짐빈스키(Zygmunt Ziembinski, "La Vérification des Faits dans un Procès Judiciaire", *Logique et Analyse*, Nouvelle Serie, 6ᵉ Année, 1963, S. 385ff.)는, 법의 영역에서 실천적인 혹은 규범적인 삼단논법의 경우에는 소전제에서 주장된 사실의 증명이 특정한 규칙을 통해 {그중에 특히 —단지 그것만은 아니라고 하더라도— 소위 praesumptio juris ac de jure(반증을 불허하는 추정: 간주)가 고려된다} 구속적인데 반해, 하나의 이론적 삼단논법이 고려되는 한, 소전제의 증명은 전적으로 자유로운 것이라는 점을 환기시키고 있다. 그는 "이것은 그 사건을 판결할 권한이 있는 법관에 의한 사실에 관한 주장의 증명은, 전반적으로 과학자에 의해 사실의 증명과 유사하지만, 법률가들에 의해 고안된 특정 방식으로 구성되고 특정한 방법론적 지침에 근거한 절차에서 일어난다는 것을 볼 수 있다." (396쪽)라고 한다. 이것은 소위 법적-삼단논법의 경우에 소전제의 진실에 해당하는 조건은 —이론적 삼단논법에서와 같이— "만약 소전제를 구성하는 진술이 진실이라면 …"이 아니고, "만약 소전제를 기술하는 범죄를 기술하는 구성요건에 관한 진술이 여기에 유효한 법규(칙들)에 따라 이에 권한이 있는 법관에 의해 참인 것으로 간주되었다면 …"을 의미한다. 하지만 이것조차도 옳지 않다. 이미 앞에서 지적되었듯이, 세칭 법적-삼단논법의 소전제는 "만약 관할 있는 법관이, 법관의 입장에 따를 때, 법관에 의해 적용될 일반적 법규범에서 정해진, 구성요건의 개념하에 포섭 가능한 하나의 구체적인 구성요건을 확정했다면, …"이다. 이러한 구성요건에 관한 법관의 진술이 참이라는 것은 최종심에서는, 만약 법관의 판단이 더 이상 폐기될 수 없다면, 중요하지 않다.

168) 로스(Alf Ross, *Theorie der Rechtsquellen*, Wiener Staats- und

Rechtswissenschaftliche Studien, Band XIII, Wien 1929)는 "지배적인 법실증주의는, 모든 법은 입법자의 의지라고 하는 법이론적인 도그마에 근거하고 있다. 이러한 전제로부터는 판결을 단지 하나의 삼단논법으로 보는 것이 일관성 있는 것이다. 이로써 표현되는 것은 판결은 단지, 그것이 명백하게 객관적으로 규정 가능한 입법자의 의지의 표현으로서 나타나는 경우에만, 법으로 인식될 수 있다는 것이다. 법관의 기능은, 따라서 전적으로 하나의 인식하는 기능('삼단논법'을 비교하라)이다; 그가 법을 적용한다는 것은 단지 그가 그것을 반복한다는 것을 뜻할 뿐이다. 그것은 이미 사전에 분명하게 '존재하는' 것이고, 객관적으로 정해질 수 있는 것이다."라고 말한다. 이러한 관점에 따를 때 법관은, 마치 입법자에 의해 창설된 것과 같이, 법을 해석하는 것 이외에 다른 것을 행하는 것이 아니다. 로스는 이에 반해 적절하게도, 본질적으로 법관의 기능은 법을 창조하는 기능임을 강조했다(332쪽 이하). 그는 336쪽에서 "… 해석절차는 논리적으로 두 개의 연속적 단계(Stufenfolge)로 생각될 수 있다. 먼저 그 추상적으로 주어진 형태에서 법문의 진정한 의미가 정해진다. 그러고 나서 구체적인 것으로의 전이(Übergang)가 행해진다. 해석은, 이 개념이 일반적으로 이해되는 것과 같이, 비록 사람들이 이것을 보통 통찰하지 못할지라도, 실제로는 하나의 사고된, 선취된 법률의 구체화를 의미한다. 하지만 하나의 그러한 활동이 객관적·논리적인 절차에 근거한다는 것은 불가능하다; 왜냐하면 추상적인 것에서 구체적인 것으로 이르는 길은 없기 때문이다. … 우리는 여기서, 합리적인 것과 비합리적인 것의 절대적인 반대, 합리적인 것과 하나의 구체적-현실적인 것 간의 절대적인 반대라고 하는 하나의 논리적인 근본형상을 마주한다. 추상적인 것과 구체적인 것 사이에는 어떠한 논리학도 채울 수 없는, 단지 하나의 행위(eine Tun)만이 메울 수 있는 간극이 있다."라고 하고 있다.

169) 이미 뷔르첼(Karl Georg Wurzel)은 자신의 저서 *Das juristische Denken*, Wien 1904에서 법관의 판결은 항상 하나의 논리적 추론의 방법으로

이루어진다는 가정에 반대하는 입장을 표명했다. 그는 "법적 사고는 결코 그 기능을 하나의 실제 있었던 (입법자의) 의지의 탐색에서 다하지 않는다."(50쪽)라고 말하고, 52쪽에서는 "입법자의 의사의 조사가 항상 하나의 실제의 의사의 조사인 것은 아니다."라고 말했다. 즉 당연히 **때때로는** 하나의 실제 의지의 조사이기는 하다. 먼저 인용한 문장은 계속해서, "오히려, 법률가들에게 비난으로 기여하기도 하는, 무시무시할 정도의 양의 사실 및 결합된 사실관계들은, 어떤 의사에 의해서도 (입법자의 표상내용에 의해서도) 하나의 단순한 포섭이 해결책을 줄 수 있도록, 예견된 것은 아니다. 입법자의 의사는 삶의 넓은 영역에서 단지 개별적인 점들만을 밝게 비추고, 이러한 빛은 어떠한 유형의 단순한 논리적 조작(이성의 발견, 연역 등)을 통해서도, 단순히 스스로 어느 정도 요술적인 방법으로 보다 더 넓게 될 수도 없는 것이다."라고 적고 있다. 뷔르첼이 의도한 것은, 주지하다시피, 법관의 판결의 개별규범은 또한 법관으로부터 적용된 일반규범에서 함유되어 있지 않은 요소들을 함유한다는 것이고, 이러한 관점에서는 어떠한 포섭도 아니고, 따라서 어떠한 논리적 추론도 존재하지 않는다는 것이다. 무릇 법원의 판결은 논리적 추론의 방식에서 나오지 않는다는 것을 뷔르첼은 주장하지 않는다. 왜냐하면 그는 다음과 같이 말했기 때문이다 (5쪽): "무엇이 법적 사고인가?, 무엇이 그것의 근본원칙들이고, 그것의 특성인가? 무엇을 통해 그것은 인습적인, 비법적 사고·법적인 사고가 아닌 사고와 구별되는가? 그것은 ―애당초 비개연적인 것― 하나의 특별한 논리학의 변종인가, 아니면 단지 법의 소재에 특별히 맞추어진 방법론인가? 이러한 물음들에 대해서는 명확성이 지배하고 있다. 그리고 물론 법적 사고는 그것을 통해 무수한 판결들과 결론들이 도출되는 방법이고, 논거들을 제공하고, 그렇게 많은 절차들과 분쟁들을 결정하는 방법이다. 법률가가 도출하는 논리적인 추론의 힘으로 ―누군가 얘기했듯이― 단두대의 도끼가 한 사람의 머리 위로 떨어지고, 다른 사람의 등 뒤에서 교도소의 문이 닫히고, 만약 그 결론이 법적 사고에 맞는 것이면 그 결론은 논리적인 것이다." 형사법관의 판결들은 하나의 논리적 추론의 방법에서 달성될 수 있다는 것을 뷔르첼은 여기서 거부하지 않았다. 11쪽에서 그는, '법학'은 '항상 주어진 사실관계로부터 전적으로 정확한 결론들을 도출'할 수 있는 것은 아니라는 것을 암시하고 있다. 본질적인 특징은, 법관의 판결은 하나의 의지적 행위의 의미라는 것, 그리고 이것은 사고조작의 방법에서는 달성될 수 없다는 것을 뷔르첼은 여기서 고려하지 않았다는 것이다.

170) 이러한 사실관계에 대한 통찰은 짐작건대, 그레이(John Ch. Gray, *The Nature and Sources of the Law*, 2. Aufl., New York 1927)에 의해 주장된 (다음과 같은) 이론에 이르게 한 것 같다: "모든 법은 법관이 만든 법이다." 즉 단지 개별적인, 법원들을 통해 설정된 규범들만이 법규범들로, 입법과 관습을 통해 생성된 일반적 규범들은 단지 법-원(source of the law)으로 표현하는 것이다. 이러한 일반 법규범들에 법이라는 특성을 부인할 어떤 충분한 근거도 없기 때문에, 본문에서 주장된 사실관계의 해석은 물론 그에 부합하는 것으로 간주될 수 있다.

코헨(Morris R. Cohen, "The Process of Judicial Legislation", *The American Law Review*, vol. XLVIII, 1914, S. 162)은, "우리는 그레이 교수와 함께 그 마지막 분석에서 법원들이 우리의 제정법(statute law)을 만든다는 것을 계속 주장할 수 있을 것이다; 왜냐하면 그것은 법(the law)을 구성하는 법규(statute)의 의미에 대한 법원의 해석이기 때문이다."라고 말했다. 이러한 법과 그 해석을 동일시하는 것은 근거 없는 것이다. 또한 『성경』 혹은 셰익스피어의 『햄릿』도 해석된다; 하지만 누구에게도, 『성경』은 그 해석자에 의해 혹은 『햄릿』은 셰익스피어가 아니라 그 해석자에 의해 씌어진 것이라고 주장하겠다는 생각이 떠오르지는 않을 것이다. 실제로 단지 법률의 해석만이 있는 한, 그것은 —법원에 의해 해석된— 법원이 적용한 법률이지, 법원이 만든 법률은 아니다. 그럼에도 당연히 해석될 무언가가 있어야 하기 때문에, 해석되는 것은 해석과 동일할 수는 없는 것이다. 물론 한 법관이 한 법률을 해석한다는 **핑계하에** 어떠한 진정한 해석을 통해서도 법에서 발견될 수 없는 하나의 일반규범을 적용한다는 것도 있을 수 있다. 하지만 또한 그때에도 법관이 만든 것은 소위 그가 해석한 법률이 아니고, 그가 단지 자신으로부터 전제된, 실정-법적으로 유효하지 않은 일반규범으로 근거 지울 수 있는 하나의 개별규범인 것이다. 코헨은 "만약 법관들이 법을 전혀 바꾸거나 만들지도 않는다면, 마셜[미국의 연방대법원의 유명한 법관]이 헌법을 만들기 위해 한 일이 무엇인가."(163쪽)라고 말한다. 하지만 코헨은 거기에 '펠프(Pelp)가 미국변호사연합에서 행한 연설', 1879, S. 176을 인용하는데, 거기서는 "그[즉 마셜]는 미국 헌법에 관한 주석자(해석자)가 아니었다; 그는 그것의 해석자도 아니었다; 그는 저자였다; 그것의 창조자였다."라고 적혀 있다. 그렇게 코헨 스스로 자신의 법률과 그것의 해석을 동일시하는 입장을 거부한 것이다. 왜냐하면 그에 의해 인용된 표현은 분명하게, 마셜은 헌법을 해석하지 **않았고**, 그것을 해석한다는 **핑계** 아래, 소위 해석된 헌법에 부합하지 않는 판결을 하고, 지속적으로 수용됨으로써, 헌법의 관습법적 변경에 이르게 했다고 말하고 있기 때문이다.

툴민(Stephen Edelston Toulmin, *The Uses of Argument*, Cambridge, The University Press 1958)은 법학은 논리학에 병렬적이라고 주장하고, **논리학은 하나의 일반화된 법학**이라고 주장한다: "Logic(we may say) is generalized jurisprudence. Arguments can be compared with law-suits."(S. 7) 툴민이 주목한 것은, 법적 절차에서 법관의 판결의 근거 지움과 법 외적인 주장에서의 근거 지움 간의 유사성이다. 하지만 이러한 유사성(병렬)은 존재하지 않는다. 왜냐하면 그것(유사·병렬)은 —일반적인 혹은 개별적인 규범의 효력과, —일반적인 혹은 개별적인— 진술의 진실 간에 하나의 유사성이 존재한다는 것을 전제하기 때문이고, 법관의 판결의 효력이 법관에 의해 적용될 일반적인 법규범의 효력과 구체적인 사실관계의 확정으로부터, "소크라테스는 죽는다."의 진실이, "모든 인간은 죽는다."의 진실과 "소크라테스는 인간이다."로부터 논리적으로 도출되는 것과 마찬가지로, 논리적으로 도출된다는 것을 전제하기 때문이다. 하지만 이것은, 앞에서 언급되었듯이, 옳지 않다.

줄리아니(Alessandro Giuliani, "L'Elément 'Juridique' dans la Logique Médiévale", *Logique et Analyse*, Nouvelle Serie, 6e Année, 1963)는 중세의 논리학에 '법적 사고'(élément juidique)가 미친 거대한 영향에 대해서 보여주고 있다. 그는 542쪽에서, "추론의 법적 모델의 매력이 너무나 강해서 중세의 논리학은 우리에게, 그 구조에 있어서, (툴민의 표현을 다소 자유롭게 사용한다면) '일반화된 법학'(generalised jurisprudence)으로 보인다. … 'quaestio'의 도식이 원고와 피고 사이의 법적인 분쟁의 도식인 한, 법적 논증 모델이 지속적으로 언급된다. … 우리가 [말하자면, 중세의 논리학]에서 [sc. philosophie médiévale] 발견할 수 있는 것은 … **개연적인 것의 논리학**(une logique du probable)이다. 개연적인 것은 결국 견해들의, 진술들의, 권위들의 충돌이 존재하는 곳과 동시에 존재하고, 따라서 분쟁이고, 문제이다."라고 했다. "—법관과 같이— 철학자는 반드시 충돌하는 입장 중에서 진실을 모색해야만 하고, 진술을 통해 앎에 도달하는 것의 문제점은 철학적인 관조영역에서도 다시 나타난다. 왜냐하면 **권위**(láutorité)**는** 현자의 혹은 능력 있는 사람의 진술로 이해되었기 때문이다."(544쪽)

171) 페를망과 올브레히츠-티테카(Ch. Perelman - L. Olbrechts-Tyteca, *Traité de l'Argumentation. La nouvelle rhétorique*, Bruxelles 1970, S. 56)는 "심지어 법을 아는 magistrate도 두 단계로 자신의 판결을 구성하는 것은 일반적이고, 반드시 유감스러운 현상인 것은 아니다. 결론은 먼저 무엇이 그의 정의감과 가장 근접하게 맞아 떨어지는가에 의해 영감을 받게 된다. 판결을 위한 기술적인 이유들은 나중에 추가된다. 우리는 이러한 경우에 그 판결은 어떠한 앞선 고려 없이 만들어진 것이라고 결론 내려야만 하는 것인가? 전혀 그렇지 않다. 비록 법적 기법에 기초한 고려의 틀 안에서는 아니라고 하더라도, 찬성과 반대 입장이 아주 세심한 주의로 형량이 될 수 있듯이. 엄격히 보면 법적 근거들은 단지

다른 청자들에게 그 판결을 정당화하기 위한 목적으로 제시된다."(라고 한다)
마지막은 옳지 않다. 근거 지움은 판결과 같이 그 동일한 청중 앞에서 이루어
진다. 근거 지움은 판결이 이루어진 이후에야 이루어진다는 것은 옳다.

아들러(Moritimer J. Adler)는 프랭크(Jerome Frank)의 책 *Law and the
Modern Mind*, New York, 1930에 대한 in: "Law and the Modern Mind: A
Symposium", *Columbia Law Review*, Vol. XXXI, 1931의 비판적인 분석(S. 82)
에서 "형식논리학은 발견의 도구가 아니고 예증의 도구이다. … 형식논리학은
전적으로 비율의 분석과 그들의 관계, 그중에서 함축과 증명의 관계 … 의 분
석에 받쳐진 것이다. …"(100쪽)라고 지적했다.

코헨(Morris R. Cohen, *Law and the Social Order*, New York 1933, S. 230)은, "명
령의 발부" 사례에서 "삼단논법의 원칙이 의미하는 것은, 요청을 승인하는 것
은 만약 두 개의 명제들이 전제조건으로서 확립되면 [(1) 당해 피고인의 행위가 특
정한 성질을 갖고 있다는 사실상의 전제와 (2) 이러한 성질의 행위는 법관이 그에 대해 법
적으로 명령을 발부하는 종류의 것이라는 법적 전제] 전적으로 완전하게 정당화될 수
있다는 것이다. 두 개의 전제들이 완전하게 그 결론이 전혀 합리적인 것이 아
니라는 것을 증명한다는 것은 다툼의 대상이 될 수 있다."라고 한다. 만약 '명
제'(propositions)가 진실 혹은 거짓일 수 있는 문장들을 의미한다면, 코헨은 여
기서 그 추론이 하나의 개별규범, 즉 법관의 판결인 규범적 삼단논법이 아니
라, 하나의 이론적 삼단논법을 말한 것이다. 하지만 법관의 판결(결정)은 **만약
그것이 사실상 이루어졌다면, 정당화된다**는 것은 ―법관의 의지적 행위의 의미
인― 그것이 하나의 논리적 추론의 방법에서 이루어진다는 것, 즉 **규범적** 삼단
논법의 결론문이라는 것을 의미하는 것은 아니다.

프랭크(Jerome Frank)는 자신의 저서(*Law and the Modern Mind*, New York,
1930, 100쪽 이하)에서 다음과 같이 말했다. "판단의 과정은, 그렇게 심리학자들
이 우리에게 말하는데, 하나의 결론이 (그것으로부터) 순차적으로 나오게 되는
그러한 전제로부터 시작하는 경우는 거의 없다. 판단하는 것은 오히려 반대로

―다소간 모호하게 구성된 하나의 결론을 가지고― 시작한다; 사람들은 통상 그러한 하나의 결론을 가지고 시작하고 그 후에 그것을 입증하는 전제들을 찾으려고 노력한다. 만약 그가, 자신이 만족하도록, 그의 결론을 그가 수용 가능한 것으로 생각한 전제들과 연결시키는 적정한 논거를 찾지 못한다면, 그는 그 결론을 거부하고 다른 (결론) … 을 찾게 될 것이다. 이제, 법관은 한 인간이기 때문에, 그리고 어떤 인간도 그의 통상의 사고 과정에서 어떤 그러한 삼단논법적 논증의 과정으로 (제한된 수의 단순한 상황들을 다루는 경우는 예외로 하고) 판단들에 도달하는 것은 아니기 때문에, 법관은, 단순히 법복을 착용함으로써, 그러한 인공적인 논증의 기법을 획득하게 되는 것은 아니라고 보는 것이 공정하다. 다른 판단들과 같이 법적 판단은 의심할 바 없이, 대부분의 경우에, 잠정적으로 구성된 결론들로부터 거꾸로 작업되는 것이다." 만약 법관의 판단이 전제들이 주어지기 **전에**, 즉 법관에게 알려지기 전에 이루어진다면, 그의 판결은 추론(결론)의 성격을 가지지 않는다. 법관은 자신의 판결이 이루어진 후에야 비로소, 즉 개별규범이 효력이 발생된 다음에 비로소, 그 전제들을 ―마치 프랭크가 말했듯이― 찾으려 한다면, 그 결론문이 법관의 판단의 개별규범인 규범적 삼단논법은 존재하지 않는다. 전제들이 확정되지 않는 한, '결론'이라는 것은 언급될 수 없다. 존재하는 것은 이미 창설된 개별 법-규범의 효력이 근거 지워지는 하나의 절차인 것이다. 이러한 절차가 하나의 삼단논법의 형태에서 기술되는 한, 그것은 어떠한 실용(실천)적인 삼단논법이 아니고, 이루어진 법관의 판결에 관한 진술이 하나의 전제를 이루는 이론적 규범적 삼단논법인 것이다. 인용된 문장들에서 나타난 것과 같이, 프랭크는 법관의 판결이 삼단논법적인 절차에서 달성되는 가능성을 부인하지 않았다. 하지만 그는 이러한 가능성을 단순한 사례들에 제한했다. 여기서 주의해야 할 것은, 프랭크는 하나의 '사고과정'(thinking process)과 하나의 '논증방법'에 대해 말했다는 것, 즉 법관의 판단은 하나의 **의지적**-행위라는, 결정적인 지점까지는 가지 않았다는 것이다.

172) 회플러(Alois Höfler)는 자신의 *Logik*, 2. Aufl. Wien-Leipzig 1922, S. 73에서 논리학을, 본질적으로 진실에 향해진, '올바른 사고론'으로 정의했고, 그가 말한 속성은 그것이 '전적으로' 판단들에 속한다는 것이다(58쪽); 이때 회플러는 하나의 지적인 기능으로 사고를 감정적인 기능으로서 의지(의욕)로부터 명백하게 구별하였다. 또한 그는 추론의 논리적인 절차를 판결에 연결 지웠다(그는 605쪽에서 "추론의 논리적 이론은 … 하나의 특정한 판단이 그것으로부터 명백하게 추론될 수 있는가 혹은 없는가가 전제들의 어떠한 표지들에 좌우되는지 … 를 위한 법칙들을 세워야만 하는 것이다."라고 말했다). 613쪽에서 그는 하나의 추론의 예로 소크라테스가 플라톤의 대화편 『크리톤』에서 도주하라는 제안에 대해 행한 항변을 소개한다: "나는 이 국가에서 자유롭게 살았다; 한 국가에서 자유롭게 사는 자는, 암묵적으로 그 국가의 법률들을 승인하는 것이다; 한 국가의 법률들을 승인하는 자는 모든 사례에서 반드시 그와 동일한 법을 따라야만 한다(muß); 모든 사례에서 한 국가의 법을 반드시 따라야만(muß) 하는 자는 스스로 그 법률의 부정의한 해석을 회피해서는 안된다(nicht darf); 즉 나는 나 스스로 그 법률의 부정의한 해석을 회피해서는 안된다(nicht darf)." —이 예는 회플러가 'soll'이라는 단어를 사용하는 것이 보다 옳았을 곳에 'muß'와 'darf'라는 단어를 사용하는 한, 언어적으로 정확하게 기술된 것이 아니다. 회플러의 서술에서 대전제와 결론문은 규범들과 비규범들에 관한 소크라테스의 **진술들**이다. 존재하는 것은, "나, 소크라테스는 아테네에서 도망쳐서는 안 된다."라는 개별규범의 효력이 "만약 한 사람이 한 국가에서 자유롭게 살았고 그 국가의 법을 승인했다면, 그는 이 국가의 ―또한 그 부정의한― 법들도 준수해야만 한다."라는 일반규범의 효력과 "나, 소크라테스는 아테네에서 살았고 아테네의 법률을 승인했다."라는 진술의 진실로부터 논리적으로 도출되는 하나의 삼단논법이 아니다. 개별규범의 효력은 이미 전제되어 있다. 소크라테스가 의도한 것은, 그로부터 이루어진 결정의 근거 지움이고, 달리 말해 그 자신 스스로에게 향해진 개별규범의 효력의 근거 지움이지, 아테네로부터 도주하는 것을 하나의 일반

규범의 효력으로 근거 지우려는 것이 아니다. 하지만 이것은 그의 의지적 행위의 의미인 개별규범의 효력이 일반규범의 효력으로부터 논리적으로 도출된다는 것을 의미하는 것은 아니다.

173) 존 듀이(John Dewey)가 자신의 논문 "Logical Method and Law", *The Cornell Law Quarterly*, vol. X, 1924, S. 17ff.에서 법원의 판결과 관련하여 "… 논리학은 반드시 폐기되어야만 하거나 그것은 **전제들에 관계된 것보다는 반드시 결론들에 관련된, 확실성의 하나의 연역이라기보다는** 개연성 예견의 논리학이어야만 한다."(두 번째 문장은 내가 강조한 것임)라고 말했을 때, 이것을 목적했던 것으로 보인다. 하지만 듀이는 법관의 판결은, 행해질 수는 있지만 반드시 행해져야만 하는 것은 아닌, 하나의 의지적 행위의 의미라는 사실의 확정으로부터 이러한 결론에 이른 것이 아니고, 그가 저마다의 법관의 판결은 사전에 알려진 전제들로부터 논리적인 필연성으로 따라오는 것이라는 입장을 불합리하고 불가능한 것으로 거부했기 때문이다. 그는 "모든 판결은 앞서서 알려진 전제들로부터 형식 논리적인 필연성으로 따라와야만 하는 것이라는 것은 불가능한 가정이기 때문에 불합리하다."(25쪽)라고 말했다. 이러한 입장은 불가능하다는 것이다. 왜냐하면 법원들에 의해 적용될 법률들은, 입법자가 가능한 모든 상황들을 예견할 수 없기 때문에, 모종의 불명확성을 피할 수 없기 때문이라는 것이다. "… 법규들은 … 최상이라고 해도, 부주의함 때문만이 아니라 가능한 모든 상황을 예견한다는 것은 본질적으로 불가능하다는 것으로 인한 모종의 모호함을 피할 수 없다. 왜냐하면 그러한 예견 없이는 (개념)정의라는 것은 모호할 수밖에 없으며 분류는 정확히 규정될 수 없을 것이기 때문이다. 따라서 모든 사례를 포함할 수 있고 형식적인 삼단논법으로 적용될 수 있는 옛 형태들이 가까이 준비가 되어 있다고 하는 주장은 실제로 있을 수 없는 확실성과 규정성이 (있는 것처럼) 가장하는 것이다. 이러한 허세의 결과는 실제의 불확실성과 사회적인 불안정성을 증대시키는 것이다. 그 사정들은 정말로 새

롭고 오래된 규칙에 포함될 수 없다는 바로 그 이유 때문에, 오래된 규칙이 하나의 특정 사례를 규제하는 것으로 선언된다면 그것은 하나의 도박이다…."(26쪽) 이로써 ―듀이의 입장에 따르면― 하나의 삼단논법적 연역은 만약 적용될 일반 법규범이 명확하게 표현되어 있지 않는 경우에만 혹은 입법자가 주어진 사례를 예견하지 않았던 경우에만 불가능한 것이라는 결론이 나온 것으로 보인다. 적용될 일반 법규범이 명확하게 표현되고 입법자가 문제되는 구성요건을 예견하지 않았다는 가정을 지지할 어떠한 근거도 존재하지 않는다면, ―듀이의 이러한 문장들에 따르면 그렇게 보인다― 법관의 판결을 하나의 논리적 추론으로 생각하는 것은 불가능한 것이 아니다.

루니(Miriam Theresa Rooney, "Law and the New Logic", *University of Detroit Law Journal*, vol. IV, Mai 1941, Nr. 4, S. 126ff.)는 133쪽에서 듀이의 논문과 관련하여 "듀이 교수가 주장하는 삼단논법의 논리학(the logic of the syllogism)은, 그에 따를 때, '삼단논법은 일어날 모든 가능한 사례를 위해 이미 가까이에 선존하는 확립된 규칙이 있다는 것을 암시'하기 때문에, 이러한 과제에서 법을 돕기에는 전적으로 무용한 것이다."라고 지적했다. 하지만 이것은 듀이의 논설로부터 명확하게 나타나는 것은 아니다. 듀이는 법관은 사실상 논리적 추론의 방법으로 그에게 주어진 사례의 판단에 이르는 것이 아니라고 강조했다. 그는 "문제는 주어진 전제들로부터 결론을 도출하는 것이 아니다; 그것은 키보드를 만지작거림으로써 무생물의 기계와 같은 것에 의해 잘될 수 있을 것이다."(23쪽)라고 말했다. 여기서 법관의 판결은 의지적 행위의 의미라고 하는 확언이 기대될 법도 했는데, 하지만 듀이는 계속해서 "그 문제는 전제들로 봉사할 가치가 있는, 일반원칙의 진술들, 그리고 특별한 사실의 진술들을 **찾는** 것이다. 실제 사실에 있어서, 우리는 일반적으로 하나의 결론(혹은 적어도 택일적인 결론들)에 대한 약간의 모호한 기대·예상으로 시작한다. 그리고 나서 우리는 원칙들을 찾고, 그것을 입증하는 자료(data)를 찾거나, 경쟁하는 결론들 중에 우리를 보다 총명하게 선택할 수 있도록 해주는 자료를 찾는다. 이전의 어떤 법률가도 고객의 사례를 삼단논법의 측면에서 생각하지 않았다. 그는 그가 도달하기를 의도하는 하나의 결론, 당연히 그 고객에게 유리한 결론을 가지고 시작한다. 그리고 나서 사실에 대한 유리한 진술을 구성할 소재를 찾기 위해, 소전제를 **구성**하기 위하여, 그 상황의 사실들을 분석한다. 동시에 그는 비슷한 것으로 보일 수 있는 사례에서 적용된 법의 규칙들을 찾기 위하여 기록된 사례들을 검토하고, 사실을 검토하고 해석하는 특정한 방법을 입증할 규칙들을 점검한다. … 수용 가능한 전제들이 주어지는 즉시, 물론 법관과 배심들이 종국적으로 그것들을 받아들이게 되면, 결론도 주어진다. 엄정한 논리학에서, 그 결론은 전제들로부터 도출되지 않는다; 결론들과 전제들은 동일한 것을 언급하는 두 가지 방법이다. 생각하는 것은 전제들의 전개 혹은 결론의 전개로 정의될 수 있다; 그것이 하나의 활동인 한 다른 하나의 활동이다."라고 한다. 이것은 이미, 하나의 논리적인 삼단논법에서 추론은 어떤 새로운 진실도 아니고, 그 삼단논법이 단지 이미 전제들에 함유되어 있는 진실을 명백하게 (표현)하는 것이라는 밀(John Stuart Mill)에 의해 획득된 통찰에 이르고 있는 것이다. 이것은 또한 전통적인 법학에 의해 받아들여진 규범적 혹은 실천적 삼단논법에도 맞아떨어지는 말이라는 것은, 하나의 그러한 삼단논법의 가능성이 부정된다는 것을 뜻하는 것은 아니다. 22쪽에서 듀이는 홈즈 법관의 발언과 관련해서, "일반적인 명제들은 구체적인 사례들을 결정(판단)하지 않는다." "구체적인 명제들은, 말하자면 시간이 정해지고, 장소가 정해진 소재를 가진 한 명제는 어떤 일반적인 진술들로부터 혹은 그들의 결합으로부터도 도출되지 않는다."라고 말했다. 소위 규범적인 혹은 실천적인 삼단논법에 적용하면, 이것은, "만약 한 사람이 모살을 범했다면, 그는 교수형을 통한 사형으로 처벌되어야만 한다."라는 일반규범으로부터는 단지 "슐체를 모살한 마이어는 교수형에 처해져야만 한다."라는 개별규범이 도출된다는 것만을 의미하게 될 것이지, "슐체를 모살한 마이어는 1959년 7월 20일 린츠(Linz) 시의 슈피탈슈트라세(Spitalstraße) 25번지에 있는 교도소의 뜰에서 교수되어야만 한다."라는 개별규범이 도출된다는 것을 의미하는 것은 아니라는 것이다. 즉 마지막 판결이 단지 부분적으로 일반규범으로부터 도출된다는 것은, 여하튼 그것이 일반적인 규범으로부터 논리적으로 도출될 수 있다는 것을 전제한다. 하지만 나중에 듀이는 "법원들은 단지 판결들에 도달할 뿐인 것이 아니라, 그것들을 설명하고, 그러한 설명은 필히 정당화하는 이유들을 언급해야만 한다. 그에 관여되어 있는 정신적 조작들은 결론에 도착함에 있어 포함된 정신적 조작과는 다소간 차이가 난다. … 설명은 최종·확정적인 해결에 도달했다는 것을 암시하고, 그 상황은 이제 그것의 법적 함의와 관련해서는 확정적이라는 것을 암시한다. 그것의 목적은 도달된 판결의 이유를 내놓는 것이고, 따라서 그것은 자의·임의적인 의견(arbitrary dictum)으로 나타나지는 않는다. … 법적 판결에서 단지 법관의 권위 혹은 특권 때문에 반대 당사자들에 의해 수용된, 임의적인 판단(dicta)에 유일한 대안은, 이유들을 표현하고 연결 혹은 논리적 연결을 노출하는 하나의 합리적인 진술이다."(24쪽)라고 말했다. 여기서 듀이는 내가 본문에서 설명한 것과 거의 동일한 것을 말하려 한 것으로 보인다: 법관의 판결은 어떠한 논리적 추론도 아니라는 것, 하지만 그것이 한번 이뤄지면, 구체적인 사례에서 적용될 일반 법규범의 효력으로 **근거 지워지는**, 개별규범은 효력을 가지게 된다는 것이다. 하지만 왜 그 법관의 판결이 논리적인 추론이 아닌가에 대해서 듀이는 충분한 이유를 전혀 제공하지 않았다. 그는 그에게 본질적으로 무엇이 문제인가를 자신의 논문 말미에 적고 있다(27쪽): "나는 진정으로 기성에 선존하는 보편적인 법칙들을 사고의 방법으로 신성화하는 것은 일반적으로 지속되고, 안전하고 지적인 사회적 개혁의, 특히 법을 수단으로 한 사회 진보의 없어서는 안 될 필수적인 전제인 사고의 유형에 주요한 장애물이라고 망설이지 않고 주장해야 한다. 만약 이것이 보다 경험적이고 유연한 논리학이 법으로 침투하는 것이라면, 지적인 요구일 뿐만 아니라 사회적인 요구인 것이다." 이것은 법관은 구체적인 사례들에 대한 자신의 판결에서 이미 유효한 일반 법규범에 구속되어야만 하는 것은 아니라는 **정치적**인 요구인 것이다. 하지만 듀이는 이러한 요구(공준)를 비-유클리드 논리학의 기본원칙의 결과로 기술한다: "… 일반적인 법적 규칙(법규)들과 원칙들은, 그것들이 구체적인 상황에 적용될 때 일하는 방법에 의해서 지속적으로 심사될 필요가 있는 작업가설들이다." (26쪽) 자연과학의 자연법칙들이 '작업가설'(working hypothese; Arbeitshypothese)로 간주될 수 있을 것이다. 일반적인 법규범들은 작업가설이 아니다. 왜냐하면 법(Recht)은 학문(Wissenschaft)이 아니기 때문이다. 자연과학의 작업가설은 자연과학으로부터 지속적으로 그 적용에서 심사를 받아야만 한다. 그리고 만약 필요하다면, 자연과학으로부터 수정된다. 또한 법의 일반규범들은 지속적으로 그 사용 가능성을 심사받아야만 한다. 하지만 그것들은 단지 권한 있는 법적 권위들로부터이지, 법학에 의해서 변경될 수 없다. 듀이가 분명하게 전제한, 자연과학과 법학의 유사성은 존재하지 않는다. 듀이는 '논리적 이론'(logical theory)을 '판결들에 도달함에 있어서 따른 절차의 설명'이라고 정의했지만, 단지 "그 이후의 경험이 그것들이 그 조건들 아래에서 사용될 수 있었던 가장 최선의 것이라는 것을 보여주는 그런 사례들에서만"(17쪽 이하)이라는 것이다. 하나의 결정이 주어진 상황하에서 가능한 최선의 것이었다는 판단은 하나의 가치-판단이고, 그것은 논리적 원칙들의 체계와는 전적으로 다른, 상위한 가치체계의 관점에서는 상위할 수 있다. 듀이가 가정한 논리학은 논리학과 그것의 본질과는 낯선 그런 가치체계들과의 혼합이다. 여기서 주의해야 할 것은, 듀이는 단지 **사고**^{thinking}의 방법들'에 대해서만 얘기했다는 것, 그의 문제는 논리적인 원칙들의 법적인 **사고**^{Denken}에의 적용, '판결에까지 이끄는 실천적인 논증'에의 적용이었다는 것이다. 그는 "우리의 현재 논의의 특별한 주제는 법적 논증과 사법적 판단에서의 논리적 방법"이라고 말했고(18쪽), 이때 그는 법관의 판단은 '추리'(reasoning)를 통해, 즉 사고를 통해 야기될 수 있다는 것을 받아들였다. 하지만 사고와 사고가 이르는 판단 사이의 관계는 심리적인 것이지, 논리적인 것(Natur)이 아니다. 사고행위는 의지행위를 유발(동기부여)할 수 있다. 법관의 판결, 즉 그것의 의미가 법관의 판결인 의지적 행위는 하나의 사고행위를 통해 동기 지워질 수 있다. 하지만 무언가 하나의 ―오래된 것이건 새로운 것이건, 듀이에 의해 제안된― 논리학의 원칙들은, 법관의 판단의 의지적 행위로 이르는, 사고행위의 의미에 적용 가능하다는 이유로, 전적으로, 이러한 원칙들이 의지적 행위의 의미에, 즉 법관의 판단에 적용 가능하다는 결론이 도출되지는 않는다.

법관의 판결의 문제는 주어진 전제들로부터 하나의 추론(결론)을 도출하는 것이 아니고 전제들을 찾는 것이라는 듀이의 견해는 칼로게로(Giulio Calogero)에 의해서도 "La Logica del giudice e il suo controllo in cassazione", *Studidi Diritto Processuale*, Bd. 11, Padova 1937 (라는 문헌에서) 주장되었다. 특히 51쪽을 참고하라. 그곳에서 그는 "모든 사람들이 알고 있듯이, 사실은 법관의 사실상의 일, 그리고 중요한 일은 전제들로부터 결론을 도출하는 것에 있지 않고, 실제로 전제를 찾고 전체를 구성하는 것에 있다. 일단 법관이 특정 행위방식이 특정한 법적 결과를 함축한다는 것에 확신을 가지게 되면, 즉 이러한 행위방식의 사례가 증명되었다고 확신하게 되면, 누구라도 그 결론을 도출할 수 있다."라고 한다. 칼로게로는 듀이의 논문을 알지 못했던 것으로 보인다.

174) 프리치드(H. A. Prichard)는 자신의 논문 "Does Moral Philosophy Rest on a Mistake?", *Mind*, Vol. XXI, 1912, S. 21ff.에서 지금까지 내가 행위해야만 하는 것으로 믿어온 것처럼 그렇게 내가 행위해야만 하는 하나의 이유가 있는가? "Is there really a reason why I should act in the ways in which hitherto I have thought I ought to act?"(21쪽)라는 질문을 던진다. 이러한 근거를 제공하는 하나의 대답이 가능한가? 그가 말하기를, 우리는 특정한 방법으로 행위해야만 한다는 것이 우리에게 **증명되기**를 원하고, 보다 정확히는 이러한 ―당위된― 행위에 대한 우리의 원초적이고 비성찰적인 (생각 없는, 비합리적인) 승인과는 다른, 하나의 논거를 통해 **증명되기**를 원한다("We then want to have it proved to us that we ought to do so, i. e., to be convinced of this by a process which, as an argument, is different in kind from our original and unreflective appreciation of it.") 이러한 바람을 그는 정당하지 못한 것으로 설명했다. "This demand is, as I have argued, illegitimate."(36쪽). 그의 견해는 "특정한 유형의 행위를 해야만 한다는 의무감 혹은 해야 하는 정당함은 절대적으로 파생될 수 없고 즉각적인 것이다."(27쪽)라는 것이다. "우리는, 예를 들어 우리에게 봉사를 한 X에게 이러한 봉사를 하는 것은, 봉사를 하려고 하는 사람에게 서비스를 한 그 사람에게 서비스를 하는 것이라는 것 바로 그 때문에, 우리에 의해 수행되어야만 한다는 것을 인정한다. 이러한 이해는, 수학적 이해가 즉각적이라는 바로 그 의미에서, 즉각적이다. 즉 이 삼각형은, 그것이 삼각형이기 때문에 세 개의 각을 가지는 것이 분명하다는 이해와 같이 즉각적이다. 이 양자에서 주제의 본질에 관한 양 통찰은 직접적으로 우리를 그 속성을 소지하고 있다는 것을 인식하도록 이끈다는 의미에서 이 두 이해들은 즉각적인 것이고, 이것은, 다른 측에서부터, 양 사례에서 이해된 사실은 자명하다고 말하는 그 사실을 얘기하고 있는 것이다."(28쪽) 하지만 모든 저마다의 당위가 자명한 것은 아니고, 하나의 구속적인 규범인 것은 아니다. 그것은 단지 하나의 다른 보다 높은 당위를 통해서 근거지워졌을 때만 그런 것이다. '의무들은 의무들이다.'라는 것은 자명한데, 왜냐하면 이것은 순환논법이기 때문이다. 하지만 문제는 의무들은 의무들인가가 아니라, 나에게 다가오는 당위가, 하나의 구속적인 규범인지, 달리 말해 다른 사람의 행위에 향해진 하나의 의지적 행위의 주관적 의미일 뿐만 아니라, 하나의 객관적 의미인지가 문제인 것이다. 이것은 정당한 물음이다. 이러한 물음에 대해 **어떠한** 대답도 **존재하지 않는다면** 한 노상강도의 명령과 한 법관의 판결을 구별하는 것은 불가능할 것이다. 프리차드는 "하나의 '당위'(ought)는, 그것이 파생(무엇에서 도출)된다면 단지 다른 '당위'로부터 도출될 수 있는 것이다."(24쪽)라고 적고 있다. 이것이 무한으로의 소급(regressus in infinitum)일 수는 없기 때문에, 우리는 필히, 더 이상은 근거 지워질 수 없는, **근본규범**(Grundnorm)에 도달해야만 한다. 그것(근본규범)은 왜 나는 하나의 특정한 방식으로 행위해야만 하는가라는 물음에 대한 대답이다. 하지만 이 대답은 하나의 허구의 성격을 가진다. 그것은 전통적 도덕철학이 알지 못하는 것이고, 프리차드를 '**도덕적인 당위는 근거 지워질 수 없다.** 그것은 자명한 것이다.'라고 하는 생각으로 이끈 것이다.

175) 근본규범은 자신이 그 효력을 근거 지우는 법질서의 규범들이 내용을 결코 정하지 않기 때문에 —그것이 근본규범에 맞게 만들어진 것인 한— 이러한 규범들의 내용은 실정적인, 규범을 창설하는 행위들을 통해 반드시 정해져야만 하기 때문에, 하나의 실정 법질서의 규범들은 근본규범으로부터 사고조작을 통해서는 도출될 수 없다. —하나의 규범의 효력이 하나의 다른 규범의 효력을 통해 무릇 논리적으로 도출될 수 있다고 하더라도 말이다.

홀(Everett W. Hall, *What is Value?*, New York 1952, S. 117)은 나의 주장에 대해 "그것[실정 법질서]의 다양한 규범들은 어떤 지적 조작에 의해서도 그 근본규범 basic norm으로부터 획득될 수 없다."(*General Theory of Law and State*, Cambridge, Mass., 1945, S. 113) "이것은 법률전문가에 대한 하나의 단순한 비방이 아니다; 이것은 실제로 부정확하다. 우리는 주의 입법부에 의해 제정된, 주의 고속도로 위원회는 운전자들이 시간당 35마일을 초과해서는 안 되는 고속도로 구역을 지정할 수 있다고 하는 규범을 가지고 있다고 가정해보자. 위원회는 고속도로의 a 구역을 그런 스피드 존으로 지정한다고 가정하자. 이제 '운전자는 a 구역에서는 시간당 35마일을 초과할 수 없다.'는 것은 입법자의 행위로부터 추론·파생될 수 있는(derivable) 것이다. 이러한 도출(derivation)은 포섭을 사용한다('위원회에 의해 a를 속도제한구역으로 지정함은 구속적이다.'라는 것은 '위원회에 의한 어떠한 속도제한 구역지정도 구속적이다.'라는 것에 포섭된다). 그러한 조작의 조합은 실로 '지적인 것'으로 기술될 수 있다."라고 적고 있다. 이에 대해서 가장 먼저 지적할 것은, 홀의 예는 근본규범으로부터의 하나의 실정 법규범의 도출이 아니라, 입법자를 통해 설정된 하나의 일반규범에서 하나의 실정 법규범을 도출하는 것을 나타내고 있다는 것이다. 만약 위원회가 a라는 특정 한 지역을 '스피드 존'으로 선언했다면, 이것은 그 위원회가 운전자들이 a라는 구역에서 는 1시간에 35마일을 넘어서서는 안 된다는 것을 규정하는 하나의 일반규범을 설정했다는 것을 의미하는 것이다. 이러한 규범의 설정은 하나의 의지적 행위 이지 어떠한 사고조작도 아니다. 위원회를 통해 만들어진 규범의 효력은 입법 자에 의해 만들어진 규범의 효력을 통해 '근거 지워진'다; 하지만 그것으로부 터 '도출되는 것'은 아니다. 즉 논리적으로 추론되는 것은 아니라는 것이다. 왜 냐하면 그것에 효력을 주기 위해서는 위원회의 의지적 행위가 필요하기 때문 이다.

176) 이미 강조된 바와 같이, 하나의 명령의 효력을 다른 하나의 명령의 효 력으로부터 논리적으로 **도출하는** 가능성을 부인한 모리츠(Manfred Moritz, "Der praktische Syllogismus und das juridische Denken", *Theoria*, vol. XX, 1954)는, 하지 만 하나의 명령(문)의 효력을 다른 하나의 명령의 효력으로 **근거 지우**는 것을 부정하지는 않았다. 전적으로 타당하게 그는 법관에 의해 적용될 법률과 구체 적인 사례의 법관의 판결 간의 관계를 실용적인 삼단논법으로 석의하고자 하 는 시도를 거부했다. 그는 106쪽에서 "즉 그 시도는 … 달리 말해 효과가 많지 않았다."라고 말했고, 계속해서 "법률 그 자체가 하나의 명령(문)으로 이해되어 야 한다면, 그렇다면 법관의 판결을 법률을 통해 근거 짓는 것이 어떻게 가능 한 것인가?"라고 적고 있다. 여기서 모리츠는, 여기 놓인 문제는 법관의 판결 의 법률을 통한 근거 지움이라고 본 것이다. 하지만 이것은 ─모리츠는 보지 못한 것으로 보이는데─, 즉 법관에 의해 적용될 일반규범의 효력을 통한 그 법관을 통해 설정될 개별규범의 효력의 근거 지움이다. 미주 162를 비교할 것.

177) 종종 일반규범에서 일반적으로 규정된 구성요건은 법적용기관을 통해

확정된, 개별 특정 구성요건과 용어적으로, 단지 첫 번째의 경우에는 '구성요건'이라고 하고, 두 번째의 경우에는 '사실관계'라고 말하는 식으로, 구분된다. 헬러(Heller, "Logik und Axiologie der analogen Rechtsanwendung", *Neue Kölner Rechtswissenschaftliche Abhandlungen*, Heft 16, Berlin 1961, S. 64)는 "법률가의 가장 주요한 과제 중의 하나는 특정한 생활사실(관계)을 법적 구성요건들하에 포섭하고, 그것을 통해 이를 이러한 구성요건들과 결합된 법률효과에 종속시키는 것에 있다. 지배적인 (통용되는) 용어는 여기서, 법적 심사에 놓인 사실상의 사건 진행과 상태들을 표현하는 '사실관계'라는 개념과 단지 하나의 법규범[일반적 법규범을 의미함]에 포함된, 하나의 특정한 법 효과가 결합되어 있는, 바로 그것의 추상적으로 파악된 사실상의 전제조건들의 기술들에 해당하는 '구성요건'이라는 개념을 엄격하게 구분한다."고 적고 있다. 헬러는 동시에 엥기슈(Karl Engisch, "Einführung in das juristische Denken", Stuttgart 1956, S. 34)를 참조하고 있다. 이러한 용어의 구별은 과잉이다(불필요하다). 여기서 문제되는 차이는 법적용기관에 의해 적용될 일반규범에서 그 법효과가 그에 결합되어 있는 구성요건은 일반적으로 —혹은 동일한 것에 귀착하는^{hinausläuft}— 추상적으로 규정되어 있다는 것에 있다. 달리 말해 일반규범은 하나의 구성요건 **개념**을 함유하고 있는 데 비해, 법적용기관은 하나의 개별적인 특정된 —혹은 동일한 것에 귀결하는— 구체적인 구성요건을 확정한다는 것에 있다. 만약 일반규범에 함유된 모살이라는 개념이 하나의 '구성요건'의 **개념**이라면 또한 법적용기관으로부터 확정된, 마이어에 의해 슐체에게 저질러진 모살도 하나의 —구체적인— '구성요건'이다.

178) 룸프(Max Rumpf, "Der Strafrichter I. Die tatsächlichen Feststellungen und die Strafrechtstheorie", *Schriften des Vereins für Recht und Wirtschaft*, Band II, Heft 1, Berlin 1912, S. 216)는 "그렇게, 방법론적으로 발전한 영역에서, 특히 논리학 자체에서, 그리고 중세 이후 지속적^{beständig}으로 그 토대^{Boden}와 의미^{Bedeutung}

를 상실한 포섭공식^{Subsumtionsform}은 법학에서도 이미 오래전부터 더 이상 생존권^{Lebensrecht}을 갖고 있지 않다."라고 주장했다. 그의 논거는, 우리는 포섭추론^{Subsumtionsschluß}으로는 단지 범죄-문제(범죄 여부 판단; Tat-Frage)의 결정까지만 간다는 것이다. "양형 … 은 전적으로 포섭도식의 범위로부터 떨어져 나간다." (215쪽) 이것은 적어도 법관으로부터 적용될 법규범이 조건으로서 하나의 특정한 구성요건에 **그 정도에 따라 특정한 형벌**을 결합하는 사례에는 맞지 않다; 예를 들어 그 규범이 "절도를 범한 자는, 6개월 이상 1년 이하의 범위에서 구금형에 처해져야만 한다."라고 한다면, 만약 법관이 구체적인 한 사례에서 법원에 의해 처벌될 슐체에게서 금반지를 그의 의사에 반해 절취한 마이어의 범행을 절도라고 확정하고 마이어는 6개월의 구금형에 처해져야 한다고 확정했다면, 그는 절도로 구성요건을 평가하는 것과 완전히 동일하게 6개월의 구금형의 양정을 적용될 법규범으로 **근거 지울 수** 있는 것이고, 그 근거 지움은 첫 번째의 경우에는 적용될 법규범에서 정해진 **절도의 개념**하의 포섭에서, 두 번째의 경우에는 법규범에서 정해진 **형벌의 범위**로 포섭하는 것에 있는 것이다. 법관은, "나의 판결은 기판력이 있다, 즉 내가 적용할 (혹은 나로부터 적용된) 법규범에 상응한다, 왜냐하면 나에게 주어진 구성요건은 절도이고, 나에 의해 부과된 형벌은 —나에 의해 적용된 법규범에— 정해진 범위 내에 놓인 정도이기 때문이다."라고 말할 수 있다. 나의 논문 "Recht und Logik", *Neues Forum*, Oktober/November 1965, 499쪽에서 나는 "일반규범이 모살에 대해 그 형벌로서 교수를 통한 사형^{Tod durch Erhängen}을 예정하고 있고 법관이 [그가 모살을 범했다고 법관이 확정한] 마이어에게 교수를 통한 사형을 선고했다면, 그 [법관의 판결을 기술하는] 개별규범은 일반규범에 부합한다. 이러한 부합관계^{die Beziehung der Entsprechung}가 포섭-관계^{Subsubtions-Beziehung}이다."라고 말했다.

중견의 논리학자들은, 포섭형식은 그 의미를 잃어버렸다는 룸푸의 입장을 결코 주장하지 않는다. 그렇게 지크바르트(Sigwart, *Logik*, 5. Aufl., 1924)는 반복해서 포섭공식에 연결하고 있다(I: S. 20, 72, 75, 406ff., 483, 487ff.; II: 275, 737).

Band II, S. 737에서 그는 포섭을 "분류Classfikation의 지도적인 관점 …"으로 말하고 있다. 에르트만은 자신의 *Logik*, 3. Aufl., 1923에서 포섭을 가장 의미 있는 절차의 하나로 다루고 있다. Karl Engisch, *Einführung in das juristische Denken*, Stuttgart 1956, S. 43ff., 47f. 50, 55, 56ff., 143ff.도 마찬가지이다.

179) 보비오(Norberto Bobbio, "Considerations introductives sur le raisionnement des juristes", *Revue Internationale de Philosophie*, Tome VIII, 1954, S. 72)는 법규범들의 효력을 근거 지우는 두 개의 상위한 방법을 표현했다: "법규범의 유효성을 입증하기 위해서, 법률가는 법적 논리에 고유한 규칙을 구성하는 논증의 두 가지 기본방식을 사용한다. 1. 규범은 유효한 상위규범으로부터 파생된 경우에만 유효하다(형식적 유효성 규칙règle de la validité formelle). 2. 규범은 만일 전자가 담고 있는 요구가 법질서상의 다른 규범과 논리적으로 합치한다면 유효하다(실질적 유효성 규칙règle de la validité materielle)." 규칙 1과 관련하여 보비오는 "법률가가 법적인 결정(판결)들, 행정적 행위들, 개인의 의사자치에서 나오는 행위를 해석하는 경우에는 형식적 유효성의 증명(증거)은 중요하다. 왜냐하면 입증되는 중요한 것은 그것들의 합법성이기 때문이고, 이것은 그 행위가 보다 상위의 규범에 의해 정해진 요구에 부합하고, 그 한계 내에서 수행되었는지 여부를 결정하는 것이기 때문이다. 다른 말로 하면 그 행위가 형식적으로 옳은 것인지 여부를 결정하는 것이기 때문이다."(73쪽)라고 했다. 규칙 2와 관련하여 보비오는 "실질적 유효성의 증명은, 만약 법적 규범의 내용이 명확하게 설명된다면 그리 중요하지 않다. 물론 그것은 심지어 이러한 사례에서도 그것과 그 체계의 다른 규범 사이에 충돌(모순)이 없다는 것을 보여주는 것은 법률가들의 과제라고 할지라도. 하지만 만약 그 과제가 모호한 규범을 명확하게 만들고, 암시적인 규범을 명시적으로 만드는 것이라면 그것은 극도로 중요해지는 것이다. …"라고 말했다. 두 개의 규칙 중 첫 번째의 규칙에 관한 한 그녀에게 동의할 수 없다. 왜냐하면 보비오는 주지하다시피, 하위규범의 효력은 보다 상위규범

의 효력을 통해 논리적으로 도출된다고 전제했기 때문이다: "보다 상위의 유효한 규범에서 도출되었다면"(si elle derive d'une normes valable superieure)(S. 72). 보비오는 77쪽에서 '위임받은 자에 의해 명시적으로 설정된'(explicitement enoncées par la personne deleguée) 규범과 '명시적인 규범에서 논리적으로 도출된'(deduites logiquement des normes explicites) 규범들을 구분했다. 하나의 다른 규범의 효력으로부터 하나의 규범의 효력을 논리적으로 그렇게 연역하는 것은 존재하지 않는다. 규칙 2에 반해서 지적될 수 있는 것은, 보비오는 여기서 '정합적'이지 않은 두 개의 규범들 사이에 하나의 논리적 모순이 존재한다는 것을 받아들였다는 것인데, —본문에서 지적되었듯이— 그것은 그렇지 않다는 것이다. 상호 충돌하는 두 개의 법규범들은 양자 모두 유효할 수 있다. 규범들의 충돌들은, 그것이 실정법적 규정에 근거하여 제거되지 않는 한, 가능하고 사실상 존재한다.

180) 헬러(Heller, "Logik und Axiologie der analogen Rechtsanwendung", *Neue Kölner Rechtswissenschaftliche Abhandlungen*, Heft 16, Berlin 1961, S. 67f.)는 법적용기관으로부터 확정된 구체적 구성요건을 법적용기관에 의해 적용될 일반규범에 함유된 이러한 구성요건의 개념에 포섭하는 것의 논리적 성격을 부인했다. 그는 "즉 고유한 법적 포섭의 핵심은 결코 하나의 삼단논법의 관철·집행 Vollziehung에 있는 것이 아니라, 특정한 법개념들에 구체적인 사실관계를 정서하는 것에 있다."고 설명했다. 그 점에서는 그에게 동의할 수 있다. 하지만 그는 계속하여 "이러한 정서Zuordnung를 위해 사실 일련의 논리적 법칙들이 고려되어야만 하지만, 그것은 우선적으로 법적 가치평가의 문제이고, 따라서 순수한 논리학의 수단들로 이루어지지 않는다."라고 말했다. 이것은 옳지 않다. —마치 한 특정 인간의 하나의 특정한 행위를 모살이라는 개념하에 포섭하는 것처럼— 구체적인 사실관계의 하나의 법개념으로의 포섭에서는, 하나의 구체적인 대상을 Tanne이라는 개념에 포섭하는 것에서와 같이 거의 가치평가가 존재하

지 않는다. "이러한 인간의 이러한 행위는 모살이다."라는 판단(판결)은 "이러한 대상(물건)은 하나의 Tanne이다."라는 판단과 다르지 않다. 가치평가는 법적용기관이 시도하는 포섭에 있는 것이 아니다. 모살의 개념에 사형의 개념을 결합하는 일반규범에 있는 것이다. 그리고 법적용기관이 일반규범에 상응하게 그에 의해 확정된 구체적인 모살의 구성요건에 하나의 구체적인 사형을 결합하는 개별규범에 있는 것이다. 보다 정확하게 표현한다면, 여기에 있는 가치는 그 일반적인, 그리고 그에 부합하는 개별적인 규범을 통해 구성되는 (만들어지는) 것이지, 구체적인 구성요건의 이러한 구성요건의 법개념하에 포섭을 통해 형성되는 것이 아니다.

181) 헬러(같은 책, 64쪽)는 법적용기관에 의해 확정된 구체적인 사실관계를 이 기관에 의해 적용될 일반규범에 함유된 이 구성요건의 개념하에 포섭하는 것을 법적용기관으로부터 설정된 개별**규범**을 적용될 일반**규범**에 포섭하는 것과 섞어버렸다. 그는 특정한 생활사실(관계)을 '법적 구성요건들'에 포섭하는 것에 대해 언급했다: "이 포섭은 그 대전제가 법규범[일반적 법규범을 의미함]을, 그리고 그 소전제가 판단될 사실관계를 재현하는 하나의 삼단논법으로 소급될 수 있다." 이때 그는 소전제는 법적용기관으로부터 행해질 결정^{Entscheidung}, 즉 개별규범이라고 보았고, 그 개별규범에서는 하나의 개별적 법효과가 당위된 것으로 설정된 것이고, 이것은 이러한 법효과의 일반규범에서 함유된 개념 아래로 포섭 가능한 것이라고 받아들인 것이다.

그가 예로 제시한 것은(65쪽):

모살자는 종신 교화소(Zuchthaus)형으로 처벌된다.

M은 모살자이다.

M은 종신 교화소형으로 처벌된다.

물론 헬러는, "법적용은 논리적 추론형상을 사용한다."라는 것을 결코 논쟁의 여지가 없는 것은 아니라고 적었다가 나중에는, 위에서 인용된 것과 같이

"즉 고유한 법적 포섭의 핵심은 하나의 삼단논법의 관철에 있는 것이 결코 아니다."(67쪽)라고 주장했다. 하지만 그는 구체적인 구성요건의 법개념하의 포섭을 개별규범의 일반규범에로의 포섭과 혼동해버렸기 때문에, 그는 이러한 규범에 놓여 있는 하나의 구성요건의 가치평가를 그 개념하에 구체적인 구성요건을 포섭하는 것에 관련짓는 오류를 범했다.

182) 프라이(Frey, "Idee einer Wissenschaftslogik. Grundzüge einer Logik imperativer Sätze", *Philosophia Naturalis, Archiv für Naturphilosophie und die philosophische Grenzgebiete der exakten Wissenschaften und Wissenschaftsgeschichte*, Bd. 4, Heft 4, 1957, Meisenhein/Glan, S. 459)는 "만약 하나의 요구가 제기되면 언제나 이러한 요구의 근거에 대한 의문이 제기된다."고 했다. 그는 '정당화의 근거 지움'에 대해 말하면서 예로 (아래와 같은 내용을) 제시했다:

"A: '문을 닫아라!'

B: '왜?'

A: '바람이 통하지 않도록 (않기 위해)'

B: '옆방(Nebenzimmer)에는 모든 창문들이 닫혀 있다. 여기 양 창문이 열려 있는 한, 문을 닫아도 계속 바람이 통할 것이다.'"

B는 A에 의해 제시된 근거(지움)를 거부했다. 왜냐하면 이 명령을 따르는 것은 A가 가정하는 효과를 가지지 않기 때문이다. 여기서 프라이는 당연히 다음과 같은 삼단논법을 전제한다.

1) 틈새기 바람(Zug)을 피해야만 한다.

2) 문을 닫는 것은 틈새기 바람(Zug)을 피하는 효과가 있다.

3) 문은 닫혀야만 한다.

규범 3의 효력은 규범 1의 효력을 통해 근거 지워질 수 있다. 하지만 그것의 효력은 설령 진술 2가 참이라고 하더라도, 전제 1과 2로부터 논리적으로 도출되는 것이 아니다.

스티븐슨(Charles L. Stevenson, *Ethic and Language*, New Havern, Yale University Press, 1947, S. 26f.)은 하나의 명령문은 '증명될 수' 없다는 견해를 주장했다('not open to proof at all'). 하지만 그는 하나의 명령(문)은 근거 지워질 수 있다, 그것을 위해 하나의 '이성적인 근거 지움'(rational foundation)이 가능하다, 그것을 위해 하나의 근거(reason)가 주어질 수 있다고 믿는다. 이러한 근거 지움은 어떠한 증명(proof)도 아니지만, 하나의 증명을 대체하는 것(증명대체물)이고(substitute for a proof), 증명에 대한 하나의 '유추'(analogue to proof)이며, 이러한 증명대체의 기능은 명령을 지지하는 것, 달리 말해 명령의 준수를 가져오는 것이라고 했다. 스티븐슨은 "하나의 명령은 '왜?'라는 질문을 만나게 될 수 있고, 이 '왜?'는 하나의 이유(근거)를 요구한다. 예를 들어 문을 닫으라고 말을 하면, 누군가 '왜?'라고 물을 수 있고, '너무 외풍이 심하다.', 혹은 '소음이 정신집중을 어렵게 한다.'와 같은 그런 몇몇의 대답을 얻는다. … 이러한 이유들은 '증명'으로 불릴 수 없다. … 하지만 그것들은 확연히 하나의 명령(문)을 당연히 **지지**한다. 그것들은 '지키거나', '(확고히) 설정하는 것' —혹은 '그것을 사실에 대한 구체적인 지시에 기초하게 하는 것'이다. 그리고 그것들은 그 명령이 받아들여지는 것을 방해하는 의심이나 머뭇거림을 제거하는 증명에 유사한 것들이다. … 이제 그 지지하는 근거는 명령문이 바꾸려고 하는, 혹은 명령문이 가져오려고 하는 새로운 상황을 서술한다; 그리고 만약 이 사실들이 새로운 상황은 청자의 바람(의 우세)을 충족시키게 될 것임을 드러내게 되면, 그는 더 이상 복종함에 망설이지 않을 것이다. 보다 일반적으로는 이유(근거)들은 그러한 신념들을 변경시킴으로써 (이것은 다시 복종을 꺼리는 마음을 변경시킬 수 있다) 명령(문)을 지지한다."라고 설명하고 있다. 스티븐슨이 '합리적(이성적)인 근거 지움'이라고 명명한 것은, 즉 하나의 명령의 '이유(근거)'라고 명명한 것은, 명령에 의해 희구된 명령 준수의 효과의 확정인 것이다. 이러한 확정을 알게 되는 것은 많은 사례에서 —전부가 아니라— 명령을 따르는 동기일 수도 있다. 명령의 준수가 명령으로부터 소망된 효과를 가지게 된다는 사실의 확정은 결코, 명령문의 근거 지움, 즉 문을 닫아야만 함의 개별규범의, 명령의 타당성의 근거(효력근거)일 수는 없다. 하나의 당위의 효력근거는 존재가 아니고 단지 당위일 수 있다. "너는 그 문을 닫아야만 한다."라는 개별규범의 효력은 단지 "문을 닫음으로 인해 제거되는 창문틈으로 바람이 들어옴은 제거되어야만 한다." 혹은 "문을 닫음으로 인해 초래되는 소음이 들리지 않음은 야기되어야만 한다."라는 규범일 수 있다. 다른 말로 하자면, 단지 이 규범의 효력을 통해서만 "그 문은 닫혀져야만 한다."라는 규범의 효력이 근거 지워질 수 있다

'지지하는 근거들'supporting reasons에 대한 스티븐슨의 상론은 심리(학)적으로 맞는 것일 수 있다. 논리학의 관점에서는 그것은 고려되지 않는다. 이것을 스티븐슨은 인정한 것으로 보인다. 왜냐하면 그는 "여기서 언급된 지지하는 근거는 논리적인 강제의 유형은 아니다."(30쪽)라고 말했기 때문이다.

183) 만약 헬러(Heller, "Logik und Axiologie der analogen Rechtsanwendung", *Neue Kölner Rechtswissenschaftliche Abhandlungen*, Heft 16, Berlin 1961, S. 56f.)가 사람들은 '법원칙·법칙Rechtssatz의 논리적 구조'(일반적 가정적인 법규범을 의미함)를 인식하기 위하여 구성요건과 법효과 사이의 관계를 '그 진실한 내용을 조사'(auf ihren Wahrheitsgehalt hin untersuchen)해야만 한다고 주장한다면, 그것은 옳지 않은 것이다. 그리고 이것은 바로 이 법규범이 진실도 거짓도 아닌 하나의 당위-규범인 '단순한 명령(문)'이기 때문이 아니라, 진실 혹은 거짓일 수 있는 진술이기 때문에 가능한 것이라고 한다. 왜냐하면 "개별적인 법원칙[즉 일반적인 법규범]은 나누어져서 명령문[즉 당위]이 전적으로 법효과의 영역에서 나타날 수 있고, 그리고 나서 개별적인 사례에서 특별한 고려를 필요로 함이 없이, 명령문의 성격이 법효과의 하나의 속성으로 혹은 법효과에 관한 하나의 진술 내용으로 함께 생각하는 것을 합의할 수 있기 때문이다."(같은 책, 58쪽) 가설적 법규범은 하지만 그렇게 쪼개어져서, 그 명령문이, 즉 당위가 '전적으로 법효과의 영역에 나타날' 수가 없다. 당위는 법효과의 영역에서 나타나는 것이 아니

라, 그 반대로, 법효과가 당위의 영역에서 나타난다. 그리고 법-**효과**는 법-**조건**과 분리될 수 없다. 양자는 쪼개어질 수 없도록 **하나의** 규범에 함유되어 있다. "만약 한 인간이 절취를 하였다면, 그는 처벌되어야만 한다."(Wenn ein Mensch stiehlt, soll er bestraft werden)라는 규범의 의미는 "만약 한 인간이 절취했다면 이 인간은 처벌되는 것이 당위이다."(Es soll, wenn ein Mensch stiehlt, dieser Mensch betraft werden)이다. '만약 한 인간이 절취하였다면'이라는 조건은 처벌-되어-**야만 함**을 위해 본질적인 것이다. 이것은 조건적인 처벌됨이지, 무조건적인 처벌됨이 아니다. 따라서 그 조건은 그 효과와 마찬가지로 그 당위에 —그리고 달리 말해서 당연히 그 규범에— 포함된 것으로 간주되어야만 한다. 법규범의 효력인 당위를 "법효과의 하나의 속성으로 혹은 법효과에 관한 진술의 내용으로 묵시적으로 함께 생각하는 것"은 합의될 수가 없는 것이다. 왜냐하면 당위, 규범의 효력은 —진술의 진실과는 달리— 속성이 아니고 법규범의 실존이고, "법효과가 발생해야만 한다."라는 법**규범**은, 하나의 현행 법규범에 상응하게 하나의 법효과가 발생해야만 한다는 **진술**과는 전적으로 다른 무엇이기 때문이다. 헬러의 논증에서 규범과 규범의 효력에 관한 진술의 전형적인 혼동이 보인다. 법규범을 진실도 거짓도 아닌 명령과 진실 혹은 거짓인 진술로 '나누는 것'(Zerlegung)은, 요르겐센의 명령적 요소와 직설적 요소에 관한 이론에서 나타나는 바로 그와 동일한 모순을 암시한다.

헬러는 사실 "우리가 법규(법원칙)를 단순한 명령(문)으로 받아들인다면 물론 그것이 주장문들(논리적인 진술)과 같이 바로 그 동일한 의미에서 논리적으로 진실 혹은 거짓일 수 있는지는 의심스러워 보일 수 있을 것이다."라고 인정한다. 하지만 그는 계속해서, "하지만 만약 우리가 개별적인 법원칙의 저마다의 전체 법질서에 대한 논리적 관계를 고려한다면 문제는 변화한다. 여기서는 전적으로 유의미하게, 법원칙(법규) A는 법질서 X에서는 '참'이고, 그에 반해 법질서 Y에서는 '거짓'이라고 말할 수 있다. 만약 우리가 법규범을 진술로서 오해하지 않는다면, 그것은 결코 유의미하게 말할 수 없다. 우리가 이것을 하지 않는다면, 단지 법질서 X에서 법규범 A는 '효력이 있다', 하지만 법질서 Y에서는 효력이 없다고 의미 있게 얘기할 수 있다."라고 한다. 헬러는 "동일한 방식으로 구성요건과 법효과의 관계도 법원칙의 명령문적인 성격과 무관하게 그 진실의 내용^{Wahrheitsgehalt}이라는 관점에서 심사될 수 있다. 그것은 다시, 법질서 X에 있어서는 '참'(혹은 '거짓')이라는 것, 법효과 aa는 구성요건 bb가 충족되었으면 발생한다고 확정하는 것은 의미 있는 것이 분명한 것이다."라고 말했다. 이것은 단지 일반 법규범의 의미가 '만약 구성요건 bb가 주어졌다면, 효과 aa가 발생한다.'일 때만 의미 있을 것이다. 그렇다면 어떤 법규범도 존재하는 것이 아닐 것이고, 하나의 인과적 자연법칙의 의미인 한 문장만 존재하는 것일 것이고, 심지어 그 문장은 분명히 **비진실**인 것이다. 왜냐하면, 법규범에서 정해진 결과가 현실에서 발생하지 않아도, 일반 법규범에서 정해진 조건 지우는 구성요건은 현실에서 주어질 수 있다는 것은 부인될 수 없기 때문이다.

가정적인 법규범에서 하나의 **진술**을 찾으려는 헬러의 소득 없는 노력은 조건과 결과(효과) 간의 관계가, **논리적인** 관계로 고려될 수 있기 위해서는, 진실 혹은 비진실어어야만 한다는 착오에 근거하고 있다. 하지만 —본문에서 언급되었듯이— 논리학의 관점에서 볼 때 이러한 관계를 위해서는 조건 지워진 효과가 존재하는 것으로 진술되었는지, 당위된 것으로 규범화되었는지는 중요하지 않다. 우리는 단지 조건과 결과의 관계가 함유되어 있는 진술을 진실내용의 관점에서 심사할 수 있는 것이다. 조건과 효과의 관계를 그 진실내용이라는 관점에서 심사한다는 것은, 이러한 관계가 언급된 전체 문장을 그의 진실내용의 측면에서 조사한다는 것을 말한다. 우리는 하나의 규범에 함유된 조건과 결과의 관계를 진실이라는 측면에서가 아니라 그것이 포함되어 있는 규범의 효력이라는 관점에서 심사할 수 있는 것이다. 왜냐하면 하나의 행위를 단지 조건적으로 당위된 것으로 설정하고 있는 하나의 규범 또한 진실도 비진실도 아니기 때문이다. 보다 정확하게 표현한다면, 우리는 단지 조건과 효과의 관계가 들어 있는 당위-문이 하나의 **효력 있는** (현행) 규범인지 아닌지 여부만을 심사할 수 있는 것이다. 그것이 유효한 규범이라면 조건과 결과 사이의 관련성이 있는 것이다. 만약 그것이 유효한 규범이 아니라면, 즉 이러한 내용의 규범이 존재하지 않는다면, 이러한 관계는 존재하지 않는다.

184) 마흐(Ernst Mach, *Erkenntnis und Irrtum*, 3. Aufl., Leipzig 1917, S. 225)는 "만약 고찰의 대상 M이 a, b, c, d, e라는 표지들을 보이고, 하나의 다른 대상 N이 첫 번째의 것과 a, b, c 표지에서 일치하면, 우리는 마지막의 것도 d, e 표지를 보이고 M과 또한 이 표지들에서도 일치하게 될 것이라고 매우 기대하는 경향(sehr geneigt, zu warten)이 있다. 이러한 기대는 논리적으로 정당화된 것이[berechtigt] 아니다. 왜냐하면 논리적 절차는 단지 이미 한번 확정된 것과의 일치, 바로 그것의 유지만을 보증하고, 이에 반하는 모순은 제거하는 것이기 때문이다. 하지만 우리의 경향, 우리의 기대는 우리의 심리적-생리학적인 조직[Organisation]에 기초를 두고 있다. 유사성 혹은 유추에 따른 추론은 정확하게 보면 논리학의 대상이 아니고, 적어도 형식논리학의 대상이 아니고, 심리학의 대상이다."라고 말했다. 만약 대상 M의 표지 d, e가 "그것의 유용한 혹은 해로운 속성으로 인해 하나의 강한 생물학적인 이해(Interesse), 혹은 기술적인 혹은 하나의 순수한 학문적-지적인 목적에 특별한 가치를 가진다면 … 우리는 d, e를 찾도록 내몰리고 있다는 느낌을 가지게 된다 … 우리가 표지 d, e를 대상 N에서 M과 일치하도록 찾든지 혹은 찾지 못하든지, 양 사례에서 우리의 대상에 대한 인식은 확장된다. … 양 사례는 동일하게 중요하고, 양자는 **발견**(Entdeckung)을 포함한다."(226쪽) 즉 하나의 새로운 인식(발견)을 말하는 것이다. 인식행위의 의미가 문제되는 것이 아니고, 의지행위의 의미가 문제되는, 하나의 법적 유추추론이라는 위에서 주어진 사례에 적용하면, 소위 **유추를 통해** 획득된 법관의 판결은 하나의 새로운 법이다.

그의 *Logik des Rechts*, Berlin-Göttingen-Heidelberg 1962, S. 47에서 슈라이버는 "일반적으로 사용되는 법언어에서 소위 일련의 추론규칙들이 사용되는

데, 그것은 사실 —바로 그렇게 정확한 것은 아니지만— 많은 문제들에서 벗어날 수 있도록 도와주지만, 추론 규칙으로서는 허용되지 않는 것이다."라고 말했다.

185) 그레고로비츠(Jan Gregorowicz, "L'Argument a Majori ad Minus et le Probleme de la Logique Juridique", *Logique et Analyse*, Nouvelle Serie, 5^e Annee, 1962, 72쪽)는 폴란드의 논리학자 코타르빈스키(T. Kotarbinski)의 견해를 소개하고 있는데, 그에 따르면 **대에서 소에로의 추론**(argumentum a maiori ad minus)에서는 다음과 같은 것이 문제된다: "… 만약에 법이 그 범위 혹은 강도에서 더 불이익이 큰 행위를 허용한다면, **필연적인 결과로**(ipso facto; 사실 그 자체에 의해), 그 법은 동일한 불이익(불편함)을 야기하지만 범위 혹은 강도에서는 그보다 적은 행위를 허용한다. 만약 예를 들어 공격자가 그의 죽음을 야기할 수 있는 행위를 수행하는 것이 허용되었다면, 바로 그 이유로, 그에게 상처를 줄 수 있는 어떤 행위도 허용되는 것이다. 우리가 여기서 가진 것은 보편적인 가치가 없는 초-논리적인 관계(relation extra-logique)이다. 따라서 우리는 **대로부터 소로의 논증**(l'argumentation a maiori ad minus)은 추론의 형태로는 오류 가능성이 있다는 것을 고려해야 하고, 그것은 논리적 상수와 초논리적 상수 양자를 모두 사용하기 때문에 엄격히 보아 논리적이 아니라는 것을 생각해야만 한다."

그레고로비츠는 이러한 대(大)로부터 소(小)로의 논증을 이렇게 특징짓는 것의 정당성을 부인하지 않았다. 하지만 그는 코타르빈스키가 도출한 —피할 수 없는— 결론을 부정했다. 그레고로비츠는 대에서 소로의 논증의 사례에서 "우리는 많든 적든 일반적인, 오류 가능한, 혹은 초논리적인 상수를 가진 일련의 추론의 형식들을 가지고 있으며, 이에 추가하여 논리적 상수를 가진 추론 형식과, 논리적으로 독립적이고 독창적인 추론의 형식을 가지고 있는데, 그것은 수사학(la rhétorique)이다."(74쪽)라고 말했다. 하지만 이것은 이 단어의 유일하게 허용되는 의미에서는 논리학이 아니다. 그레고로비츠는 "이 설명에는 패러독스가 포함되어 있다(paradoxe enfermé dans cette affirmation)."라고 고백해야만 한다. 하지만 그는 이러한 "패러독스는 단지 외관일 뿐이다(paradoxe n'est qu'apparent). 논리학의 용어는 모호(équivoque)하고, 수학적 논리학(logique mathématique)의 대표자들에 의해 주어진 의미 외에 다른 의미(sens)들도 가지고 있다."는 것은 받아들여져야 한다고 믿었다. (그가) 인정하듯이 그것들의 적용들이 '오류일 수 있는' 원칙들의 체계는 결코 논리학이라는 이름을 얻을 수 없다. 그레고로비츠는 "… 법적 논리학(logique juridique)은 이러한 주장에 부합하는 발견들과 규정(지시)들에서 나온 주장들을 표현한다. 당연히 이 주장(les theses)들은, 예를 들어 진술논리학의 명제들과 가이드라인이 오류가 없는 것이 아닌 것처럼, 분석적인 명제들이 되지 않는다. 그러나 그것들은 합리적이고 유용할 것이다."(75쪽)라고 말한다. 대로부터 소로의 논증(argumentum a maiori ad minus)은 ―많은 사례들에서― 법정책적으로 정당화가 가능하거나 유용할 수 있지만, 그것은 하나의 다른 일반규범의 효력으로부터 논리적 추론을 말하는 것은 아니다. 그레고로비츠는 단지 결과의 '이성적임(합리성·타당성)'과 '유용함'을 근거로 하나의 '법적 논리학'(logique juridique)을 정당화할 수 있는 것이다. 하지만 논리학의 원칙들은 이성적임과 유용함을 목표로 하는 것이 아니라, 진실을 목표로 하는 것이고, 그 원칙들의 적용들은 '오류일 수 있는', 즉 착오(오류)에 노출될 수 있는 것이 아니다. 왜냐하면 그것의 본질은 어떻게 오류가 회피될 수 있는가를 보여주는 것이기 때문이다.

페를망(Ch. Perelman, "Logique Formelle, Logique Juridique", *Logique et Analyse*, Nouvelle Serie, 3ᵉ Année, 1960, S. 228)은 하나의 법적 논리학의 특수한 논증들에 대해 말한다: "이러한 논거들은, 사실상, 엄정한 예증(설명; Demonstration)을 제공하지 못하고, 어느 누구도 이러한 것을 처리할 수 있는 기계를 상상할 수도 없다. 왜냐하면 그것들의 사용은, 매번, 특수한 상황에서 그들의 사용을 정당화할 수 있는 지위(position)를 요구하기 때문이다. 사실, 이러한 논거들의 사용은 입증으로서 공식적으로 옳거나 그르다는 것을 표현할 수 없다."고

했다. 비록 그것이 우리가 전통적으로 논리학으로 표현하는 것과 본질적으로 구별된다고 하더라도, 우리가 하나의 그런 논증^{Argumentation}을 '논리학'으로 표현해도 되는지는 용어의 문제이다. 관건은 본질적인 차이를 무시하지 않는 것이다. 페를망이 하나의 법적 논리학이라고 말한 것에는 특수한 논리적인 필연성이 결코 언급될 수 없다는 것은 분명하다. 법적 논리학을 받아들이는 것을 정당화하기 위해서, 페를망은 "현대의 모든 입법에서, 법관은 자신의 판결을 내려야 하고(juger) 이유를 제시할(motiver) 의무를 진다."(229쪽)라고 설명하고 있다. 우리가 이것을 법관은 자신의 판단을 하나의 실정의 일반 법규범으로 '근거 지워야'만 한다는 것으로 이해한다면, 이것은 결코 법관의 판결이 하나의 논리적 추론의 길에서 획득될 수 있어야만 한다는 것을 의미하는 것이 아니고, 단지 법관의 판단은 하나의 실정 일반 법규범에 부합해야만 한다는 것을 의미하는 것이다. 나아가 페를망은 "법관은, 한편, 처음에 법이 생산할 수 있는 양립 불가능성과 모순 그 자체를 부각시키고, 다른 한편, 일견, 입법자가 남긴 법의 간극을 보충하는 방법을 통해 법을 해석해야 한다."라고 한다. 하지만 이러한 법관의 기능은 법 생산의 성격을 가진다. 법관이 하나의 구체적인 사례를 위한 규범충돌들을 해소하거나 소위 하나의 '흠결'을 채움으로써, 그는 새로운 법을 창조하는 것이다. 동시에 그가 단지 이미 유효한 법률로부터 논리적인 추론만을 했을 뿐이라고 주장한다면, 그는 하나의 허구를 ―아주 유용할 수 있는 허구를― 이용하는 것이고, 그 의도는 주지하다시피, 정의를 찾는 공중들에게 법적 안정성의 환상을 유지하고자 하는 것이다. 매우 특징적인 것은, 페를망이 규범충돌(들)과 흠결(들)을 {그것들은 '언뜻 보기에'(à première vue) 그렇게 존재하는 것처럼 보인다고} 말했다는 것이고, 이로써 법관은 그에 의해 옳은 것으로 여겨진 판결을, 이미 유효한 법률에서 보다 상세하게 주시함으로써, 찾을 수 있다는 것을 암시하는 것이고, 나아가 "(그리고) 그렇게 하는 방법으로, 그는 자신의 결론을 법문과 연결하여 정당화해야만 하는 것이다."라고 했는데, 이로써 그는 자기 스스로 이러한 허구를 이용한 것이다. 물론 그는 "이러한 이유제시(motivation)는 구속적인 것은 아니다. 왜냐하면 그것은 순수하게 예증(설명)적인 추론(raisonnement purement démonstratif)에서 나온 것이 아니고, 하나의 논증(argumentation)에서 나온 것이기 때문이다."라고 첨언한다. 하지만 이러한 '논증'은 논리적인 연역과는 무언가 본질적으로 다른 것이다. "이것은 이 논증이 단순한 연산이 아니라, 이 논증 혹은 저 논증의 힘의 평가이기 때문에 법관의 자유와 독립은 (사법·)정의의 집행(l'administration de la justice)에 있어서 본질적인 요소를 구성한다." 법관의 자유와 독립성은 판결(사법)의 본질적 요소이다. 하지만 논리적인 추론(raisonnement) 내에서는 인식하는 주체의 어떠한 자유도 독립성도 없으며, 여기서 유효한 규칙들에 대한 엄한 속박이 지배한다.

지은이

∷ 한스 켈젠 Hans Kelsen, 1881~1973

1881년 프라하에서 태어나 90세를 넘긴 1973년 버클리 오린다에서 사망했다. 20세기의 가장 주목받는 법학자의 한 사람으로 특히 헌법, 국제법, 법이론 분야에서 탁월한 연구물을 남겼다. 엘리네크(Georg Jellinek)와 같이 오스트리아의 법실증주의 학파에 속하고, 하트(H.L.A. Hart)와 함께 20세기의 대표적 법실증주의자로 분류되며, 『순수법이론(Reine Rechtslehre)』이라는 대표 저작은 세계적인 명성을 남겼다. 독일어를 사용하는 유대인 가문에서 태어난 켈젠은 가족과 함께 어린 시절에 빈으로 이주한 뒤, 1911년 빈 대학에서 헌법과 법철학을 주제로 교수자격논문을 받게 된다. 1917년부터 빈 대학의 객원교수를 시작으로 대학교수의 삶을 시작했으며, 라우터파흐트(Hersch Lauterpacht)와 그로스(Leo Gross)는 그의 대표적인 제자이다.

제1차 세계대전 당시 군사정책 부서에 참여했고, 1920년 연방헌법의 작성에 핵심적인 역할을 했으며, 헌법재판소의 재판관으로도 활동했다. 1930년 오스트리아를 떠나 퀼른 대학의 국제법 교수직을 시작했다. 1933년 나치는 그의 민주주의적 성향과 유대인이라는 신분을 근거로 교수직에서 해임한다. 칼 슈미트(Carl Schmitt)는 당시 켈젠을 위해 모든 학과의 교수들이 청원서에 서명할 때 참여하지 않은 것으로 알려져 있다. 제네바를 거쳐, 1940년 미국으로 망명해 하버드에 정착했으며, 1945년에는 버클리 대학에서 정교수에 임명된다. 오스트리아 학술원 회원으로 선정되었지만 빈으로 돌아가지 않았다. 1957년까지 버클리 대학 정치학과에서 학생들을 가르쳤으며 1973년 4월 19일 심장마비로 파란만장한 짧지 않은 일생을 마감했다. 그의 유언에 따라 유골은 태평양에 뿌려졌다. 철학적으로 마부르크 신칸트주의에 가깝다고 평가되는 켈젠은 미국, 독일, 프랑스 등의 유명 대학에서 11개의 명예박사학위를 받을 정도로 학문적 업적을 인정받았다. '정신적 자유와 민주주의의 방어'라는 자명한 가치는 켈젠의 삶과 학문적 고뇌의 중심에 서 있었다.

옮긴이

∷ 김성룡

경북대에서 법학박사과정을 수료하고(1996), 독일 뮌스터(Münster, NW) 대학에서 『부작위의 공동정범에 있어서 인과성의 문제들』을 주제로 법학석사(Magister Legum, 1998), 『형법 제25조 제2항의 공동으로 죄를 범함의 분석 및 과실범의 공동정범』을 주제로 법학박사학위(Doktor der Rechte, 2000)를 취득했다. 2002년부터 현재까지 경북대학교 법과대학·법학전문대학원에서 형사법과 법 일반이론을 가르치고 있다. 저서로는 『법적 논증의 기초』(문광부우수도서, 2006), 『법적 논증론 I』(2009), 『법 수사학』(2012), 『법 이론의 쟁점』(2013), 『독일법』(4인 공저, 2013), 역서로는 하프트(F. Haft)의 『법 수사학』(2010) 등이 있고, 독일어권의 수십 편의 법철학·이론, 형사법학 분야의 글들을 한국어로 옮겼다.

한국연구재단총서 학술명저번역 서양편 584

규범의 일반이론 ❷

1판 1쇄 찍음 | 2016년 1월 27일
1판 1쇄 펴냄 | 2016년 2월 5일

지은이 | 한스 켈젠
옮긴이 | 김성룡
펴낸이 | 김정호
펴낸곳 | 아카넷

출판등록 2000년 1월 24일(제406-2000-000012호)
10881 경기도 파주시 회동길 445-3
전화 | 031-955-9511(편집) · 031-955-9514(주문)
팩시밀리 | 031-955-9519
책임편집 | 이하심
www.acanet.co.kr

© 한국연구재단, 2016

Printed in Seoul, Korea.

ISBN 978-89-5733-465-2 94360
ISBN 978-89-5733-214-6 (세트)

이 도서의 국립중앙도서관 출판예정도서목록(CIP)은
서지정보유통지원시스템 홈페이지(http://seoji.nl.go.kr)와
국가자료공동목록시스템(http://www.nl.go.kr/kolisnet)에서 이용하실 수 있습니다.
(CIP제어번호: CIP2015027507)